D1984807

Katherine Mansfield

Dieses Buch widme ich in Liebe
meinem Vater und meiner Stiefmutter,
Emile und Katharine Delavenay,
die mir eine sonnige Terrasse am Mittelmeer
zum Arbeiten zur Verfügung stellten
und mir über viele Jahre
mit Rat und Tat und Ermutigung
zur Seite standen.

»Ich bin ein bis in die Knochen
verschlossenes Wesen«
Katherine Mansfield
an Ida Baker, 22. März 1922

Inhalt

Vorwort

Die Arbeit an diesem Buch wurde Mitte der siebziger Jahre begonnen und aus verschiedenen Gründen unterbrochen; einer davon war die Veröffentlichung zweier Biographien über Katherine Mansfield von Jeffrey Meyers (1978) und Antony Alpers (1980). Große Überschneidungen in der Forschung waren nun nicht mehr zu vermeiden. Es hätte auch nicht anders sein können. Antony Alpers hatte über viele Jahrzehnte hinweg Gespräche geführt und Forschungsarbeit geleistet – schon 1953 hatte er eine erste Biographie veröffentlicht – und muß daher als die größte lebende Autorität auf diesem Gebiet gelten. Auch Professor Meyers ist außerordentlich belesen und verfolgt sein Thema mit Verve. Beide Bücher habe ich mit Bewunderung gelesen und großen Nutzen daraus gezogen.

Meine eigenen Notizen, Korrespondenzen und Entwürfe sammelten nun Staub an; ich wandte mich einer anderen Arbeit zu. Nach einigen Jahren allerdings überlegte ich, ob nicht doch noch andere Dinge über Katherine Mansfield zu sagen seien, neues Material berücksichtigt, ein anderer Ansatz gefunden werden könne. Wohl hatte Alpers die epische Version geschrieben, in der Katherine das spielerische Genie war, das im wesentlichen von seinen Zeitgenossen unterbewertet und mißverstanden wurde; er genoß J. M. Murrys Erinnerungsvermögen mit Vorsicht, übernahm jedoch seine Version derjenigen Ereignisse, in die er selber verwickelt war. Professor Meyers, dessen Ansatz eher zynisch ist, zeichnete eine, wie er es nannte, »dunklere« Katherine, ohne jedoch, wie ich meinte, die Natur dieser Dunkelheit zu erhellen.

Mir scheint, daß beide die Bedeutung gewisser Aspekte ihres Lebens unterschätzt haben, insbesondere die Kette der Ereignisse, die mit ihrem ersten Ausbruch in die sexuelle Freiheit 1908 begann, sowie die verschiedenen langfristigen Auswirkungen ihrer Verbindung mit Floryan Sobieniowski im Jahre 1909.

Ich fand, daß ihre Krankheitsgeschichte eine sorgfältigere Untersuchung erforderte; das Ergebnis ist nun eine Neuinterpretierung einiger Schlüsselfragen ihres Lebens. Auch die Erpressung von 1920 habe ich einer neuerlichen Sichtung unterzogen und sie in ein neues Licht gerückt.

Katherines Verhältnis zu D. H. Lawrence ist allgemein zu kurz gekommen. Ich hoffe, gezeigt zu haben, wie eng und wichtig die Bindung zwischen ihnen war, insbesondere wie Lawrence sich ihre Erlebnisse in einigen seiner umstrittensten Schriften zunutze gemacht hat. Der Eindruck von Katherines Persönlichkeit auf zwei ihrer bedeutendsten Zeitgenossen, Lawrence und Virginia Woolf, hatte ganz erstaunliche Folgen.

Der Umstand, daß mir die unlängst veröffentlichten Briefe von J. M. Murry an Katherine zur Verfügung standen (und ich auch Zugang zu den unveröffentlichten hatte), hat dem Bild ihres Verhältnisses eine weitere Dimension hinzugefügt. Ich hatte auch das Glück, mit der einzigen Tochter der verstorbenen Edith Robison (geborene Bendall) über den Charakter ihrer Mutter und deren Gefühle Katherine gegenüber zu reden; Mrs. Robison selbst war kurz vor ihrem Tod so freundlich, ein langes Interview für mich aufzuzeichnen.

Weder Katherines gesammelte Briefe (*Collected Letters of Katherine Mansfield*, Bde. I und II) der Oxford University Press noch die Lawrences (*Letters of D. H. Lawrence*, Bde. I, II, III und IV) der Cambridge University Press lagen früheren Biographen vor. Beide haben meine Arbeit bereichert und erleichtert.

Ein letzter Punkt ist, daß ich dasselbe Geschlecht wie meine biographierte Figur habe. Es mag Unsinn sein zu glauben, daß mir das einen Vorteil einem männlichen Biographen gegenüber verschafft. Und dennoch kann ich mich des Gefühls nicht erwehren, daß jede Frau, die sich an zwei Fronten durchs Leben schlägt – die traditionelle Frauenrolle anzunehmen und um männliche Privilegien zu kämpfen –, einer solchen Vorkämpferin wie Katherine vielleicht doch ein besonderes Verständnis entgegenbringt und manche ihrer Handlungen und Haltungen weniger verblüffend findet als der einsichtigste Mann.

Virginia Woolf sagte, daß Frauen durch ihre Mütter zurückdenken. Während ich an der Geschichte Katherine Mansfields arbeitete, dachte ich oft an meine Schwiegermutter, auch sie ein wildes Kolonienmädchen aus Kanada, die Bloomsbury gestreift hat, und auch an meine Mutter, die 1917 mit einem Musikstipendium von Liverpool nach London kam. Es waren tapfere und begabte Außenseiterinnen – beide sind heute tot –, und ich meine, daß ihre Erzählungen von ihren Abenteuern, Ambitionen und Schrecken mir eine gewisse Annäherung an Katherine Mansfields Erfahrungen ermöglicht haben. Sie hatte ein schmerzhaftes Leben, und es war eine schmerzhafte Aufgabe, darüber zu schreiben; doch bin ich froh, sie getan und damit die Gelegenheit erhalten zu haben, einer Persönlichkeit die Reverenz zu erweisen, in der sich auf so außergewöhnliche Weise Wagemut und peinliche Gewissenhaftigkeit vereint haben.

Claire Tomalin
London 1987

Vorbemerkung

Die Arbeiten für dieses Buch wurden in den siebziger Jahren begonnen und unterbrochen. Meinen Dank möchte ich den folgenden Personen sagen, die mir ihre Zeit geschenkt, meine Briefe beantwortet, ihr Gedächtnis oder ihre Unterlagen durchwühlt haben oder mir auf andere Weise hilfreich waren. An manche geht mein Dank leider posthum.

Antony Alpers, David Arkell, Neal Ascherson, Enid Bagnold, Ida Constance Baker, Barbara Barr, Anne Olivier Bell, Prof. Quentin Bell, David Blow, Gill Boddy, Prof. J. T. Boulton, Margaret Budden, Dr. William Bynum, Carmen Callil, John Carswell, Dan Davin, Peter Day, Prof. Emile Delavenay, Christopher Edwards, Mrs. Valerie Eliot, Faith Evans, Hans Fellner, Michael Frayn, Angelica Garnett, David Garnett, Richard Garnett, Dr. A. S. Grimble, Michael Holroyd, Dr. und Mrs. John Hopkins, Juliette Huxley, Dr. Jagodzinski, Prof. Frank Kermode, Prof. Mark Kinkead-Weekes, Eric Korn, Moira Lynd, Bruce Mason, James Moore, Colin Middleton Murry, Mary Middleton Murry, Rollo Myers, Nigel Nicolson, Mrs. J. Nowak, Vincent O'Sullivan, Donny Poppy, Jeanne Renshaw, Susan Rose-Smith, Dorothy Richards (geborene Trowell), Edith Robison (geborene Bendall), Margaret Scott, Jack Simms, Navin Sullivan, Frank Swinnerton, Sophie Tomlin, Prof. Joseph Trapp, Douglas Trowell, Dr. Trevor Turner, Karen Usborne, Julian Vinogradoff, Christopher Wade, Prof. John Waterlow und Barbara Webber.

Dank schulde ich auch den folgenden Bibliotheken und Institutionen: Alexander Turnbull Library, Wellington; British Library; London Library; Humanities Research Center, University of Texas at Austin; Senate House Library, London; Library of the University of Reading; University of North

Carolina Library at Chapel Hill; Library of the Royal College of Obstreticians and Gynaecologists; Wellcome Library; Swiss Cottage Public Library; Polish Cultural Centre Library; Society of Authors, Cambridge University Press und Oxford University Press.

Für die freundliche Erlaubnis, urheberrechtlich geschütztes Material zu verwenden, danke ich folgenden Personen und Einrichtungen: dem literarischen Nachlaß von Virginia Woolf und Leonard Woolf, der Hogarth Press und Harcourt Brace Jovanovich, Inc., A. D. Peters & Co. Ltd. (als literarischer Repräsentant von A. E. Coppard), Laurence Pollinger Ltd. und dem Nachlaß von Mrs. Frieda Lawrence Ravagli (für *The Letters of D. H. Lawrence*, hrsg. von James T. Boulton, erschienen bei Cambridge University Press), der Society of Authors als literarischem Repräsentanten des Nachlasses von John Middleton Murry, dem Nachlaß von Katherine Mansfield (wo anzuwenden) und dem Bernard Shaw-Nachlaß, dem King's College, Cambridge, und dem Nachlaß von E. M. Forster.

Cambridge University Press, Jonathan Cape Ltd., Constable Publishers, Alfred A. Knopf, Inc., Oxford University Press (für *Collected Letters of Katherine Mansfield*, Bd. I, 1984, Bd. II, 1987, hrsg. von Vincent O'Sullivan und Margaret Scott, copyright © the Estate of Katherine Mansfield, 1984, 1987).

I
»Der Liebling der Götter«

Katherine wurde vor etwa einem Jahrhundert geboren und starb 1923, doch noch immer ist etwas Quälendes um das »blasse Gespenst mit den festen Augen, den spöttischen Lippen und, gegen Ende, dem Kranz auf ihrem Haar«.[1] In Memoiren, Biographien, kritischen Essays, selbst in Drama und Prosa wurde sie gerühmt und angegriffen, und sie erschien in wechselnder Gestalt als die tragische Kultfigur: die scharfzüngige Komödiantin, die wahre Modernistin, die die Normen der englischsprachigen Kurzgeschichte änderte, die bahnbrechende »Neue Frau«, der Gefühlsmensch und die Miniaturistin, in den Himmel gelobt und mit schlechter Moral – K. M. erscheint in vielfältiger Gestalt. Leser auf der ganzen Welt haben sich mit den Briefen und Tagebüchern beschäftigt, die ihre Krankheit, ihre Einsamkeit, ihr Exil und ihre Sehnsucht nach einem Mann und einem Heim wiedergeben. Gleichzeitig wurde die Art kritisiert, in der ihr Mann, John Middleton Murry, das Image seiner toten Frau ausbeutete, indem er ihre persönlichen Aufzeichnungen veröffentlichte, und Zweifel wurden laut bezüglich der Wahrheit seiner Version von ihr als eines »äußerst feinen, äußerst einfachen Menschen«.[2] Mit vielen Augen gesehen, zittert und verschwimmt ihr Bild: einmal ist es ehrgeizig und wagemutig, dann wieder verletzlich und verletzt; einmal zeigt es eine schlichte Sucherin nach Reinheit und Wahrheit im Leben wie in der Kunst, dann ist es wieder befleckt und falsch.

Allein schon die Namen, die ihre Eltern ihr gaben – Kathleen

Die Anmerkungen der Originalausgabe erscheinen hier als Fußnoten; die Fußnoten der Originalausgabe sind mit * markiert.

1 *The Diary of Virginia Woolf: 1925-1930*, 7. Dezember 1925, hrsg. von Anne Olivier Bell, London (Hogarth Press) 1980, Bd. III, S. 50.

2 J. M. Murry, *Between Two Worlds*, London (Jonathan Cape 1935), S. 194.

Mansfield Beauchamp – wandelte sie in zahlreiche Versionen um, die ihren verschiedenen Stimmungen, Freunden und den Facetten ihrer Persönlichkeit entsprechen sollten: Kass, Katie, K. M. Mansfield, Katherine, Julian Mark, Katherine Schönfeld, Matilda Berry, Katharina, Katiushka, Kissienka, Elizabeth Stanley, Tig, und natürlich in den Namen, mit dem sie als Schriftstellerin weltbekannt wurde und an den sich dieses Buch aus praktischen Gründen hält.

Ihr Gesicht wurde oft als maskenhaft beschrieben. Sie war bleich und dunkel, unschuldig und dekadent, erst zu dick und dann zu dünn. Sie war beiden Geschlechtern zugetan, hatte Gatten und Gattin und Liebhaber beiderlei Geschlechts. Zu Lebzeiten war sie als Mensch wie als Schriftstellerin gleichermaßen unbeliebt, als beides aber auch verehrt. Nur wenige nahmen eine Zwischenstellung ein, allerdings änderten einige – Virginia Woolf war eine davon, D. H. Lawrence ein anderer – ihre Haltung. Die Aussagen dieser beiden Freunde, jeder hervorragend begabt und sensibel anderen gegenüber – sind für ein Verständnis Katherines von größter Bedeutung. Ihr selbst waren Freundschaften sehr wichtig. Sie schrieb säckeweise, sie suchte Bestätigung, sie machte Angebote, doch war sie auch intrigant und hinterhältig. Die Briefe und Journale sind lebendige Beschreibungen ihrer Arbeit, ihrer Reisen und ihres Leidens, aber auch eine schwindelerregende Berg- und Talbahn von Liebe und Haß.

Ihr Leben war im tiefsten Grunde einsam. Zu viele Grenzen akzeptierter Verhaltensnormen übertrat sie, als daß ihre Familie sie als eine der ihren annahm, aber auch in keiner anderen Gruppe fühlte sie sich zu Hause, und eine eigene Familie blieb ihr versagt. Der besondere Stempel auf ihrem Werk ist auch die Isolation, die jeder ihrer Figuren innewohnt. Das Scheitern daran, verstanden zu werden oder zu verstehen, ist bei Mansfield endemisch. Fremde verstehen einander falsch, Erwachsene und Kinder reden aneinander vorbei, Abgründe von Verständnislosigkeit trennen Frau und Mann. Weder Glück noch Schmerz werden oft oder lange geteilt. Das Familienleben hat zwar eine trauliche Oberfläche, darunter jedoch lauern Angst und Grausamkeit. In einem ihrer bemerkenswertesten Bilder stellt sich eine gute Ehefrau vor, wie sie ihrem Mann kleine

Päckchen mit ihren Gefühlen darin gibt, und auch seine Überraschung, wie er das letzte Päckchen öffnet und es voller Haß findet. Haß war ihr Lieblingsgefühl.

Paare sind wie Kannibalen; ein pythonhafter Mann bietet einem hasengleichen Mann an, die Wohnung mit ihm zu teilen, und der Hase willigt widerspruchslos ein. Nette alte Männer verwandeln sich in Ungeheuer, freundliche Frauen in Ratten, ein Mann, der einen Kuß begehrt, zeigt Hundezähne. Die Abnormitäten der menschlichen Erscheinung und Verhaltensweisen werden genossen – Lawrence bemerkt ihre Nähe zu Dickens[3] –, doch die Erzählungen haben keine Geschichte, ein Motiv wird nicht erforscht. Die brillantesten Arbeiten sind postimpressionistisch (und post-Maupassant), groteske, bunt schillernde Figuren bewegen sich in raschem Tempo. Für Mansfield war die indifferente Schönheit der Welt der Natur eine nicht minder starke Kraft als die menschlichen Gefühle, und sie bereitete ihr ein so großes Vergnügen, daß sie noch heute so frisch wie an dem Tag, als sie sie zu Papier brachte, aus den Sätzen strahlt.

Nicht daß es ihr an einem interessierten und bewundernden Zirkel fehlte. Viele davon waren selbst Berühmtheiten, und zeitweise gleicht ihr Leben einem literarischen Piccadilly Circus, wenn sich Frank Harris, Rupert Brooke, Lady Ottoline Morrell, Bertrand Russell, Aldous Huxley, die Lawrences und die gesamte Bloomsbury Group vorbeidrängen. Ihre verschlungenen Beziehungen mit ihnen und die unterschiedlichen Aussagen, die sie über ihr kaleidoskopisches Wesen tätigen, verschaffen oft komische Erleichterung in einer Geschichte, deren Hauptthema zweifellos ein düsteres ist. Denn Katherines frühe und verwegene Jagd nach Erfahrungen hielt schreckliche Strafen bereit.

Man könnte sogar sagen, daß ihre Geschichte an einem einzigen körperlichen Umstand aufgehängt ist. Indem sie während der ersten Monate ihrer leidenschaftlich gesuchten Freiheit in

3 In einem Brief von Frieda Lawrence an Murry aus den fünfziger Jahren heißt es: »Lawrence sagte, Katherine habe eine Menge mit Dickens gemein, Du weißt ja, wenn es so in dem Kessel auf dem Feuer brodelt und alles eine große Bedeutung erhält.«

London schwanger wurde, setzte sie Ereignisse in Gang, die vierzehn Jahre später zu ihrem Tod führten, Ereignisse, die ihre Beziehung zu ihrer Familie auf äußerst verhängnisvolle Weise überschatteten, einen tiefen Einfluß auf ihre beiden Eltern hatte, ihren Ruf als Schriftstellerin berührten und ihre Gesundheit zerrütteten. Es ist eine düstere, unausweichliche, lehrreiche Geschichte, die sich mehr wie eine von George Eliots Erzählungen rächender Gerechtigkeit liest als alles aus Katherines modernistischem Werk oder dem ihrer Zeitgenossen und die sie in eben jene ausweglosen, geheimen Verschwörungen verwickelt, in denen sich die Heldinnen der viktorianischen Literatur – Mrs. Transome, Lady Dedlock, Lydia Gasher, Gwendolen Harleth – so oft verfingen.

Katherine glaubte, sie müsse, um Schriftstellerin zu werden, erst einmal ihrer Familie und ihrem Land entfliehen. Sie änderte ihren Namen und floh aus ihrer Heimat Neuseeland, und obwohl viele ihrer besten Erzählungen auf Familie und Heimatland rekurrieren und sie sich am Ende fragte, ob sie durch ihren Weggang mehr Schaden als Nutzen angerichtet hatte[4], war das Verhältnis tief getrübt. Um sie zu verstehen, ist es notwendig, ihre Herkunft zu verstehen, die Mischung aus Abenteuergeist und Furcht, die sie als Bewohnerin der Kolonien, die nach England kommt, empfand, und nicht zuletzt die neugierige Haltung, die man dort solchen Menschen entgegenbrachte. Eine der Figuren ihrer Freundin Virginia Woolf, Louis in *Die Wellen*, geht durch das ganze Leben mit der Bürde eines Minderwertigkeitsgefühls, weil sein Vater ein australischer Bankier ist; diese Ungehörigkeit kann er sich nie so ganz vergeben.

Auch Katherines Vater war Bankier und in Australien geboren, auch wenn er sein Vermögen in Wellington machte. Sogar ihre Mutter war gebürtige Australierin, und beide waren sie Kinder von Männern und Frauen, die, aus unterschiedlichen Gründen, gemerkt hatten, daß sie nicht erwünscht waren oder es in England zu nichts bringen konnten. Im 19. Jahrhundert

4 K. M. zu Sarah Gertrude Millin, ›März 1922‹, unveröffentlichter Brief in den Millin-Papieren, University of Witwatersrand, Südafrika.

war Neuseeland für viele eine Kolonie Australiens, so wie Australien eine Kolonie von England war; es war das hinterste Gebiet, weiter ging es nicht mehr, es war das Ende der Welt. Vielleicht war das der Grund, warum sich die Menschen dort (»die provinziellsten auf der Welt«, so Beatrice Webb in den neunziger Jahren) um so stärker nach der »Heimat« sehnten, die 12 000 Meilen entfernt war, und sich bemühten, die fremdartige Landschaft, die Pflanzen und wilden Tiere mit allen nur möglichen Illusionen eines Landes zu überdecken, das viele nie gesehen hatten. Die Holzbungalows, die Verwaltungsgebäude, die Schulen und Geschäfte waren nach der Art mittelviktorianischer Häuser gebaut. Das schöne Landhaus, in dem Katherine einen Teil ihrer Kindheit verbrachte, hieß »Chesney Wold«, nach dem Herrenhaus der Dedlocks in Dickens' Roman *Bleak Haus*, ein Name, der zwar von unbedingter kultureller Loyalität zeugte, aber für das Haus alles andere als angemessen war.

Als Anthony Trollope in den siebziger Jahren Neuseeland bereiste – Katherines Vater, Harold Beauchamp, war zu der Zeit ein Junge –, fiel ihm des Neuseeländers »Überzeugung auf, daß England der beste Ort der Welt und er selber englischer als jeder Engländer sei«[5]. Sobald Beauchamp eine entsprechende Stellung hatte, reiste er nach England. Er wiederholte die Reise, so oft er nur konnte, und als er seine Memoiren schrieb, konnte er sich damit brüsten, vierundzwanzig mal »die Linie überquert« zu haben. Die erste dieser Reisen unternahm er 1889, ein Jahr nach der Geburt seiner dritten Tochter, Kathleen.

Katherine fehlte es in ihrer Kindheit an nichts, und ab 1890 verdiente ihr Vater sein Geld schnell und in großen Mengen. Sein Vater wiederum hatte England Mitte des Jahrhunderts den Rücken gekehrt, um sein Glück mit Gold oder Schafen oder als Verkäufer zu machen. Er brachte es zu nichts, war aber stets ein lebhafter und unterhaltsamer Mann, der mit seiner Frau Elizabeth gesegnet war, einer Waise aus Lancashire, die eine Tante wie ein Paket in den fernen Kontinent verschickt hatte, ein Schicksal, das junge Frauen damals häufig traf. Als sie nach

---

5 Anthony Trollope, *Australia and New Zealand*, London (Chapman & Hall) 1873, Bd. II.

Neuseeland übergesiedelt waren, gebar sie ihm neun Söhne und eine Tochter, und alle wurden von einer Maori-Hebamme entbunden. Als Harold elf Jahre alt war, wollte sein Vater ihn, ganz in der Dickensschen Tradition, von der Schule nehmen, doch der Junge bettelte, bis vierzehn bleiben zu dürfen. Er half seiner Mutter bei der Hausarbeit und fegte, erledigte Büroarbeiten und versteigerte für seinen Vater; nicht selten ritt er bis elf Uhr nachts durch den Busch. Sir Harolds *Reminiscences and Recollections* (Reminiszenzen und Erinnerungen) sind in vorsichtigen Worten gehalten, dennoch wird deutlich, daß er seine Mutter als »Engel auf Erden« betrachtete, seinen Vater hingegen als Belastung ihrer engelsgleichen Geduld.

All das hatte eine entscheidende Auswirkung auf seine Haltung seiner Frau und seinen Töchtern gegenüber. Er formte sie bewußt und tatkräftig nach dem Bild der spätviktorianischen Dame, deren Aktivitäten sich auf Anweisungen an die Dienerschaft, Blumenarrangements, Feste, Reisen, Tennis, etwas Musik, etwas Lektüre, etwas Französisch und Deutsch, etwas Hypochondrie und viel Hüte und Miederbändchen kaufen beschränkte. Es bereitete ihm offensichtlich ein stolzes Vergnügen, zunächst in seinem Versicherungsgeschäft zu schuften, später dann im Vorstand von Gefrierfleisch-, Chemie- und Gasunternehmen und Banken, damit diese Frauen, für die er verantwortlich war, niemals das Los seiner Mutter teilen sollten.

Sein Beharren auf einem schicklichen und konventionellen Verhalten wirkte wohl als zusätzlicher Anreiz. War schon sein Vater ein Problem, so auch sein Cousin ersten Grades Fred, denn auch er ließ sich in Neuseeland nieder und hatte mit einer Maori-»Frau« mindestens fünf Söhne, denen er die Namen der Familie George, Sam, John, Henry und Arthur gab. Katherine, die von der Exotik der Maoris fasziniert war und gelegentlich vorgab, auch Maoriblut in den Adern zu haben, scheint nie etwas von diesen Vettern erfahren zu haben; auch ihr Vater erwähnte sie in seinen Memoiren nicht, trotz der ausführlichen Stammbäume, die darin enthalten sind.[6] Beauchamp wählte sich

6 R. R. Beauchamp, »A Family Affair, or What became of Fred?«, Aufsatz in der Alexander Turnbull Library, Wellington, Neuseeland (MS 1458).

eine gänzlich andere Frau. Annie Burnell Dyer war die Schwester eines Angestellten in der Versicherungsfirma, in der der junge Harold, nachdem er beschlossen hatte, sich von seinem Vater zu trennen, seinen Aufstieg zum Wohlstand begann. Annie galt immer als schwächlich, was sie jedoch nicht davon abhielt, Kinder zu gebären und immer wieder um die Welt zu reisen. Ihr »schwaches Herz« war wohl eher eine Version der Kränklichkeit so vieler viktorianischer Damen mit eigenem Kopf, die damit häuslichen Pflichten aus dem Weg zu gehen suchten.

Annies Vater, Joseph Dyer, war in den vierziger Jahren nach Australien gekommen, hatte ein Mädchen aus Sydney geheiratet, Margaret Isabella Mansfield, und kam 1871 als erster Vertreter der Versicherungsgesellschaft »Australian Mutual Provident Society« nach Wellington. Sechs Jahre später starb er; seine Witwe jedoch war eine fähige Frau, die Kinder gediehen, und als Harold Beauchamp 1884 Annie heiratete, zog Mrs. Dyer mit ihren beiden jüngsten Töchtern zu ihnen. Oma Dyer, die noch keine fünfzig war, übernahm den Haushalt und die Kinderpflege; Katherines jüngste Schwester, Jeanne Renshaw, erinnerte sich, daß sie als Kind die meisten Mahlzeiten nicht mit den Eltern, sondern mit der Oma einnahm.[7]

Harolds Wohlstand wuchs stetig. Er hatte sich für die Firma unersetzlich gemacht, und 1889 war er dann Teilhaber, fünf Jahre später in alleiniger Verantwortung. In den neunziger Jahren bot man ihm Direktorenposten an, und er trat in den Vorstand der Wellingtoner Hafenbehörde und der Bank of New Zealand ein. Er kostete seinen Erfolg aus und fühlte sich in der Geschäftswelt absolut zu Hause. Seine Frau gibt da ein weit undeutlicheres Bild ab. Von Fotografien wissen wir, daß sie schön war. Auch wird sie als wählerisch und zart beschrieben, und nach dem, was wir von ihrem Verhalten wissen, war sie kühl – womöglich kalt – und konnte angsteinflößend sein. Äußerlichkeiten waren ihr sehr wichtig. Sie wußte, daß sie eine gute Partie gemacht hatte und daß Neuseeland ein snobistisches Land war, in dem die Familien von Geschäftsleuten, wie erfolg-

7 Aufzeichnungen eines Gesprächs mit Jeanne Renshaw 1977.

reich sie auch waren, von den höheren Ständen gesellschaftlich nicht akzeptiert waren und daß sie so reich werden konnten, wie sie wollten, und immer noch von den alteingesessenen Siedlerfamilien als neureich abgetan werden würden. Katherine schrieb schon sehr früh in ihr Tagebuch, wie ihre Mutter ihrem Vater sagte, »was er [in Gesellschaft] tun und was er lassen sollte«[8]. Mrs. Beauchamp kaufte verschwenderisch Kleider für sich und ihre Töchter und Blumen und veranstaltete üppige Gastmahle, doch eine Hausfrau war sie nicht. Anweisungen an die Dienerschaft geben konnte sie; ihre Vergnügungen waren Lesen, Briefeschreiben und Reisen.

Wann immer sie konnte, begleitete sie ihren Mann auf seinen Reisen, und wenn die Gelegenheit sich bot, reiste sie auch gern allein. Ein weiterer Eintrag in Katherines Journal (geschrieben nach dem Tod ihrer Mutter 1921) gibt eine fesselnde Beschreibung von Mrs. Beauchamp, wie sie sich niedersetzt, um sich die Stiefel zu schnüren, kurze, feine Schlüpfer trägt, feines, schwungvolles Haar ihren Kopf umrahmt, und wie sie sagt, hätte sie doch nie geheiratet. Wäre ihr Vater nicht gestorben, so sagt sie in Katherines Erinnerung, dann wäre sie gern Weltenbummlerin geworden, ja sogar Entdeckerin.[9] Der Schlüssel zu Annie Beauchamp war vielleicht, daß sie sich nach Unabhängigkeit sehnte und sich ihrer auch fähig fühlte; doch da die Welt nun einmal so aussah, daß eine solche Unabhängigkeit unmöglich war, war sie wenigstens entschlossen, ihr Leben so effizient wie möglich zu ordnen. Sie war keine geborene Mutter, doch beherrschte sie es, ihr Leben zu organisieren und die Kinder herumzukommandieren. Jeanne Renshaw erzählte mir, ihre Mutter habe nie mit ihnen über Dinge des Körpers gesprochen und ihrer ältesten Tochter Vera eingeschärft, ihre Kinder wiederum darin zu unterweisen, »sich unter Kontrolle zu halten«.

Was ihre Gefühle betrifft, so schien Annie sich von ihrer Familie ferngehalten zu haben, und wenn wir nach Katherines literarischen Versionen ihrer Eltern (insbesondere in *Prélude*

---

8 *The Journal of Katherine Mansfield*, November 1906, hrsg. von J. M. M., London (Constable) 1954, S. 7.

9 Ibid., Dezember 1920, S. 234.

und *Der Fremde*) urteilen wollen, so war ihre Einstellung gegenüber den sexuellen Bedürfnissen ihres Mannes dergestalt, daß sie sie mit einem Gefühl des Mitleids, gemischt mit Befremden, befriedigte; sie tat, was dem Hausherrn zukam, nicht viel mehr.

Das waren die Eltern, denen am 14. Oktober 1888 Katherine geboren wurde. Die Geburt fand im Hause statt, in der Tinakori Road 11, eine lange, hochgelegene, gewundene Straße mit Blick aufs Meer (der Hafen von Wellington ist mit Bergen umsäumt). Ihre beiden älteren Schwestern waren Vera, drei Jahre, und Charlotte (oder »Chaddie«; alle Beauchamps hatten eine Schwäche für Spitznamen), ein Jahr alt. Katherine war gerade ein Jahr, als ihre Eltern sich auf ihre erste Englandreise begaben. Ihre Mutter kam nach einem halben Jahr allein zurück, um eine vierte Tochter zu gebären, die bald darauf starb. Schließlich wurde noch die fünfte, Jeanne, geboren, und 1893 zog die Familie vor die Stadt nach Karori, um den Kindern das Landleben nahezubringen. Diesen Umzug hat Katherine in *Prélude* nachgezeichnet; das Haus in Karori hieß »Chesney Wold«, und hier kam das letzte Kind der Beauchamps zur Welt, ein Junge namens Leslie (oder Boy, oder Chummie, oder Bogey). Mrs. Beauchamp hatte innerhalb von neun Jahren sechs Kinder geboren, und da sie nun einen Jungen zustandegebracht hatte, ließ sie es genug sein, obwohl sie erst dreißig war. Auch hier kam die effiziente Organisatorin in ihr zum Vorschein.

Im Frühjahr 1898 machten sich die Eltern erneut nach England auf. Und wieder führte Oma das Regiment. Katherine erinnerte sich, daß ihre Mutter ihr eine Krawattennadel aus der Schweiz mitbrachte, »die wie ein Veilchen aussah, und man kniff ein Auge zu und schaute hindurch auf den ›Löwen von Luzern‹«.[10] Offensichtlich hatten sie noch eine Reise auf den Kontinent angehängt, und auf der Rückfahrt verbrachten sie noch mehrere Wochen in Amerika – im ganzen eine neunmonatige Abwesenheit, was den Kindern wie eine Ewigkeit erschie-

10 K. M. an J. M. M., November 1920, *Katherine Mansfield's Letters an John Middleton Murry: 1913-22*, hrsg. von J. M. M., London (Constable) 1951, S. 605.

nen sein muß. Sie brachten ein gerade erschienenes Buch von Harolds Cousine »Elizabeth« (geborene Mary Annette Beauchamp, später von Arnim) mit: *Elizabeth und ihr deutscher Garten*, ein späterer Bestseller. Die zehnjährige Katherine war tief beeindruckt. Der Familiensage zufolge weckte es den Wunsch in ihr, ebenfalls Schriftstellerin zu werden.

Die Familie zog nun wieder nach Wellington. Das neue Haus, wiederum in der Tinakori Road gelegen, hatte ein Billardzimmer und einen Tennisplatz im Garten: »ein großes, weißgetünchtes Haus mit einer Veranda mit schlanken Säulen und einem Balkon, der um das ganze Haus herumlief«.[11] Wir betreten nun die Welt des Edwardianischen Mittelklasseluxus, den Rahmen von Katherines Erzählung *Das Gartenfest*, einer der besten Darstellungen dieses Phänomens. Wie in *Das Gartenfest*, so waren auch hier die kleinen schäbigen Häuser der Armen – Mischlinge mit zu vielen Kindern, Wäscherinnen – nur einen Schritt entfernt; doch, »wie Vater sagte ... bestand kein Zweifel, daß dieses Land einmal äußerst wertvoll sein würde ... wenn man genügend davon kaufte und abwartete«.[12]

Mit zunehmendem Erfolg wurde Beauchamp zu einer immer bedeutenderen, wenn nicht beliebteren Persönlichkeit in der kleinen Gemeinde: Wellington zählte damals 40 000 Einwohner, etwa so viel wie heute Baden-Baden oder Cuxhaven. Eine Kindheitsfreundin von Katherine erinnerte sich, wie sie in den neunziger Jahren einmal Weihnachten bei den Beauchamps verbrachte, und beschrieb, wie der sozialistische Premierminister Richard Seddon auf Besuch kam und die kleinen Mädchen mit seinem Gehrock und dem Zylinder – trotz der Hitze – und einer Diamantnadel auf der Hemdbrust beeindruckte. Auch Beauchamp nahm es mit der äußeren Erscheinung peinlich genau: Als er einmal, auf dem Weg nach England, unter der brennenden Tropensonne von Honolulu an Land ging, soll er gleichwohl eine Melone auf dem Kopf und einen Regenschirm am Arm getragen haben. Seine Kinder mußten täglich ein kaltes Bad nehmen, während er selbst mit seinen auffallend blauen

11 *Journal*, 12. März 1916, S. 106.
12 Ibid.

Augen und der gesunden, rötlichen Gesichtsfarbe »das frische Aussehen eines Mannes hatte, der gerade einem kalten Bad entstiegen und sich freizügig mit Eau de Cologne besprengt hatte«.[13] Katherine selbst beschrieb ihn als »durch und durch gewöhnlich und kaufmännisch«, doch in einem liebevolleren Moment schrieb sie:

> Vater ist eine Tolstoi-Figur. Er sieht genau aus wie eine Tolstoi-Figur. Ich hatte immer das Gefühl, daß Stepan in *Anna Karenina* mich an jemanden erinnerte – und sein wohlgenährter, frischer Körper war mir immer seltsam vertraut – natürlich – das ist Papa – das Lächeln und der Backenbart.[14]

Die Ambivalenz ihrem Vater gegenüber behielt sie ihr Leben lang bei. Mochte er auch vulgär, derb und knauserig sein, so war er doch auch stark, verläßlich und märchenhaft reich. In der Phantasie jedenfalls, wann immer sie sich als kleines Mädchen fühlte, erschien er ihr bezaubernd und omnipotent.

Den Kindern mangelte es nicht an frischer Luft, körperlicher Bewegung, gutem Essen und freundlicher Fürsorge; Oma Dyer war in ihrem Leben eine wohlgelittene Person. Die Mädchen waren oft gleich gekleidet, in ihrer Wesensart jedoch sehr verschieden. Vera nahm ihre Position als älteste sehr ernst und achtete sehr auf Anstand und Verantwortung, Chaddie war fröhlich und umgänglich, Katherine (für die Familie immer Kathleen oder Kass) war schwierig, außenseiterisch, stark in ihren Gefühlen, hatte öfters Wutausbrüche, war eifersüchtig auf den Erfolg oder die Freundschaften anderer und fühlte sich gedemütigt, weil sie dick war. Ihre kanadische Freundin Marion Ruddick, die mit den Eltern Beauchamp 1898 reiste und durch Mrs. Beauchamp von den Mädchen hörte, bevor sie ihnen selbst begegnete, sagte, daß sie »in ihrer bestimmten Art Kathleen völlig überging und entschied, daß Chaddie mir am besten gefallen würde«.[15] Dann beschrieb sie, wie die Mädchen zum Schiff hinausfuhren, um ihre so lange abwesende Mutter zu begrüßen:

---

13 Marion C. Ruddick, *Incidents in the Childhood of Katherine Mansfield*, unveröffentlichtes Typoskript in der Alexander Turnbull Library.

14 K. M.s MS-Aufzeichnungen in der Alexander Turnbull Library.

15 Ruddick, op. cit.

> ... sie schaute wie abgehoben auf die Gruppe hinab und schien mir nicht gerade überglücklich zu sein, wie ich es mir nach so langer Abwesenheit eigentlich vorgestellt hätte. Schließlich redete sie als erstes Kathleen an, daß es jeder hören konnte: »Nun, Kathleen«, sagte sie, »wie ich sehe, bist du noch immer so dick wie zuvor.« Und bei meinem ersten Blick auf Kathleen sah ich, wie ihre Augen blitzten und sie vor Wut rot wurde, als sie sich mit einem Ruck ihrer Ringellocken abwandte.[16]

Marion wurde Katherines beste Freundin; und sie, ebenso wie ihre Schwester Jeanne, betonte ihre Distanz zur übrigen Familie. »Kathleen war schweigsam wie so oft, wenn ihre Schwestern zugegen waren«[17], schrieb Marion. Jeanne sprach von »alten« und »jungen« Seelen, um den unstrittigen Unterschied zwischen Katherine und den anderen zu beschreiben, und sagte, daß ihre Mutter überhaupt nicht von ihr redete, nachdem sie 1908 nach England gegangen war, sondern nur seufzte: »Mein armes Kind.«[18]

Ungeachtet aller unterschwelligen Animositäten und Verstimmungen verstand es die Familie, den Schein zu wahren. Die Mädchen nannten ihre Eltern »father dear« und »mother dear«, die Großeltern waren »gran dear«, und »darlings« und »dearests« schwirrten nur so umher. Noch in ihren Achtzigern redete Jeanne mit großer Verve, artikulierte deutlich und schön wie eine Schauspielerin. Auch streute sie französische und deutsche Wendungen ein, wie es auch Katherine in ihren Briefen getan hatte. Diese Angewohnheit gehört zu einer Generation von Frauen, die genug Muße hatten, um sich aus Freude mit anderen Sprachen zu beschäftigen, eine Muße, die durch eine ungeheure Dienerschaft gewährleistet war. In ihrem Werk identifizierte Katherine sich gern mit dem Personal, obwohl sie in einer

---

16 Ibid.

17 Ibid.

18 Aufgezeichnet im Gespräch mit Mrs. Jeanne Renshaw, 1977. Antony Alpers führte eine weitere Zeugin aus dem Familienleben der Beauchamps an, Rose Ridler, die 1947 sagte, daß Mrs. Beauchamp ihre Tochter nicht zu mögen schien. (Antony Alpers, *The Life of Katherine Mansfield*, London [Jonathan Cape] 1980, S. 13).

Gesellschaft aufwuchs, in der die soziale Trennung zwischen Hausmädchen und Herr absolut schien.

Der Luxus ihrer Kindheit mit Näherinnen, die ins Haus kamen, Stubenmädchen, Gärtnern und Personal für die Wäsche und das Bügeln hatte später seine Nachteile. Katherine sah ihre Mutter praktisch nie irgend eine Handarbeit verrichten – ein Essen zubereiten oder ein Kleidungsstück nähen –, und auch von ihr wurde nicht erwartet, putzen oder kochen zu lernen: Schließlich war sie ja Miss Kathleen. Sie wußte nicht, wie man mit Dienern umgeht, und wurde immer sehr willig bedient, doch als sie als erwachsene Frau in Armut lebte, machte das Defizit an praktischer Ausbildung ihre Lage noch schwieriger, aber am Ende ihres Lebens empfand sie die Vorstellung von manueller Arbeit als eine Erlösung.

Katherine empfand sich als »das fünfte Rad am Wagen – das häßliche Entlein«.[19] Doch die Komische, die Schwierige, die Unverstandene, die im Abseits, die »Gewitterwolke«[20] zu sein, ist auch eine privilegierte Stellung, die Stellung des Aschenputtels. »Sie hatte eine vage Vorstellung, daß es immer die dritte war und sein würde, die der Liebling der Götter war. Die Märchen, die sie in ihrer Kindheit richtiggehend verschlang, trugen dazu bei, daß dieser Gedanke sich in ihr festsetzte«,[21] schrieb sie in einem der Notizbücher aus ihrer Jugendzeit. Vera und Chaddie, die nach allgemeiner Aussage recht brave Mädchen waren, behielten ihre Version der Kindheit in der Familie Beauchamp – jedenfalls Fremden gegenüber – für sich und redeten nur widerwillig über ihre Schwester; wenn sie sie teilweise nicht mochten oder gar fürchteten, so sagten sie es jedenfalls nicht. »Die Familie war sehr konventionell, Kass war der Bandit«, sagte einer ihrer Lehrer.[22] Zu den Konventionen einer solchen Familie gehört, daß alle Angehörigen einander lieben; diese Konvention wird im Mär-

19 K. M.s MS-Aufzeichnungen, transkribiert von Margaret Scott und veröffentlicht im *Turnbull Library Record*, März 1970, S. 8.

20 Ruth Elvish Mantz und J. M. M., *The Life of Katherine Mansfield*, London (Constable) 1933, S. 152.

21 K. M.s MS-Aufzeichnungen, Alexander Turnbull Library.

22 Mantz und J. M. M., op. cit., S. 152.

chen natürlich negiert, hier sind all die anderen Gefühle des Hasses und der Eifersucht erlaubt. Kein Wunder, daß sie Katherine so stark anzogen.

Noch etwas anderes spielte eine Rolle. Katherine stand immer auf der Bühne. Sie mußte ein Publikum bezaubern können, doch in ihrer Familie gab es niemanden, den sie mit Erfolg in ihren Bann schlagen konnte. Sie sahen sie einfach nicht so, wie sie gesehen werden wollte.

Katherine besuchte in Neuseeland drei Schulen. Zunächst die Volksschule von Karori, wo alle Kinder aus der Gegend hingingen und wo sie lesen und auf eine Schiefertafel schreiben lernte und Gefallen daran fand, Gedichte auswendig zu lernen. Auch begann sie, die Welt in Leute einzuteilen, die sie mochte, »ihre« Leute, diejenigen, die wußten, daß sie einfühlsam sein konnte, und den Rest. Einen Großteil ihres Lebens verwendete sie darauf, die Menschen nach dieser Art einzuteilen, indem sie »ihre« Leute suchte und die andern heruntermachte.

Lesen wurde ihr schnell zur Leidenschaft. Als sie acht war, bekam sie eine Brille mit Stahlrahmen auf die Nase, worauf sie sehr stolz war; bald jedoch brauchte sie sie nicht mehr, und sie war nie wieder kurzsichtig. Ganz im Gegenteil: Ihre Beobachtungsgabe war so scharf, als hätte sie geübt, alles, was sie sah, zu prüfen und zu bewahren. Sie nannte sich selber ein Eichhörnchen, das seine Eindrücke speicherte. »Nichts ist geschehen, bevor es nicht beschrieben wurde«, sagte Virginia Woolf, doch Katherines Fähigkeit, visuelle Dinge aufzunehmen, war ganz außergewöhnlich, und später griff sie darauf zurück, sortierte und selektierte, wie aus einer Schachtel mit Fotos.

Die nächste Schule war das Wellingtoner Mädchengymnasium, in das sie 1898 eintrat und wo sie Marion Ruddick kennenlernte. Sie erklärte Marion zu einer von ihren Leuten und liebte sie mit einer herrischen und besitzergreifenden Liebe. Vormittags waren die Mädchen mit formaler Arbeit beschäftigt, die Nachmittage dagegen waren Zeichnen, Lyrik und Nähen vorbehalten; die kleinen Mädchen arbeiteten an Hemdchen für die Maori-Mission. Katherine begeisterte sich kurze Zeit an dem Gedanken, Missionarin bei den Maoris zu werden, doch sie verabscheute Nähen. Stattdessen las sie, wann immer es ging, laut vor und behauptete später, daß sie die anderen Mädchen zu Tränen rühren konnte, wenn sie im Nähunterricht Dickens vorlas.[23] Eine weitere nachmittägliche Tätigkeit war Schwimmen – in Neuseeland bestand für alle Kinder Pflicht, schwimmen zu lernen –, und im Schwimmbad lernte Marion den Grad von Eifersucht kennen, dessen Katherine fähig war, indem sie nämlich einen heimlichen, aber unvergeßlichen Knuff bekam, als sie zu viel mit einem anderen Mädchen redete. Es war keineswegs der letzte solcher Knüffe, den Katherine austeilen sollte.

Marions Eltern wurden an eine andere Stelle versetzt, und Katherine verlor eine Freundin; im Juni 1900 schickte Harold Beauchamp seine Töchter dann an deren erste gebührenpflichtige Schule, die von Miss Swainson. Miss Swainsons Ziel war es, junge Damen zu entlassen, die sich einfügten und nicht aufbegehrten: »Es war eine jener snobistischen, halbkatholischen Schulen, wo immerzu der liebe Vikar herumstrich. Es ging nicht so sehr um Ausbildung, sondern eher darum, daß man nicht Erbsen mit dem Messer aß und Brot in die Soße tunkte«, erklärte Katherines Cousin Burney Trapp später.[24] Sie war dort nicht sehr beliebt und erregte das Mißfallen ihrer Lehrerinnen. Am Gymnasium hatte man sie wegen ihrer Artikel für die Collegezeitschrift gelobt, es waren Geschichten von Ferienfreuden von Kindern und von Weihnachten; doch bei Miss Swainson waren ihre Aufsätze zu lang, zu unsauber, schlecht in der Rechtschreibung (ihre Rechtschreibung war nie gut) und zu selbstbezogen. Mit einigem Enthusiasmus produzierte sie ihre eigene »Collegezeitschrift«, die voller Witze und Geschichten war. Sie hatte Phantasie, aber »Phantasie bis hin zur Unwahrheit«, so ihre Direktorin.[25]

Miss Swainson hatte noch eine ungewöhnliche Schülerin. Das war Martha Grace oder Maata Mahupuku, ein paar Jahre älter

23 *Journal*, März 1916, S. 107.
24 Burney Trapp an seinen Sohn Joseph Trapp, 4. März 1947, unveröffentlichter Brief.
25 Mantz und J. M. M., op. cit., S. 152.

als Katherine, deren Vorfahren Maorihäuptlinge waren; ein Onkel war mit dem Premierminister, Richard Seddon, befreundet. Von ihrem Onkel hatte sie ein beträchtliches Vermögen geerbt. Sie war eine dunkelhäutige, exotische Schönheit, und zuweilen wurde sie Prinzessin Martha genannt, um zu betonen, wie wenig sie mit den Mischlingen in den ärmlichen Häusern in der Tinakori Road gemein hatte, deren Gärten von leeren Marmeladenbüchsen und alten Pfannen überquollen.

> Martha war ständig bei den Beauchamps. Die Mädchen, die nicht so viel Geld bekamen, machten große Augen angesichts der Menge, die Maata immer zur Verfügung stand. Gleichwohl war sie sehr hübsch, klug und großzügig und alles andere als überheblich. Sie und Kathleen waren besonders befreundet.[26]

Wenn man einem späteren Eintrag in Katherines Journal glauben darf, dann hatte sie während der Schulzeit mit Maata einige Erfahrungen, die sie sexuell aufwühlten; es scheint mehr als nur eine Schülerinnenliebe gewesen zu sein, und hieraus könnte sie sich ihrer Bisexualität bewußt geworden sein.

Die Beauchamps wurden immer wohlhabender. Als der Herzog und die Herzogin von Cornwall 1901 Neuseeland besuchten, gab auch Harold ihnen zu Ehren ein Essen, und Jeanne überreichte der zukünftigen Königin Mary einen Blumenstrauß. Die älteren Mädchen begannen allmählich, »sich mit ihren Eltern in der Öffentlichkeit zu zeigen und waren alle mit ihrer Musik und anderen Fertigkeiten beschäftigt«.[27] Vera und Katherine nahmen Klavierunterricht, Chaddie sang, und alle drei wurden auf Vorträge an dem Elfenbeinklavier auf dem Podium vorbereitet.

Katherines Interesse an Musik erhielt eine neue Wendung. Als sie dreizehn war, lernte die Familie einen aufgeräumten, attraktiven Musiklehrer namens Thomas Trowell kennen, der in den achtziger Jahren von England gekommen war. Der ältere

26 Burney Trapp an seinen Sohn Joseph Trapp, 4. März 1947, unveröffentlichter Brief.

27 Harold Beauchamp, *Reminiscences and Recollections*, New Plymouth, Neuseeland (Thomas Avery) 1937, S. 86.

seiner zwölfjährigen Zwillingssöhne, Arnold, zeigte viel Talent am Cello, während der Garnet, der schüchterne Zwilling, auch das Geigenspiel beherrschte. Dazu gab es noch eine hübsche zehnjährige Tochter, Dolly. Katherine vernarrte sich rasch in die ganze Familie, nannte Dolly »kleine Schwester« und vertraute sich in langen Gesprächen den Eltern an. Mr. Trowell willigte ein, ihr Cellounterricht zu geben. Sie wurde so besessen davon, daß sie braune Sachen trug – passend zum Instrument. Mr. Beauchamp ließ dieser jugendlichen Leidenschaft ihren Willen, und die Trowell-Jungen wurden zum Spielen in die Tinakori Road eingeladen.

Katherine, die schon für Aufregung gesorgt hatte, als sie eine Lehrerin nach der Bedeutung der freien Liebe gefragt hatte, beschloß, sich in Arnold, den sie in »Caesar« umbenannte, zu verlieben. In gewisser Weise war sie in die ganze Familie verliebt, deren Prioritäten und Werte so faszinierend anders als die der Beauchamps waren. Sie hatten kein Geld, waren aber außergewöhnlich begabt, sie lebten auf völlig unformelle, lässige Art, waren aber mit Leib und Seele dabei, wenn es um die Kunst der Musik ging. Es war offensichtlich, daß nicht die Beauchamps, sondern die Trowells ihre Seelenfreunde waren.

Katherine war nicht die einzige, die die musikalische Begabung der Familie würdigte. Ganz Wellington fand, daß die Zwillinge – und besonders Arnold – ein so hervorragendes Talent besaßen, daß sie es verdienten, zum Studium nach Europa geschickt zu werden. Die Trowells hatten nicht die Mittel dafür, und so kam eine Gruppe Wellingtoner Familien überein, das Geld dafür aufzubringen, und man beschloß, Arnold und Garnet 1903 zum Studium nach Deutschland zu schicken. Unter den Wohltätern war auch Harold Beauchamp.

Vielleicht war es dieser Akt großzügigen Mäzenatentums, der ihm Gedanken über die Ausbildung seiner eigenen Kinder machte; wie dem auch sei, noch bevor Arnold und Garnet abreisten, hatten Mr. und Mrs. Beauchamp eine bedeutungsvolle Entscheidung für ihre Familie getroffen. Vera, Chaddie und Katherine sollten auch nach Europa gehen. Sie sollten ihre Ausbildung am Queen's College in der Londoner Harley Street vollenden. Es war ein kühner Plan.

2
Queen's: »Meine *ach so vergeudeten* Mädchenjahre«

Im Januar 1903 ging man an Bord. Harold Beauchamp hatte mit einer seiner angenehmen, fürstlichen Gesten den gesamten Passagierraum eines kleinen Frachters, der »Niwaru«, gebucht, die über den Pazifik und um Kap Horn segelte. Sie waren zu neunt: die fünf Beauchamp-Kinder, beide Eltern, sowie Annies jüngerer Bruder Sydney und ihre Schwester Belle, der ihr Schwager besonders zugetan war. Sie hatte sich bereit erklärt, in England zu bleiben, um ein Auge auf ihre drei Nichten zu haben, eine Autoritätsposition, die ihr Katherine nicht gewogen machen sollte. Vielleicht glaubte Belle, daß dies ihre letzte »Chance« sei, denn in Wellington war kein geeigneter Gatte aufgetaucht, und sie war schon fast dreißig; sie hatte Kinderschwester werden wollen, war aber wegen einer drohenden Tuberkulose davon abgebracht worden. Nun jedoch war sie von blendender Gesundheit. Katherine war vierzehn und geschlechtsreif; wie viele dritte Töchter, die zusammen mit ihren älteren Schwestern aufwachsen, nahm sie es für selbstverständlich, daß ihr dieselben Freiheiten und Rechte wie den andern zustanden.

Die Reise dauerte sieben Wochen. Katherine hinterließ keinen Bericht über ihre Eindrücke, nur in einem kurzen, nostalgischen Absatz in einem Brief an ihren Vater ein Jahr vor ihrem Tod, als ihre Mutter schon tot war und ihre Rückblicke in die Vergangenheit freundlich und bedauernd geworden waren, nahm sie darauf Bezug:

> In meinem Herzen habe ich eine Schwäche für die *Niwaru* … Weißt Du noch, wie gern Mutter die dreieckigen Toastscheiben mochte? Sie waren aber auch schrecklich gut, an einem kalten Nachmittag in der Gegend um das Horn. Wie gern würde ich wieder einmal eine lange Seereise machen. Aber immer verbinde ich derlei mit einer Vorstellung von Mutter

in ihrer kleinen Seehundjacke mit dem aufgestellten Kragen.[1]

Für Beauchamp selber, dem stolzen und großzügigen Anführer seiner kleinen Truppe, war dies die schönste Reise seines Lebens. Es war auch das letzte Mal, daß er die Herrschaft über seine ganze Familie hatte. Zu König Edwards Zeit konnten Hochseeschiffe sehr gemütlich sein; die *Niwaru* stellte den Damen ein Klavichord, eine Nähmaschine und gar noch einen Kanarienvogel nebst Käfig zur Verfügung.

Eine auf Las Palmas aufgenommene Fotografie zeigt eine erstaunlich wohlgestaltete und ausstaffierte Familie. Mrs. Beauchamp und Belle tragen riesige pfannkuchenartige, mit Blumen und Federn geschmückte Strohhüte, der kleine Leslie steckt in einem Matrosenanzug und die Mädchen in hochgeknöpften Stiefeln, Handschuhen und Kreissägen, die Haare tragen sie hochgesteckt, dazu knöchellange Röcke und hochgeschlossene Blusen. Die Männer erscheinen in dunklem Anzug und steifem Kragen. Belle hat sich zwei Rosen ans Kleid gesteckt. Es ist die formelle Pose vor der Kamera: Alle starren in die Linse, Mr. Beauchamp mit freudiger und zuversichtlicher Miene, Haare und Bart schon weiß, Backenbart noch rotblond. Mrs. Beauchamp hat ihren abwesenden, korrekten, unerschütterlichen Blick, Vera das angespannte Gesicht der ältesten Tochter. Belles Gesichtsausdruck ist ebenso perfekt arrangiert wie ihr Kleid, und Katherines weist eine intensive Leere auf: ovales Gesicht, breite Stirn, wohlgeformte Züge, dunkle Augen, die aussehen, als könnten sie aufmerksam sein, wenn es nur etwas gäbe, das ihre Aufmerksamkeit verdiente. Unpassenderweise ist ihre Bluse das unordentlichste an der ganzen Gesellschaft, und ihr Rockbund spannt sichtlich; sie sollte noch etliche Jahre ein dikkes Mädchen bleiben, und noch Anfang zwanzig wurde sie von Nicht-Verehrern als »stämmig« oder »pummelig« beschrieben.

Der erste Monat in England verging mit kulturellen Ausflügen – Stratford war eines ihrer ersten Ziele – und mit Besuchen bei der verzwickten Verwandtschaft, die zusammen mit Belle

1 K. M. an Harold Beauchamp, 26. Juni 1922, *The Letters of Katherine Mansfield*, hrsg. von J. M. M., London (Constable) 1928, Bd. II, S. 222.

eine gewisse Verantwortung für die drei Mädchen übernehmen sollte, wenn die Eltern Beauchamp mit den jüngsten Kindern wieder nach Neuseeland abgereist sein würden.

»The Retreat« (Die Zuflucht) hieß das Haus in Bexley in der Grafschaft Kent, wo sich Henry Beauchamp, ein um einiges älterer Cousin Harolds, in den sechziger Jahren niedergelassen hatte, nachdem er aus Australien als reicher Mann zurückgekehrt war. Das außergewöhnlichste seiner Kinder war das jüngste, »Elizabeth«, in ihrer eigensinnigen Mädchenzeit ein Sorgenbündel, doch dann der Stolz der ganzen Familie: Sie hatte sich nicht nur einen deutschen Edelmann als Gatten geangelt, sondern auch das Buch *Elizabeth und ihr deutscher Garten* geschrieben. Natürlich lebte sie nicht mehr in Bexley, sondern in Pommern, wo ihre Schreibmaschine in einem Sommerhaus stand, über dessen Tür *Procul Este Profani* stand, und sie sich mit ihrem Mann stritt. Ihre Schwester Charlotte hatte einen Kaufmann aus der City geheiratet, und *deren* Sohn Sydney Waterlow (Katherines Vetter zweiten Grades) war nun im Außenministerium, sehnte sich aber nach einem intellektuelleren und künstlerischeren Leben; er brachte es schließlich zu losen Kontakten mit der Bloomsbury Group, bei der er dann Katherine einführte.

Die andern beiden Beauchamp-Cousins waren Sydney, ein Arzt, und Henry, der musizierte – er spielte Cello und sang – und wahrscheinlich aus diesem Grund zum Vormund (= »guardian«) der Mädchen bestellt wurde. Sogleich tauften sie ihn »Guardy«, und Katherine schwärmte von seiner poetischen Tenorstimme.[2]

Dort, in »The Retreat«, verbrachten die Mädchen den größten Teil ihrer Schulferien. Die Schule war ebenso ungewöhnlich wie ungewöhnlich gut; das Queen's College lag in der Harley Street 45, mitten im Herzen Londons, nicht weit entfernt von Regent's Park, Piccadilly Circus und Hyde Park. Der Wahl der Schule lag eine Familiensache zugrunde. Annie Beauchamps

2 K. M. an Sylvia Payne, 26. Dezember 1904, *The Collected Letters of Katherine Mansfield*, hrsg. von Margaret Scott und Vincent O'Sullivan, Oxford University Press 1984, Bd. I, S. 14.

Vater hatte, als er in den vierziger Jahren nach Australien emigrierte, eine Schwester namens Eliza zurückgelassen, eine fähige und energische Frau, die eine Schule in London betrieb und wiederum einen Lehrer, Joseph Payne, heiratete. Payne war Autodidakt und entwickelte ausgeprägte Ansichten zur Erziehungsreform; besonders interessiert war er an der Erziehung von Mädchen und trug zur Gründung der »Girls' Public Day School Trust« (Stiftung für Mädchenprivatschulen) bei. Sein Sohn, Joseph Frank Payne, Annies Cousin, wurde Arzt; seine Praxis lag in der Wimpole Street. Er teilte die Ansichten seines Vaters über die Bedeutung der Mädchenbildung und schickte seine drei Töchter gleich um die Ecke aufs Queen's College. Und da auch Internatsschülerinnen aufgenommen wurden, war es ganz natürlich, daß er sie Annie für deren Mädchen empfahl.

Queen's hatte eine ganz besondere Atmosphäre. Weder ähnelte es den großen, ziemlich militaristischen Mädchenpensionaten, die ihrem männlichen Gegenstück nachgebildet waren, noch den staatlichen Schulen der Londoner Vororte und Provinzstädte, die ebenfalls einen durchorganisierten und standardisierten akademischen Zwang ausübten. Das Queen's war 1848 mit dem Ziel gegründet worden, die Individualität und das freie geistige Streben seiner Schülerinnen zu fördern, anstatt sie mit Fakten zu füttern und in vorgestanzte Formen zu pressen. Es war recht klein und hatte noch keinen festen Status; es war irgendwo zwischen Internat und College angesiedelt. Ungefähr vierzig Internatsschülerinnen teilten sich in kleine Kammern im Obergeschoß und unterm Dach von Nachbarhäusern in der Harley Street, die sämtlich im 18. Jahrhundert als Wohnhäuser gebaut worden waren und daher keinerlei Schulatmosphäre verströmten. Es herrschte keine strenge Disziplin: Es gab keine Uniform, und die Mädchen durften zu zweit London erforschen – ein gewagter Weg zu einer Zeit, als die Armen zumeist als fremde und potentiell gefährliche Rasse angesehen wurden.

Auch der Lehrplan war sehr freizügig angelegt. Aus Katherines Aufzeichnungen wird deutlich, daß die Mädchen sich auf ihre Lieblingsthemen konzentrieren und andere Fächer gänzlich beiseite lassen durften. So gab sie bald Theologie, Chemie, Geographie, alte Geschichte, Zeichnen und Arithmetik auf (in einer Stipendiumsarbeit erhielt sie bei letzterem 0 von 150 Punkten) und betrieb nur Deutsch, Französisch, Englisch, Gesang und Cello. Pro Woche wurden mindestens 10 Stunden erwartet, dazu eine Stunde selbständige Vorbereitung pro Fach. Die meiste Arbeit konnten die Mädchen in aller Ruhe und ohne formale Zwänge in der Bibliothek verrichten, die Katherine einmal einer Freundin wie folgt beschrieb: »Dick mit Orientteppichen ausgelegt, überall große Sessel, süße kleine Tischchen, Läufer und reizende Bilder. Selbst Latein wäre in diesem Raum interessant.«[3] Die Mädchen wurden aufgefordert, ihre Bücher selbst zu wählen, und eine besondere Vereinbarung mit der London Library am St. James's Square erweiterte die Auswahl.

Die Schülerinnen mußten für Prüfungen nicht aus dem Haus; sie wurden von Gastprofessoren, viele davon Männer, unterrichtet, deren Methode es war, vorzutragen und dann einen Aufsatz schreiben zu lassen. Manche dieser Vorträge waren so interessant, daß auch Außenstehende dazu kamen. Dieses freie und flexible System war das Werk des Gründers, F. D. Maurice. Der christliche Sozialist und Freund von Tennyson und Kingsley, ein freundlicher, idealistischer Mann, gründete auch ein Arbeiter-College.

Die Mädchen kamen zumeist aus der kaufmännischen und intellektuellen Bürgerschicht, und viele von ihnen gingen auch in entsprechende Berufe, wenngleich der Weg keineswegs zwangsläufig nach Oxford oder Cambridge führte. Die Historikerin Gertrude Bell war Queen's-Schülerin, ebenso Florence Farr, die feministische Autorin und Schauspielerin, zu deren Bewunderern Bernard Shaw und Yeats zählten. Auch Sophia Jex-Blake, eine weitere Vorkämpferin des Frauenrechts und der Medizinausbildung für ihr Geschlecht, ging hier zur Schule. Zu Katherines Klassenkameradinnen zählte die Tochter eines Mühlenbesitzers aus Yorkshire, eine Enkelin des Gründers, die Töchter eines Journalisten und natürlich viele Arzttöchter wie die Cousinen Payne.

Die Gebühr für das Queen's betrug 22 Guineen pro Semester

---

3 K. M. an Marion Tweed, 16. April 1903, *Collected Letters*, Scott und O'Sullivan, Bd. I, S. 5.

für Unterkunft und neun für den Unterricht; Ermäßigung gab es für drei Töchter aus einer Familie, was Mr. Beauchamp gefallen haben muß. Dennoch war es eine ziemliche Investition für einen Vater, so für die Zukunft seiner Töchter zu sorgen. Als die Zeit zur Trennung kam, bemerkte er, daß es »weh« täte. Katherine sah die Sache anders, das jedenfalls legt eine ihrer fiktiven Aufzeichnungen nahe:

> Sie sollte vollkommenen Fremden begegnen. Sie konnte das sein, was sie wollte. Sie hatten sie nie zuvor gesehen – oh, welche Beruhigung zu wissen, daß die andern mit jeder Minute sich weiter von ihr entfernten! »Vermutlich bin ich auf groteske Weise unnatürlich«, dachte sie und lächelte.[4]

Das Zimmer der Schwestern befand sich unterm Dach des Hauses Harley Street 41, wo sie von einer weiteren Schülerin mit dem passenden Namen Ida Constance Baker aufgenommen wurde; sie wurde die ergebenste und blieb die treueste von Katherines Freundinnen bis ans Ende ihres Lebens. Sie war neun Monate älter als Katherine, weder besonders schlagfertig noch schön, doch sie hatte ein nachdenkliches, sanftes Gesicht, das von schwerem, langem Haar eingerahmt war. Während Katherine in einem Hochgefühl ihr neues, abenteuerliches Leben erwartete, war Ida bei diesem ersten Treffen eher melancholisch. Ihre Mutter war gerade gestorben, und ihr schwieriger Vater war mit ihrem jüngeren Bruder und ihrer Schwester aufs Land gezogen und hatte sie somit zum ersten Mal allein im Queen's zurückgelassen. Sie hatte das verzweifelte Bedürfnis, diese Kluft in ihrem Leben auszufüllen, ein Leben, das sie zum Teil in Burma verbracht hatte, wo ihr Vater als Truppenarzt gedient hatte, wenngleich ihre Familie aus Suffolk kam. Ebenso wie Katherine war sie in der Welt herumgekommen, doch nahm sie das eher stoisch hin.

An diesem ersten Tag fielen ihr Katherines dunkle Augen auf, die alles um sie herum aufsogen. Dann entdeckte sie, daß sie eine Liebe zur Poesie teilten. Als sie dann im Regent's Park

4 K. M.s MS-Aufzeichnungen, transkribiert von Margaret Scott und veröffentlicht im *Turnbull Library Record*, März 1970, S. 24.

spazierengingen, wandte Katherine sich zu ihr und fragte im Befehlston: »Wollen wir Freundinnen sein?« Praktisch von dem Moment an sah Ida sich quasi als Katherines Dienerin; stundenlang saß sie bei ihr auf dem Zimmer, während Vera und Chaddie aus waren, hörte ihr beim Celloüben zu oder redete mit ihr über Katherines Pläne, Katherines Zukunft, Katherines Leben. Für Ida war Katherine mit ihrer dunklen Schönheit und starken Ausstrahlung etwas ganz Außergewöhnliches.

Katherine liebte ihr Zimmer mit dem Blick über die Bleidächer und die Stallungen, wo die Pferde und die Kutscher untergebracht waren; ebenso liebte sie die ganze Atmosphäre der Schule und fühlte sich dort mehr zu Hause als in »The Retreat«. Einmal schrieb sie während der Ferienzeit an ihre Lieblingscousine Sylvia Payne, wie sie ständig an Queen's und seine »eigentümliche Faszination« dachte; in einem weiteren Brief aus dem College beschrieb sie, wie sie »die Lampe in den Stallungen unter mir [betrachtete] ... wie sie ruhelos flackerte und sich bewegte, und meine Blumen am Fenster ... wie sie mir heftig zunickten und mit mir redeten«.[5] Ein langer Abschnitt aus ihrem Journal, das sie im Februar 1916 schrieb, als sie eine glückliche Zeit in Bandol verlebte, zeigt, wie scharf ihr Erinnerungsvermögen war:

> Gestern dachte ich an meine *ach so vergeudeten* Mädchenjahre. Mein Leben im College, das mir auf eine Art so lebhaft und genau im Gedächtnis ist, könnte ebenso gut auch ohne Bücher und Vorlesungen gewesen sein. Ich lebte in den Mädchen, den Professoren, dem großen, schönen Gebäude, dem lodernden Kaminfeuer im Winter und den überreichen Blumen im Sommer. Der Blick aus den Fenstern, das ganze Muster, das sich – wob. Niemand, so glaubte ich, sah es wie ich. Meine Sinne waren grad wie ein Eichhörnchen. Ich sammelte, sammelte und hortete für jenen langen »Winter«, da ich meine Schätze wieder heben würde ... warum habe ich dem alten Rektor, der zweimal die Woche Bibelgeschichte las, nicht zugehört, anstatt ihm ins Gesicht zu starren, das sehr

5 K. M. an Sylvia Payne, 10. Juli 1904, *Collected Letters*, Scott und Sullivan, Bd. I, S. 14.

rund und von dunkelroter Farbe war und so einen Schimmer hatte und über und über mit feinen roten Äderchen mit endlosen winzigen Verästelungen überzogen war, die bis hin zur Stirn hinaufliefen und sich in dem buschigen weißen Haar verloren. Auch seine Hände waren fein, aufgedunsen, purpurn und leuchteten unter dem fleckigen Fleisch. Wenn ich seine Hände betrachtete, dachte ich immer – einmal trifft ihn der Schlag und dann stirbt er an einer Lähmung ... Nur einmal kam ich in Kontakt mit ihm, als er fragte, ob denn eine junge Frau im Raum einmal von einem wilden Bullen gejagt worden sei, und da niemand den Finger hob, tat ich es (obwohl es mir natürlich nicht passiert war). »Ah«, sagte er, »Sie zählen leider nicht. Sie sind eine kleine Wilde aus Neuseeland.« ... Und warum habe ich nicht Französisch bei M. Huguenot gelernt? Welch eine verpaßte Gelegenheit! Was hat mich das nicht gekostet! Er las in einem großen schmalen Zimmer, das über und über bemalt war – die Wände, die Tür und die Fensterrahmen, ein grauschattiertes Resedagrün. Die Decke war weiß, und direkt darunter lief ein Fries aus weit geschwungenen Ketten weißer Blumen. Zu beiden Seiten des marmornen Kamins wankte ein kleiner nackter Knabe unter einer großen Platte mit Trauben, die er über den Kopf hielt. Unterhalb der Fenster, weit unten war ein Stallhof mit Kopfsteinpflaster, und man konnte das schwache Rattern von Kutschen hören, die ein und aus fuhren, auch das Geräusch von Wasser, das aus einer Pumpe in einen großen Eimer rauschte – irgend ein Junge, der umherstapfte und dabei pfiff. Das Zimmer war nie besonders hell, und sommers mochte es M. H., wenn die Jalousien zur Hälfte heruntergelassen waren ... Er war ein kleiner dicker Mann.[6]

Die Präzision der Erinnerung ist an sich schon erstaunlich, ebenso die Art, wie sie phantasievoll darauf aufbaut. Zweifellos war ihr Selbstvorwurf bezüglich ihres akademischen Tuns gerechtfertigt – dem Queen's wurde oft vorgehalten, daß seine Schülerinnen ihre Zeit vertrödelten –, doch 1916 maß sie sich an

6 *Journal*, Februar 1916, S. 103.

Murry, der den hohen Ausbildungsstandard des Christ's Hospital genossen hatte; die angestrebten Leistungsebenen der beiden Schulen waren aber nicht zu vergleichen. Immerhin sprach sie einigermaßen fließend Französisch und Deutsch, wenn auch die Grammatik wacklig war. Ruth Herrick, ebenfalls aus Neuseeland und zu Katherines Zeit auch am Queen's, erinnerte sich an ihr Drängen, sich auf Französisch zu unterhalten, als keine von beiden kaum eine Handvoll Wörter konnte. Sie hielt das für Affektiertheit, doch es war ebenso ein Beweis von Geist und Intelligenz. Ruth Herrick brachte dies auch mit Katherines allgemeinem Interesse an Nachahmung und Drama – hilfreich für einen Linguisten – in Verbindung und fügte hinzu, daß sie wilde Geschichten erfand, um Eindruck zu schinden, darunter auch die einer Vergewaltigung und Schwangerschaft.[7] Da solche Themen in frühen Notizbüchern zu finden sind, liegt der Gedanke nahe, daß sie ihre Plots an ihren Freundinnen ausprobierte, sie aber auch schockieren wollte. Katherine erzählte ihr ganzes Leben hindurch Lügengeschichten, zumeist aber weniger des eigenen Vorteils als der Wirkung wegen.

Wie für viele frühreife Mädchen, so war auch für sie ein frühes Interesse an sexuellen Abenteuern teilweise wohl eine Verweigerung der von Familie und anderen Instanzen geforderten Frauenrolle, eine Mißachtung ihrer Gesetze. Eigensinn, Bestimmtheit, offenes Interesse an Sexualität – das waren die Vorrechte junger Männer; aber warum sollte das so sein? Warum nicht die Zurückhaltung und Schüchternheit verweigern, die von Mädchen erwartet wurde? Wenn diese Kühnheit Mißbilligung auslöste, so verlieh sie ihr doch auch eine außergewöhnliche Anziehungskraft, da sie die Rolle des jungen Mannes in einer vornehmlich weiblichen Institution einnahm. Katherine war am Queen's bei vielen Mädchen unbeliebt: »Diejenigen, die nicht ihre speziellen Freundinnen waren, mochten sie in der Regel nicht«, heißt es diplomatisch in einer Geschichte der Schule.[8] Eine Dame, die vor kurzem noch Schulleiterin war,

7 Zit. in Jeffrey Meyers, *Katherine Mansfield: A Biography*, London (Hamish Hamilton) 1978, S. 15.

8 Elaine Kaye, *A History of Queen's College*, London (Chatto & Windus) 1972, S. 134.

erklärte rundweg, daß viele ihrer Zeitgenossinnen sie haßten, weil sie so sehr angab. Doch wie jeder mit einer sprühenden Vitalität hatte sie ihre Gruppe von Bewunderinnen, was die Abneigung der Mehrheit wettmachte.

Miss Herrick war offensichtlich verärgert über die Erinnerung an die sklavische Ergebenheit, die Ida Baker Katherine entgegenbrachte, und deren Bereitschaft, sie auszunutzen. Ida Baker wiederum, die mit nicht nachlassender Toleranz und Liebe von Katherines Naturell und Bedürfnissen sprach, fand ihrerseits kritische Worte über Ruth Herricks alte, intensive Bindung zu Katherine. Jede sah bei der anderen etwas »Ungesundes« – ein Wort, das an Mädchenschulen einmal sehr beliebt war. Die Emotionen und Rivalitäten, die sich über so viele Jahre hielten, sorgten weiterhin für Spannungen; die beiden stillen und korrekten alten Damen entdeckten zu ihrer Verwirrung etwas mit Namen »lesbische Liebe« und begannen, diesen Schuh mit spitzen Fingern der jeweils anderen anzuziehen, wobei sie ihre eigenen heftigen Gefühle als rein bewahrten.

Ida Baker sah sich in der Erinnerung als eine Freundin, die abseits von Katherines Gruppe stand, eine, die zuhörte und, in ihren eigenen Worten, Katherine zu »sehen« begann, wie man nur einen wahrhaft geliebten Menschen sieht. Zu einem gewissen Grad litt sie an dem Gefühl, von einem großen Teil des Lebens ihrer Freundin ausgeschlossen zu sein, teils, weil die Beauchamp-Mädchen reich waren und daher oft ausgehen konnten, ins Konzert oder Theater, und sich mit Tante Belle neue Kleider kaufen konnten, teils aber auch, weil es noch andere Mädchen gab, die eine andere Form der Intimität mit ihr teilten. Die kraftvollste und kongenialste war Vere Bartrick-Baker (nicht mit Ida verwandt); sie war einige Monate älter als Katherine, teilte ihre geistigen Vorlieben und spornte sie zu einer anspruchsvollen Lektüre und ebensolchen Gesprächen an, die Idas Kräfte überstiegen. Vere und Katherine saßen in derselben Klasse und waren beide in ihren jungen Deutschlehrer Walter Rippmann verknallt.

> Ich *schäme* mich für die Art, wie ich mich nach Deutsch sehne. Ich kann es einfach nicht ändern. Es ist schrecklich. Und wenn ich in die Klasse gehe, habe ich das Gefühl, ihn die

ganze Zeit anstarren zu müssen. Nie habe ich jemanden so gemocht. Jeden Tag mag ich ihn lieber. Aber am Donnerstag war er wie *Eis!*[9]

schrieb die fünfzehnjährige Katherine. Rippmann wurde ihr Mentor und ermutigte sie auch, moderne Autoren zu lesen, die Symbolisten und Décadents und die Sozialreformer: Bernard Shaw, Maeterlinck, Ibsen und Tolstoi, Arthur Symons und Oscar Wilde, dessen Prosa Katherine bald nachzuahmen begann. Rippmann selbst warf sich gern in Wildesche Posen und unterwies die Mädchen in der Notwendigkeit der Selbstsucht und der Vermeidung der sieben Todtugenden.

Vere wird in der einzigen Erzählung beschrieben, die Katherine über das Queen's veröffentlicht hat, in *Nelke* (1918), der Beschreibung eines heißen Nachmittags in einem Klassenzimmer voller Mädchen. »Eve«, die mit den dünnen roten Lippen und einem grausamen kleinen Lachen ausgestattet ist, bringt eine rote Nelke in den Französischunterricht mit und läßt sie in »Katies Hemdbrust mit den geflüsterten Worten *»souvenir tendre«* fallen, nachdem der Französischlehrer sein bestes gegeben hat und Katie ihre Gedanken zu dem barbrüstigen Mann schweifen läßt, der die Pferde in den Stallungen unter dem Fenster mit Wasser aus der Pumpe bespritzt. Als Tribut an die Schule ist die Erzählung doppeldeutig, doch als atmosphärischer Text hat sie eine beunruhigende Ausstrahlung, so als wären Colette und D. H. Lawrence einander in der Harley Street begegnet.

Vere kam aus ungewöhnlichen Verhältnissen. Ihre Mutter schrieb unter ihrem Mädchennamen Gedichte, lebte allein in Surrey und bezeichnete sich als Witwe, obwohl sie in Wirklichkeit geschieden war – zur damaligen Zeit etwas Ungeheuerliches. Beide Eltern waren in ihrer Jugend Plymouth-Brüder gewesen, hatten sich aber von der Bewegung losgesagt, und der Vater hatte es geschafft, ohne besondere Ausbildung Journalist bei *Financial Times* zu werden. All das faszinierte Katherine natürlich, die viel für unkonventionelle Familien wie auch lite-

9 K. M. an Sylvia Payne, 24. Januar 1904, *Collected Letters*, Scott und O'Sullivan, Bd. I, S. 10.

rarische Ambitionen übrig hatte. Die beiden Mädchen trafen sich oft vor dem Unterricht in dem dunklen unteren Korridor der Schule, um die Ideen ihrer Lieblingsautoren zu diskutieren, und wurden anscheinend einer nicht näher bezeichneten »Unmoral« verdächtigt.[10]

Der Ton ihrer Gespräche läßt sich aus einem fragmentarischen Romanentwurf erraten, an dem Katherine gegen Ende ihrer Schulzeit in ihr Notizbuch schrieb und in dem die Figuren der zwei Mädchen deutlich auf Katherine und Vere (deren Name manchmal aus Versehen als »Pearl« erscheint, dem Namen der Figur) basieren. An einer Stelle einigen sich die Mädchen, die sich eine Wohnung in London teilen, auf eine ständige Verbindung und schwören der Mutterschaft ab. Diese sei, reflektiert »Juliet« (Katherine), »der Tod der Persönlichkeit einer Frau. Sie muß das Thema fahren lassen und sich damit begnügen, die Begleitung zu spielen. Für mich hat das *keine* Anziehungskraft.«[11] An anderer Stelle beginnt Pearl mit dem Gespräch:

> Schlechte Laune? sagte sie.
> Ja, sagte Juliet. Es geht mit dem Teufel zu. Solange es da ist, glaube ich, es geht ewig, und überlege, ob ich mich umbringen soll.
> Das ist gewiß etwas Körperliches. Warum schläfst du nicht besser, Juliet? Bist du – etwa – in anderen Umständen?
> Großer Gott, nein. Um die Wahrheit zu sagen, meine Liebe – nun, ich möchte es mir ja kaum selbst eingestehen, weißt du. Bernard Shaw wäre beglückt.
> Du fühlst dich sexuell.
> Ganz schrecklich – und ich verlange nach einem körperlichen Schock oder nach Gewalt. Vielleicht würde eine ordentliche Tracht Prügel nützen.[12]

So wird wohl verständlich, daß die guten Damen von Queen's ein klein wenig nervös wegen der Freundschaft zwischen den beiden Mädchen waren; Pearl, »mit bleichem, begierigem Ge-

10 Mantz und J. M. M., op. cit., S. 198.
11 K. M.s MS-Aufzeichnungen, transkribiert von Margaret Scott und veröffentlicht im *Turnbull Library Record*, März 1970, S. 17.
12 Ibid., S. 16.

sicht und lächelndem, reifem Mund, rief Juliet zu: ›Ich bin doch da, wir sind beide da. Vertrau' mir, Liebste, lebe mit mir, du und ich, wir holen uns die Dinge gemeinsam, du und ich, wir leben, um unsere neue Philosophie zu beweisen.‹«[13] In einer Skizze, die Katherine später schrieb und Vere schickte, beschreibt sie, wie sie auf die Spitze der Türme der Westminster Kathedrale kletterten und auf das Haus in der Ferne hinabblickten, wo sie einst Küsse ausgetauscht hatten. Vere beschäftigte weiterhin Katherines Phantasie. Viele Jahre nach ihrem Tod sagte Murry (der Vere einmal einen Antrag gemacht und dann gekniffen hatte) ihr, Katherine habe

> mir einmal gestanden, sie habe *Angst* vor dir, und daß sie das Gefühl habe, du würdest eines Tages »zurückschlagen«. (Ich verbürge mich nicht für die genaue Wortwahl: doch der Sinn war genau der). Ich kam (ich weiß nicht warum) zu dem Schluß, daß es einige »inkriminierende« Briefe gegeben haben muß. Wahrscheinlich, weil ich wußte, daß Katherine zu einer Zeit ziemlich süchtig danach war. Aber ich hatte nie den leisesten Zweifel an der Wirklichkeit ihrer Angst vor dir.[14]

Wenn es solche Briefe gegeben hat – und auch Katherine erwähnt sie in ihrem Journal –, dann hat Vere sie vernichtet.

Katherines öffentliche Texte während ihrer drei Jahre am Queen's erschienen in der Collegezeitschrift, an der Rippmann besonderen Anteil nahm. Erst wurde sie Assistentin, dann Herausgeberin. Vier ihrer Geschichten sind fast unerträglich süßliche Berichte von reizenden Kindern, die Sachen anstellen, doch die fünfte, *Pat*, ist ganz anders, eine sparsame Erinnerung an das Faktotum Patrick Sheehan aus Karori, die ohne eine Spur von Sentimentalität erzählt ist.

Zwar saß Karori ihr im Kopf, doch die drei heimatlosen Jahre am Queen's entfernten Katherine nachdrücklich von der Welt ihrer Eltern. Sie hatte immer viel zu tun, arbeitete intensiv mit dem Cello und nahm am College wie auch an der Londoner Musikakademie Unterricht, wo ihr Vetter Henry arbeitete. Sie

---

13 Ibid., S. 13.

14 J. M. M. an Vere Bartrick-Baker, 2. Juni 1933, unveröffentlichter Brief (mit freundlicher Genehmigung von Navin Sullivan).

träumte davon, Berufsmusikerin zu werden, auch hatte sie ein Foto von Arnold Trowell am Bett und traf sich mit ihm und seinem Bruder Garnet, wenn diese nach London kamen, und stellte ihnen Vere wie auch Ida vor. Die Zwillinge hatten Neuseeland einige Monate nach den Beauchamps verlassen und studierten für ein Jahr in Frankfurt. Es waren schmalgesichtige, dünne, blasse Jungen; Arnold hatte rote Haare, Garnet, der immer in seinem Schatten stand, nur braune. Sie sahen nicht besonders gut aus, machten aber mit ihrer Art den Studenten vom Kontinent Eindruck. Sie trugen große Hüte und rauchten Zigaretten aus langen Spitzen, was Katherine mit leidenschaftlicher Bewunderung registrierte.

Ostern 1906 reiste Tante Belle mit den Mädchen nach Paris und Brüssel, wo die Jungen nun studierten. Katherine und ihre Schwestern paßten sich sogleich dem Geist des *vie de Bohème* der Brüsseler Musikstudenten an und prahlten damit, nackt zu baden. Doch die Bohème bestand nicht nur aus Späßen. Kurz nach ihrem Besuch erschoß sich ein Musikstudent, ein Freund der Trowells namens Rudolf, in einem Anfall von Verzweiflung. Das war eine echte Darstellung jener *fin de siècle*-Melancholie, die zu bewundern Walter Rippmann ihnen beigebracht hatte. Rudolfs leidenschaftliche Hingabe an das ästhetische Leben und seine gleichermaßen leidenschaftliche Ablehnung des Lebens beeindruckte und verwirrte sie.

Rippmann hatte 1905 ein Mädchen vom Queen's geheiratet. Er lud mehrere seiner Lieblingsschülerinnen, darunter auch Katherine, in sein Haus in Kensington ein, das mit japanischen Drucken und ästhetischem Dekor ausgestattet war. Die Kluft zwischen Ladbroke Grove und Tinakori Road war tief und wohl nicht zu überbrücken.

Ungeachtet dessen erschienen Mr. und Mrs. Beauchamp im Frühjahr 1906, um ihre drei Töchter zurück nach Neuseeland zu geleiten. Es war schwierig zu begreifen, daß die »Heimat« nun nicht mehr ihre Heimat war. Keine der drei war begeistert darüber, England verlassen zu müssen, obwohl es keine Diskussionen gab; ihr Vater regte sich schon darüber auf, daß er seine Schwägerin verlor, denn Belle hatte einen Ehemann gefunden, einen Schiffseigner, und nahm nun Kurs auf ein Leben, das Tennis und Golf gewidmet war. Harold, der Patriarch, wollte keine weiteren Stammesverluste mehr hinnehmen und begann daher, seine Macht auszuspielen: Katherine sollte nicht mehr Berufsmusikerin werden. Zwar war sie darüber betrübt, doch beschloß sie,

> es hat nicht den geringsten Sinn, sich mit dem Unvermeidlichen anzulegen – in Zukunft werde ich daher meine *ganze* Zeit dem Schreiben widmen. Ein Mädchen in Neuseeland hat große Möglichkeiten – es hat so viel Ruhe und Frieden – und wir haben ein ideales kleines »Haus am Meer«, wo ich ein Gutteil meiner Zeit verbringen will.[15]

Doch Katherines anfängliche Fügsamkeit und Freude, ihre Eltern wiederzusehen, verlor sich im Verlauf des Sommers. Harold war mit dem Kongress der Handelskammer des britischen Empire beschäftigt, wurde von König Edward im Buckingham Palast empfangen und fuhr mit Vera nach Frankreich, während die jüngeren Schwestern in London blieben. Katherine, die noch aufs College ging, klammerte sich an ihre Freundschaft mit Vere und Ida, die »an sie glaubten«, und übte abends oben im Französischzimmer einsam Cello. Etwas von der feministischen Tradition von Queen's hatte von ihr Besitz ergriffen. An Sylvia schrieb sie:

> Es ist mir ein solches Anliegen, daß alle Frauen eine *feste* Zukunft haben – Dir nicht auch? Die Vorstellung, dazusitzen und auf einen Mann zu warten, ist einfach scheußlich – und das ist ja doch die Haltung so vieler Mädchen ... Ich mußte ziemlich lächeln, als ich las, wie Du wünschtest, Dein Schicksal selbst zu bestimmen – Ach, wie oft habe ich ... ganz genauso gefühlt. Ich sehne mich so nach Macht über die Umstände.[16]

Doch die einzige Macht, die sie vorerst hatte, lag in ihrer Phantasie: die Macht, in ihrem Notizbuch Figuren zu erschaffen. Juliets Abenteuer schlossen auch einen Besuch bei Walter ein, einem weltgewandten älteren Mann:

---

15 K. M. an Sylvia Payne, 24. April 1906, *Collected Letters*, Scott und O'Sullivan, Bd. I, S. 18.

16 Ibid.

»Was ist mit Ihren Komplikationen?« »Oh, die sind ganz verschwunden. Ich … ich habe Ihren Rat befolgt.« »Sehr schön, sehr schön. Ich wußte es, mein liebes Kind. Ich habe immer gesagt, Sie haben den Mut dazu.« O schreckliche väterliche Eitelkeit.[17]

Auch eine Begegnung mit dem dekadenten Rudolf, der von seinem Klavierhocker aus doziert, skizzierte sie:

Lebe dieses Leben, Juliet. Fürchtete etwa Chopin, die Gelüste seiner Natur zu befriedigen, sein natürliches Verlangen? Nein, und deshalb ist er so groß. Warum stößt du genau das von dir, was du brauchst – der Konvention wegen? Warum machst du deine Natur klein, warum verdirbst du dir dein Leben? … Du bist blind, und was viel schlimmer ist, du bist taub für alles, was lebenswert ist.[18]

Im Verlauf dieses Jahres traf Maata, die in Europa »den letzten Schliff« bekommen sollte, in London ein; Katherines Cousine zufolge »brachte sie eine Empfehlung an Madame Louise mit, der Schneiderin der Beauchamps … Maata … war verrückt nach Kleidern und verschuldete sich bei Louise bis zum Hals und verließ England, ohne sie zu begleichen. Madame forderte den Betrag von den Beauchamps, und wer Onkel Harold kannte, konnte sich seine Erregung vorstellen. Ich glaube, das Ergebnis war, daß er sie zwang, die Freundschaft zu beenden.«[19]

Mitte Oktober segelte Katherine dann mit ihrer Familie nach Neuseeland. An Bord der *Corinthic* verlief ihr Leben nicht weniger dramatisch als in ihren Notizbüchern. Mit an Bord war ein MCC-Cricketteam, und Katherine begann sofort einen Flirt mit einer adonisgleichen Gestalt:

Er brachte mir Piquet bei … Es war schrecklich heiß … Je mehr Herz man hat, desto besser, sagte er, und beugte sich über meine Hand. Ich spürte seinen Jackenärmel auf meinem

17 K. M.s MS-Aufzeichnungen, transkribiert von Margaret Scott und veröffentlicht im *Turnbull Library Record*, März 1970, S. 16.

18 Ibid., S. 20.

19 Burney Trapp an seinen Sohn Joseph Trapp, 4. März 1947, unveröffentlichter Brief.

bloßen Arm. Wenn nur ein Herz eine sehr armselige Geschichte ist, antwortete ich, dann muß man heutzutage mehr davon besitzen. Wir tauschten einen langen Blick aus, und sein Blick entflammte mich wie der Duft von Gardenien.[20]

Das war nicht eben Oscar Wilde, dessen Aphorismen sie fleißig abschrieb und durch eigene ergänzte (»Nur ein Leben, dessen Wachstum behindert ist, ist verdorben.« – O. W. »Glückliche Menschen sind niemals brillant. Dazu gehört Reibung.« – K. M.), aber es befriedigte ihren Wunsch, weltgewandt zu erscheinen und auf Abenteuer vorbereitet zu sein. Sie gab sich masochistischen Phantasien hin und beglückwünschte sich zu der Anmut ihres Tanzes und spekulierte, ob sie ihn erobern konnte oder ob sie *une jeune fille entretenue*, ein ausgehaltenes Mädchen, werden könnte. Dies, so beschloß sie, wäre besser, als das Kind ihrer Eltern zu sein, die nun ein Auge auf sie hatten, ständig stritten, immer nur an das Schiffsdiner dachten, kurz: vulgär waren. Wie viele Väter, die ihren Stolz auf die Hoffnungen ihrer Töchter gerichtet hatten, merkte Beauchamp, daß seine Ausbildung Katherines dazu geführt hatte, daß sie ihn nun dafür verachtete, daß er »eine unleugbare *Kaufmannsaura*«[21] hatte. Mochte sie sich auch hochtrabenden erotischen Phantasien hingeben, ihr Vater jedenfalls nannte es »sich mit Kerlen in dunklen Ecken herumdrücken«, und ihre Mutter war »ständig mißtrauisch, ständig unerträglich tyrannisch«[22]. In Wahrheit war Katherines Interesse an der Vorstellung, daß Sexualität ein Gut war, mit dem man Geld verdienen konnte – und Prostitution hatte sie immer fasziniert –, weniger ein Zeichen von Lasterhaftigkeit, als vielmehr davon, daß sie eine Tochter ihres Vaters war und ein scharfes Auge für geschäftliche Möglichkeiten hatte.

»Würdest du nicht gern *alle* Arten von Leben ausprobieren –

---

20 *Journal*, November 1906, S. 6. – Katherines Adonis könnte David Kynastons Buch *Archie's Last Stand* zufolge der in Neuseeland gebürtige Cricketamateur R. H. (»Ronny«) Fox sein. Auf dem Maskenball des Schiffs ging er als Maori-Häuptling.

21 K. M.s MS-Aufzeichnungen, transkribiert von Margaret Scott und veröffentlicht im *Turnbull Library Record*, März 1970, S. 17.

22 *Journal*, November 1906, S. 7.

eine ist doch so klein?«, war ihre Parole gewesen, bevor sie England verließ, doch lange bevor die *Corinthic* im Hafen von Wellington festmachte, rebellierte sie schon gegen die Aussicht auf ihr Leben dort, ein Leben, das sie satirisch beschrieb als

> Die Passende, Angemessene Existenz, Tage voller unablässiger gesellschaftlicher Funktionen, Stunden voller Kleiderdiskussionen, Lebensvergeudung. »Die erstickende Atmosphäre würde mich umbringen«, dachte sie. Die ganzen Tage, Wochen, Monate, Jahre. Ihr Vater mit seinem erfolgreichen, typischen ehrbaren Gesicht rief aus: »Jetzt ist es soweit. Was habe ich für mein Geld bekommen? Kommt, putzt euch heraus, zeigt der Welt, daß ihr teuer seid.«[23]

Ein scharfer Ton klingt hier an, der die Situation bei den Beauchamps im Jahre 1906 wohl genauer trifft als alle späteren, gemilderten Beschreibungen ihrer Familie.

Fast vier entscheidende, formende Jahre war Katherine in England gewesen – von vierzehn bis siebzehn –, hatte in einer Mädchenschule gelebt, die ihr einen ungleich größeren Grad an Unabhängigkeit, physischer wie emotionaler, gegeben hatte, als dies zu Hause je möglich gewesen wäre, und das alles im Herzen Londons, in unmittelbarer Nähe zum Leben auf den Straßen und in den Parks, von Läden, Galerien und Konzerthallen. Sie hatte in London und, mit ihrer Familie, in Provinzhotels gelebt, Verwandte im ganzen Land von Surrey bis Sheffield besucht. Sie war in Paris und Brüssel gewesen und hatte Freundschaft mit Musikstudenten geschlossen, die ebenso vertraut mit Deutschland wie mit England waren. Da alle ihre Träume darauf gerichtet waren, Musikerin oder Schriftstellerin zu werden, und alle ihre Kulturidole Europäer, war ihr Wunsch zu bleiben nur natürlich. Aber noch etwas anderes als das Gefühl, in Europa zu Hause zu sein, prägte sie zu dieser Zeit: die Angewohnheit des unsteten Lebens. Das Hotelzimmer, die zeitlich beschränkte Unterkunft, das Gefühl, jeden Moment wieder weiterzuziehen, an Orten zu leben, wo man nicht richtig

23 K. M.s MS-Aufzeichnungen, transkribiert von Margaret Scott und veröffentlicht in *Turnbull Library Record*, März 1970, S. 25.

hingehört, das Beobachten mit dem Auge des Fremden – all dies wurde ihr zwischen 1903 und 1906 zur zweiten Natur. Zu dieser Unbeständigkeit kamen die plötzlichen Vertrautheiten, die rasch entschiedenen Freundschaftserklärungen, die so charakteristisch für sie waren. Eindrücke nahm sie mit ungeheurer Geschwindigkeit auf; auch Menschen nahm sie schnell auf, zuweilen zu schnell, um sie beurteilen zu können und sich ihrer sicher zu sein; doch Sicherheit war nie ihre Sache gewesen.

3
Neuseeland 1907: »Die passende, angemessene Existenz«

Vermutlich kam Harold Beauchamp sich genasführt vor nach all dem Guten, das er seinen Töchtern hatte angedeihen lassen: Schulbildung, Reisen, das Erlebnis Europa, Unabhängigkeit. Alle drei zogen lange Gesichter, weil sie zurückmußten, und zeigten sich hochmütig gegenüber ihrer alten Heimat, aber Katherine war am schlimmsten. Es ist ziemlich normal, wenn eine Achtzehnjährige, vom Babyspeck bedrückt und von hohen Zielen beflügelt, gegen die Beschränkungen durch Familie und Zuhause rebelliert; auch hatte sie teilweise recht mit ihrer Behauptung, daß sie das, was sie suchte, in London viel leichter finden würde als in Wellington. Und so sah sie dem, was sich ihr nun bot, nicht gerade freudig entgegen: die Stadt über dem tiefen, kraterförmigen Hafen mit den gestrichenen Holzhäusern, den grünen Gärten und roten Blechdächern, umgeben von leeren Stränden und der sommerlichen Blumenlandschaft, das behagliche Haus in der Tinakori Road, die Gesellschaft ihrer zumeist liebevollen Schwestern, selbst die Wiederentdeckung ihres kleinen Bruders Leslie, als er vom Internat nach Hause kam. An einem schlechten Tag war ihr *Heimweh*, wie sie es ihrer Cousine gegenüber nannte, nahezu unerträglich: »Ich bin richtiggehend krank vor Leid und Trauer – Ich kann mir nicht vorstellen, wie man hier überhaupt leben kann … Aber ich werde zurückkehren, denn hier würde ich sterben.«[1]

Fast mit der Ankunft mußte sie einem wirklichen Tod ins Auge schauen: ihre Großmutter Dyer, die zentrale Figur ihrer Kindheit, starb an Sylvester. Katherine war zu »beschäftigt«, um sie zu besuchen, doch sie spürte das Drama des Verlusts: »Zuvor war mir der Tod nie abstoßend erschienen – Dieser Ort

1 K. M. an Sylvia Payne, 8. Januar 1907, *Collected Letters*, Scott und O'Sullivan, Bd. I, S. 21.

– raubt dir die Jugend ... Ich fühle mich um Jahre gealtert und trauriger.«[2] Erst später betrauerte sie ihre Großmutter und gedachte ihrer in Gedichten und Erzählungen, vorerst aber war sie zu sehr mit ihrem eigenen Leben beschäftigt. Der Tod in ihren Notizbüchern kam in Gestalt von Selbsttötungen oder tragischen Krankheiten junger Menschen, immer als ein Preis für freies und riskantes Leben – ein Preis, der von einer jungen und gesunden Frau leicht und freudig angenommen wurde.

Wenige Wochen nach Oma Dyers Ende berührte ein weiterer Todesfall die Familie. Ein junger Arbeiter, der in einer kleinen Straße hinter der Tinakori Road lebte, starb, als die Beauchamps gerade ein Sommerfest veranstalteten. Vera als die älteste Tochter wurde zu der betroffenen Familie mit etwas Essen hingeschickt, noch in Festkleid und Hut. Katherine beobachtete und hörte zu. Als sie vierzehn Jahre später *Das Gartenfest* schrieb, rankt sie die Geschichte um die Gefühle der »künstlerischen« Tochter Laura, die sich durch ihre sensible und trauernde Aufnahme dieses Todes von ihrer Familie getrennt fühlt. Sie sieht sie als krass materialistisch und snobistisch und denkt, daß ihr die Arbeiter näher stehen, die die Markise aufbauen, damit sie mit den dummen Jungen tanzen kann. Gleichzeitig findet Laura dennoch Gefallen an dem Fest und fügt sich bereitwillig in das Leben der Frauen des Hauses.

Die Erzählung ist offensichtlich nicht autobiographisch, doch das Schwanken zwischen der kalten Feindseligkeit der Familie und dem warmen Genuß einiger Aspekte ihrer luxuriösen Lebensart gehörte zu Katherines Erfahrungen des Jahres 1907. Ihr boten sich die Annehmlichkeiten von Konzerten und Partys, Tanzveranstaltungen und neuen Kleidern. Alle Schwestern rümpften die Nase, als sie den neuseeländischen Jungen aus ihrer Kindheit wieder begegneten (und keine heiratete einen Neuseeländer). Die Abreise des englischen Cricketteams wurde mit tiefer Trauer aufgenommen. Für Chaddie waren alle Männer aus den Kolonien minderwertig; Katherine brüstete sich zwar mit ihrer Beliebtheit als Tanzpartnerin und konnte fünf Heiratsanträge von Männern aus der Nachbarschaft vorweisen,

2 Ibid.

doch nahm sie keinen davon ernst und versicherte Vera noch: »Wenn Du hier bleibst, wirst Du jedenfalls nicht heiraten.«[3] Ihre Wellingtoner Cousins fanden sie »schrecklich englisch. Nichts in NS war gut genug für sie ... [Sie] stellten sich auf den Kopf, um wieder nach England zu kommen«.[4] Besonders Katherine hielt ihre Familie mit ihrer ganzen Unzufriedenheit auf dem laufenden; »das liebe gute Geschöpf, ist es nicht schrecklich, daß sie hier so unglücklich ist, ist das nicht schlimm, wo sie noch so jung ist?«[5] war Chaddies kluger Kommentar Sylvia gegenüber.

Einen jungen Mann aber nahm sie ernst: Arnold Trowell. Er blieb ihr Traum von Niveau und Erfolg, er verband künstlerisches Wirken mit einer erfolgreichen Karriere als Konzertgeiger in London. Während Ida Neuigkeiten und Zeitungsausschnitte von seinen Auftritten schickte, entwarf Katherine Liebesbriefe (ob sie sie abschickte, ist eine andere Sache) und besuchte seine Eltern und seine Schwester, um über ihn reden zu können. Sie planten, Arnold und Garnet in London zu besuchen, doch vorerst setzte sie ihre Cellostunden bei Mr. Trowell fort und begann ein anstrengendes Übungsprogramm. Arnold schrieb ihr zwar gelegentlich, gab ihr aber keinen Grund zu der Annahme, er würde ihre Gefühle erwidern; zweifellos war er der Prototyp des unerreichbaren Geliebten, der reizt, aber schließlich doch über der Sache steht und kein Interesse hat, so jedenfalls taucht er in den Prosafragmenten auf, die sie zu jener Zeit schrieb. Treue und liebevolle Briefe kamen stets von Ida, der Katherine ihren Ärger über die Familie und ihre Situation ausschütten konnte. »Ich höre regelmäßig von Ida ... Du weißt ja, wie sehr ich sie liebe«[6], schrieb sie ihrer Cousine Sylvia. Auch mit Vere Bartrick-Baker hielt sie Kontakt und sinnierte in ihrem Journal über ein Wiedersehen.

---

3 K. M. an Vera Beauchamp, März 1908, *Collected Letters*, Scott und O'Sullivan, Bd. I, S. 42.

4 Burney Trapp an seinen Sohn Joseph Trapp, 4. März 1947, unveröffentlichter Brief (mit freundlicher Genehmigung von Professor Joseph Trapp).

5 Alpers, op. cit., S. 48.

6 K. M. an Sylvia Payne, 8. Januar 1907, *Collected Letters*, Scott und O'Sullivan, Bd. I, S. 41.

Ida lebte noch bei ihren Eltern in der Baker Street, ein beschütztes Leben, wie sie es später nannte, ein Leben allerdings, in dem die Hauptaufgabe der Töchter war, ihren unbeherrschten und tyrannischen Vater zu bedienen und zu besänftigen. Veres Ausbildung und Ambitionen hatten ihr nur einen Job als Platzanweiserin in einem Theater eingebracht, was sie so erniedrigend fand, daß sie die Stelle bald aufgab und in einer Bank auf dem Land arbeitete und bei ihrer Mutter lebte. Doch für Katherine lebte sie im gelobten Land. Denn was gab es für sie und ihre Schwestern hier zu tun, außer die gesellschaftliche Runde zu machen und was sie sich sonst noch ausdenken konnten, nun da Schule und England hinter ihnen lagen? Leslie würde natürlich einmal bei Papa einsteigen; ohne Frage stand dieser Weg den Mädchen nicht offen. Eigentlich hatten sie ja schon ihre »Interessen«: Vera Musik und Malen, Chaddie Singen, Katherine Cello und Literatur – alles gänzlich damenhafte und amateurhafte Beschäftigungen. Aber wenn Arnold mit seiner Musik in London Geld und Ruhm erwerben konnte, warum sollten Klasse und Geschlecht Katherine daran hindern, denselben Weg zu gehen? Es war ja nicht so, als hätte sie irgendwelche Pflichten zu erledigen; nicht einmal ihre eigenen Kleider entwarf sie, obwohl die Beauchamps, nach den zahlreichen Meldungen in den Gesellschaftsspalten der Wellingtoner Presse zu urteilen, mit ihrer Tussahseide, ihren Spitzen, Paspelierungen, Seidenstoffen und passenden Hüten ganze Kohorten von Schneidern auf Trab hielten.

Und dabei mehrte sich ihr Wohlstand noch.

Harold Beauchamp ist ein Mann von Rang,
Na, leitet er nicht eine Bank?
Oh, er macht viel her
Und rackert wie'n Bär
Der schwimmt noch, wenn Customs Street sänk![7]

dichtete der Neuseeländer *Freelance*. Denn im April 1907 war Harold Beauchamp zum Vorstandsvorsitzenden der Bank von Neuseeland gewählt worden. Daraufhin verkaufte er das Haus

---

7 Zit. in Vincent O'Sullivan, *Katherine Mansfield's New Zealand*, Auckland (Golden Press) 1974, S. 6.

Tinakori Road 75 und zog mit seiner Familie in ein noch prächtigeres in der Fitzherbert Terrace 4.

Dort gab es einen Ballsaal, einen Crocketrasen und ein Rauchzimmer, wo Katherine häufig mit einer Zigarette anzutreffen war, eine Angewohnheit, die ihr zur lebenslangen Sucht wurde. Ihr Zimmer hatte sie nach der Ästhetik von Ladbroke Grove gestaltet: Die Vorhänge blieben symbolisch gegen die Außenwelt geschlossen, wodurch ein »faszinierendes Zwielicht« entstand, die Wand beherrschte eine Venus von Velasquez; in einer Ecke stand das Cello, und der Duft von Blumen, die kunstvoll in niederen Vasen arrangiert waren, erfüllte die Luft. Hinter den Vorhängen arbeitete sie an ihren Skizzen und Erzählungen, schrieb ihre düsteren Briefe und las mit wilder Energie. Die Bücher lieh sie sich von der ausgezeichneten Bibliothek, die dem Parlamentsgebäude angeschlossen war; zu jener Zeit las sie Balzac, Flaubert und Maupassant auf Französisch, Ruskin, Browning, Pater, De Morgan, Rossetti, William Morris, Stevenson, die Brontës und Meredith, dazu die amerikanischen Dichter Hawthorne und Whitman. Ebenso interessierten sie die allerneuesten englischen Autoren, die eine Sozialreform predigten: Bernard Shaw, Granville-Barker und Edward Carpenter. Deren Vorstellungen dürften kaum zu der Lebensart von Fitzherbert Terrace 4 gepaßt haben, doch Katherine war der Meinung, daß ihr Einfluß in Neuseeland dringend nötig sei: »Diese Leute hier haben noch nicht einmal das Alphabet gelernt.«[8]

Bei ihrer lebhaften Neugier hielt sie es jedoch nicht lange hinter ihren zugezogenen Vorhängen. Sie besuchte ihre alte Schulfreundin Maata, die immer noch hinreißend schön war, flirtete mit ihr und schmeichelte ihr; Maata freute sich darüber, doch sie war mit eigenen Heiratsplänen beschäftigt.[9] Dann aber

8 K. M. an Vera Beauchamp, 19. Juni 1908, *Collected Letters*, Scott und O'Sullivan, Bd. I, S. 45.

9 Maata war zweimal verheiratet. Sie hatte zwei Töchter aus zweiter Ehe und gab ihr Vermögen mit vollen Händen aus, bis es verbraucht war. Sie hatte »viel Charme, war eine kluge Unterhalterin und hatte als Erwachsene das ausgeprägte Bedürfnis, allein zu schlafen. Völlig verantwortungslos mit Geld ... Im Kleinen war sie eine Art Amber. Ich

fand Katherine etwas Ernsteres. Sie erfuhr, daß die Tochter der Bendalls, alte Bekannte der Familie, ein Studio in der Fitzherbert Terrace hatte. Katherine besuchte sie und bat sie, »ihre Freundin zu werden«. Edith Kathleen Bendall war eine eindrucksvolle Schönheit, 27 Jahre alt (neun Jahre älter als Katherine) und hatte schon ein bemerkenswertes Talent und viel Unternehmungsgeist in ihrem Leben gezeigt. Sie war das achte Kind eines Marineinspektors, der zuvor Kapitän war und in den dreißiger Jahren in Bristol geboren war. Die Familie war nicht sehr vermögend, und Edith, die gern malte, hatte sich ihr Studium an einer Kunsthochschule mit einem Job in der Bibliothek finanziert. 1904 hatte sie so viel von einer Ausstellung ihrer Arbeiten verdient, daß sie davon eine Überfahrt nach Sydney bezahlen konnte, wo sie ihr Studium fortsetzte und mit mehreren Zeitschriftenverlagen in Kontakt kam; sie bekam sofort Aufträge, insbesondere für ihre sehr stilisierten Kinderzeichnungen. Bei Frances Hodgkins, der berühmtesten Malerin Neuseelands, nahm sie einige Stunden, und als sie wegen der Erkrankung ihrer Mutter nach Wellington zurück mußte, war sie eine ausgewachsene Berufskünstlerin, die ihre Zeichnungen regelmäßig in Australien und Neuseeland verkaufte.

Edith war attraktiv, charmant und besaß ein reizendes Wesen, doch was wichtiger war:

> Ich arbeitete, und deshalb mochte sie mich. Ich arbeitete den ganzen Tag in meinem Studio, und um fünf Uhr machte ich

---

glaube, so beschreibt man sie am besten. Ich habe aufgehört zu zählen, wie oft sie verheiratet war«. (Burney Trapp an seinen Sohn Joseph Trapp, 4. März 1947, unveröffentlichter Brief; Amber (= Bernstein) war die Hauptfigur des Softporno-Bestsellers *Forever Amber*.) Maata war sich des Aufsehens, das ihre Verbindung mit K. M. erregte, sehr wohl bewußt und behauptete, ihr Geld geschickt zu haben, obwohl es keinen Hinweis darauf gibt, daß sie nach Katherines Rückkehr nach England je wieder Kontakt zu ihr gehabt hat. Ein Tagebuchfragment von Maata wurde von Ruth Mantz erworben und befindet sich in Texas. Darin ist von einem weiteren Manuskript die Rede, das sie unterstützt haben soll; noch nach ihrem Tode im Jahr 1952 machte ihre Tochter diesbezüglich dunkle Andeutungen, doch nirgends ist es aufgetaucht, und so handelt es sich vermutlich um reine Erfindung.

einen Spaziergang, auf dem sie mich begleitete. Kathleen fragte mich, ob sie jeden Abend mitkommen könne. Ich sagte: ›Das würde mich sehr freuen, Kathleen ...‹ Ich war ihre wirkliche Freundin in Wellington ... Ich war völlig von ihr eingenommen ... Sie mochte mich und ließ es mich auch wissen.[10]

Katherine war zutiefst fasziniert, daß sie direkt vor ihrer Haustür einer richtigen Künstlerin begegnet war. Sie planten ein gemeinsames Buch: Gedichte über Kinder von Katherine, Zeichnungen von Edith. Die Gedichte wurden geschrieben, es gibt sie immer noch. Es handelt sich dabei im wesentlichen um ein Pastiche von Robert Louis Stevensons *A Child's Garden of Verses*, dazu eine Prise Hans Christian Andersen. Zwar sind sie für den heutigen Geschmack etwas süßlich, gleichwohl aber hübsch und gekonnt geschrieben und ohne Zweifel für eine Veröffentlichung geeignet. Leider fand sich kein Verleger; die Freundschaft aber blühte auf.

»Sie schrieb mir jeden Abend reizende kleine Briefe – vollendete, unglaublich schöne Briefe«[11], und sie lud Edith ein, sie zu dem Bungalow am Meer zu begleiten, den ihr Vater zwischen den Felsen an der Day's Bay außerhalb Wellingtons gebaut hatte. Es gab dort nichts als Strand, ein paar verstreute Häuser und die Berge darum. Die Beauchamps hatten das einfache Holzhaus so plaziert, daß die Wellen fast herankamen. Es gab nur einen großen Wohnraum und ein Schlafzimmer mit Bettkojen.

Dort, allein mit Edith, verspürte Katherine, so ihre Tagebucheinträge,

noch machtvoller all jene so benannten sexuellen Impulse bei ihr, die ich sonst bei Männern habe. Sie fesselt mich, bezaubert mich – und ihrer Persönlichkeit – unbedingt ihrem Körper – gilt meine Verehrung. Wenn ich mit dem Kopf an ihrer Brust liege, spüre ich, was das Leben bereithalten kann – an sie gekuschelt, ihre Hände fest im Griff, ihr Gesicht an dem

10 Gespräch mit Mrs. Edith Robson, für die Autorin von Bruce Mason 1977 in Neuseeland aufgenommen.
11 Ibid.

> meinen, ich bin ein Kind, eine Frau und mehr als die Hälfte ein Mann.[12]

Eine weitere Passage beschreibt ihre Freude, als Edith einmal, als sie sie weinend antraf, stumm zu ihr kam und sie in die Arme schloß, um sie zu trösten:

> Wir legten uns zusammen nieder, noch immer stumm, sie drückte mich immer wieder an sich, küßte mich, mein Kopf lag an ihrer Brust, ihre Hände umfaßten meinen Körper, streichelten mich, zärtlich – wärmten mich ... Dann ihre Stimme, flüsternd: »Jetzt besser, Liebes?« Ich konnte mit Worten nicht antworten. Und wieder: »Du kannst es mir wohl nicht sagen.« Ich drängte mich eng an ihren warmen, lieben Körper, glücklicher, als ich es je war, als ich es mir je hätte vorstellen können.[13]

Edith erinnerte sich im Alter deutlich und ohne Peinlichkeit an den Bungalow und die Kojen. Für jemand ihrer Generation und Erziehung stand die Überlegung, ganz zu schweigen von der Erörterung der Möglichkeit eines erotischen Verhältnisses zwischen zwei Frauen, außer Frage. »Ich war völlig von ihr eingenommen«, waren ihre Worte im Alter von achtundneunzig, als sie von Katherines erblühender Schönheit, ihrer Molligkeit, ihrer schönen Stimme, wenn sie ihr laut vorlas, ihrer Faszination sprach. Zu einer früheren Zeit, als sie keine zudringlichen Fragen zu dem Verhältnis mehr hören konnte, sagte sie, Katherine habe ihre mütterlichen Gesten wohl nur mißverstanden. Niemand kann mit Sicherheit sagen, ob Katherine die Vorfälle am Strand in ihren Notizbüchern aufgebauscht und dramatisiert hatte, um Literatur daraus zu machen, oder ob sie eine wirkliche Erfahrung niedergeschrieben hat; doch ungeachtet der etwas komischen Anrufung Wildes scheint hier doch etwas Echtes anzuklingen:

> Hier kann ich sie, durch tausend leise Andeutungen, in mich aufnehmen – noch. Welch eine Erfahrung! Und als wir in die Stadt zurückkamen, war es kein Wunder, daß ich nicht schlafen konnte, sondern mich hin und her warf in meinem Ver-

12 *Journal*, Juni 1907, S. 12f.
13 Ibid., S. 14.

langen und tausend Dinge erkannte, die unklar waren ... Oh Oscar! Bin ich für den sexuellen Impuls besonders empfänglich? Es muß wohl so sein ... doch ich jubiliere. Und immer jetzt, wenn ich sie sehe, wie sie die Arme um mich schließt und mich bei sich hält [*sic*]. Ich glaube, sie wollte es auch: doch sie hatte Angst, und die Konvention engte sie ein, das spüre ich. Wir werden wieder weggehen.[14]

Mit Ediths Beachtung der Konventionen hatte sie vermutlich recht, und zudem hatte Edith schon ihren zukünftigen Mann kennengelernt, Gerald Robison, ein Pensionatsleiter am Wellington College, zehn Jahre älter als sie. Wie auch immer, Katherine kam schnell zu der Überzeugung, daß Edith zu passiv sei, und »sie wird nie groß sein«. Edith jedoch bedeuteten Katherines Briefe viel; sie bewahrte sie in einer Schublade im Schlafzimmer auf. Als sie 1908 in den Flitterwochen war, vernichtete ein Dienstmädchen sie; das jedenfalls sagte man ihr (oder sagte sie). Offensichtlich erregten sie jemandes Mißfallen; doch »man stelle sich vor, daß jemand einem Briefe aus der Schublade nimmt«.[15] Katherine scheint zu einer »normaleren« Form der Liebe zurückgekehrt zu sein. In ihrem Journal tauchen in kurzen, heftigen Seelengestöbern ungenannte Männer auf. Noch immer schlug Arnolds ferner Zauber sie zuweilen in seinen Bann, und Ida erinnerte sich vage, wie Katherine sich bei einem Tanz auf skandalöse Weise mit einem Matrosen aufführte, was die Beauchamps verärgerte. Aber so einfach war die Sache nicht. Gegen Ende des Jahres schrieb Katherine eine Erzählung namens *Leves Amores*, die unverhüllt lesbisch ist. Eine Abschrift schickte sie zusammen mit einigen anderen Skizzen an Vere Bartrick-Baker, die sie bis zu ihrem Tod in ihren Papieren aufbewahrte.*

Katherine hatte bemerkt, daß etwas an ihrem Wesen war, das nicht ganz in das von der Gesellschaft geforderte Verhaltens-

14 Ibid.
15 Gespräch mit Edith Robison, für die Autorin von Bruce Mason aufgenommen, 1977.

* Die Erzählung ist in Anhang I abgedruckt.

muster paßte; gleichzeitig aber wollte sie dieses Muster nicht gänzlich ablehnen. Sie wollte heiraten und Kinder haben und all die Insignien eines konventionellen Arrangements. Ihr ganzes Leben lang fürchtete sie Vere, weil sie glaubte, diese habe sie wegen irgend etwas in der Hand: es war ohne Zweifel das Wissen um die Kehrseite ihres Wesens.

Idas Verehrung nahm sie entgegen, ohne sie zu erwidern, machte sich vor andern darüber lustig, verließ sich aber insgeheim darauf; das bereitete ihr keine Schwierigkeiten, weil sie nicht körperlich von ihr angezogen war. Keine ihrer sexuellen Beziehungen mit Männern scheinen ihr Glück oder Befriedigung gebracht zu haben, und von ihrer Beziehung mit Murry, ihrem Mann, sagte sie, es sei eher wie eines zwischen zwei Männern oder zwei Kindern gewesen als zwischen Mann und Frau – eher noch, daß sie der Mann und Murry die Frau gewesen sei. Ihr ganzes Werk hindurch erscheinen Männer als tolpatschige emotionale Krüppel, grausam, hinterhältig, dumm, wichtigtuerisch, gierig, sich selbst betrügend, unsensibel und enttäuschend; das Thema von Frauen, die sich gegen Männer verschwören und sie ausschließen, kehrt immer wieder, wie etwa in der Erzählung *Die Kammerzofe*, in der ein Hausmädchen ihren zukünftigen Ehemann kurz vor der Hochzeit wegschickt, weil sie es nicht ertragen kann, ihre Herrin zu verlassen, oder in *An der Bucht*, wo alle Frauen im Haus sich darüber freuen, wenn der Herr des Hauses zur Arbeit geht und sie dann wieder unbehindert ihr wirkliches Leben leben können.

Außer in ihrem Journal scheint Katherine nichts über ihre Liebe zu Edith Bendall geschrieben zu haben, doch möglicherweise hat diese auf Umwegen Eingang in die englische Hausliteratur gefunden. Als Katherine im Winter 1914 in enger Nachbarschaft von D. H. Lawrence und Frieda lebte, pflegte man sehr vertrauten Umgang; zu der Zeit war sie mit Murry besonders unzufrieden. Später sagte Frieda, Katherine habe »mir viel aus ihrem Leben erzählt«[16], und dies war auch die Art, in der Katherine eine Vertrautheit herstellte, insbesondere mit ihren

16 Frieda Lawrence, *Not I, But the Wind*, London (Heinemann) 1935, S. 79.

Freundinnen. Frieda war bei ihrem Interesse für die Freudschen Theorien zweifellos eine begeisterte Zuhörerin für alles Ungewöhnliche, das Katherine ihr zu berichten hatte, und es ist sehr wahrscheinlich, daß auch Lawrence zuhörte oder daß Frieda ihm die Geschichten ihrer Freundin weitererzählte. Zu der Zeit überarbeitete er gerade das Manuskript des Romans *Der Regenbogen*. Die Gestalt Ursulas, der jungen »neuen Frau«, die um Emanzipation ringt, wird allgemein auf Frieda und eine frühere Verlobte Lawrences, Louie Burrows, zurückgeführt; die Episoden im Klassenzimmer gründen sich weitgehend auf Lawrences eigene Erfahrungen als Lehrer. Das Buch war im wesentlichen fertig, doch im Verlauf dieses Winters fügte Lawrence plötzlich ein völlig neues und verblüffendes Element in die Geschichte Ursulas ein. In dem Kapitel »Scham« beschreibt er ihre lesbische Leidenschaft für eine Lehrerin namens Winifried Inger. Ursula ist ungefähr siebzehn, Miss Inger achtundzwanzig, »klug und geschickt in allem, was sie tat, genau, schnell, beherrschend«. Anfangs bewundert Ursula Winifred wegen ihrer Klugheit und wird dann von einer Lust auf ihren Körper gepackt, besonders, als sie sie im Schulteich schwimmen sieht. Später erwidert Winifred Ursulas Leidenschaft und lädt sie in einen kleinen Bungalow am Fluß ein, »eine kleine Hütte mit zwei Zimmern über einem Steilufer«. Nach einer Diskussion über feministische Themen wie Tod bei der Geburt und Prostitution – beides Lieblingsthemen Mansfields – gehen die beiden Mädchen in der dunklen Sommernacht schwimmen. Als sie sich dem Wasser nähern, nimmt Winifred Ursula auf den Arm und trägt sie hinein, wobei sie sie küßt und streichelt. Danach bekommt Ursula einen Anfall von Ekel (ähnlich Katherine, die das in ihrem Notizbuch festhielt), schreibt aber dann einen »heißen, leidenschaftlichen Liebesbrief«.

Natürlich ist das kein Tatsachenbericht von Katherines Leidenschaft für Edith Bendall. Winifred ist eine ganz andere Persönlichkeit, und Lawrence baut sie noch weiter in die Handlung ein, indem er sie Ursulas Onkel heiraten läßt. Doch Ursula kehrt (wie Katherine) zur Heterosexualität zurück, setzt eine unbefriedigende Liebesaffäre fort, wird schwanger (wie Katherine 1909) und verliert ihr Kind, wiederum wie Katherine. Alle diese Übereinstimmungen sind recht auffallend, und der Zeitpunkt der Einfügung der lesbischen Episode in das Romanmanuskript lädt den Gedanken geradezu ein, daß Lawrence tat, was er so oft tat: einen Teil der berichteten Erfahrung eines Freundes zur Grundlage seiner Arbeit zu machen.[17]

Ironischerweise wurde dann gerade diese Passage zu einer der Hauptgründe für das Verbot von *Der Regenbogen*, was Lawrence auf Jahre hin in tiefste Armut stürzte. Laut Murry sagte Katherine über das Buch nur, daß es ihr nicht gefiel, nichts weiter. Murry jedenfalls mochte es auch nicht und fand seine sexuelle Offenheit unangenehm. Andererseits kam es darüber nicht zum Bruch mit Lawrence. Vielleicht dachte sie insgeheim, daß er mit seiner Behandlung etwas Wahres erfaßt hatte, vielleicht wäre es ihr auch peinlich gewesen, wenn Murry herausgefunden hätte, daß sie anderen etwas Derartiges erzählt hatte und ihm nicht.

Im wirklichen Leben ist das Typischste an der Geschichte mit Edith, daß Katherine die Initiative ergriff, die Briefe schrieb und die Freundin wieder sitzen ließ, wie sie es bei fast jeder Beziehung tat. Edith trug es ihr nicht nach, sondern machte Ferien in Napier, im Norden der Insel, wo die beiden Frauen im Dezember eine herzliche Begegnung hatten. Bald darauf heiratete Edith; sie war mit ihrem Mann sehr glücklich und hatte eine Tochter. Es gab nie wieder Kontakt zwischen den beiden, nachdem sie Mrs. Robison und Katherine Mansfield geworden waren, doch wenn Mrs. Robison ihr Baby durch Wellington schob, pflegte Harold Beauchamp anzuhalten und einen wohlwollenden Blick in den Kinderwagen zu werfen. Edith blieb eine heitere, charmante und mütterliche Frau. Sie malte bis ins

17 Vergleichbare Episoden sind die Verwendung von Helen Corkes Erlebnissen in *Auf verbotenen Wegen* und derjenigen von Jessie Chambers in *Söhne und Liebhaber*. 1922 bat Lawrence Mabel Dodge Luhan, ihm Einzelheiten aus ihrem Leben zu erzählen, das er zu einem Roman verarbeiten wollte, und auch Friedas Erinnerungen verwendete er in seiner Arbeit. Hätten Lawrence und Katherine sich zu einem gemeinsamen Werk geeinigt, dann wäre bestimmt etwas sehr Spannendes dabei herausgekommen.

hohe Alter und stellte ihr Werk mit Erfolg aus. Allerdings wurde sie es leid, daß Mansfield-Forscher sie mit indiskreten Fragen belästigten. Sie wurde 107 Jahre alt, war bis zum Ende bei klarem Verstand und starb 1986.

Als Katherine und Edith ihr Buch planten, brauchte Katherine eine getippte Abschrift ihrer Gedichte; sie wandte sich dazu an die Sekretärin ihres Vaters, die ihr aus Freundlichkeit den Gefallen tat. Bald gab Katherine ihr auch ihre Prosaskizzen. Als Miss »Matty« Putnam meinte, wie bedrückend sie die Arbeiten fand, entgegnete Katherine mit altkluger Zuversicht: »Bald werde ich Gedichte voller Fröhlichkeit schreiben – aber wenn ich Ihnen ein Geheimnis verraten darf, ich ziehe die andern vor – den tragischen Pessimismus der Jugend – wissen Sie – das kommt so zwangsläufig wie die Masern!«[18] Sie schrieb weiter morbide und dekadente Skizzen und rühmte sich ihrer Feinnervigkeit. Katherine konnte absurd sein, doch bestand nie ein Zweifel an ihrer Fähigkeit zu harter Arbeit und ihrer leidenschaftlichen Entschlossenheit. Durch ihren Vater lernte sie einen Journalisten namens Tom Mills kennen; ihm zeigte sie einige ihrer Skizzen. Er war beeindruckt, wenn auch von ihrem Ton etwas verblüfft, und riet ihr, sie dem *Native Companion* zu schicken, einer literarischen Monatszeitschrift in Melbourne, die auch prompt einige druckte. Die ersten drei erschienen in der Oktoberausgabe 1907. Sie handelten von Mädchen, die von zukünftigem Ruhm träumten, Musikstudenten und London, und wechselten zwischen hochtrabenden Beschreibungen und einem zynischen lebensmüden Ton. Brady, der Herausgeber, fragte bei Katherine an, ob sie tatsächlich die Anfängerin sei, als die sie sich ausgegeben hatte. Sie antwortete dreist, daß sie in der Tat eine unbekannte Achtzehnjährige sei, die das Plagiat hasse sowie »einen gierigen Appetit auf alles und Prinzipien, so leicht wie meine Geldbörse«[19] habe, worauf Brady ihr einen

18 K. M. an Martha Putnam, 22. Juli 1907, *Collected Letters*, Scott und O'Sullivan, Bd. I, S. 23.

19 K. M. an E. J. Brady, 23. September 1907, *Collected Letters*, Scott und O'Sullivan, Bd. I, S. 26.

Scheck über £ 2 schickte. Die Beauchamps waren hocherfreut und stolz, und ihr Vater schrieb einen vertraulichen Brief an Brady, in dem er die Originalität seiner Tochter pries. Er wußte nicht, daß sie gleichzeitig in einem Brief auf einem Pseudonym beharrte. »K. M.« oder »K. Mansfield« ging an, aber nicht K. M. Beauchamp; ein weiterer Vorschlag war »Julian Mark«, ein Name, der ihr offenbar so gefiel, daß sie ihn auch in Briefen an ihre Schwester Vera benützte, als sie in Sidney Ferien machte.

Der *Native Companion* nahm noch zwei weitere Beiträge. Einer war die Beschreibung des Botanischen Gartens in Wellington, der andere, *In a Café*, spielte in London; in ihm diskutiert ein Mädchen mit fortschrittlichen Ansichten – sie hat alle modernen europäischen Autoren gelesen – über Kunst und die zehn tödlichen Konventionen mit einem Trowell-ähnlichen Musikstudenten,

> etwas größer als sie, mit der Vorschrift »Gebeugtheit« und einem schweren Gang sowie der Vorschrift breiter Hut und weiche Krawatte. Doch für sie ging er in einem großen Licht, und sie wußte, daß das Geniale den Lorbeerkranz um seine Stirn gewunden hatte.[20]

Sie bringt das Gespräch auf das Thema Ehe, und er neckt sie etwas; sie gibt ihm die Veilchen, die sie trägt, um sie später vor dem Cafe achtlos hingeworfen zu finden. Sie »wird weiß bis zu den Lippen«, bricht dann aber in Lachen aus. Bei aller jugendlichen Pose haben die Geschichte und ihre Heldin etwas Beeindruckendes: Sie macht den Hof, wird zurückgestoßen und weigert sich, sich das Herz brechen zu lassen. Sie ist ein viel härteres Mädchen als die zurückgestoßenen Frauen wie Vera in *Eine Gewürzgurke* oder Mouse mit ihrem nassen Taschentuch in *Je ne parle pas français* zehn Jahre später.

Brady wollte mehr, und Katherines Selbstvertrauen wuchs. Auch glaubte sie, ihren Eltern die Erlaubnis für eine Rückkehr nach London abgerungen zu haben, und schrieb jubilierend an die Trowells – die sich inzwischen alle in St. John's Wood

---

20 *The Stories of Katherine Mansfield*, hrsg. von Antony Alpers, Oxford University Press 1984, S. 9.

niedergelassen hatten –, um ihnen mitzuteilen, daß sie sie im neuen Jahr erwarten könnten: »Küssen Sie mir London – und sagen Sie ihm – daß ich, wenn ich zurückkomme, in einem Zelt auf dem Trafalgar Square wohnen werde – und es nur verlasse, um nach Bayreuth zu fahren.«[21]

Zunächst aber nahm sie die Einladung einer anderen, gleichaltrigen Musikfreundin an, Millie Parker, sie auf eine ganz andere Art von Expedition zu begleiten. Es war eine einmonatige Campingtour in der Wildnis des Nordens, die von Millies maori-sprechendem Vetter vorbereitet worden war. Die Arbeit wurde beiseite gelegt, wobei Katherine gleichwohl die Absicht hatte, sich Aufzeichnungen zu machen, die dann als Rohmaterial für Skizzen dienen sollten. Es sollte ein echtes Abenteuer werden.

Katherine und Millie reisten per Bahn nach Hastings, 200 Meilen nördlich von Wellington, wo sie zu der übrigen Gesellschaft stoßen sollten, alles ältere Leute, die Katherine nicht kannte, darunter ein Bauer und ein Drogist mit seiner jungen Frau; in ihrem Notizbuch beschrieb sie sie als »ultra-kolonial, aber freundlich und großzügig«. Es war geplant, in zwei großen Pferdewagen mit Zeltplanen darauf zu reisen; die Route sollte durch sehr schwieriges Gelände gehen, darunter Berge, Buschland und eine Bimssteinebene, wo die Straße manchmal ganz verschwand, und durch Gebiete, in denen die Maoris noch feindlich gesinnt waren (die letzten Kämpfe zwischen Maoris und weißen Siedlern lagen erst zwölf Jahre zurück). Obwohl man zuweilen auch in der Nähe von Hotels kampieren wollte, sollten die Mahlzeiten doch selbst zubereitet werden, und auch sonst wollte man sich weitgehend selbst versorgen. Katherine mußte bald zugeben, daß sie nicht wußte, wie man Kartoffeln schält, machte sich aber willig daran, als man es ihr zeigte.

Es war hochsommerlich heiß, und bald war sie zerstochen und sonnenverbrannt, trotz eines großen Hutes und den engen, dicken Kleidern, die sie, wie alle Frauen der Gesellschaft,

21 K. M. an die Familie Trowell, 14. November 1907, *Collected Letters*, Scott und O'Sullivan, Bd. I, S. 29.

glaubte tragen zu müssen. Ihre Wäscheliste, die in demselben Notizbuch steht, in dem sie auch die Freude darüber erwähnt, wie die Sonne durch die Bluse hindurch auf ihre Haut scheint, ist herzzerreißend: Unterröcke, Leibchen, Schlüpfer, Strümpfe, Unterhemden und Armblätter (gegen den Schweiß in den Achselhöhlen). Kein Wunder also, daß es ihr in der brütenden Hitze oft schlecht wurde.

Auch von den wildesten Orten schickte sie Briefe nach Hause und führte ihr Journal, und ihr Bericht von den langen, rauhen Fahrten, den Märschen und Lagern – die ganze Gesellschaft teilte sich ein riesiges Zelt –, der spektakulären Landschaft mit ihren Flüssen, Wasserfällen und Quellen, den zahlreichen Begegnungen mit Maorifamilien und -gruppen, all das vermittelt einen lebendigen Eindruck von dem Zustand des Landes zu jener Zeit. Leichthin und zuweilen fast unleserlich hingekritzelt, mit Strichen als Satzzeichen, ertönt hier die wahre Mansfield-Stimme, ob sie einen Sturm beschreibt, in dem sie sich verirren und in triefnassen Kleidern im »letzten Hinterland« von der Dunkelheit überrascht werden, oder ihre Freude an Maiglöckchen, Klee und brusthoher Manuka, Vögelgezwitscher im Morgengrauen oder einer »wunderschönen Bremse« am Galatea River. Sie interessierte sich für die Maoris und war besonders angetan von den jungen Mädchen mit ihren Babys. Ihr Führer hatte eine Maori-Mutter und einen englischen Vater, was jedoch nicht die deutlichen Anzeichen von Feindseligkeit von seiten einiger Maori-Gruppen verhinderte, die sie ebenfalls aufzeichnete.

Es gab also unangenehme Momente, doch für Katherine war es zu interessant und anstrengend, um irgendetwas anderes zu tun, als es sich gut gehen zu lassen und Material zu sammeln, so wie sie es vorgehabt hatte. Ihre letzte Beschreibung eines Lagers in einem Fichtenwald nahe des Taupo-Sees mit saftigen Wiesen, Mimosen, Geißblatt und Lichttupfern, die durch die Bäume fielen, ist eine einzige Idylle.

Wenige Tage später waren sie und Millie wieder in Napier. Katherine besuchte Edith und gab ihr Kostproben satirischer Nachahmungen ihrer Reiseberichte und der Maoris, denen sie unterwegs begegnet waren; Edith amüsierte sich und fand sie im ganzen viel »nüchterner«. Dann nahmen Katherine und Millie den Zug nach Wellington.

> Im Zug – 17. Dezember – Gab es je einen heißeren Tag – das Land ist ausgedörrt – golden vor Hitze – Die Schafe suchen Schutz im Schatten der Felsen – die Berge in der Ferne flimmern in der Hitze – M. und ich sitzen einander gegenüber – Ich sehe *hinreißend schön* aus.[22]

Nun setzte sie sich ein Programm aus sechs Stunden täglich Cello, danach drei Stunden Schreiben; offensichtlich lag eine Musikkarriere für sie noch immer im Bereich des Möglichen. Doch da widerriefen ihre Eltern zu ihrer großen Verzweiflung ihre Einwilligung, sie nach London gehen zu lassen. Ein Grund dafür war möglicherweise der Inhalt ihrer Erzählung *Leves Amores* (siehe S. 342), die sie im Dezember Miss Putnam zum Abtippen gegeben hatte. Sie entschuldigte sich schon im voraus dafür: »Ich fürchte, Sie werden *Leves Amores* nicht mögen – ich habe keine Vorstellung, wie ich das geschrieben habe – es ist zum Teil eine Art Traum.«[23] Traum oder nicht, die Geschichte spielt in Wellington und erwähnt ein dortiges Hotel. Es ist gut möglich, daß Miss Putnam sie ihrem Arbeitgeber gezeigt hat, und Mr. Beauchamp muß daraus den Schluß gezogen haben, daß seine Tochter entweder eine aktive Lesbierin war oder daß sie ein ungesundes Interesse an Sex und Elend hatte. Er muß bei dem Gedanken entsetzt gewesen sein, daß sie so etwas veröffentlicht oder dies versucht oder auch nur Miss Putnam gezeigt hat.

Was Miss Putnam von der Geschichte hielt, wissen wir nicht. Später beschrieb sie Katherine als ein Mädchen mit »edlem, stolzem Auftreten, wunderschönen dunklen Augen ... und Vornehmheit«.[24] Doch sagte sie auch, daß sie nie lachte und »tonlos und wenig lebendig« redete, was in einem seltsamen Widerspruch steht zu Katherines koketten Briefen an sie: »Nun – ich muß zu Bett – Soll ich ein Schloß mit einem Zimmer nur für Sie bauen – Ja, das werde ich tun – geben Sie also das

22 *Journal*, 17. Dezember 1907, S. 33.

23 K. M. an Mary Putnam, Dezember 1907, *Collected Letters*, Scott und O'Sullivan, Bd. I, S. 35.

24 Zit. in *Beltane Book Bureau*, Wellington 1941, S. 11.

Kompliment bitte zurück.«[25] Und später: »Bin gerade auf dem Sprung zur Island Bay für einen langen Tag & vielleicht einen Abend – Ich werde schreiben – und muß auf See wegen ›Material‹ – Bitte bringen Sie ein Buch mit und kommen Sie – auch – meine Liebe – und wir werden ›paddeln‹ und ›backen‹. *Lieben* Sie nicht diese beiden Tätigkeiten?«[26] Ob Miss Putnam nun paddeln oder backen ging, hat sie nicht gesagt.

Im Januar 1908 stellte der *Native Companion* sein Erscheinen ein. Tom Mills war zu der Überzeugung gelangt, daß sie ein Genie war, und wollte ihre Arbeiten in seiner Lokalzeitung in der Provinz abdrucken, doch das war nicht dasselbe. Zudem wurde er langsam lästig; Katherine beklagte sich Vera gegenüber: »er mag mich viel zu sehr.«[27] Ein weiterer Verehrer, ein Lehrer ihrer alten Schule (von Miss Swainson), riet ihr einfach, »mit Ihrem Genie und Ihrer Zukunft« auf dem Zwischendeck nach Europa zu fahren. »Das ist erfreulich«, überlegte das junge Genie, »aber nicht machbar.«[28] Ihre Mutter dachte über einen Plan nach, wonach alle drei Mädchen zusammen für eine begrenzte Zeit wieder nach London, gemeinsam wohnen und £ 300 pro Jahr erhalten sollten, doch Vera und Chaddie hatten sich offensichtlich wieder besser in Neuseeland eingelebt als Katherine und fanden auch mehr Gefallen an den verfügbaren jungen Männern.

Dennoch zögerte Harold, während Katherine in ihrem Journal grummelte und klagte. Aber sie unternahm auch vernünftigere Dinge; sie schrieb sich für einen Schreibmaschinen- und Buchhaltungskurs am örtlichen Technischen College ein, sie wollte einen Roman über ein Maorimädchen schreiben, sie sammelte Aufzeichnungen für Erzählungen und las so gierig wie eh und je. Elinor Glyn und Elizabeth Robins* wurden zu jener

25 K. M. an Mary Putnam, Dezember 1907, *Collected Letters*, Scott und O'Sullivan, Bd. I, S. 36.

26 Ibid., Januar 1908, S. 36.

27 K. M. an Vera Beauchamp, Frühjahr 1908, *Collected Letters*, Scott und O'Sullivan, Bd. I, S. 35.

28 Ibid., 17. Januar 1908, S. 37.

* Elizabeth Robins (1862-1952) wurde Präsidentin der 1908 gegründeten Women Writers' Suffrage League; sie war die Autorin des 1907 aufgeführten, erfolgreichen Stücks *Votes for Women*.

Zeit entdeckt, und besonders letztere trug sich Katherines besondere Verehrung ein: »Ich könnte mir vorstellen, daß sie nur die erste in einer großen und niemals endenden Reihe hervorragender, starker Schriftstellerinnen ist – die ganze Suffragettenbewegung ist für unser Geschlecht etwas *Ausgezeichnetes* – getretene Polizisten hin oder her.«[29] (Sie vergaß dabei, daß die Frauen von Neuseeland schon seit Jahren das Wahlrecht hatten, ohne daß sich dadurch die Lebensqualität erkennbar veränderte.)

Eine andere Frau, die auf Katherine zu jener Zeit einen unauslöschlichen Eindruck machte, war die russische Tagebuchautorin Marie Bashkirtseff, deren posthum veröffentlichtes Journal ein weltweiter Bestseller wurde. Bashkirtseff, ebenso wie Tschechow 1860 geboren, war eine Adlige, die entschlossen war, lieber eine Malerin als eine Gesellschaftsschönheit zu werden, in Paris in der Obhut einer sie vergötternden Mutter studierte, die von ihrem Vater getrennt lebte, und durch Italien, Deutschland, Österreich, Rußland und Frankreich reiste. Sie befreundete sich, neben anderen bedeutenden Männern, mit Maupassant und führte ein erstaunlich offenherziges Journal, in dem sie ihre wild schwankenden Stimmungen, ihre feministischen Ideen und künstlerischen Ziele festhielt; sie erkrankte an Tuberkulose und starb mit vierundzwanzig. Ihre Mutter ließ das Journal veröffentlichen, und trotz einiger dezenter Kürzungen ist es ein bemerkenswertes Stück Selbstenthüllung. Man sieht sofort, daß es Katherine angesprochen haben muß: beide Frauen besaßen ein Temperament, in dem sich Verzweiflung und Hochgefühl, Liebe und Eifersucht abwechselten; beide reisten leidenschaftlich gern und waren entschlossen, statt eines gesellschaftlichen Lebens eine künstlerische Berufung zu verfolgen.

Doch Bashkirtseff lebte ihr kurzes Leben in den Zentren der europäischen Kultur, von ihrer Mutter verwöhnt und in der Lage, bei den größten Meistern in die Lehre zu gehen. Die Fitzherbert Terrace, Wellington, Neuseeland, das Technische Kolleg und die General Assembly-Bibliothek konnten da nicht

29 Ibid., 12. Juni 1908, S. 47.

mit. Mit der Zeit begriffen die Beauchamps das auch und erkannten, daß sie Katherine ziehen lassen mußten. »Es stand außer Frage, ihr im Licht zu stehen«[30], erklärte ihr Vater rückblickend; vielleicht war ihm ein wenig bang bei dem Gedanken, was sie wohl als nächstes anstellen würde, wenn sie in Wellington bliebe. Jahre später schwirrte ihr Name bei Teepartys durch den Raum, und kam eine minderjährige Tochter herein, wurde das Thema gewechselt.[31]

Niemand aus der englischen Verwandtschaft war bereit, sie aufzunehmen, doch fand man eine anständige Unterkunft für sie in einem Wohnheim für Musikstudentinnen in Paddington. Zufällig hieß es auch noch Beauchamp Lodge. Katherine sollte einen Betrag von £ 100 pro Jahr bekommen, nicht gerade viel für eine Bankierstochter, aber mehr als der Jahresverdienst eines Lehrers. Im Juli 1908 reiste sie ab, nachdem man ihr im Haus des Premierministers ein Abschiedsfest gegeben hatte. Der neuseeländische *Freelance* berichtete:

> Zahlreiche Freundinnen des Ehrengastes kamen, um ihr Glück zu wünschen. Am Nachmittag gab es eine Quartettrunde, die von Miss Esme Dean gewonnen wurde, und anschließend wurde Miss Beauchamp das Buch als Souvenir überreicht. Im Billardzimmer lauschte man einigen herrlichen Aufnahmen von Melba und Tettrezini [*sic*], und in einem anderen Zimmer kam ein Wahrsager nicht zur Ruhe. Die Teetafel mit ihren buntfarbigen Lichtern in der Mitte und hier und da verstreuten kleinen Vasen mit Veilchen und Primeln darin sahen sehr schön aus, und große Myrthen- und Mistelsträuße schmückten den Kamin … Miss K. Beauchamp trug einen dunkelbraunen Mantel und Rock und einen schwarzen Fuchspelz.[32]

Einige Wochen vor der Abreise schrieb Katherine eine sehr direkte Erklärung feministischer Unabhängigkeit, die ihr die Spiele und Wahrsagereien an jenem Nachmittag erträglich gemacht haben muß:

---

30 Beauchamp, op. cit., S. 90.
31 Information von Alison Waley.
32 O'Sullivan, op. cit., S. 78.

> Hier nun also eine kleine Zusammenfassung dessen, was ich brauche – Macht, Reichtum und Freiheit. Es ist die hoffnungslos abgeschmackte Doktrin, daß Liebe das einzige auf der Welt ist, und sie wird den Frauen beigebracht, eingehämmert, von Generation zu Generation, und das behindert uns so grausam. Wir müssen diesen Popanz loswerden – und dann, dann kommt die Chance zu Glück und Freiheit.[33]

Schöne, kämpferische Worte, die bei ihr immer im Widerstreit mit dem konkurrierenden Verlangen nach einer harmonischen Liebesbeziehung stehen sollten. Doch der Ruf nach Macht und Reichtum und auch nach Freiheit zeigt, daß sie wußte, wer sie war: die Bankierstochter, die nie die Würdelosigkeit und die Unannehmlichkeiten der Armut kennengelernt hatte, und die hellsichtig genug war, um zu erkennen, daß sie durch das Geld ihres Vaters eine Londoner Erziehung erhalten hatte, mit deren Hilfe sie wieder zurück nach London konnte, und zwar nicht auf dem Zwischendeck. Nie scheute sie sich davor, ihn oder ihre Freunde um Geld zu bitten, obwohl sie überaus stolz auf ihr selbstverdientes Geld war und nie nachließ in ihrem Wunsch, für Geld zu arbeiten; auch war sie auffallend großzügig und hochempfindlich gegenüber Schäbigkeit bei andern.

Sie wollte ihr Leben selbst bestimmen, ohne sich dabei in ein Netz von Konventionen zu verwickeln. Ihr Instinkt, nach London zurückzukehren, war richtig; die kühle, unabhängige Katherine konnte inmitten ihrer Familie, die sie als bedrückend und intellektuell nicht gleichwertig empfand, nicht existieren. Tom Mills sagte sie, ihr Vater interessiere sich nur für Geld und ihre Mutter für die soziale Leiter, ein Urteil, das vielleicht unfair war und nicht ganz mit ihren späteren Aussagen übereinstimmt, das aber auf jeden Fall ein Quentchen Wahrheit enthielt. Der kleine Leslie war, so sensibel und künstlerisch veranlagt er auch war, nicht stark genug, um einen Bundesgenossen abzugeben; das Beispiel Edith Bendall deutete einen Weg zur Unabhängigkeit an, doch ging er nicht weit genug. Katherine bezweifelte zu Recht, ob sie im Jahre 1908 am anderen Ende der Welt aus eigenem Bemühen Macht oder Reichtum

33 *Journal*, Mai 1908, S. 37.

erwerben konnte, während London gleich einer Bühne für den Auftritt einer jungen Frau mit unabhängiger Gesinnung und Talent bereit war.

4
London 1908: Neue Frauen

Im Sommer 1908 segelte Katherine gen London in der gehobenen Stimmung der erfolgreichen Rebellin und in der Überzeugung, daß sie dort eine aufregende Bestimmung erwartete. Die Zeit war gut gewählt; sie reiste in ein Land, in dem die Ideale des viktorianischen Lebens gehörig durcheinandergeschüttelt wurden, und keines mehr als das Muster des viktorianischen Frauseins.

In Neuseeland hatten die Frauen 1893 das Stimmrecht erhalten und schon erklärt, daß sie kaum einen Unterschied bemerkt hätten. Auch hatte der Burenkrieg zu größerem Wohlstand in Neuseeland geführt – Harold Beauchamps Vermögen war dadurch beträchtlich angewachsen –, in England hingegen hatte der Krieg die Menschen entzweit und die alte imperiale Zuversicht erschüttert. Ideen, die bislang nur subversiv im Raum geschwebt waren, nahmen nun Gestalt an und gewannen an Stärke; Verhaltensweisen, die noch eine Generation zuvor undenkbar gewesen wären, griffen um sich, besonders in intellektuellen Kreisen. Die Veränderungen waren vielfältig: Mit der Wahl von 1906 zogen über fünfzig Labour-Abgeordnete ins Parlament ein, die liberale Regierung verfügte über eine noch nie dagewesene Mehrheit. Die Suffragettenbewegung näherte sich ihrem militanten Höhepunkt; 1907 stellte sich der erste Kandidat der National Union of Women's Suffrage Societies (»Nationale Vereinigung der Gesellschaften für das Frauenwahlrecht«) in einer Nachwahl in Wimbledon; es war Bertrand Russell, ein Angehöriger der politischen Aristokratie, Professor am Trinity College in Cambridge und ein Philosoph und Mathematiker von hohem Ansehen. Wie eine Zeitung richtig schrieb: »Allein die Tatsache, daß ein Denker von seinem intellektuellen Rang sich in erster Linie für das Wahlrecht der Frauen einsetzt, bedeutet einen immensen Fortschritt für die

Geschicke der Sache.«[1] Im gleichen Jahr erschien eine Druckschrift namens *The Endowment of Motherhood* (Die Gabe der Mutterschaft), verfaßt von einem frühen Freudianer, Dr. David Eder. Es war die erste schriftliche Stellungnahme für eine staatliche Fürsorge für Frauen mit Kindern, als Alternative zu der finanziellen Abhängigkeit vom Mann. In der Fabian Society wurde das Thema heiß diskutiert, ebenso die Frage einer generellen Reform der Ehe; H. G. Wells war damals dafür, Beatrice und Sidney Webb dagegen – Wells war Feminist und ein großer Verehrer von Frauen, die Webbs waren bewußt kinderlos und äußerst argwöhnisch gegenüber sexuellen Unregelmäßigkeiten jeglicher Form.

In den Künsten herrschte ähnlicher Aufruhr. Galsworthys Roman *Der Besitzmensch*, in dem er die bürgerliche und patriarchalische Ehe angriff, war 1906 erschienen; seine empörten Enthüllungen lösten Schauer des Entsetzens und gleichzeitig des Vergnügens aus. Auch in der Ehe, so verkündete er, kann ein Mann seine Frau vergewaltigen. Eine junge Lehrerin aus Croydon, deren Cousine bei der Geburt starb, sagte, sie halte den trauernden Ehemann des Totschlags schuldig.[2] Im Theater kritisierten die Stücke von Harley Granville-Barker und Bernard Shaw alle Werte der herrschenden Klasse, nicht zuletzt deren Ansichten über Frauen. Granville-Barkers *Waste*, in dem zwei Außenseiter, eine sexuell unkonventionelle Frau und ein unvorsichtiger Politiker, einander zerstören, wurde 1906 verboten. Als Reaktion darauf und ähnliche Beschneidungen der Freiheit wurde eine Gesellschaft zur Abschaffung der Zensur gegründet, die von der schreibenden Zunft enthusiastisch unterstützt wurde; ihr Geschäftsführer, ein junger und viel bewunderter Schriftsteller namens Gilbert Cannan, erweiterte seine eigene Freiheit dergestalt, daß er bald von einem ihrer führenden Mitglieder, dem Dramatiker J. M. Barrie, als Scheidungsgrund benannt wurde.

Neue Zeitschriften erschienen, die von neuen Männern und

---

1 Ronald Clark, *The Life of Bertrand Russell*, London (Cape/Weidenfeld) 1975, S. 122.

2 Helen Corke, *In Our Infancy*, Cambridge University Press 1975, S. 168.

Frauen herausgegeben und geschrieben und von einer Intelligenz gelesen wurden, die sich nicht mehr auf die Bürgerschicht beschränkte. Die *English Review* begann 1908 mit dem erklärten Ziel, Autoren aus der Arbeiterklasse zu suchen. Der Herausgeber, Ford Madox Hueffer, nahm das Erscheinungsjahr zum Anlaß, um seine Frau wegen einer offen feministischen Autorin, Violet Hunt, zu verlassen. In der Redaktion saßen zwei weitere Autoren mit fortschrittlichen Ansichten, Wells und Edward Garnett, der zu jener Zeit Stücke mit sozialen Themen wie ledige Mütter und Frauenwahlrecht schrieb. Ein junger Grundschullehrer mit literarischen Ambitionen, David Herbert Lawrence, las im *English Review* Wells' Serienroman *Der Traum* mit großem Genuß.

Eine weitere grundlegend neue Zeitschrift, die Lawrence las und seinen Freunden empfahl, war das *New Age,* herausgegeben von einem exzentrischen Nietzscheaner und ehemaligen Lehrer namens A. R. Orage; auch er handelte im Stil der neuen Zeit und trennte sich von seiner Frau, um mit einer flotten Schriftstellerin, Beatrice Hastings, zusammenzuleben. Die Seiten des *New Age* waren voll von Eugenik, Ehereform, Sozialismus, freier Liebe, Protesten gegen Hungerlöhne und die Todesstrafe, Frauenfragen von der Abtreibung bis zum Stimmrecht, Psychoanalyse, Außenpolitik, Philosophie und Theaterkritiken, dazu Zeichnungen von Augustus John und Walter Sickert, nicht selten freizügige Aktstudien. Das *New Age* hatte seine eigene Druckerei, in der unter anderem auch Eders Flugschrift gedruckt wurde; Eder verfaßte zahlreiche Beiträge (1908 heiratete er auch eine geschiedene Frau, Edith Haden Guest, geborene Low, eine Freundin von Wells und Anhängerin der »offenen« Ehe).

Die Gesellschaft, die Katherine bald in London antreffen sollte, war allzu bereit, eine junge Frau aufzunehmen, die sich vor nichts fürchtete und die bereit war, sozialen Veränderungen den Weg zu bahnen, ja, ihre heroische Verkörperung zu werden. Der Zeitpunkt schien wie für sie gemacht, ebenso auch umgekehrt. Es war eine abenteuerlustige und unorthodoxe Gesellschaft, offen für neue Ideen, entschlossen die Werte der Eltern zurückweisend. Wenn wir einen Moment innehalten, um den Erfahrungen einiger von Katherines Zeitgenossinnen nachzuspüren, die später ihre Freundinnen werden sollten, dann zeichnet sich ein deutliches Muster der Frau ab, die Klassenschranken überschritt und sexuellen Konventionen trotzte.

Die Frau, die in Beziehung zu Katherine die größte Aufmerksamkeit beansprucht, als Freundin, Rivalin und Gleichgesinnte, war Virginia Stephen. 1908 war sie sechsundzwanzig Jahre alt, also sechs Jahre älter als Katherine. Als sie sich 1916 begegneten, war sie Virginia Woolf geworden; 1908 jedoch war sie noch die unverheiratete, verwaiste, schüchterne Tochter von Leslie Stephen, dem großen viktorianischen Literaten, und hatte noch nichts Eigenes erreicht. Sie hatte nicht nur Vater und Mutter verloren, sondern auch einen älteren Bruder, dem sie sehr zugetan war, und eine Stiefschwester. Zu diesem Trauma kamen zwei Anfälle geistiger Umnachtung hinzu, der letzte 1904. Die Persönlichkeit, die sich in ihren Briefen zeigt, wirkt streng und diszipliniert, zwar auch spielerisch, aber nicht so beweglich wie Katherine. Wo Katherine ihrer Feder freien Lauf und ihre Gefühle schweifen läßt, schimmern Virginias Sätze wie dünnes Eis auf dunklem Wasser.

Virginia hatte eine weniger formale Erziehung erfahren – sie ging nie zur Schule –, doch besaß sie ein größeres Buchwissen. Ihr Vater war in jeder Hinsicht ein ebenso großer Patriarch wie Harold Beauchamp (er besaß auch die Angewohnheit, seine Frauen wegen der Haushaltsrechnungen zu tyrannisieren), aber immerhin ein gelehrter Patriarch. Zwar wäre es ihm nie in den Sinn gekommen, seine gescheite Tochter ebenso wie ihre Brüder auf die Universität zu schicken, aber wenigstens durfte sie seine Bibliothek benutzen. Sie nahm die Gewohnheit des Studiums fast durch die Haut auf und arbeitete schon sehr früh sehr hart; nach dem Tod ihrer Mutter – sie war dreizehn – unterrichtete der Vater sie selbst, sogar Griechisch ließ er ihr angedeihen. Sie kämpfte mit der Grammatik und beherrschte sie schließlich; nur mit der ungefähren Bedeutung eines Satzes gab sie sich nicht zufrieden.

Anders als die vergnügungssüchtigen weiblichen Beauchamps, betrachteten die Stephens den Dienst an der Gemeinschaft als eine Verpflichtung. Von Virginia wurde keine Karriere erwartet, doch drei Jahre lang, von 1904 bis 1907, unterrichtete sie Milchmänner und Sekretärinnen in Geschichte und Literatur am Londoner Morley College (wenn auch mit mäßigem Erfolg). Später schloß sie sich der Frauenrechtsbewegung an, verrichtete die öde Arbeit des Adressenschreibens und saß mit den Suffragetten auf Podien.

Von Anfang an waren ihre Ambitionen rein literarischer Natur; sie war ja auch mitten in das literarische Establishment hineingeboren: Zu Leslie Stephens Freunden zählten Henry James und Thomas Hardy, und seine erste Frau war die Tochter von Thackeray. Und so begann Virginia sehr früh mit Buchrezensionen für die etablierte Zeitschrift *Cornhill* und das neugegründete *Times Literary Supplement.* Sie nahm ihre Arbeit ernst (da sie nicht zur Kirche ging, schrieb sie ihre Kritiken oft sonntags) und machte sie sehr gut.

1907, nachdem ihre ältere Schwester Vanessa Clive Bell geheiratet hatte, zog sie mit ihrem Bruder Adrian an den Fitzroy Square 29. Die einstmals vornehmen Adams-Häuser aus dem 18. Jahrhundert waren nun schäbige Büros, Wohnungen und Werkstätten; das der Stephens war das einzige, das noch von einer einzelnen Familie bewohnt wurde. Der Lärm von Verkehr und Arbeitern lenkte sie ab, und ihre konventionelle Verwandtschaft fand die Adresse schlecht, doch sie genoß ihre Freiheit. Keine Anstandsdame, kein Aufwartefräulein, und im Sommer 1908 machte sie sich ganz allein auf eine Reise, wohnte in Pensionen, erst nach Wells, dann nach Pembrokeshire, um sich auf den Roman zu konzentrieren, an dem sie schrieb. Damals hieß er noch *Melymbrosia* und wimmelte von Heldinnen mit Meredithschen Namen wie Cynthia oder Letitia; in späteren Entwürfen änderten sich die Namen, Merediths Spuren verloren sich, und 1915 erschien der Roman schließlich unter dem Titel *The Voyage Out.* Virginia klagte darüber, daß sie in London

> gegen obszöne alte Frauen und auch junge [ankämpfen müsse], von deren Schnäbeln das Blut tropft und die einem die Heirat anraten. Dies ist meine tägliche Buße ... »Ich finde, du solltest dir ein Mädchen nehmen, Virginia – dir die Haare machen lassen – das wirkt gleich ganz anders – Män-

ner sehen so etwas – natürlich nicht« – und so weiter und so fort.[3]

Vanessa gab ihr gegen derartige Ratschläge Rückendeckung und verschaffte ihr andere Zerstreuungen: Ausflüge nach Frankreich und Italien, dramatische Lesungen in ihrem Haus, in denen Virginia die Rolle der Miss Hoyden in Vanbrughs Komödie *Der Rückfall* oder der Rebecca West, der ehebrecherischen und selbstmörderischen Heldin aus Ibsens *Rosmersholm*, übernahm. Ebenfalls in Vanessas Salon fand im Sommer 1908 ein Gespräch zwischen den beiden Schwestern und Lytton Strachey statt, das (wenn auch wahrscheinlich nicht ganz im Ernst) als Schlüsselmoment in der Geschichte der britischen Kultur bezeichnet wurde.[4] Die Damen saßen in weißen Kleidern unter Augustus Johns riesigem Gemälde von Pyramus, als Strachey eintrat, einen Fleck auf Vanessas Kleid bemerkte, darauf zeigte und »Sperma?« quiekste. Dieses eine Wort riß, so Virginia, die ganzen Barrieren der Zurückhaltung und Reserviertheit ein, die das Gespräch bis dahin gehemmt hatten. Von da an, sagte sie später, »diskutierten wir die Kopulation mit derselben Erregung, in der wir zuvor das Wesen des Guten diskutiert hatten.«

Ob das tatsächlich so war oder was es genau bedeutete, ist nicht ganz klar. Wie frei ihr gesprochenes Wort auch gewesen sein mag, ihr geschriebenes blieb keusch, und als Edward Carpenter 1910 in den Seiten des *New Age* ein Ausbrechen aus »der erstickenden Atmosphäre des Salons« in der Literatur forderte und eine Rückkehr zum Gebrauch »einer *ganzen Gruppe* von Wörtern – insbesondere jener Gruppe, welche das Grobe, das Konkrete, das Vulgäre sowie die psychologische Seite des menschlichen Lebens und der Leidenschaften wiedergibt«,[5] blieb Bloomsbury die Antwort schuldig. (Auch die Autoren des *New Age* blieben sie schuldig; und als sie endlich kam, Ende der

3 Virginia Woolf an Lady Robert Cecil, Mai 1909, *The Letters of Virginia Woolf: 1882-1912*, hrsg. von Nigel Nicolson, London (Hogarth Press) 1972, Bd. I, S. 296.

4 Quentin Bell, *Virginia Woolf: A Biography*, London (Hogarth Press) 1972, Bd. I, S. 124.

5 *New Age*, 17. März 1910.

zwanziger Jahre von D. H. Lawrence, entsprach sie wohl kaum Carpenters Vorstellungen.)

Ungeachtet Stracheys Kühnheit blieb Virginia Woolf streng jungfräulich. Sie hatte leidenschaftliche Beziehungen zu einigen älteren Frauen – Madge Vaughan, Violet Dickinson –, doch das waren keusche, unschuldige und quasitöchterliche Angelegenheiten. Sie wußte, daß sie Ruhe brauchte. Kindheitserfahrungen mit einem fummelnden Stiefbruder hatten ihr ein tiefes Mißtrauen der Sexualität gegenüber aufgeprägt, und ihr empfindliches nervliches Gleichgewicht schien des Schutzes zu bedürfen, den ihr Schwester und später auch Mann (wie überhaupt alle, die sie liebten) boten. Trotz dieser Unterschiede waren Virginia und Katherine Frauen von einem Schlag, der sie von den etablierten weiblichen Rollen der Passivität und Entsagung deutlich absetzte.

Nicht weit entfernt von Virginia, aber in einem sichtbar vornehmeren Teil von Bloomsbury, am Bedford Square 44, hatte sich unlängst eine weitere Frau eingerichtet, die sich gegen ihre Herkunft stellte und entschlossen war, einen ganz eigenen Lebensstil zu begründen. Lady Ottoline Morrell war eine wunderbare Erscheinung, besaß einen großzügigen Charakter, war begeisterungsfähig, zuweilen auch absurd, und gab sich mit Leidenschaft den Vorstellungen der Kunst und eines künstlerischen Lebens hin. Von Schriftstellern und Künstlern benützt und ausgenützt, bot sie ihnen großzügige Gastfreundschaft; mit ihren fünfunddreißig Jahren begann sie gerade eine Laufbahn als Gastgeberin.

Ottoline Cavendish-Bentinck wurde in die engstirnigste Art von Aristokratie hineingeboren. Ihr Vater war in der Armee, ihr Halbbruder verließ sie gerade, um Herzog von Portland zu werden, und ihre anderen Brüder waren auch alle in der Armee; sie verbrachten ihre Freizeit mit Schießen, Jagen und Fischen und genossen häufig die Gesellschaft der königlichen Familie. Ottoline, das einzige Mädchen, wuchs bei ihrer verwitweten Mutter und bei Gouvernanten auf, wo sie außer Reiten und Tanzen recht wenig lernte. Man erwartete nicht von ihr, daß sie sich allein anzog oder sich selbst die Haare bürstete, und nach einer Saison oder zwei sollte sie eine passende Partie für einen der Freunde ihrer Brüder abgeben. Ungeachtet der Tatsache, daß sie fast einen Meter achtzig groß war und ausgesprochen herrische Züge besaß, galt sie dennoch als gute Partie: Sie war hübsch, makellos aristokratisch und reich; 1900 betrugen ihre jährlichen Zuwendungen £ 1500. Allerdings war sie an den zur Wahl stehenden Männern nicht im mindesten interessiert. Durch ihre Mutter, die starb, als sie zwanzig war, hatte sie Auslandsreisen schätzen gelernt; der Schmerz über den Verlust der Mutter hatte sie für einige Zeit zur Religion geführt. Nach einem kurzen Flirt mit dem 69jährigen Erzbischof von York beschloß sie, zusammen mit einer Freundin, einer Begleiterin und einem Mädchen den Kontinent zu bereisen; ihre Brüder ließen sich nach einigem Hin und Her die Erlaubnis dazu abringen.

Zwischen 1896 und 1901 bereiste sie Frankreich, Italien, Deutschland und die Schweiz, vertiefte sich in Ruskin, studierte ein Weilchen an der Universität von St. Andrews, wo sie entdeckte, daß sie Schwierigkeiten mit dem logischen Denken hatte, sowie in Oxford, wo sie als »aushäusige Studentin« verkehrte. Allmählich entfernte sie sich von ihrer Familie; zwei Brüder wurden im Burenkrieg verwundet, einer davon starb später an seinen Verletzungen. Ottoline verliebte sich in Axel Munthe, den modischen schwedischen Arzt, der in Italien praktizierte, wurde aber von ihm verschmäht. Ein weiterer älterer Verehrer erschien in Gestalt des Innenministers (und späteren Premierministers) Asquith; 1902 schließlich gab sie Philip Morrell, einem jungen Anwalt, den sie in Oxford kennengelernt hatte, das Jawort. Morrell scheint außer einem Interesse für Literatur wenig mit ihr gemein gehabt zu haben, doch er war es zufrieden, daß sie die dominierende Rolle spielte.

Ottoline fand die frühen Ehejahre wenig aufregend. Sie linderte ihre Langeweile mit Flirts mit anderen Männern, von denen einer jener John Cramb war, der Katherine am Queen's in Geschichte unterrichtete (er verliebte sich schrecklich in Ottoline und schrieb später unter Pseudonym einen Roman über die Episode). Inzwischen hatte man Morrell überredet, sich für Politik zu interessieren und sogar für die Liberale Partei in Oxfordshire zu kandidieren. So unwahrscheinlich seine Wahl in diesem stockkonservativen Teil der Welt auch war, dank des erdrutschartigen Sieges der Liberalen vom Januar 1906 zog er ins Unterhaus ein. Im Mai desselben Jahres gebar Ottoline Zwillinge. Sie war nur widerwillig Mutter. Ein Zwilling starb, der überlebende wurde liebevoll umsorgt, blieb aber ihr einziges Kind; noch vor Ablauf eines Jahres beschloß sie, sich einer Operation zu unterziehen, die weitere Geburten unmöglich machte.

Sie war nun frei für ihr erwähltes Leben als Gastgeberin und Gönnerin der Künste, und sie verfolgte es mit beharrlichem Eifer und großem Erfolg – die Salonlöwen, die sie wollte, bekam sie auch. Ihre donnerstäglichen Empfänge wurden schnell berühmt. Augustus John wurde ihr Porträtist und Liebhaber und blieb, als er sich mannhaft von Intimitäten mit ihr gelöst hatte, weiterhin ihr Freund; durch ihn lernte sie Clive und Vanessa Bell und ganz Bloomsbury kennen. Virginia, die ihr erstmals 1908 begegnete, beschrieb sie als eine Frau mit »dem Haupt der Medusa; aber dennoch ist sie sehr einfach und unschuldig und verehrt die Künste«[6], und die beiden freundeten sich an.

Einige Jahre später begann Ottoline eine berühmte und langwährende Affäre mit Bertrand Russell; seine leidenschaftliche Liebe schmeichelte ihr, doch seine körperlichen Anforderungen an sie fand sie überwältigend, und seine Arroganz machte sie wütend. Als sie einmal in Frieden lesen wollte, »sagte er mir, daß ich mit *meinem* Lesen nie im Leben etwas Wichtiges erreichen könne, während ich aber durch meine Zuwendungen ihm helfen könnte«.[7] Da Katherine sich später auch von einer Affäre mit Russell zurückzog, ist es durchaus möglich, daß er ihr aus ähnlichen Gründen zu viel wurde.

Ottoline teilte mit Katherine eine entschiedene Ablehnung der Ziele und Werte der eigenen Familie und den starken

6 Virginia Woolf an Madge Vaughan, Mai 1909, *The Letters of Virginia Woolf: 1882-1912*, Nicolson, Bd. I, S. 395.

7 *Ottoline at Garsington*, hrsg. von Robert Gathorne-Hardy, London (Faber) 1974, S. 281.

Wunsch, sich ein Leben einzurichten, in dem Kunst, Freundschaften und Vergnügungen alle eine Rolle spielen; beide Frauen entwarfen ihr Erscheinungsbild sehr bewußt, um eine dramatische Wirkung zu erzeugen, und beide legten viel Wert auf ein schönes Haus mit Garten, wobei der Unterschied darin lag, daß Ottoline es sich leisten konnte, ihre Träume zu verwirklichen, während Katherine kaum einmal über Träume hinauskam. Ottoline wie Katherine hatten beide einen recht dehnbaren Begriff von der eigenen sexuellen Treue, während sie auf das »Betrogenwerden« heftig reagierten; beide erstrebten eine tiefe Vertrautheit mit ausgesuchten Freundinnen und Freunden; beide lernten, mißtrauisch gegenüber Spott und Bosheiten zu sein, zwei wuchernde Triebe in Bloomsbury, was sie aber nicht davon abhielt, zuweilen gröblich über die andere herzuziehen.

Eine weitere Frau, die eine enge Freundin von Katherine werden sollte, war die adelige Dorothy Brett. 1908 war sie fünfundzwanzig und hatte gerade begonnen, an der Slade School Malerei zu studieren. Dort änderte sie ihren Namen in ein androgynes und klassenloses »Brett«. Wie Ottoline Morrell war sie auf der Flucht vor ihrer aristokratischen Familie und deren Lebensart, die sie verabscheute, um so mehr, als sie nicht dazu befähigt war, denn sie war sehr taub, recht unauffällig und von einem gewissen künstlerischen Talent beseelt. Langsam und beharrlich machte sie ihren Weg aus den Kreisen, in die sie hineingeboren war, in einen kongenialeren Zirkel aus Künstlern und Schriftstellern. Ihre Familie (ebenso wie Katherines) überwies ihr auch weiterhin Geld, wenn sie es brauchte. Dadurch war sie in der Lage, sich großzügig gegenüber ihren neuen Freunden zu verhalten. Das waren Leute wie Mark Gertler, ein abgebrannter Maler aus der East End, mit dem sie sich an der Slade befreundete, oder Dora Carrington, eine junge Malerin, die ebenfalls entschlossen war, ihre enge, provinzielle Herkunft hinter sich zu lassen. Brett liebte immer mehr, als sie geliebt wurde. Lawrence nannte sie später die geborene »Schwester«, und Katherine beschrieb sie als eine »rankende Rebe«, weil sie sich Paaren anschloß und sich in ihre Kulturidole verliebte, die ihre Zuneigung und ihr Vertrauen oft mißbrauchten, ähnlich wie bei Ottoline.

Brett war nicht besonders hell und machte enttäuschend wenig aus ihrem Talent als Malerin, aber wenigstens schaffte sie es, ihr eigenes Leben zu leben und nicht eines, das man ihr vorgesetzt hatte, und allein das war zu der Zeit schon eine bemerkenswerte Leistung.

Noch eine bedeutende Frau in Katherines Leben in England muß hier Erwähnung finden: Frieda Weekley. Frieda führte im Sommer 1908 ein stilles und beschauliches Leben in Nottingham mit ihrem Mann, Professor Ernest Weekley, einem gesetzten und fleißigen Lehrer für moderne Sprachen und Autor vieler erfolgreicher Schulbücher. Er war vierzehn Jahre älter als sie. Frieda war neunundzwanzig und Mutter dreier kleiner Kinder, die sie zwischen 1900 und 1904 geboren hatte.

Frieda war als Tochter einer adeligen deutschen Offiziersfamilie, der von Richthofens, in der Garnisonsstadt Metz an der französischen Grenze aufgewachsen. Die Richthofens waren nicht reich; der Baron war ein Kriegsheld von 1870-71, aber auch ein zwanghafter Spieler, was seine Ehe zerrüttete. Die älteste der drei Töchter war von hoher Intelligenz – eine der ersten Frauen, die an die Universität Heidelberg gingen –, die jüngste war eine Schönheit; Frieda, die mittlere, war der Wildfang, und auch die konventionelle Schulbildung konnte ihr den wilden Geist nicht austreiben.

1899 heiratete sie dann überraschend. Sie war intelligent, eine gute Musikerin und in englischer und deutscher Literatur belesen – sie brachte zwei kleine Unterrichtsausgaben deutscher Klassiker heraus. Bald jedoch war sie unzufrieden mit dem langweiligen Leben in den Midlands und ihrem langweiligen, guten Mann, und so betrog sie ihn häufig. Ihre ernsthafteste Affäre ereignete sich 1907 während eines Besuchs bei ihrer älteren Schwester in München; ihr Liebhaber war ein junger Anhänger Freuds, Dr. Otto Gross. Gross war auch ein glühender Apostel der freien Liebe; seine Beziehung mit Frieda war aufregend und leidenschaftlich, aber nie danach ausgerichtet, für beide bindend zu werden (schließlich waren beide auch verheiratet). Bis an ihr Lebensende bewahrte sie seine Briefe auf und glaubte an seine Ideen; noch aber schmorte sie in Nottingham.

Allen diesen Frauen war die Entschlossenheit gemein, der Welt zu entfliehen, in die sie geboren waren, die moralischen, sozialen und kulturellen Regeln über Bord zu werfen, die ihnen in der Kindheit eingeprägt worden waren, wie unterschiedlich diese jeweils auch waren. Alle liebten und bewunderten sie Katherine und spürten, daß sie ein besonderes, intimes Band mit ihr geknüpft hatten. Sie muß ihnen wunderbar glücklich und frei erschienen sein, wie sie da vom andern Ende der Welt auftauchte, unbehindert von den Restriktionen, die sie hatten durchbrechen müssen. Wie wir jedoch sehen werden, geschah ihre Initiation in das Leben in England auf eine Weise, daß sie diese beneidenswerte Freiheit opferte, kaum daß sie sie ergreifen und nützen konnte.

5
»Mein wunderbarer, herrlicher Gatte«

Bei diesen Freundinnen lag Katherines Zukunft; aber als sie Ende August 1908 aus dem Zug stieg, der sie vom Schiff brachte, stand da erst einmal Ida auf dem staubigen Bahnsteig: Ida, treu und vor Rührung nahezu überwältigt, war mit einem Einspänner erschienen, mit dem sie in die Wohnung der Bakers in den Montagu Mansions fuhren, damit sie sich erst einmal wieder an alles gewöhnte, an das vertraute und erregende London mit Baker Street und Regent Street, Nationalgalerie und Musikhallen – dem Aeolian, dem Queen's, dem Bechstein in der Wigmore Street –, mit Covent Garden und Palace Music Hall, der Serpentine für die Rudergesellschaften, dem Vienna Café und dem Blenheim Café in der Bond Street, den Teeläden und Blumengeschäften, die Katherine so liebte. Offiziell studierte Ida Musik, Violine wie die Trowell-Jungen; doch für sie wie für Katherine stand fest, daß die Freundschaft mit ihr in Idas Leben den ersten Rang einnahm.

»Du bist die einzige, die an mich glaubt«[1], hatte Katherine 1906 zu ihr gesagt, bevor sie das Queen's verließ; diese Vorstellung war für Ida so etwas wie eine heilige Verantwortung geworden, und Katherine, die von diesem Maß an Hingabe fasziniert war, zögerte nicht, davon Gebrauch zu machen. Wie interessant sie Idas Gefühle fand, machte sie in dem Anfangskapitel eines Romans deutlich, den sie einige Jahre später begann. Er zeigte Ida, wie sie sich auf die Rückkehr ihrer verehrten Freundin vorbereitete, indem sie vor einem Foto von ihr, »auf schweren, nicht brechenden Wogen der Liebe auf und nieder schaukelnd«, flüsterte:

> Du bist die Vollendung ... Meine Bestimmung ist es, dir zu dienen. Ich war tot, als du mich fandest, ohne dich bin ich

1 Ida Baker, *Katherine Mansfield: The Memories of L. M.*, London (Michael Joseph) 1971, S. 31.

nichts. Laß mich dienen ... Ich bin hier und warte. Laß mich dienen ... Es gibt nur noch eines, das für mich einen Schrekken birgt ... das ist, daß du zu stark geworden bist, um meiner zu bedürfen. Du bist so furchtbar stark ... Auf diese Höhen kann ich dir nicht folgen. Neige dich zuweilen zu mir herab. Ich weiß, daß du mir nicht ganz gehören kannst – die große Welt braucht dich – ich aber gehöre ganz dir.[2]

In diesem Fragment erhielt Ida den halben Namen von Edith – »Rhoda Bendall« –, doch während die schöne Edith Katherine eine quasimütterliche Liebe entgegengebracht hatte, gab Ida ihr die fügsame Verehrung einer Untertanin. Das war nichts Erregendes, aber durchaus etwas Faszinierendes, und Katherine unternahm nie ernsthaft den Versuch, sie davon abzubringen.

Ida begleitete sie zu ihrem Zimmer in der Beauchamp Lodge, um ihr beim Einrichten zu helfen. Es war ein sehr großes, breites, stattliches Haus im Warwick Crescent in Paddington, mit Blick auf das Becken des Grand Union Canal (das heute vom Fahrbahngewirr einer Autobahnkreuzung umschlungen ist). Daß es überhaupt so eine Pension für junge Frauen gab und wie sie geführt wurde, mit einem Minimum an Überwachung durch zwei Berufsmusikerinnen, das waren Zeichen der Zeit. Katherine besaß einen eigenen Hausschlüssel und konnte nach Belieben kommen und gehen; so viel Freizügigkeit hatte sie bislang nicht gekannt. Die Bewohnerinnen, zumeist Musikstudentinnen, die von Zuwendungen ihrer Eltern lebten, darunter aber auch Frauen, die richtig arbeiteten, etwa Schauspielerinnen, trafen sich im gemeinschaftlichen Speiseraum; der Rest des Hauses bestand aus möblierten Zimmern. Katherines war im ersten Stock, es hatte einen Balkon, von dem aus man auf den Kanal mit den Lastkähnen blicken konnte; der Grand Union war damals noch genutzt.

Einmal im Monat mußte sie ihre Unterstützung bei dem Bankier ihres Vaters, Mr. Kay, in der City abholen. Über die Hälfte davon – 25 Shilling die Woche – ging für Zimmer und Verpflegung ab. Doch oft nahm sie die Mahlzeiten gar nicht in An-

2 K. M.s MS von *Maata*, transkribiert von Margaret Scott, veröffentlicht im *Turnbull Library Record*, Mai 1979, S. 22.

spruch; Beauchamp Lodge lag ganz in der Nähe der Trowells in Carlton Hill, wo sie wie eine Adoptivtochter mit offenen Armen aufgenommen wurde. Oft lud man sie zum Tee oder Abendessen ein, manchmal übernachtete sie dort sogar. Mrs. Trowell muß sich in London einsam gefühlt und sich über ein bekanntes Gesicht aus Wellington gefreut haben. Sie und ihr Mann stritten sich häufig, und er hatte es schwer, immer genügend Geld nach Hause zu bringen. Doch für Katherine waren die Trowells immer noch die andere, wahrere Familie; Mrs. Trowell nannte sie »kleine Mutter« und leistete ihr gern Gesellschaft, wenn sie Kuchen backte und das Küchenmädchen ausschimpfte oder am Eßzimmerkamin saß und ihren Söhnen die Socken stopfte. Die sechzehnjährige Dolly mit dem hübschen Gesicht und den roten Locken war die »kleine Schwester«, die Katherine so liebevoll wie keine ihrer richtigen Schwestern neckte. Aus einem Brief von Vera erfuhr sie, daß »wir« zu Hause in der Fitzherbert Terrace »nie eine so glücklich vereinte Familie waren«. »Ich *sollte* mich wohl darüber freuen«, war Katherines zutiefst verletzte Reaktion.[3]

Ida wurde allen Trowells vorgestellt, und die beiden jungen Frauen nahmen Dolly mit in Cafés und auf Einkaufsbummel, in Konzerte und ins Britische Museum; Dolly fand Ida nett, aber lasch. Dann wieder gingen Ida und Katherine mit Arnold und Garnet aus. Katherine war nicht mehr in Arnold verliebt, doch als er eines Abends im Zug den Arm um Ida legte, wies sie ihn scharf zurecht: »So etwas mag sie nicht.«[4]

Freunde kontrolliert man leichter, wenn man sie von einander getrennt hielt, und das war zumeist auch Katherines Strategie. Vierzig Jahre später hatten ihre Freundinnen von der Beauchamp Lodge, im Gespräch mit Antony Alpers, rückblickend den Eindruck, daß sie mit jeder von ihnen getrennt eine Vertrautheit aufgebaut hatte, ihnen andere Geheimnisse anvertraute und ihnen unterschiedliche Versionen von ihren Erlebnissen erzählte. Einige waren verletzt oder verblüfft, als sie

3 K. M. an Garnet Trowell, 3. Oktober 1908, *Collected Letters*, Scott und O'Sullivan, Bd. 1, S. 64.
4 Information von Ida Baker an die Autorin, 1977.

erfuhren, daß es da noch andere Aspekte gab, andere beschuldigten sie verärgert, aus Spaß gelogen zu haben.

Katherine log ihr ganzes Leben lang – darum kommt man nicht herum –, und ihre Lügen gingen weit über das Maß der üblichen Gesellschaftslügen hinaus. Während Murry Dinge »vergaß« oder fein verdrehte, erfand sie unverfrorene und ausgeklügelte falsche Darstellungen. Mit gutem Willen könnte man diese Angewohnheit als einen Ruf nach Beachtung interpretieren, als eine Reaktion darauf, daß sie sich in einer großen Familie mit einer gleichgültigen Mutter übergangen fühlte; daraus mochte sich dann ein Gefallen am Erfinden um seiner selbst willen entwickelt haben, wobei sie sich selbst zur Hauptfigur der Geschichte machte. Wenn die Wahrheit langweilig war, dann konnte man sie doch künstlerisch verbrämen, und wenn sie die Heldin ihres eigenen Lebensromans war, dann waren Lügen keine Lügen, sondern Fiktionen, also absolut nichts Ehrenrühriges.

In jenem Herbst erzählte sie zwei Freundinnen aus der Beauchamp Lodge, man habe sie in Montevideo von der *Papanui* verschleppt und betäubt, so daß sie jetzt fürchte, schwanger zu sein. Ida hörte nichts dergleichen, und von einer Schwangerschaft konnte auch keine Rede sein, aber vor solcherlei Gefahren wurden junge Mädchen damals eindringlich gewarnt; so jedenfalls bauschte Katherine eine Schiffsromanze (und eine verspätete Periode) zu einem genußvollen Schauerdrama auf. Wäre sie in ernsthaften Schwierigkeiten gewesen, dann hätte eine ganze Schar von Verwandten bereitgestanden: Tante Belle, die Cousinen Payne, deren Vater Arzt war, dazu die Vettern Beauchamp, von denen ebenfalls einer Arzt war. Es wäre nicht das erste Mal gewesen, daß die Familie mit einem solchen Problem zu tun gehabt hätte; Charlotte Beauchamp hatte mit fünfzehn ein uneheliches Kind zur Welt gebracht, das dann diskret in der Schweiz weggegeben wurde.[5] Doch davon wußte Katherine nichts, und sie war nicht um die halbe Welt gefahren, um sich ihrer Familie an den Hals zu werfen.

Ein Wochenende wurde dem Besuch bei Tante Belle in Surrey geopfert. Katherine betütelte pflichtschuldig das Baby, be-

---

5 Karen Usborne, *Elizabeth*, London (Bodley Head) 1986, S. 20.

wunderte die bleigefaßten Fenster und alten Eichentruhen und genoß einen Streifzug durch den Ashdown Forest, während ihre sportliche Tante Golf spielte, doch es blieb bei diesem einen Besuch. Aufregendere Einladungen kamen von den Eltern Margaret Wisharts, einer neuen Freundin von Beauchamp Lodge, die Katherine anbot, im Oktober mit ihnen nach Paris zu fahren. Alle traditionellen Sehenswürdigkeiten wurden besichtigt, am meisten aber gefiel ihr das Quartier Latin, und sie stellte sich vor, wie sie in zwei kleinen Zimmern hauste, ganz oben unterm Dach, mit einem Holzfeuer, Kaffee und Zigaretten, geschlossenen Läden und einer Lampe auf dem Tisch »wie die Sonne über einer grünen Welt«. Ihr ganzes Leben hindurch wurde sie magnetisch von Paris angezogen, und der Bericht von dieser Reise ist der erste ihrer Briefe, in dem die typische Mansfield zum Vorschein kommt, berauscht von den Freuden des Reisens. Hier die Einschiffung in Newhaven:

> Ich habe vor mir ein wirres Bild von Regen und tanzenden Lichtern und Matrosen in großen Mänteln & Stiefeln wie Seefahrer vom Fliegenden Holländer. Wir gehen ans Heck in die Damenkabine, wo eine kleine Französin aufwartet; das weiße Gesicht beäugt uns neugierig über die wogenden Bäusche der Schürze hinweg. So breite blaue Samtcouches, so harte Polster für ein müdes Haupt. Wir streifen Stiefel und Röcke & Mäntel ab, waschen uns, und eingewickelt in meinen großen Mantel & mit einer Decke um die Zehen, richtete ich mich für die Nacht. Das war nämlich ganz unterhaltsam, um einen herum dieselben eingemummten Gestalten, in denselben kleinen braunen Decken, wie Patienten auf einer Krankenstation. Und mittendrin die kleine Französin, die einen Strumpf strickt. Neben ihr, auf einem roten Tisch, wirft eine Lampe ein fantastisches, flackerndes Licht. All die Stunden hindurch, halb schlafend, halb wachend, öffnete ich die Augen und sah die kleine gebeugte Gestalt & das flackernde Licht schien ein fantastisches Spiel mit ihr zu spielen & und der Strumpf wuchs in meiner Einbildung – ins Riesenhafte – Gigantische.[6]

6 K. M. an Garnett Trowell, 21. Oktober 1908, *Collected Letters*, Scott and O'Sullivan, Bd. 1, S. 75.

Ihr Stil ist lebendig, ihre Beobachtung genau, und ihre Einbildungskraft hat eine gewisse alptraumhafte Intensität: Katherines charakteristisches Talent hat sich schon herausgebildet und zeigt ihre Nähe zu Dickens.

Ebenfalls im Herbst ging Katherine allein zu einem Suffragettentreffen in der Baker Street; sie wollte darüber für eine Zeitung in Neuseeland schreiben. Die Mischung aus Feierlichkeit und Schäbigkeit war zu viel für sie, und sie ließ sich nicht als eine Streiterin für die Sache gewinnen:

> Kaum war ich in den Saal getreten, als sich auch schon zwei Frauen, die aussahen wie sehr schlecht gepolsterte Stühle, auf mich stürzten und mich anflehten, doch freiwillig mitzuarbeiten. Über zweihundert waren anwesend – alle sahen sie seltsam aus, todernst – alle, insbesondere die älteren, wirkten besonders »abgerissen«. Und sie erhoben sich und redeten und stritten, bis sie heiser waren, und stampften auf den Boden und applaudierten – Im Raum wurde es heiß, und in der Luft regte sich ein Geist von Aufruhr und Revolte & schwoll an. Um 10.30 Uhr war es vorbei. Ich rannte auf die Straße – kühle Luft und Sterne – ich hatte nichts zu Abend gegessen, kaufte mir daher in einem schauerlichen Café ein Sandwich zu 2 Pence, sprang in einen Hansom & fuhr zurück nach Hause, währenddessen ich mein Sandwich aß – für 2 Pence war es riesig – fast zu groß, um es in beiden Händen zu halten – & ich beschloß, ich könnte keine Suffragette sein – die Welt war zu voll mit Lachen.[7]

Vielleicht eine bedauerliche Reaktion, aber wenigstens eine ehrliche; im allgemeinen stand Katherine auf der Seite der Suffragetten, war aber nicht für die eintönige, notwendige politische Arbeit der Versammlungen, Diskussionen und das Auftreiben von Spenden geschaffen.

Eine ganz andere Katherine sah man auf Dinnerpartys von Caleb Saleeby, dem Wissenschaftsjournalisten (und Mitarbeiter des *New Age*), und seiner Frau Monica, einer Tochter von Alice Meynell. Saleeby war begeisterter Amateurmusiker – wahr-

---

7 Ibid., 17. September 1908, S. 60.

scheinlich lernte Katherine ihn über die Trowells kennen –, und nichts bereitete ihm mehr Vergnügen, als in seinem Haus in der Hamilton Terrace in St. John's Wood neben seinen Literaten- und Journalistenfreunden auch Pianisten und Sänger zu empfangen. Er und seine Frau fanden Gefallen an Katherine und luden sie oft ein. Zuweilen kam sie in einem zurückhaltenden Kleid mit entsprechendem Gebaren, dann wieder erschien sie, dramatisch verwandelt, in ihrem Maorikostüm (das dem britischen Geschmack inzwischen angepaßt war) und einer Bernsteinkette um den Hals.

Sie wußte, wie sie Eindruck machen konnte, und sie sehnte sich nach Ruhm, ohne zu wissen, wie man das am besten bewerkstelligte. Eines Abends ging sie in ein Konzert mit der venezuelanischen Pianistin Teresa Carreño, der »Walküre des Klaviers«, die sie schon in Wellington gehört hatte; sie spielte in der Bechstein Hall Werke von Liszt und Beethoven. Katherine rühmte den Vortrag als »das letzte Wort in Schönheit und Intensität des Klangs«, interessierte sich aber mehr für den anschließenden Besuch bei der Carreño, die sich offensichtlich mit großer Liebenswürdigkeit an sie erinnerte und sie zu einem Nachmittagsbesuch einlud, der damit verbracht wurde,

> in dem Halbdunkel zu reden – in einem faszinierenden Raum voller Blumen und Photographien – herrliche Bilder von ihren berühmten Freundinnen, und russische Zigaretten – und Bücher und Musik und Couches mit Kissen ... wir redeten ... über die Musik im Verhältnis zum Leben – von der wunderbaren künstlerischen Berufung – von allen ihren Reisen – und noch viel mehr. Sie ist wahrhaft unter Tausend eine Frau.[8]

Carreño hatte es leicht, Katherine zu beeindrucken. Sie war Mitte fünfzig, war viermal verheiratet, hatte ihre Karriere mit acht in New York begonnen, auf ihren Reisen durch die Welt eine beträchtliche Menge Musik für Klavier und Streicher komponiert, eine Operngesellschaft geleitet, dirigiert und dazu noch in mehreren Opern gesungen. Das Erstaunliche ist, daß Kathe-

8 Ibid., 12. Oktober 1908, S. 68.

rine wiederum auf sie stark gewirkt haben muß – angesichts der Zeit, die die Walküre ihr schenkte; vielleicht fand sie Katherine einfach bezaubernd, oder sie mißverstand ihre Begeisterung als wahres musikalisches Können.

In Wahrheit hatte Katherine erkannt, daß ihr Cellospiel für die professionelle Musikwelt nicht genügte. Immerhin war sie in der Beauchamp Lodge von jungen Frauen umgeben, die mit aller Kraft darauf hinarbeiteten, Berufsmusikerinnen zu werden, ganz zu schweigen von den Trowells. Im Herbst verkaufte sie daher ihr Instrument und begann, in eine gänzlich andere Richtung zu denken. Es fing damit an, daß sie ausgewählten Freundinnen eigene Sketche und Gedichte vorlas und vor dem Spiegel übte. Als sie mit sich zufrieden war, beschloß sie, »die Kunst des Vortrags zu revolutionieren und wiederzubeleben«[9], indem sie ihre Arbeiten vor Publikum schrieb und vortrug:

> Nichts stößt mich mehr ab als der konventionelle Rezitator – steif – affektiert – gewunden – aber es gibt auch eine andere Seite – die Seite der *Kunst.* Eine verdunkelte Bühne – ein großer – Eichenstuhl mit hoher Lehne – Blumen – abgedunkelte Lichter – ein niedriger Tisch voller seltsamer Bücher – und dazu ein schlichtes Kleid in schönen Farben – Du verstehst, was ich meine. Sodann *Ton*effekte in der Stimme studieren – sich niemals auf die Gestik verlassen – wobei Gestik eine andere Kunst ist, die unauflöslich damit verknüpft sein sollte – und in der Stimme und im Gesicht und in der Atmosphäre alles ausdrücken, was man sagt ... Nun, das würde ich gern tun – und das liegt auch in meiner Macht, denn ich weiß, daß ich die Macht besitze, Menschen in Bann zu schlagen ... Dann könnte ich schreiben, was mir gefiele – und könnte mein Werk verbreiten – und ich spüre auch, daß es große Möglichkeiten für etwas Sensationelles und Neues in dieser Richtung gibt.[10]

Dieses aufregende Projekt – mit seinen deutlichen Anklängen an die öffentlichen Auftritte Dickens' – gediehen nicht sehr

---

9 Ibid., 2. November 1908, S. 84.
10 Ibid.

weit. Eine Zeitlang verdiente sich Katherine etwas Taschengeld, indem sie auf Salonpartys auftrat, die von Gastgebern veranstaltet wurden, die ihren Gästen etwas Unterhaltung bieten und denen sie mit einem Lied oder einer Rezitation einen Gefallen tun wollten. Ähnliche Auftritte hatte sie dann bei einigen kleinen Konzerten, doch ob sie mit einem eigenen abendfüllenden Programm vor einem großen Publikum bestehen konnte, wurde nie auf die Probe gestellt.*

Interessanterweise konnte ihre Zeitgenossin Ruth Draper, die ebenfalls mit selbstgeschriebenen Stücken auf Partys begann, tatsächlich eine lebenslange, blendende Karriere darauf aufbauen.**

Wir wüßten sehr wenig über diesen Lebensabschnitt Katherines, gäbe es nicht ein Bündel Briefe, die sie im Herbst und Winter 1908 schrieb und die von ihrem Empfänger, Garnet Trowell, sorgsam und heimlich aufbewahrt wurden. Denn Garnet, die liebe und schattenhafte zweite Geige, er, den niemand so recht mochte, der nicht so gut aussah und nicht so begabt war wie Arnold, der sanfte, schüchterne und nervöse Garnet war das Objekt von Katherines leidenschaftlichen Aufmerksamkeiten geworden.

Diese Affäre ähnelt den meisten Affären in ihrem Leben insofern, als sie sie wohl auslöste, dominierte und wieder beendete. Was Garnet dazu schrieb, dachte oder sagte, wissen wir nicht. Briefe von ihm sind nicht erhalten, und nie hat er die Rolle, die er dabei spielte, irgendeinem aus der Familie anvertraut; Jahre später versprach er Dolly, ihr die ganze Geschichte zu erzählen, doch er nahm sie mit ins Grab. 1908 war Garnet ein hochgewachsener, verträumter und weltfremder Neunzehnjähriger; er hatte dieselbe Musikausbildung durchlaufen wie sein Zwillings-

---

* Sowohl Vera Brittain als auch Rebecca West berichteten von einem Auftritt Katherines im Jahre 1913 in einem bekanntermaßen lesbischen Nachtclub, dem Cave of the Golden Calf, wo sie entweder selbst aufgetreten sein oder andere Auftritte angesagt haben soll.

** Ruth Draper wurde 1889 in New York geboren. Ihren ersten Erfolg hatte sie 1920 in London, als sie eigene Sketche öffentlich vortrug, ganz in der Art, wie Katherine es 1908 beschrieb.)

bruder, erlebte in sehr jungen Jahren schon das Studentenleben von Frankfurt und Brüssel, besaß aber nie Arnolds absolute Hingabe und Virtuosität. Das beste, was er erreichte, war eine Anstellung im Orchester einer fahrenden Operngesellschaft, der Moody-Manners. Es war eine ungemein professionelle und beliebte Truppe; damals galt die Oper in Großbritannien noch nicht als eine elitäre Kunst. Die Starsänger, Fanny Moody und Charles Manners, bereisten die gesamten britischen Inseln mit einem italienischen Dirigenten, einem Chor sowie Haupt- und Nebendarstellern, die Abend für Abend Verdi, Wagner, Puccini und Wallace (der heute vergessene, damals jedoch ungeheuer populäre irische Komponist) in einem Provinztheater nach dem andern zur Aufführung brachten. Es war ein anstrengendes Leben, brachte stundenlange, unbequeme Bahnfahrten und die ganzen Ungewißheiten der Theaterunterkünfte mit sich, doch war es auch aufregend und für Publikum wie Ausführende unterhaltsam: Beatrice Campbell, eine spätere Freundin von Katherine, die aus einer angesehenen Dubliner Familie kam, sagte, sie und ihre Schwester seien in jungen Jahren sehr versucht gewesen, sich den Moody-Manners anzuschließen, einfach aus Spaß an der ganzen Sache.

Für Garnet war es ein ordentlicher Job – seine Familie konnte es sich nicht leisten, ihn zu unterstützen –, und den ganzen Herbst über war er auf Tournee in Birmingham, Halifax, Liverpool, Newcastle, Glasgow, Edinburgh und Hull. Er spielte unter dem Künstlernamen »Carrington Garnet« (sein voller Name war Garnet Carrington Trowell). Katherine scheint ihre Liebe zu ihm schon einen Monat nach ihrer Ankunft in England entdeckt zu haben, und fast vom Beginn ihrer leidenschaftlich formulierten Korrespondenz nannte sie ihn »mein wunderbarer, herrlicher Gatte«[11] und malte sich ihre gemeinsame Zukunft aus. Im Oktober schickte er ihr einen Ring zum Geburtstag, und für die Trowells waren sie damit verlobt. Dolly hatte eine deutliche Erinnerung an einen Vormittag in Garnets Zimmer in Carlton Hill – das Zimmer war scharlachrot tapeziert, und auf halber Höhe verlief ein

11 Ibid., 12. Oktober 1908, S. 69.

grüner Streifen, auf den er Reproduktionen großer Gemälde geheftet hatte –, als Garnet und »Kass« hereinkamen, um ihr zu sagen, daß sie verlobt seien.

Im Dezember, als er für eine kurze Tourneepause nach Hause kam, scheint Katherine aus der Beauchamp Lodge aus- und in Carlton Hill eingezogen zu sein. Sie waren verliebt und wandten all die alten Tricks an, um allein zu sein: spätabendliche Spaziergänge nach Primrose Hill, wo sie dann in der Kälte knutschen konnten, Aufbleiben vor dem Kamin, nachdem die Eltern taktvoll überredet wurden, zu Bett zu gehen. Arnold machte freundliche Scherze über das Paar, Dolly war aufgeregt, und eine Weile lang ging alles gut. Mr. und Mrs. Trowell mußten einige Tage verreisen. Garnet und Katherine gingen zusammen ins Bett. Dann mußte er wieder in den Norden zurück zu den Moody-Manners.

Als nächstes scheinen sich Katherine und die Eltern Trowell zerstritten zu haben. Sie waren knapp bei Kasse, so knapp, daß sie dem Dienstmädchen kündigen mußten. Katherine schaffte es ebenfalls nicht, mit ihrem Etat auszukommen. Sie konnte nie widerstehen, Blumen, Kleider und Bücher zu kaufen, oder auch Geschenke von Ida anzunehmen; sie war in einer Familie aufgewachsen, die reich war und täglich reicher wurde, und konnte sich nicht in eine knausrige Armut bequemen. Sie äußerte sich abfällig über die Armut der Trowells, die wiederum wurden mißtrauisch gegenüber ihrer »feinen Art«.[12] Mrs. Trowell forderte sie auf, etwas für ihre Wäsche im Carlton House zu bezahlen, was sie ablehnte, vermutlich, weil sie es nicht konnte. Es kam zum Knall, und Katherine war so dumm, mit der wahren Natur ihrer Beziehung mit dem abwesenden Garnet herauszuplatzen. Worauf die Eltern »gewalttätig, hysterisch und halb wahnsinnig« wurden und sie aus dem Haus wiesen.

Dolly, der man nichts erklärte, sah sich plötzlich und unerklärlich von ihrer großen »Schwester« abgeschnitten. Katherines Name wurde ganz einfach nicht mehr erwähnt. Dolly versteckte das Foto von ihr im Schrank. Später, so erinnerte sie

12 K. M.s MS von *Maata*, transkribiert von Margaret Scott und veröffentlicht im *Turnbull Library Record*, Mai 1979, S. 18.

sich, fühlte sie sich verpflichtet, sie auf der Treppe von Queen's Hall zu schneiden. Daß Garnet Dolly sagte, er könne seinen Vater in einer persönlichen Angelegenheit nicht um Rat angehen, kann noch am ehesten damit in Bezug gebracht werden.[13] Er war jünger als Katherine, noch immer minderjährig, hatte nur das Elternhaus als Zuhause und kein geregeltes Einkommen. Garnet war nicht in der Position, in der er sich Ritterlichkeit oder Trotz leisten konnte.

Katherine zog in die Beauchamp Lodge zurück und nahm sich ein billigeres Zimmer im Erdgeschoß. Ihre Lage, soweit ihren anderen Freundinnen und ihrer Familie bekannt, war unverändert, und sie ging weiter auf Partys, Diners und in Shows. Bei den Saleebys hatte sie einen Gesangslehrer und ehemaligen Chorgelehrten vom King's College in Cambridge kennengelernt, George Bowden, ein Junggeselle Anfang dreißig. Er ging mit ihr aus und gab zu erkennen, daß er sie faszinierend fand. Weitere Einladungen, kleine Zettelchen und Blumen folgten. Sie teilten ein Interesse an der Vortragskunst – zu Bowdens Schülern gehörten Geistliche, die ihre Kanzelauftritte verbessern wollten –, und Bowden fand, daß Katherine sich genügend Fertigkeiten angeeignet hatte, um einige ihrer Sketche bei seinen Konzerten vorzutragen:

> Ihr Gebrauch der Stimme, sowohl bei der wenigen Arbeit, die wir gemeinsam machten, wie auch bei der öffentlichen Rezitation ihrer eigenen Sketche, die sie bei einigen meiner Konzerte gab, war völlig unbefangen. Der Reiz lag in der klaren Verkörperung ihres Themas, das von dem zarten Prisma ihres Geistes erleuchtet war. Die Wirkung war eine Einheit, welche ihre Integrität unversehrt beließ.[14]

Seine damaligen Eindrücke dürften weniger kostbar formuliert gewesen sein. Sie begann, ihn regelmäßig in seiner Wohnung zu besuchen, die er mit einem Freund teilte, und als Bowden einmal ins Krankenhaus mußte, um sich die Mandeln herausnehmen zu lassen, erbot sie sich, ihn mit dem Taxi abzuholen. Für

---

13 Information von Mrs. Dorothy Richards (geborene Trowell) an die Autorin, 1977.

14 George Bowden, *Memoir*, unveröffentliches TS in der Alexander Turnbull Library.

ihn teilten sie moderne Ansichten und einen Sinn für Humor, und so machte er ihr einen Antrag. Sie nahm ihn an. Die Ehe, so schien es, sollte Katherine von der Tyrannei ihrer Familie befreien, auch wenn sie ihm sagte, daß sie schon über einundzwanzig sei. Über Geld wurde anscheinend nicht geredet.

Bowdens Schilderung seiner Werbung um Katherine, viele Jahre später verfaßt, ist so gentlemanlike, fair und vorsichtig, daß man unmöglich seine wahren Gefühle zu jener Zeit daraus entnehmen kann. Auch nicht, warum ein Mann seines Alters, der gerade an seiner Karriere baute, die von der Freiheit abhing, ganz unterschiedliche Verbindungen einzugehen, viele davon halb gesellschaftlicher Art, ein Mann, der sich bequem in einer kleinen Junggesellenwohnung mit einem Diener eingerichtet hatte, so überstürzt eine junge Frau heiraten sollte, mit der er gerade ein paarmal bei Rumpelmayer's Tee getrunken, ein paar Abende über Musik, das Leben und die Frauenemanzipation geplaudert hatte und die er daher kaum kannte. Aus der Distanz wirkt das wie ein Fall von Hase und Schlange. Katherine hatte beschlossen zu heiraten und war diesem freundlichen, möglicherweise recht schwachen, leicht zu beeindruckenden jungen Mann über den Weg gelaufen, der gewiß kein feuriger Liebhaber, gleichwohl aber in ihren Bann geschlagen war. Nachdem sie ihm erzählt hatte, sie sei zweiundzwanzig, stellte sie ihn kurz bei einer Tasse Tee Henry Beauchamp (der Vetter, der ihr Vormund war) und dessen Schwester Elizabeth von Arnim vor, die zufällig gerade in London war, aber keine Lust hatte, sich für das Schicksal dieser kleinen Cousine aus Neuseeland zu interessieren. Katherine beschwor sie, ihre Eltern nicht zu informieren, da diese die Hochzeit womöglich verzögern konnten. Auch schrieb sie Bowden in einem Brief, er solle nur nicht »zu viel« von ihr erwarten.

Warum hatte sie es so eilig, einen Mann zu heiraten, den sie offensichtlich weder liebte noch achtete? Bowden wußte es nicht: sie war von Garnet schwanger. Ob Garnet das wußte, ist ungewiß; aus dieser Zeit sind keine Briefe mehr erhalten.

Die Hochzeit wurde auf den 2. März im Standesamt zu Paddington festgesetzt (Vera sollte im September in der Wellingtoner Kathedrale heiraten). Es war vorgesehen, daß Katherine nach kurzen Flitterwochen in einem Londoner Hotel zu Bowden in die Wohnung ziehen sollte. Niemand in der Beauchamp Lodge erfuhr etwas davon. Vetter Henry hatte pflichtschuldig den Eltern geschrieben, doch die Post war sechs Wochen unterwegs. Natürlich erfuhren auch die Trowells nichts, immerhin wußten die Saleebys von der Verlobung, für die sie ein Abendessen gaben.

Katherine bat Ida, Trauzeuge zu sein, obwohl sie und Bowden sich noch gar nicht kannten. Katherine trug einen schwarzen Anzug mit schwarzem Hut, was, in Idas Version, ihre düsteren Gefühle ausdrückte; Bowden fand das schick und angemessen. In ihrer und Bowdens Erinnerung war Ida empört, doch Katherine erschien ganz normal. Sie und Bowden gingen in ein Varieté und anschließend in ein Restaurant. Alles verlief ganz gut, bis sie in ihr Hotel kamen. Auf dem Zimmer mit den rosa Lampenschirmen und dem Satinmobiliar wechselte plötzlich die Stimmung, und sie machte ihm klar, daß sie nicht bereit sei, die Ehe zu vollziehen. Es ist unwahrscheinlich, daß Idas Zettel, auf dem »Kopf hoch!« stand und der in ihrem kleinen Koffer steckte, der Grund für diesen Sinneswandel war. Was Bowden betraf, so blieb ihm ihr Verhalten während seiner ganzen Beziehung mit ihr unverständlich, auch wenn er unmittelbar nach dem Fiasko der Hochzeit meinte, in ihrer Kälte ihm gegenüber ein Zeichen von Lesbiertum zu erkennen.

Katherine jedenfalls blieb ihm eine Erklärung schuldig und zog einfach mitten in der Nacht aus. Sie ging zurück zur Beauchamp Lodge, doch die war ausschließlich alleinstehenden Frauen vorbehalten; als sie daher zum Frühstück kam und verkündete, sie habe geheiratet – ein Tableau, dem sie nicht widerstehen konnte –, wußte sie, daß sie gehen mußte. Nicht einmal ihre engsten »Freundinnen« hatten eine Ahnung, was sie da im Sinn hatte, und so verschwand sie in einer Wolke des Rätsels und ließ einige Verärgerung über ihr Doppelspiel zurück.

Ida half ihr bei der Zimmersuche. Was sie fanden, war nicht gerade schön, es lag über einem Friseurladen. Bowden kam und wurde abgewiesen. Katherine saß da und heulte. Was wollte sie? Und was sollte sie nun tun? Da sie nie lange um eine Lösung verlegen war, nahm sie nach ein paar Tagen einen Zug nach Norden, kam in Glasgow an, wo die Moody-Manners gerade in vollem Schwung waren, und richtete sich in Garnets Absteige ein.

Katherine war noch immer in Garnet verliebt, wenigstens ein bißchen. Ein Gedicht aus dieser Zeit deutet an, daß sie einige Tage zu zweit verbrachten, vielleicht außerhalb Glasgows, in einer Moorlandschaft, die noch immer trostlos und winterlich war. *Wir schliefen zusammen* jedenfalls beschwört die gemischten Gefühle – junge Liebe und Zartheit, ein Hauch von Abenteuer, schon weil sie zusammen waren, Erschöpfung und böse Vorahnungen –, die sie umfangen haben müssen:

Wir schliefen zusammen … wie warm der Raum! …
Wie müde du warst … wie der Feuerschein floß
Über Wände und Decke und Bett weiß und groß!
Kindern gleich flüsterten wir uns zu,
Und einmal war ich's – und einmal du
Der erwachte nach kurzem Schlaf – »Mein Traum,
Ich bin gar nicht müde«, sagte er bloß.

War es tausend Jahr her?
Ich erwachte dir nah – du schliefst so tief –
Draußen eine Herde Schafe lief.
Und leise glitt ich zu Boden und kroch
Zum verhangenen Fenster – du schliefest noch –,
Da zogen die Schafe im Schnee daher.

Oh Gedankenherde mit ihrem Schäfer Furcht,
Zitternd, verzweifelt, vor Kälte bang,
An mein Herz sich zu schmiegen, sie in mich drang!
Eintausend Jahr … war es einen Tag her
Als wir, zwei Kinder von ganz weit her,
Einander im Dunkel umfingen? Wir
Schliefen zusammen … Wie müde du warst! …[15]

15 K. M., *Poems*, hrsg. von J. M. M., London (Constable) 1923, S. 28.

So konventionell es im Stil ist, es evoziert wahre Gefühle und einen wahren Augenblick: Garnet, von der wochenlangen Plakkerei im Orchester, von den Reisen, Spannungen und widerstreitenden Gefühlen erschöpft, Katherine, die wußte, daß sie sich in eine ausweglose Lage manövriert hatte, wie sehr sie auch den verschiedenen Menschen verschiedene Rollen vorspielte.

Doch in Glasgow und anschließend in Liverpool, wohin die Reise dann ging, konnte sie sich eine Zeitlang wie ein Profi unter Profis fühlen. Sie teilte Garnets Theaterbude und trat selber gegen Bezahlung auf, im Chor der Moody-Manners. Und so wurde es für sie auch noch ein unterhaltsames Abenteuer; Eltern und Wohlanständigkeit wurden erfolgreich provoziert, denn weder die Beauchamps noch die Trowells, am wenigsten Bowden hatten die geringste Ahnung, wo sie war und was sie vorhatte.

Das Hauptproblem aber war noch ungelöst. Wir wissen nicht, ob sie Garnet von ihrer Schwangerschaft oder ihrer Heirat erzählte. In der *Morning Post* vom 17. März erschien eine Heiratsanzeige, die vermutlich der unglückliche Bowden aufgegeben hatte. Im April dann tauchte Katherine wieder in London auf. Die Affäre mit Garnet war aussichtslos; sie waren beide zu jung, um mit sich und allem zurechtzukommen. »Du bist ein Muttersöhnchen«, beschuldigt die Hauptfigur in ihrem fragmentarischen Roman ihren Liebhaber,[16] doch was hätte ein Neunzehnjähriger in dieser Lage anderes sein können?

Ida und Katherine machten sich auf Wohnungssuche und fanden ein kleines Apartement in Maida Vale, »ungestrichenes Holz, Bambusmöbel – die Art, die zusammenbricht – und Baumwollvorhänge«.[17] Nun erzählte Katherine Ida, daß sie schwanger war, und schien unglücklich und ängstlich; sie schrieb weiter an Garnet und wohnte nicht gern allein. Auch begann sie, Veronal zu nehmen, oft in großen Dosen, um einschlafen zu können. Inzwischen dampfte Mrs. Beauchamp, schwaches Herz hin oder her, so schnell sie konnte um die

16 K. M.s MS von *Maata*, transkribiert von Margaret Scott, veröffentlicht in *Turnbull Library Record*, Mai 1979, S. 19.
17 Baker, op. cit., S. 47.

halbe Welt, um Nachforschungen über das Verhalten ihrer überfälligen Tochter anzustellen.

Im April unternahm Katherine eine Reise nach Brüssel, ebenfalls allein, »auf eine spontane Eingebung hin«.[18] Sie benützte den Namen »Mrs. K. Bendall« und machte sich Aufzeichnungen, die möglicherweise für »Garnie« bestimmt waren.*
Sie redete darin von ihrem überwältigenden Verlangen, weg von England zu sein: »Ich hasse England«, eine Regung, die bei ihren Eltern ein müdes Lächeln hervorgerufen hätte. Sie war so aufgeregt, daß sie das Interesse einer ihrer Freundinnen von der Beauchamp Lodge an ihrer Reise notierte, aber immerhin so abgeklärt, um beifällige Bemerkungen über ihre Erscheinung zu machen: »Ich trage einen grünen Seidenschal & einen dunkelbraunen Hut mit knalligem dunkellila Samt«.[19] Auf dem Schiff bestellte sie sich vor dem Einschlafen Cognac und Soda, wusch sich am Morgen in der Damenkabine die Haare und freute sich, als sie merkte, daß die Mitreisenden sie für eine Französin hielten.

Was erhoffte sie sich von Brüssel? Vielleicht traf sie Vorkehrungen, ihr Kind dort zur Welt zu bringen, obwohl sie auch New York erwähnt; sie und Garnet hatten erwogen, dorthin zu gehen. Vielleicht hatte sie aber auch an eine Abtreibung gedacht oder gar Selbstmordgedanken gehegt, wo sich doch auch Rudolf, der Freund der Trowells, dort erschossen hatte. Ein weiterer Eintrag, in London geschrieben und mit »Katie Mansfield '09« unterzeichnet, der anscheinend für Ida bestimmt war, legt nahe, daß Katherine sich auch über ihre lesbischen Neigungen Sorgen machte. Ida nahm sie ausdrücklich davon aus, erwähnte, wie stark diese in Neuseeland gewesen seien, und zog eine Linie zu Rudolfs ähnlich abweichendem Verhalten, das ihm »Ruin und geistigen Verfall« eingebracht habe und der Grund für sei-

---

18 K. M.s Briefentwurf an Garnet Trowell, April 1909, *Collected Letters,* Scott und O'Sullivan, Bd. I, S. 90.

19 Ibid.

* Katherines Notizbücher enthalten viele »Brief«fragmente, die Entwürfe von Briefen, die tatsächlich abgeschickt wurden, sein konnten oder einfach Notizen, in denen sie sich an eine bestimmte Person wandte, wie etwa später an ihren verstorbenen Bruder.

nen Tod gewesen sei. Katherine schrieb von ihrer Furcht, »wahnsinnig oder paralytisch« zu werden, und endete: »Ich glaube, ich bin moralisch haltlos, und das ist der Grund – ich weiß, es ist eine so unsagbare Erniedrigung, daß – man die Würde von Pistolen erkennt«.[20] Diese Notiz wurde offensichtlich von Bowden entdeckt, und sie war mit einem Zettel versehen, auf dem stand: »Auf keinen Fall lesen, auf Ehre, als mein Freund, so lange ich noch lebe. K. Mansfield«. Irgend etwas daran riecht komisch, und man fragt sich, ob das wieder eine ihrer theatralischen Gebärden war oder gar etwas Kompromittierendes, das ihren Gatten beeindrucken und in die Irre führen sollte.

Was immer der Grund für ihre Fahrt nach Brüssel war, wenige Tage später war sie wieder zurück und erwartete nun recht nervös die Ankunft ihrer Mutter Ende Mai. Sie holte sie mit einem neu erstandenen großen schwarzen Strohhut ab; Mrs. Beauchamp musterte sie verächtlich, nahm sie in ihr Hotel in der Manchester Street mit und übergab den Hut dem Zimmermädchen. Sodann machte sie sich auf den Weg, um den glücklosen Bowden zu befragen.

Dieser war zu dem Schluß gekommen, daß der ganze Ärger auf Katherines Lesbentum zurückzuführen sei, und da Mrs. Beauchamp sich schon etwas Derartiges gedacht hatte, ließ sie ihn gern in dem Glauben. Um ganz sicher zu gehen, stattete sie auch noch Idas Vater, Colonel Baker, einen Besuch ab, um über die »unkluge« Freundschaft zwischen den beiden jungen Frauen zu reden. Nicht weniger bündig, als Mrs. Beauchamp mit dem Strohhut verfuhr – sie hatte keine Zeit zu verlieren –, wurde die verwirrte Ida, die keine blasse Ahnung hatte, worum es überhaupt ging, zusammen mit ihrer Schwester May auf eine Seereise zu den Kanaren verfrachtet. Die beiden Familien, die ihre Töchter ansonsten nicht gerade großzügig behandelten, ließen sich plötzlich bei Fahrkarten, Ausflügen und Hotels nicht lumpen. Innerlich muß Mrs. Beauchamp aber erkannt haben, daß unkonventionelle Liebe ganz und gar nicht das Hauptproblem war, jedenfalls nicht das, womit sie es hier zu tun hatten.

---

20 Ibid.

Ida wie auch Katherines jüngere Schwester Jeanne meinten später, Mrs. Beauchamp habe damals gar nicht erkannt, daß Katherine schwanger war. Das aber ist sehr unwahrscheinlich. Der einzige Grund, den Katherine für ihre eilige Hochzeit hatte, war ihre Schwangerschaft. Vermutlich hatte sie das Kind im Dezember empfangen, möglicherweise in Carlton Hill; zwar war sie noch immer ganz gut beieinander, aber dennoch muß ihre erfahrene Mutter einfach gemerkt haben, daß ihre Tochter im fünften Monat war. Und welchen anderen Grund hätte es gegeben, sie vom Fleck weg nach Bayern zu expedieren? Mrs. Beauchamp war gerade eine Woche in London, da wurde der Kanal erneut überquert, und es ging mit der Bahn durch halb Europa nach Bad Wörishofen in Oberschwaben, wo sich die Damen im Hotel Kreuzer einquartierten. Wir wissen nicht, wer Wörishofen empfahl und was ihre Mutter sich dort von Katherine erhoffte. Nach ihrem anschließenden Verhalten zu urteilen, ist es wohl möglich, daß sie hoffte, ihre peinliche Tochter zum letzten Mal gesehen zu haben. Auch könnte sie sich mit den englischen Beauchamps beraten und dabei erfahren haben, wie Charlotte ihr unerwünschtes Kind doch noch bekam, indem sie England fern blieb. Mrs. Beauchamp war jedenfalls rechtzeitig wieder in London, um sich am 10. Juni auf der *Tongariro* einzuschiffen. Katherine hatte sie allein in Deutschland zurückgelassen.

In Neuseeland bereitete sich Vera auf ihre Heirat mit einem aufstrebenden jungen kanadischen Gynäkologen vor, und die Beauchamps waren wütend, als sie erfuhren, daß böse Zungen ihn davor warnten, in eine Familie mit Katherines üblem Blut einzuheiraten. Zum Glück hörte er nicht darauf, und als er und Vera im Herbst heirateten, waren alle Schiffe im Wellingtoner Hafen über die Toppen geflaggt, so mächtig und prominent waren die Beauchamps mittlerweile geworden. Doch gleich nach ihrer Ankunft in Wellington ließ Mrs. Beauchamp ihre Anwälte kommen und änderte ihr Testament – die absolute bürgerliche Maßnahme: Katherine kam nicht mehr darin vor. Die Maßnahme wurde nie zurückgenommen.

6
Bayern 1909: »Käthe Beauchamp-Bowden, *Schriftstellerin*«

Katherine war alles andere als deprimiert darüber, wie ihre Mutter sich ihrer entledigt hatte. Den Gedanken, nach Deutschland zu reisen, hat sie wohl eher begrüßt, begeistert, wie sie stets für neue Orte und Erfahrungen war. Und sie übte sich gern in der Sprache, die sie bei ihrem hochverehrten Walter Rippmann am Queen's studiert hatte; auch die jungen Trowells hatten ja Deutsch studiert, und ihre Cousine Elizabeth hatte inzwischen aus den pommerschen Gütern ihres Mannes mehrere Bestseller herausgeholt.

Im Hotel Kreuzer trug Katherine sich unverfroren als Käthe Beauchamp-Bowden, *Schriftstellerin* (auf Deutsch!) ein. In den zehn Londoner Monaten hatte sie nichts veröffentlicht, doch der Eintrag liest sich wie eine kühne Voraussage, daß sie jetzt endlich zu ihrem Ziel, Schriftstellerin zu sein, finden würde; und tatsächlich entdeckte sie auch sofort das Rohmaterial für Geschichten, einfach, indem sie sich umschaute. Ebenso wie Isherwood es eine Generation später in Berlin tat, warf auch sie ein kühles, satirisches Auge auf die Derbheit, die Affektiertheiten und den Chauvinismus des deutschen Bürgertums. Wie viele deutsche Kurorte, verdankte auch Bad Wörishofen seinen Erfolg den Gesundheitstheorien eines Mannes, in diesem Fall eines örtlichen Geistlichen, Sebastian Kneipp. Dieser hatte in den neunziger Jahren eine besondere Form der Behandlung erfunden, die Hydrotherapie oder »Wasserkur«, die Bäder im örtlichen Wasser, Abspritzen, Barfußgehen und vegetarisches Essen umfaßte. Pfarrer Kneipps Vorstellungen wurden ungeheuer populär und breiteten sich auf andere Teile Deutschlands aus, so daß das von Kiefernwäldern umgebene Dorf florierte und die einheimischen Bauern sich plötzlich von Hotels, Kasinos und Badeeinrichtungen umringt sahen. Von Mrs. Beauchamps Standpunkt aus muß das der geeignete Ort gewesen sein, ihre Tochter zu verlassen; es war ein Kurort, es gab viele Ärzte, und es war meilenweit entfernt von allen, die etwas über Katherine und ihre Familie wußten.

Da Katherine ihre Aufzeichnungen aus dieser Zeit vernichtete und es praktisch keine anderen Belege gibt, ist man bei ihren Erlebnissen in Bayern auf Vermutungen angewiesen. Ida mußte ihre Briefe vernichten, und Katherine verbrannte ihre Aufzeichnungen. Dabei war es eine außerordentlich prägende Zeit für sie; ohne eine Kenntnis dessen, was ihr im Jahre 1909 widerfuhr, ergibt ihr weiteres Leben einfach keinen Sinn.

Zunächst verlief alles ganz normal. Örtliche Quellen belegen, daß sie am 12. Juni, kaum daß ihre Mutter abgereist war, aus dem Kreuzer auszog, um sich in der Pension Müller niederzulassen, der »deutschen Pension« ihres ersten Buches. Der kleine Garten konnte einen Fliederbusch vorweisen, ein Gartenhaus und eine Laube, in der die Gäste ihren Kaffee im Morgenmantel einnehmen konnten. Ein Gong rief sie zu üppigen Mahlzeiten – nicht alle waren Vegetarier – und Tischgesprächen, bei denen sich die Gesellschaft in den Details der Körperfunktionen erging; die wechselnden Gäste hatten offene Ohren für die Symptome der anderen, die Geschichten und den sozialen Status. Katherine beobachtete und hielt sich bedeckt, ordnete alle hervorragend ein, ließ sich selbst nicht einordnen, blieb geheimnisvoll.

Direkt vor ihrem Zimmer stand eine Kastanie, deren grüne Zweige bis ans Fenster reichten; ein Roßhaarsofa, das zu hart war, um bequem zu sein, stand darin; wenn sie sich hinlegen wollte, legte sie ein rotes Kissen auf den Fußboden. Irgendwann Ende Juni oder Anfang Juli hatte sie in diesem Zimmer eine Fehlgeburt, wahrscheinlich, als sie ihren Koffer vom Schrank hob. Garnets Baby, von dem sie für den Rest ihres Lebens träumte und das sie beklagte, war verloren. Es war zu klein, um als Totgeburt registriert zu werden, und so wissen wir nicht, ob es der »Sohn« war, den sie sich immer vorgestellt hatte.

In der Pension Müller muß das eine Aufregung verursacht haben; kein Mann weit und breit, und nun auch kein Kind. Katherine hatte offensichtlich zwiespältige Gefühle über die Fehlgeburt; in ihren Erzählungen beschrieb sie auf satirische

Weise die Begeisterung der deutschen Schwestern über Kinder, gleichzeitig teilte sie die Abneigung gegen den Prozeß der Geburt, die zu jener Zeit viele gebildete Britinnen äußerten. »Ich halte Kinderkriegen für den allerschmachvollsten Beruf«, sagt die Erzählerin in *Frau Fischer*. Gleichwohl bat sie Ida in einem Brief, ihr ein englisches Kind zu schicken, um das sie sich kümmern konnte. Ida, für die kein Dienst unmöglich schien, trieb tatsächlich einen achtjährigen Jungen auf, der Brustfellentzündung gehabt hatte und dessen Londoner Familie nur zu dankbar war, ihn aus der schmutzigen Stadtluft herauszubekommen. Er hieß Charlie Walter; mit einem Schild um den Hals schickte man ihn nach Bayern zu dieser völlig unbekannten jungen Dame. Katherine behielt ihn während seiner Sommerferien und bat ihn, sie »Sally« zu nennen: wieder so ein Geheimname, als konnte sie es nicht ertragen, allzu lange der gleiche Mensch zu sein.

Weder damals noch später erklärte sie Ida die Umstände ihrer Fehlgeburt, jedenfalls erwies sie sich dabei als wahres Stehaufmännchen: sie zog aus der Pension Müller aus und mietete sich in der Wohnung eines Fräulein Rosa Nitsch ein, das eine Leihbibliothek über dem Postamt führte. Hier genas sie und brachte wohl auch Charlie wieder auf die Beine. Auch schloß sie unter den Sommergästen neue Freundschaften, insbesondere mit einer Gruppe polnischer Intellektueller, darunter vor allem mit einem gutaussehenden und glattzüngigen 28 Jahre jungen Mann, der selbst Ambitionen hatte, Schriftsteller oder wenigstens Übersetzer zu werden. Sein Name war Floryan Sobieniowski. Er kam, so sagte er zumindest, aus einer verarmten Großgrundbesitzerfamilie aus Terezski, einem Teil Polens, der damals von Rußland annektiert war. Er hatte an der Universität Krakau studiert und beherrschte Deutsch und auch ein wenig Englisch.

Floryan und Käthe Beauchamp-Bowden kamen gut miteinander aus. Sie waren beide lebhaft, klug und attraktiv, beide auf eine literarische Karriere aus; beide hatten eine gute Stimme und sangen leidenschaftlich gern, beide waren Reisende und Abenteurer, und sie zumindest leckte emotionale Wunden. Seine einzige Lebensgrundlage scheint sein Geistreichtum gewesen zu sein, und er hatte wohl gleich erkannt, daß sie immerhin über einen kleinen, aber regelmäßigen Geldvorrat verfügte, den ihr zweifellos Mr. Kay überwies. Im Herbst war Charlie wieder mit einem Schild um den Hals nach London zurückgeschickt worden, Katherine war erneut umgezogen, nun in ein Zimmer bei der Familie Brechenmacher (er war bei der Post, und Katherine hatte seinen Namen in einer Erzählung verwendet), wo sie fleißig und mit Hilfe eines dicken, in grünes Leder gebundenen Wörterbuchs die polnische Sprache lernte. Floryan durfte sie nicht mit ihrem alten Namen, Kathleen, anreden. Er hatte sie für die polnische und russische Literatur interessiert und drängte sie, mit ihm nach Osten zu gehen. Sie könnten nach München ziehen, dem großen Zentrum der Kultur und der Boheme; sie könnten weiter nach Rußland ziehen oder sich auch wieder gen Westen wenden, nach Paris. Ihr Geld würden sie mit Übersetzen und Schreiben verdienen. Solchen Ideen war Katherine sofort zugetan, und Floryan, der nie Schwierigkeiten hatte, sich in anderer Leute Gunst zu reden, wußte genau, wie ein leuchtendes Bild ihrer gemeinsamen Zukunft und ihrer künftigen Errungenschaften auszusehen hatte. Zu gegebener Zeit würde sie sich scheiden lassen, und dann könnten sie heiraten.

In einem Roman erschiene die Rolle, die Floryan in Katherines Leben spielte, so sonderbar und melodramatisch, daß man sie als unwahrscheinlich abtun würde. In einer Biographie liegt das Problem bei der Dokumentation; es ist unmöglich, jedes einzelne Detail der Geschichte zu beweisen, die ich hier nachzeichnen möchte, doch entspricht sie allen Tatsachen, die wir kennen, und sie hat eine innere Logik, die allem einen Sinn gibt, was sich im weiteren Leben von Katherine und Floryan ereignet hat.

Die Geschichte ist kompliziert und teilt sich in zwei Teile – einen kulturellen und einen medizinischen –, die wir sorgfältig und getrennt verfolgen müssen, die aber ihr ganzes Leben lang parallel zueinander verlaufen. Denn als Floryan sich in sie verliebte, was er zweifelsfrei tat, und als sie sich in ihn verliebte, was auch sie zweifelsfrei tat, als sie zusammenhockten und rauchten und über polnische und russische, englische und amerikanische Literatur redeten, übers Übersetzen und Publizieren und den Ruhm, dabei Pläne für eine brillante Zweierkarriere schmiedeten, als all das in Bewegung geriet, machte Floryan ihr – gewiß noch ohne böse Absichten, denn waren sie nicht beide Abenteurer und Gleiche auf gleichem Feld? – zwei Danaergeschenke. Einem Dämon gleich senkte er sich über ihren Lebensentwurf.

Das erste Geschenk wirkte recht harmlos. Floryan, der russisch sprach und schon Bücher übersetzte, muß als derjenige gelten, der Katherine mit dem Werk von Tschechow bekannt machte. Tschechow war nur wenige Jahre zuvor, 1904, in Deutschland gestorben und in Westeuropa noch relativ unbekannt. Lediglich zwei schmale Erzählbändchen, die keinerlei Aufsehen erregten, waren ins Englische übersetzt worden, und noch keines seiner Stücke. Katherine selbst erwähnt Tschechow erst Jahre später; 1914 taucht er erstmals in ihrem Tagebuch auf, in ihren Briefen gar erst 1918, als Murry ihr gesagt hatte, daß ihre Erzählungen denen Tschechows ähnelten.

Nehmen wir einmal an, Floryan zeigte Katherine eine deutsche Übersetzung einer Erzählung Tschechows oder eine selber übersetzte, von der er annahm, sie würde sie interessieren, oder sie ihr laut vorlas und sie ermutigte, eine englische Fassung davon anzufertigen; was immer geschah, sie schrieb als eigenes Werk eine Erzählung namens *Das KIND-DAS-MÜDE-WAR*, die im Kern Tschechows Erzählung *Spat' chočetsja* war, eine ziemlich reißerische Geschichte über Kinderschinderei und Säuglingsmord. Verschiedene Kritiker und Apologeten haben Katherines Erzählung als Adaption oder Plagiat angesehen, aber es besteht nicht der geringste Zweifel, daß sie direkt oder indirekt von einer bestimmten Tschechow-Erzählung stammt und eigentlich als eine freie Übersetzung bezeichnet werden muß.* Natürlich ist überhaupt nichts Schlimmes an so einer Übung, vorausgesetzt, das Original wird dabei erwähnt; die Tatsache, daß diese Erzählung ihre erste veröffentlichte Arbeit in England wurde (im Februar 1910) und in ihrem ersten Sammelband er-

* Zu jener Zeit waren mindestens vier deutsche Ausgaben der Erzählung unter dem Titel *Schlafen* erhältlich.

schien (1911), jedesmal ohne Angabe der Quelle, mag ihr anfangs unerheblich vorgekommen sein, doch die Art, wie Floryan dieses Wissen später ausgenutzt hat, stellt die Angelegenheit, wie wir noch sehen werden, in ein ganz anderes Licht.*

Was das zweite Danaergeschenk betraf: spätere medizinische Aussagen von Katherine legen nahe, daß sie Ende 1909 mit Gonorrhöe infiziert wurde. Jemand anderes als Floryan kommt dafür kaum in Betracht, es sei denn, Katherine hat völlig promisk gelebt, was unwahrscheinlich ist. Zu Floryans Gunsten muß gesagt werden, daß Männer sich oft von der Krankheit geheilt glaubten, während sie in Wirklichkeit noch immer ansteckend waren.

Katherines letzter aus Wörishofen erhaltener Brief trägt das Datum des 10. November; er enthält Weihnachtsgrüße an ihre jüngere Schwester in Neuseeland und spricht von dem polnischen Wörterbuch, das sie sich von ihrem Geburtstagsgeld gekauft hatte, das vermutlich Mitte Oktober angekommen war; sie bezeichnet es als ihren ständigen Begleiter. Idas Erinnerungen entnehmen wir, daß Katherine zu dieser Zeit eine Reise nach München unternahm; dem Brief einer anderen Freundin, die dringend zur Vorsicht riet, daß sie in einen Polen verliebt war und ihn nach ihrer Scheidung heiraten und schon davor mit ihm zusammenleben wollte.[1]

Eine von Katherines Erzählungen, die um diese Zeit entstand, *Der Pendelschlag*, wirft ein zusätzliches Licht auf die Szenerie. Die Hauptfigur, Viola, eine junge Literatin, wohnt in einer großen deutschen Stadt mit einem Liebhaber mit dem polnischen Namen Casimir zusammen, der ebenfalls Schriftsteller werden möchte. Die Erzählung beginnt damit, daß Casimir sich bei Lektoren Arbeit sucht. Er und Viola hatten sich ineinander verliebt, als beide unglücklich waren: »Sie waren ... wie zwei Patienten im gleichen Krankenhaussaal gewesen – jeder hatte Trost in der Krankheit des andern gesucht – eine

1 Vera French an K. M., 12. Dezember 1909, unveröffentlichter Brief aus einer Privatsammlung.

* Zu einer ausführlichen Erörterung des Plagiatsstreits s. S. 292 ff.; s. auch Anhang 2.

reizende Grundlage für ein Liebesverhältnis.« Von widerstreitenden Gefühlen Casimir gegenüber geplagt, überlegt sie:

> Und damals habe ich an ihn geglaubt. Ich dachte, seine Arbeiten müßten nur erst einmal anerkannt werden, dann würde er im Geld schwimmen. Ich dachte, wir könnten vielleicht einen Monat lang arm sein – und er sagte, wenn er mich nur hätte, als Anregung ... Komisch, wenn's nicht so verdammt tragisch wäre! Genau das Gegenteil ist eingetroffen – er hat seit Monaten keine Zeile veröffentlicht, ich übrigens auch nicht, aber das hatte ich auch nicht erwartet.

In der Erzählung ist die Heldin fast versucht, sich zu prostituieren: »Wenn ich die nötigen Kleider hätte, würde ich in ein erstklassiges Hotel gehen und mir einen wohlhabenden Mann aussuchen ... Ich bin nicht zur Armut geschaffen – ich gedeihe bloß zwischen richtig fidelen Leuten«. Gerade rechtzeitig rettet sie sich noch für Casimir, obwohl sie sich einen möglichen Kunden nur vom Leib halten kann, indem sie ihm in die Hand beißt.

Im wirklichen Leben passierte dann etwas, das ihre Meinung über Floryan änderte. Mitte Dezember, als er zu einem Besuch in Polen war, schrieben sie einander Liebesbriefe; in einem davon aus Warschau vom 12. Dezember dankt er ihr dafür, daß sie ihm gesagt habe, sie liebe ihn, und weil sie ein Bild von ihrer gemeinsamen Zukunft in Paris gezeichnet habe; darin verspricht sie, Tee zu machen, während sie rauchen, sich unterhalten und lesen. Es ist ein langer Brief in wunderschöner, gut leserlicher Handschrift, in schlechtem Deutsch und mit ein paar englischen Brocken darin. Er erzählt ihr, was er unternommen hat, läßt sich über Walt Whitmans Lyrik und einige polnische Gedichte aus, die er gern mit ihr lesen möchte, und preist ihre Schönheit in

> *deinem roten sweater (ist das gut?) und nur eine kleine Rezeda blume an der Brust – Was für ein Garten war für mich ...*[2]

Weiter schreibt er, daß er sich in zwei Monaten, seit er sie

---

2 Floryan Sobieniowski an K. M., 12. Dezember 1909, unveröffentlichter Brief in einer Privatsammlung.

kennt, wie neugeboren fühle, er sich ihr Zimmer, das ihn rufe, in dem weißen Wald vorstelle, und sie sich ja treffen würden, möglicherweise schon in achtzehn Tagen. Vermutlich hatten sie also vor, Ende des Jahres in Paris zu sein.

Statt dessen wandte sie sich von Bayern aus an Ida um Hilfe. Ida bekam zwar nicht die Erlaubnis von ihrem Vater, sie abzuholen, schickte ihr aber das Geld für die Reise, traf sie wieder Mitte Dezember und quartierte sie in das neu eröffnete Strand Palace Hotel ein.* Von dort aus schrieb Katherine erneut an Floryan, der inzwischen in Krakau war. Offensichtlich plante sie noch eine Begegnung in Paris, erwähnte aber gleichzeitig, daß es ihr nicht gut gehe (wobei sie die Symptome nicht näher beschrieb). Floryans einziger weiterer erhaltener Brief an sie, er trägt das Datum des 9. Januar 1910, weckt fast Mitgefühl für ihn. Er ist jetzt in Paris, wohnt in einem Hotel in der rue des Beaux Arts und sucht für sie eine gemeinsame Wohnung. Er schlägt ihr vor, eine Wohnung vom 15. Januar an zu mieten, doch sein sehr schlechtes Französisch behindere ihn bei der Suche; er begreift auch nicht, warum er seit über zwei Wochen keinen Brief mehr von ihr erhalten hat. Er macht sich Sorgen, daß sie noch immer krank ist. Er redet sie als seine Frau an und sagt, ohne sie sei er hilflos:

> *Ich kann ohne Dich nicht leben ... weil ich Dich liebe – und diese Liebe – das ist jetzt mein Leben*[3]

Diese pathetischen Beteuerungen stießen auf taube Ohren. Obwohl Katherine so weit wiederhergestellt war, daß sie wieder aktiv werden konnte, hatte sie sich gegen Floryan gewandt, und er scheint nichts mehr von ihr gehört zu haben; zweifellos hatte sie gehofft, er würde wieder in Mitteleuropa verschwinden.

An dieser Stelle verdienen beide Seiten Anteilnahme, denn Floryan hatte vermutlich keine Ahnung von dem Grund von Katherines Sinneswandel, der für ihn eine unerklärliche Laune gewesen sein muß. Sie dagegen kämpfte mit schrecklichen Symptomen, deren Bedeutung sie wohl kaum ermessen haben wird,

3 Ibid., 9. Januar 1910.

* Ida datierte ihre Ankunft auf Januar, doch Floryan erhielt schon im Dezember Briefe aus dem Strand Palace.

und war nicht in der Lage, ihm zu schreiben und ihm irgend etwas zu erklären. Er fühlte sich auf gemeine und rätselhafte Weise sitzengelassen, war allein in einem fremden Land. Sie hatte auf einmal ein neues schlimmes sexuelles Problem, mit dem sie kaum leichter umgehen konnte als mit dem des vergangenen Jahrs.

Im März zog sie sich erneut eine böse Krankheit zu, Bauchfellentzündung. Hier ist Ida die Hauptzeugin. Sie sagte, sie habe die schlichte Nachricht von Katherine erhalten, sie sei in einem Pflegeheim (das Ida als »zweitrangig« bezeichnete, was zweifellos der Fall war; Katherine hätte sich nicht im Traum einem staatlichen Krankenhaus anvertraut, konnte sich aber auch kein erstrangiges Heim leisten). Sie war operiert worden, und sie beklagte sich bei Ida, daß der Arzt sich unschicklich ihr gegenüber verhalten habe, und bat sie, sie zu »retten«, obwohl sie noch eine offene Wunde hatte.

Ida packte sie sofort in ein Taxi und fuhr mit ihr in ihre Wohnung in der Marylebone Road. Die holprige Fahrt war für Katherine überaus schmerzhaft. Vernünftigerweise holte Ida eine Krankenschwester. Jahre später, im Dezember 1920, erwähnte Katherine in ihrem Journal eine »schreckliche Operation«, die sie über sich hatte ergehen lassen: »Ich weiß noch, wie ich immer weinte, wenn ich an die Schmerzen des Ausgestrecktseins dachte. Immer spürte ich sie wieder und stöhnte, und es war unerträglich.« Tatsächlich hatte man ihr den linken Eileiter entfernt, da er von Gonokokken befallen war. Das »unschickliche« Verhalten des Arztes ihr gegenüber mag eine respektlose Anspielung gewesen sein, wahrscheinlicher aber ist, daß er versuchte, sie zu befragen und zu untersuchen, eine Diagnose zu erstellen und zu versuchen, die Krankheit zu heilen, Vorgänge also, die sie mit ziemlicher Sicherheit als anstößig empfunden hat.

Da die Krankheit mit der Entdeckung der Heilwirkung von Sulfonamiden in den dreißiger Jahren (später dann von Penizillin) viel von ihrem Schrecken verlor, läßt sich heute nur schwer nachempfinden, was Gonorrhöe damals bedeutete. Zu der Zeit, als Katherine sich damit ansteckte, zogen die meisten britischen

Ärzte diese Krankheit nur in Verbindung mit Prostituierten und den Streitkräften in Betracht (die einzigen anderen Frauen, die in dem Oxforder Standardwerk über Geschlechtskrankheiten damals erwähnt wurden, waren Inderinnen in Truppenunterkünften). Als Dame wußte man einfach nicht, daß es so etwas gab, weil es eben ihr Leben nicht betraf, theoretisch jedenfalls. Ärzte in Amerika und auf dem europäischen Kontinent sowie einige britische Ärztinnen stellten diese Haltung allerdings schon in Frage; im Jahr 1910 hatten sie aber noch kaum Fortschritte erzielt. Der Gonokokkus war zwar schon einige Jahre vor Katherines Geburt, 1879, von einem jungen deutschen Arzt isoliert worden, doch es dauerte noch viele Jahre, bis man diese Entdeckung zur Kenntnis nahm.

Die Krankheit wurde im allgemeinen als eine Bagatelle betrachtet, und bei Männern traf dies in der Regel auch zu. Bei Frauen jedoch lag die Sache ganz anders. Bei Männern traten die unmittelbaren Symptome stets offen auf und waren schmerzhaft, so daß sie sich zumeist auch sofort in Behandlung begaben, die oft erfolgreich war (auch wenn die Männer sich oft als zu früh geheilt betrachteten und so die Infektion weitergaben). Bei Frauen waren die ersten Symptome eher geringfügig oder vorübergehend (oder beides), so daß man sie leicht übersehen konnte. Als Folge davon wanderten die Gonokokken nach und nach in die Gebärmutter und weiter den Eileiter hinauf bis in die Eierstöcke. Hatten die Gonokokken sich erst einmal in den Körperhöhlen festgesetzt, verursachten sie nicht unbedingt Symptome, konnten aber in der Regel nicht mehr abgetötet werden. Auch war der Krankheitsverlauf völlig unvorhersehbar; die Symptome konnten aufflackern und sich bald wieder legen. Eine Frau konnte ein regelmäßiges Geschlechtsleben mit einem Mann führen, ohne ihn je anzustecken, bei einem anderen Liebhaber konnte die Krankheit dann plötzlich wieder auftreten und den Partner möglicherweise auch infizieren.

Den Aussagen der erfahrensten Spezialisten jener Zeit zufolge gab es regelmäßig auftretende Fälle von gesunden Frauen, die auf scheinbar rätselhafte Weise ihr Leben lang chronisch krank waren und an einer ganzen Reihe von Symptomen litten, die der Hausarzt zumeist nur lindern konnte, ohne jedoch ihre

Ursache zu erkennen, oder, selbst wenn er sie vermutete, sie zu heilen. Oft wurden sie unfruchtbar. Gelangten die Gonokokken in die Blutbahn, was oft geschah, wurde die Krankheit systemisch und verursachte eine Reihe von Folgekrankheiten: schmerzhafte und letztlich verkrüppelnde Arthritis in den Gelenken, Perikarditis (d.h. Entzündung des Herzbeutels) und Brustfellentzündung. An all dem erkrankte Katherine nach und nach.

Auch durch einen operativen Eingriff konnte das Blut mit Gonokokken infiziert werden. Aus diesem Grund wandten sich medizinische Experten zur Zeit von Katherines Erkrankung vehement gegen eine Operation bei Frauen, deren Eileiter infiziert waren, und zogen es vor, ihr während der akuten Phase einer solchen Infektion so lange eine sorgfältige Pflege zukommen zu lassen, bis die schlimmsten Symptome zurückgingen. Dann, und nur dann, wagten sie sich an die Entfernung irreparabel zerstörter Organe, wobei der Patientin erklärt wurde, daß es nicht die geringste Garantie für die Heilung der ursprünglichen Infektion gebe.

Zusammenfassend läßt sich sagen: Die Ärzte hatten herausgefunden, daß es praktisch unmöglich war, eine einmal infizierte Frau zu heilen, es sei denn, die Behandlung setzte sofort ein (was einer der Gründe war, Prostituierte regelmäßig untersuchen zu lassen). Es war unwahrscheinlich, daß eine Dame sich einer solchen Sofortbehandlung unterzog, da sie die Symptome in der Regel gar nicht erkannte und, selbst wenn dies der Fall war, es ihr zu peinlich war, damit zum Arzt zu gehen. Es war eine klassische Zwickmühle.

Katherines Operation war genau das, wovon Gonorrhöespezialisten abrieten, weil das Risiko bestand, daß die Infektion in die Blutbahn geriet. Und genau dies geschah: Bald schon litt sie an periodisch auftretender gonorrhöebedingter Arthritis in den Hüftgelenken, in den Händen und im Rücken. Dann traten nach und nach alle Symptome einer systemischen Gonorrhöe auf: Ihre Periode wurde unregelmäßig, was zur Folge hatte, daß sie mehr als einmal glaubte, schwanger zu sein; sie wurde unfruchtbar; nach der Bauchfellentzündung hatte sie Herzbeschwerden und später wiederholte Anfälle von Brustfellentzündung. Diese Anfälle wurden auch als Anzeichen einer drohenden Lungentuberkulose bezeichnet, was sie zweifellos auch waren, sehr wahrscheinlich aber auch eine der Folgen der Gonorrhöe.

Man muß nur ihre Briefe genau lesen und sich ihren Bericht von 1920 anschauen, in dem sie sagte, von da an sei sie »nie mehr ganz gesund« gewesen*, um zu sehen, daß sie seit 1910 chronisch krank war, wodurch auch ihre Widerstandskraft gegen den Tuberkelbazillus entscheidend geschwächt war. Das Bild Katherines als eines klassischen Falls von Tuberkulose ist sicher richtig, doch darüber müssen wir ein weiteres Bild legen, nämlich das des klassischen weiblichen Opfers der Gonorrhöe.

Wieviel war ihr davon bekannt? Es wurde gesagt, daß sie sich völlig im unklaren über ihre Krankheit gewesen sei, bis sie im Winter 1918 ein gewisser Dr. Sorapure darüber aufgeklärt habe. Mir scheint eher, daß sie einen Verdacht gehabt haben mußte. Natürlich muß sie den »weißen Ausfluß« bemerkt haben, den sie den ganzen Sommer 1910 hindurch hatte. 1914 hörte Beatrice Campbell, wie sie in betrunkenem Zustand jammerte,

---

* Das Folgende ist ein Auszug aus einem medizinischen Bericht von Dr. Bouchage aus dem Jahr 1921, mit Anmerkungen versehen von Murry. Ich habe ihn von der inzwischen verstorbenen Mrs. (Mary) Middleton Murry bekommen.

»Als ich sie das erste Mal sah, am 15. Okt. 1920, hatte sie schon seit drei Jahren Lungenbeschwerden und klagte über schwere Hustenanfälle, insbesondere morgens und abends (obwohl sie während der letzten 2 Jahre 6 mal täglich Kodein einnahm), über Steifheit und Schmerzen im rechten Hüftgelenk und den Muskeln um das Rückgrat herum und auch in diesem selbst, über Herzklopfen beim geringsten Anlaß. (Zuvor sechs Monate lang Digitalismixtur eingenommen).

Vorgeschichte. Alter 32. Bis 20 kerngesund. Erste Ehe mit 18. Zwei Jahre danach einen Anfall von Bauchfellentzündung (sehr wahrscheinlich gonokokkischer Ursprung), vier Monate lang weißer Ausfluß. Daraufhin linker Salpinx entfernt. Seit der Zeit war sie nie mehr richtig gesund. Kurze Zeit später begann sie, an Rheuma zu leiden, in unterschiedlichen Körpermuskeln, Hüftgelenken und kleinen Gelenken im Fuß, seitdem immer mehr oder weniger große Beschwerden.

Während des Krieges Anspannung und Unruhe. Im Herbst 1917 setzte die akute Krankheit ein, und seit dieser Zeit hatte sie Lungen-, Herz- und rheumatische Beschwerden und war mehr oder weniger bettlägrig. Keine Tb in der Familie.«

sie sei eine »befleckte Frau«[4]. 1915 erzählte sie ihrem Freund Koteliansky, sie habe eine »besondere Krankheit«[5]. Beide Bemerkungen legen nahe, daß sie eine gewisse Vorstellung von ihrer Lage hatte.

Dennoch ist es wahrscheinlich, daß sie ihre Arthritis erst mit ihrer Gonorrhöe in Zusammenhang brachte oder überhaupt erst begriff, daß sie dadurch unfruchtbar geworden war, als Sorapure es ihr sagte. Wie sehr er sie auch trösten mochte, er konnte nur verschiedene lindernde Behandlungen der Arthritis versuchen, Spritzen und Impfungen in die betroffenen Gelenke, modisch, aber von umstrittenem Wert; die ursprüngliche Ansteckung, die nun neun Jahre zurücklag, konnte er nicht heilen.

Katherine erholte sich langsam von der Operation. Als sie einigermaßen wieder bei Kräften war, beschloß Ida, mit ihr zur Erholung ans Meer zu fahren. Sie mietete Zimmer über einem Laden in Rottingdean, an der Küste von Sussex zwischen Brighton und Newhaven, und schaute sich von da aus nach einem Haus um. In Rottingdean erkrankte Katherine an, wie sie es nannte, Rheuma, was aber die von der Gonorrhöe ausgelösten arthritischen Gelenkschmerzen waren. Weitere Ärzte wurden geholt, weitere Rechnungen geschrieben; schließlich mußten sie sich an Mr. Kay wenden, der sich die Mühe machte, ans Meer zu fahren, den dortigen Arzt aufzusuchen und ihm zu versichern, daß die Rechnungen beglichen würden. Es ist unwahrscheinlich, daß der Arzt eine korrekte Diagnose stellte, in jedem Fall aber blieb ihm nur die Empfehlung, Mrs. Bowden solle ein ruhiges Leben führen, gut essen, Alkohol und eheliche Beziehungen meiden und sich warm halten – was sie eine Weile dann auch tat.

---

4 Beatrice, Lady Glenavy, *Today We Will Only Gossip*, London (Constable) 1964, S. 79.

5 K. M. an S. S. Koteliansky, 10. März 1915, *Collected Letters*, Scott und O'Sullivan, Bd. I, S. 154.

7
Das *New Age*: »Du hast mich schreiben gelehrt, du hast mich denken gelehrt«

Von diesem langen medizinischen Exkurs müssen wir nun zu Katherines Ankunft im Strand Palace Hotel im Dezember 1909 zurückkehren. Sie hatte ein paar Erzählungen im Gepäck, sie hatte ihre £ 100 pro Jahr, die ihr noch immer von Mr. Kay aus der City ausbezahlt wurden, und sie hatte Ida, die ihr nach wie vor ihre Zuneigung und Aufmerksamkeit entgegenbrachte und ihr mit zusätzlichem Geld aushalf, oder »T«, wie sie es in ihrer intimen Sprache nannten. Und wie ging es nun weiter? Zunächst einmal schickte sie Dolly Trowell eine Ausgabe von *Alice im Wunderland* mit der Widmung: »Für die Kleine Schwester von der Großen Schwester, Weihnachten 1909«, erhielt aber keine Antwort darauf, obwohl Dolly es im treuen Andenken bewahrte. Dann erzählte Katherine Ida, daß sie sich überlegte, sich mit einer Wahrsagerin, die sie im Strand Palace kennengelernt hatte, zusammenzutun; das markierte wohl den Tiefpunkt ihres Werdegangs. Doch bald hatte sie eine viel bessere Idee.

Bowden, der seit März nichts mehr von ihr gehört hatte und gerade bei recht förmlichen Bekannten in Lincolnshire übers Wochenende weilte, bekam plötzlich ein Telegramm vom Butler des Hauses überreicht, oder besser eine ganze Serie von Telegrammen, in denen er aufgefordert wurde, sie zu treffen, und die, auf größtmögliche Wirkung bedacht, mit »Deine Frau« unterzeichnet waren. Der Butler muß sich eins gegrinst haben, und das Manöver hatte Erfolg. Bowden hatte keine Ahnung, was sie getrieben hatte, doch angesichts ihrer gebieterischen Forderungen gab er wieder einmal nach und lud sie ein, bei ihm in seiner neuen Wohnung am Gloucester Place zu wohnen. Es war vermutlich sein Glück, daß die Ehe weiterhin nicht vollzogen wurde.

Katherine teilte Ida mit, daß sie wegen Bowdens Mißtrauen

nur in die Wohnung kommen dürfe, wenn er nicht da sei, und dann auch nur unter falschem Namen, nämlich »Lesley Moore« (daher Idas »L. M.«). So geschah es dann auch während der nächsten Wochen; Katherine hatte jetzt wenigstens eine kostenlose und angenehme Unterkunft gefunden. Und nun gab Bowden, der, nicht weniger als seine angebliche Rivalin Ida, in jeder Darstellung von Katherines Leben einen absolut ehrenwerten Platz verdient, ihr einen der besten Ratschläge, die sie je bekam. Sie erzählte ihm, sie habe in Bayern ein paar Erzählungen geschrieben und ob er sie lesen wolle; wie beklemmend das Zusammenleben am Gloucester Place auch war, so war er doch zehn Jahre älter als sie, hatte in Cambridge studiert und verfügte über literarische Verbindungen. Er fand die Erzählungen gut und riet ihr, sie an die Zeitschrift zu schicken, für die Saleeby und andere aus seinem Kreis schrieben: A. R. Orages *New Age*.

Bowden war auch noch so freundlich, sie in die Redaktion der Zeitschrift zu begleiten, die sich in einem der kleinen Höfe hinter der Chancery Lane befand; über viele Steintreppen ging es hinauf zu ein paar kleinen verrauchten Räumen. Katherines Erscheinung machte sogleich Eindruck auf Orage. Er schaute sich ihre Arbeiten an und erklärte, er wolle etwas davon bringen. Die erste Erzählung, die er herausgriff, war *Das KIND-DAS-MÜDE-WAR*. Katherine steckte nun in einem großen Dilemma. Als er die Geschichte auswählte, hätte sie natürlich sofort sagen müssen: »Das ist eigentlich eine Version von einer Erzählung eines anderen Autors – des russischen Schriftstellers Tschechow.« Doch dies hätte den Triumph des Augenblicks unweigerlich verdorben und womöglich einen Zweifel hinsichtlich der Authentizität der übrigen Erzählungen geweckt. Sie sagte nichts. Der Augenblick ging vorüber und war für immer vorbei.

Es ergab sich, daß sie zur selben Zeit eine völlig eigenständige Erzählung an eine andere Zeitschrift verkaufte. Sie trug den Titel *Mary* und war ein sentimentaler Vorläufer von *Prélude*. Die Geschichte spielt in Karori und dreht sich um »Kass« und ihre beiden älteren Schwestern. Weiterhin kommen eine Großmutter vor, eine Mutter, die Kass unterbewertet, und auch Pat, das Faktotum, wird erwähnt: er schlägt einem Hahn den Kopf ab. Kass bittet edelmütig und heimlich ihre Lehrer, einen Preis, der ihr zugesprochen wurde (passenderweise für die Rezitation von »I remember, I remember, the house where I was born«), ihrer weniger begabten älteren Schwester Mary zu geben. Sie leidet, als Familie und Besucher Mary mit Lob überhäufen und Kass auch noch des Neids bezichtigen. Des Nachts dann verrät Kass Mary beinahe die Wahrheit, doch ihr besseres Ich siegt, und sie gibt ihrer schlafenden Schwester einen Kuß.

Mary erschien im *Idler,* einer leichtgewichtigen Monatsillustrierten, die ums Überleben kämpfte. Niemand befand die Erzählung eines Nachdrucks wert. Kurioserweise war ihr direkter Nachbar im *Idler* der zweite Teil einer Serie, »En Famille im Vaterland«, die von einem flotten englischen Mädchen handelt, das bei einer deutschen Familie wohnt, deren Prunkstück ein pompöser und gefräßiger »Herr Doktor Professor« ist. Die Autorin war Cicely Wilmot. Weder Mansfield noch Wilmot erschienen noch einmal im *Idler,* der wenige Monate später einging. Dagegen kam nun eine ganze Serie deutscher Erzählungen im *New Age.*

Erzählungen im *New Age* zu haben, bedeutete nicht nur die Auszeichnung, in einer Zeitschrift zu erscheinen, die in dem Ruf stand, »näher am Puls des Lebens zu sein als jede andere Zeitschrift« (das jedenfalls bestätigte Arnold Bennett dem Blatt bereitwillig in einem Werbespruch im Februar), sondern auch den Eintritt in eine neue Welt, in der Orage Ermutigung, Anleitung und Freundschaft gewährte. Im März druckte er drei weitere ihrer deutschen Sketche namens *Deutsche beim Fleisch, Der Baron* und *Das Luftbad,* lauter Früchte ihrer Beobachtungen in Wörishofen.

Später sagte Katherine, sie verdanke Orages Redaktion sehr viel: »... Du hast mich schreiben gelehrt, Du hast mich denken gelehrt, Du hast mir gezeigt, was ich zu tun hatte und was nicht.«[1] In jedem Fall brachte er sie dazu, weg von dem Sentimentalen, von der träumerischen Erinnerung oder Phantasie

1 Zit. in Philip Mairet, *A. R. Orage: A Memoir,* London (Dent) 1936, S. 59.

und hin zu knappen, scharfen Beobachtungen, zum treffenden Seitenhieb zu kommen. Pathos, kindlicher Charme, undefinierbare Gefühle und Abstraktionen kommen in den *New Age*-Erzählungen nicht vor, dagegen aber Untertreibung und ein Auge für das Absurde. Es ist ein Riesenschritt von den Jugendproblemen Juliets zu der kühlen, unpersönlichen Erzählfigur dieser Geschichten. Sie gibt einem das Gefühl, eine angenehme Gesellschaft abzugeben, und offensichtlich fand Orage das auch, im Leben wie auf dem Papier. Sie war ebenso amüsant wie attraktiv, und was immer er über ihre Vergangenheit gehört hatte, es konnte ihn nicht schockieren; er wußte alles über unglückliche Ehen, das Verlangen, aus dem eigenen Hintergrund auszubrechen, illegitime Verbindungen, selbst die lesbische Liebe – er behauptete von seiner Frau, sie sei lesbisch – und zur Unabhängigkeit entschlossene Frauen, denn mit so einer lebte er zusammen: Beatrice Hastings.

Für Katherine wiederum war er endlich das Wahre, ein urbaner Literat mit der Kraft, ihr das, was er ihr versprach, auch zu geben. Er war siebenunddreißig, trug abgewetzte Sachen und geflickte Stiefel, doch wenn er wollte, konnte er ein Charmeur sein. Selbst von dem roten Muttermal auf seinem Gesicht ging ein gewisser Reiz aus. Er hatte selten Geld bei sich – *No Wage* (Kein Lohn) nannte er seine Zeitschrift –, und seine Gastfreundschaft beschränkte sich in der Regel auf Tee oder Kaffee und Zigaretten im Souterrain des ABC-Tearooms in der Chancery Lane, wo man mit minimalem Aufwand im Warmen Fahnen lesen und die nächste Ausgabe planen konnte. War er einmal flüssig, dann gab es auch schon mal Chablis und Austern im Foyer eines nahegelegenen Hotels, doch das *New Age* lief, wie eben die besten Zeitschriften, zumeist mit Schweiß und Zauberei. Sein Büro war nicht mehr als ein Kabäuschen, mit Karikaturen an der Wand und einem Rollschreibtisch; es gab eine Sekretärin und »Managerin«, eine düstere, abweisende Frau namens Alice Marks, die ihren Chef abzuschirmen suchte und wohl eine der Stützen des ganzen Unternehmens war. Es gab Zeiten, da vergoß er Tränen angesichts der Plackerei mit den vielen Artikeln, die er Montag für Montag selber schrieb, doch bei seinen Autoren war er geduldig und liebenswürdig, und nichts bereitete ihm mehr Freude, als ein neues Talent zu entdecken und es mitzuformen. Er und Beatrice bewohnten immer neue, recht unterschiedliche Wohnungen und Häuser und brachten es nie zu irgendeiner Form von Seßhaftigkeit; ihr Lebensstil *war* das *New Age*.

Orage ist von allen Freunden Katherines am schwierigsten zu kennzeichnen. Er schrieb nichts Autobiographisches, war von äußerster Zurückhaltung, was sein Leben anbetraf, und vernichtete systematisch alle persönlichen Papiere und Briefe. Seine veröffentlichten Schriften sind unpersönlich. Auch wenn er leidenschaftliche Gefühle für bestimmte Themen und Personen hegte, so war er gleichwohl trocken und distanziert im Ton. Er war kein talentierter Reporter, und seine wenigen literarischen Versuche sind dünn und langweilig, es sei denn, persönliche Anwürfe sind für jene von Interesse, die das Objekt kennen. Sein Wesen, das so unterschiedliche Zeitgenossen wie Bernard Shaw und T. S. Eliot tief beeindruckte, muß man sich aus Andeutungen und Fragmenten zusammensetzen. Er wurde 1873 geboren, verlor früh den Vater und wuchs in bitterer Armut bei seiner verwitweten Mutter und einer unverheirateten Großmutter in dem Dorf Fenstanton bei Cambridge auf. Seine Mutter schlug sich als Wäscherin durch. Als er vierzehn war, ging sie zum Gutsherrn, einem Nonkonformisten namens Mr. Coote, und bat ihn, dem Jungen eine Stelle als Arbeiter zu verschaffen.

Das Schicksal wollte es, daß die außerordentliche Begabung des Jungen im Dorf schon für Aufsehen gesorgt hatte, und der Gutsherr bezahlte ihm das Schulgeld und auch noch Nachhilfeunterricht. Orage – manche sagten »Orridge«, doch er zog die Aussprache vor, die dem Französischen näher stand, und benutzte nie seine Vornamen – war ein großer, attraktiver Junge, sportlich, mit großer Auffassungsgabe und einer Leidenschaft für Lesen, Zeichnen und die Schauspielerei. Wie Lawrence wurde er Referendar und kam so an ein Lehrerseminar. Mit einundzwanzig machte er seinen Abschluß und ging als Lehrer an eine Grundschule in Leeds.

Bald trug er eine rote Krawatte, durchwühlte Antiquariate, nahm an öffentlichen Debatten teil, interessierte sich für die

Ideen der Madame Blavatsky, die Mitglied einer »Plato«-Gruppe war, und verlobte sich mit einer Kunststudentin, einer Schottin, deren gutbürgerliche Eltern nicht gerade begeistert waren. 1896 heirateten sie, mit dem Ergebnis, daß Coote, der diesen Leichtsinn ebenfalls mißbilligte, Orage ein Darlehen verweigerte, mit dem er nach Oxford wollte, um sich einen akademischen Grad zu erwerben. Er blieb also vorerst Lehrer – er beließ es beim Standard I, um sicherzustellen, daß ihm genügend Zeit zum Lesen blieb – und begann, für Keir Hardies *Labour Leader* zu schreiben und auf theosophischen Versammlungen zu reden. Mrs. Orage, schön und intelligent und den Idealen von William Morris ergeben, übte sich in ihrem Kunsthandwerk als Näherin. Orage entdeckte Edward Carpenter, dessen frei rhythmische Rhapsodien und dessen Verknüpfung von fortschrittlichem politischem Gedankengut mit östlicher Mystik in Büchern wie *Towards Democracy* (1883), *Civilisation, Its Cause and Cure* (1889) und *Sex, Love and Its Place in a Free Society* (1894) ihn beeindruckten.

Orage hatte nicht vor, für immer Lehrer zu bleiben. Er suchte die Bekanntschaft Bernard Shaws und bemühte sich, seine Tätigkeiten breiter zu streuen. Zusammen mit einem Geschäftsmann aus Leeds, Holbrook Jackson, begann er, eine Bewegung für eine Kulturreform zu planen, aus der dann der Leeds Arts Club wuchs, dessen Ziel es war, »die wechselseitige Abhängigkeit von Kunst und Ideen zu bekräftigen«. Es wurde ein Erfolg. Chesterton, Bernard Shaw, Carpenter und Yeats waren unter den Rednern, ähnliche Clubs wurden in anderen Städten in Yorkshire gegründet, und als Orage und Jackson 1905 nach London zogen, war ihnen der Ruhm schon vorausgeeilt. In London versuchte Orage sich zunächst als freier Journalist, schrieb zwei kleine Bücher über Nietzsche – beide eine Mischung aus eigenen Ausführungen und Nietzscheschen Aphorismen – und wirkte bei der Gründung der Fabian Arts Group mit.

Von Carpenter und Nietzsche bezog Orage seine Vorstellungen über das Verhältnis zwischen Mann und Frau. Er lehnte den viktorianischen Kodex eines abhängigen Geschlechts ab, er begann, den Wert der Ehe als Institution in Frage zu stellen, und in seinem Buch *Nietzsche in Outline and Aphorism* schrieb er, daß »gegenwärtig wenige Lebewesen rein männlich oder rein weiblich« seien. Carpenters Überzeugung, daß die sexuelle Vereinigung ihren eigenen, wesenhaften, mystischen Wert besitze, unabhängig von der Fortpflanzung – eine Überzeugung, die Lawrence übernehmen und zu einem zentralen Element seines Werks machen sollte –, hat Orage vermutlich ebenso interessiert. Seine eigene Ehe blieb kinderlos und endete unglücklich; in Leeds wie London erwarb er sich den Ruf eines Lieblings der Frauen.[2] Zu einer Zeit, als die meisten Männer stolz darauf waren, sich im Zaum zu halten, ließ Orage sich schnell zu Tränen rühren und zeigte seine Zuneigung Männern wie Frauen gegenüber ganz offen.

Die Orages trennten sich etwa um die Zeit, als er nach London kam. Bald darauf lernte er Beatrice Hastings kennen. Zu Anfang war sie eine leidenschaftliche Anhängerin der Suffragettenbewegung und brannte darauf zu schreiben: Romane, Lyrik, Polemiken. Orage war wie verzaubert von ihr, und sie war wohl einer der Gründe für seine Verhaftung im Frühjahr 1907, er als einziger Mann mit 75 Frauen, als eine Gruppe Suffragetten das Unterhaus stürmen wollte.

Einen Monat später gaben er und Jackson ihre erste Nummer der Zeitschrift heraus, die sie mit Bernard Shaws Hilfe gekauft hatten: das *New Age*. Sie gaben ihr den Untertitel »Ein unabhängiges Magazin für Politik, Literatur und Kunst«, und ihre Formel, die erste Hälfte der Politik und die zweite der Literatur und Kunst zu widmen, wurde später vom *New Statesman* und anderen Wochenzeitungen als Standard übernommen. Von Beginn an lief die Sache sehr gut. Das Blatt kostete zunächst einen Penny (1910 waren es drei, 1914 sechs), und mit Ausnahme der regelmäßigen Kritiker arbeiteten die meisten Mitarbeiter ohne Honorar; entweder schrieben sie auch für andere Zeitschriften, die bezahlten, oder sie hatten einen festen Beruf. Orage arbeitete mit der Hingabe eines, der sein wahres Metier gefunden hat, und obwohl er keinerlei Geschäftssinn besaß (zu Jacksons

2 Mary Gawthorpe, *Up the Hill to Holloway*, Penobscot, Maine (Traversity Press) 1962, S. 191-203.

Verzweiflung versuchte er zum Beispiel nicht, Anzeigen zu akquirieren), stieg die Auflage rasch von knapp 4000 auf 20 000. Doch 1907 zerstritten sich die beiden Herausgeber, und Anfang 1908 war Orage alleiniger Herausgeber und stand vor der blendendsten Zeit seiner Karriere.

Das *New Age* stand links – der Vater der jungen Enid Bagnold betrachtete seine Politik als »nahe dem Hochverrat« –, wenn auch eher auf der utopischen Linken, ohne sich über längere Zeit mit einer bestimmten Bewegung zu identifizieren. Orage suchte die Kontroverse und war mehr daran interessiert, sie zu stimulieren, als eine konsequente Linie beizubehalten. Zur Frage des Frauenwahlrechts etwa schrieb die Zeitschrift anfangs positive Leitartikel und Aufsätze, doch als Beatrice Hastings ihre Meinung dazu änderte, folgte Orage ihr, und um 1910 lehnte das Blatt die Suffragettenbewegung im wesentlichen ab. Andererseits war er es, der Arnold Bennett ins Blatt holte. Bennett schrieb von 1908 bis 1911 Woche für Woche eine Bücherkolumne, die für Leser wie Lawrence eine der Attraktionen der Zeitschrift war. Orage hatte einen verrückten und streitsüchtigen Zug, doch auf seinem Herausgeberstuhl fühlte er sich am wohlsten, und seine Mitarbeiter liebten ihn.

1910 gehörte zu seinen regelmäßigen Mitarbeitern John Kennedy. Er stammt aus Ulster und war Redakteur beim *Daily Telegraph;* für das *New Age* schrieb er aus Lust über Außenpolitik. Für eine Weile wurde er Katherines Verehrer und soll ihr sogar einen Pelzmantel überreicht haben; so etwas konnte sich keiner der anderen leisten, weder der Radikale Clarence Norman, ein Günstling Bernard Shaws, noch A. E. Randall, der unter verschiedenen Pseudonymen Bücher und Theateraufführungen rezensierte und grämlich, gebildet und mittellos war. Dagegen schien Beatrice Hastings wie geschaffen als Freundin Katherines; wie sie, war Beatrice Engländerin und auch wieder nicht. Ihre Eltern lebten in Südafrika, wo auch sie einige Jahre verbracht hatte. Ihr Vater war ein erfolgreicher Ladenbesitzer und zahlte seiner ruhelosen Tochter, wie Katherines Vater, den Unterhalt. Auch Beatrice hatte eine Zeitlang eine Ehe geführt und lebte zwar nicht in Scheidung, aber getrennt; sie hatte einfach den Kontakt zu ihrem Mann verloren. Auch sie hatte ein

Kind zur Welt gebracht, das bald darauf starb, und hatte zusehen müssen, wie ihre jüngere Schwester im Kindbett starb, wenn man ihren Bekenntnisschriften glauben darf. 1910 war sie dreißig und freute sich über die jüngere Kollegin, die sie unter ihre Fittiche nehmen – ihr Wort zählte bei Orage – und mit schwesterlicher Anteilnahme bedenken konnte.

Beatrice hatte während der vergangenen zwei Jahre unter wechselnden Pseudonymen regelmäßig für das *New Age* geschrieben. Die meisten ihrer Artikel waren feministische Polemiken, die besonders leidenschaftlich waren, wenn sie die sexuelle Unterwerfung von Frauen unter ihre Ehemänner oder die Behandlung verhafteter Suffragetten anprangerte. Sie schrieb über die Unsinnigkeit, daß Universitäten Frauen akademische Grade verweigerten und daß die Chemische Gesellschaft sie als Mitglieder ablehnte. Noch aufsehenerregender waren ihre humoristischen Stücke, die oft als Dialoge verfaßt waren und in denen etwa eine begeisterte junge Verlobte und eine welterfahrene ältere Frau die »freie Ehe« diskutierten oder ein Damenkränzchen die Verbindungen zwischen Sexualität, Wirtschaft und Mutterschaft erforschte. Beatrice präsentierte in ihren besten Schriften kühne, klare und originelle Argumente, während ihre schlechten schlicht unverständlich waren. Sie hatte ihre eigenen Gedanken, und ihre anfängliche Allianz mit der militanten Suffragettenbewegung und ihre spätere Kritik daran waren im wesentlichen ihre eigene Sache, wenn Orage auch in dieselbe Richtung dachte, und beide gelangten schließlich zu der Überzeugung, daß es etwas Grundsätzlicherem als des Stimmrechts bedurfte, um das Grundmuster von Frau und Mann zu verändern.

Diese Probleme wie auch radikale Positionen, die das *New Age* bewegten, schienen Katherine nicht sonderlich zu interessieren; Beatrice aber war für sie das unbestrittene Modell und Beispiel einer unabhängigen Literatin, auch dafür, wie sie in ihrer Beziehung zu Orage die emotional dominierende Partnerin war. Vielleicht waren sie alle für gewisse Zeit voneinander abhängig; in jedem Falle liebte Katherine es, gedruckt und zur Kenntnis genommen zu werden, Teil einer Welt zu sein, die von Druckfahnen und der nächsten Ausgabe bestimmt war, von diesem und jenem Artikel, von Leserbriefen, einer Welt, in der

Orage und Beatrice bis spät in die Nacht die Artikel und Ideen des anderen diskutierten. Nach außen wohnte sie noch immer am Gloucester Place, doch Bowden trat zunehmend in den Hintergrund. Und auch Ida, deren gefürchteter Vater sich nun durchgerungen hatte, nach Rhodesien auszuwandern, wodurch sie endlich ein freies Leben mit ihrer Schwester führen konnte, mußte erkennen, daß Katherine nun eine passendere Umgebung gefunden hatte.

Erst dann kam die Episode mit ihrer Erkrankung und der Operation, die eine Zäsur in der Begeisterung über die neuen Freundschaften bedeutete, die ihr aber auch einen einfachen Auszug aus dem Gloucester Place ermöglichte. Orage und Beatrice wollten in der ersten Aufwallung ihrer Schwärmerei für Katherine bei ihr sein und kamen sogar nach Rottingdean, um ebenfalls nach einem Sommerhaus zu suchen. Als sie kamen, fuhr Ida zurück nach London, und als sie etwas für sich gefunden hatten, kam sie wieder zurück. Sie mochte Beatrice nicht, was wohl vorauszusehen war, akzeptierte aber, daß Katherine sich in ihrer Gesellschaft wohlfühlte. Für Katherine waren sie die besten Freunde, die sie je gehabt hatte. Sie füllten ihr Leben mit Gesprächen und Gelächter, was die Schmerzen ihrer Krankheit überdeckte, und ermutigten sie, der Mensch zu werden, der sie sein wollte. Ein Bild von ihr in Rottingdean war für sie das erste, das überhaupt einen Charakter erkennen ließ (dem müssen wir nicht zustimmen), und als sie sich dann erholt hatte und keinen Gedanken daran gab, daß ihre Krankheit wiederkommen könnte, lag der Sommer 1910 strahlend vor ihr. Der freundliche Bowden kam hin und wieder auf Besuch, doch Katherine war so boshaft, ihn mit Ida die Dorfkirche besichtigen zu schicken, und ließ ihn spüren, daß er unwillkommen war. »Deine Frau« hatte beschlossen, wieder George Sand oder George Eliot zu sein. Widerspruchslos zog er sich zurück und hörte zwei Jahre lang nichts mehr von ihr.

Im Juli kehrte Katherine wieder nach London zurück und zog zu Beatrice und Orage nach Kensington (Abington Mansions, Pater Street). Gleichzeitig brachte das *New Age* eine neue Serie ihrer Erzählungen, die noch immer in Deutschland spielten.

Die ersten beiden handelten von den Schrecken von Geburt und Ehe, mit besonderer Betonung auf der Unsensibilität der Männer, ein Punkt, in dem Beatrice sie bestärkt haben mag, auch wenn sie eigentlich keinen Ansporn zu einer Sicht der Dinge brauchte, in denen die Menschen in Peiniger und Opfer eingeteilt waren. Beatrice selbst hatte sich so heftig über die Schmach von Frauen ausgelassen, die von unwissenden und brutalen Ehemännern zu ständiger Schwangerschaft gezwungen waren, daß die Kinderbuchautorin und Mitglied der Fabianer, E. Nesbit, an das *New Age* schrieb, um darauf zu verweisen, daß viele Frauen tatsächlich Freude an ihren Männern und Kindern hätten, ein Punkt, der für leidenschaftliche Feministinnen noch heute ein Streitfall ist. Wären Katherine und Beatrice in der Lage gewesen, über ansteckende Geschlechtskrankheiten zu schreiben, hätten sie sich auf festerem Grund bewegt.

Im August bat Katherine Ida, für sie an Garnet zu schreiben, ihm den Ring zurückzuschicken, den er ihr gegeben hatte, und ihm mitzuteilen, daß sie nun endgültig von Bowden getrennt sei und beabsichtige, das Pseudonym »Mansfield« erst in der Zukunft zu verwenden. Falls sie auf eine Antwort wartete, wurde sie enttäuscht; es gab keinen Kontakt mehr mit den Trowells, dennoch bewahrte Garnet ihren Brief bis zu seinem Tod auf.*

Orage und Beatrice legten sich für sie ins Zeug und beschafften ihr eine Zweizimmerwohnung in Chelsea, die einem befreundeten Maler, Henry Bishop, gehörte, der den Winter in Marokko verbringen wollte. Die Wohnung lag im Cheyne Walk, verfügte über einen Blick auf den Fluß und diverse Zierstücke ganz nach Katherines Geschmack, wie etwa einen menschlichen Schädel als Kerzenhalter. Sie beschloß, in dem großen Zimmer zur Straße zu schlafen, von wo aus sie bei Nacht die Bäume im Schein der Straßenlampen sehen konnte; Ida, die inzwischen ihr Vorhaben, Musik zu studieren, aufgegeben hatte, half ihr beim Einrichten und nahm bewundernd zur Kenntnis, wie sie in verschiedene neue Richtungen zugleich aufbrach.

* Garnet arbeitete als Musiker in Südafrika und ließ sich später mit seiner kanadischen Frau in Ontario nieder; während des Zweiten Weltkriegs gab er die Musik auf und arbeitete bei Ford. Er starb 1947.

Zunächst war da ihr neu erwachtes Interesse an der Vortragskunst. In der Wohnung über ihr hörte eine Madame Alexandra, die Opernsänger einstudierte, wie Katherine sang, und – dies ist nun Idas Version – wollte ihr unbedingt Unterricht geben. Katherine kaufte ihrer neuen Lehrerin einen Flügel ab, merkte aber bald, daß sie nicht genügend Ausdauer für die vielen Übungsstunden besaß, die von ihr verlangt wurden, und gab die Sache auf. Dennoch spielte und sang sie zum eigenen Vergnügen weiter. Der Wunsch nach Darstellung wurde wieder wach, als sie eine japanische Ausstellung besuchte. Sogleich empfing sie ihre Gäste im Kimono und einer Schale mit Chrysanthemen neben sich. Bis jetzt hatte sie die Haare lang getragen, mit einem Mittelscheitel und zu Locken hochgesteckt, im Herbst aber ließ sie sich einen Pony schneiden und trug sie glattgebürstet; dieser Stil sollte zu ihrem Wahrzeichen werden, lange bevor kurze Haare in Mode kamen. Sofort gab sie sich eine ganz eigene japanische Aura; sie redete davon, nach Japan zu fahren, und kaufte sich eine japanische Puppe, Ribni. Sie entdeckte auch einen Schneider, von dem sie sich eine neue Garderobe anfertigen ließ, die Ida als »kleine Mäntel von reizenden Farben und weichen Samtstoffen und … Kleider mit langem, eng anliegendem Oberteil und Faltenröcken« beschrieb.

Wenn sie sich nicht gerade mit dem Entwurf von Kleidern, Klavierspielen oder Schreiben beschäftigte, fand sie die Zeit, auf Tennispartys zu gehen, und auf einer solchen lernte sie einen jungen Lehrer namens William Orton kennen, der auf ihre Frage hin: »Glauben Sie an Pan?« eine schüchterne Zuneigung zu ihr faßte.[3] Er war ernst und bescheiden und wollte ebenfalls Schriftsteller werden; sein Vater war Geschäftsmann, ebenso wie der Katherines. So fasziniert Orton von Katherine war, er hatte schon eine Freundin, Edna Smith. Katherine ließ sich davon keineswegs abschrecken; sie nannte Edna »Lais«, Orton »Michael« und widmete sich beiden gleichermaßen. Aus Ednas Sicht wurde ihre Liebesaffäre mit Orton praktisch von Katherine beendet; »sie fand ziemlichen Gefallen an meinem Liebhaber und mir. Eine Weile lang spielte sie mit uns beiden und ging

3 William Orton, *The Last Romantic*, London (Cassell) 1937, S. 269.

dann wieder ihrer Wege. Sie war ein schönes, wunderbares Wesen, und ich habe ihr nie etwas übelgenommen.«[4] Großherzige Worte, doch wog für eine Neunzehnjährige die Anerkennung von einer so kultivierten Frau von zweiundzwanzig vielleicht den Verlust des Liebhabers auf. Das Dreiecksverhältnis war so lange nach Katherines Geschmack, wie sie die dominierende Rolle darin spielte. »Welch wunderschönes Haar!« schrieb Katherine über die »kleine Lais« an Orton. »Ich denke, ich werde sie sehr oft sehen und sie zu Konzerten mitnehmen und bestimmt auch in die Nationalgalerie.«[5] Unterdessen gab sie ihm ihren Opalring und redete vom Heiraten, wobei es aber alles andere als sicher war, daß beide dies ernsthaft wünschten, ganz abgesehen davon, daß sie ja schon verheiratet war. Sie begannen ein gemeinsames Journal, in dem sie sich in dekadenter Phrasendrescherei und Provokationen übte:

> Mitten auf meinem Gebetsteppich wachsen rote und weiße Tulpen. Die roten sehen aus, als hätten sie sich an brackigem Blut gelabt. Doch die weißen mag ich am liebsten. Sie sterben – jedes Blütenblatt so schwach verdreht – und doch, welch zierliche Anmut. Wärst du nur hier.[6]

Wenn sie nicht gerade dekadent, eine Anhängerin von Pan oder japanisch war, versuchte sie, russisch zu sein. Von einem Freund hatte sie ein russisches Spielzeugdorf bekommen, und bald nannte sie sich Jekaterina und Katja; Diaghilew war in Paris, und die Rußlandmanie breitete sich nach England aus. Es gab eine Fülle von Zerstreuungen aller Art: Thomas Beecham dirigierte in seiner ersten Saison am Covent Garden Richard Strauß' *Elektra;* im Oktober veröffentlichte E. M. Forster, Elizabeth von Arnims ehemaliger Hauslehrer, einen Roman namens *Howards End,* in dem er die Kluft zwischen der Welt von Katherines Eltern und derjenigen, in der sie sich bewegte, minutiös beschrieb; im November wurde die postimpressionistische Ausstellung von Roger Fry eröffnet, die vom *New Age* wie von Bloomsbury enthusiastisch gefeiert wurde. Katherine be-

4 *Collected Letters,* Scott und O'Sullivan, Bd. I. Fußnote zu S. 108.
5 K. M. an William Orton, Herbst 1910, *Collected Letters,* Scott und O'Sullivan, Bd. I, S. 100.
6 Ibid., Sommer 1910, S. 100.

trachtete lange die van Goghs und sagte später, sie hätten sie etwas für ihr Schreiben gelehrt, »eine Art Freiheit – oder besser, ein Sich-Freischütteln«[7].

In diesem Winter erschien nichts von ihr im *New Age;* allerdings wollte sie, nach ihrem Notizbuch zu urteilen, unbedingt etwas schreiben und produzierte laut Orton auch sehr viel, was sie dann aber vernichtete. Eine Erzählung erschien in einer Zeitschrift namens *Open Window,* ein melancholisches Märchen mit Anklängen an Hans Christian Andersen und Oscar Wilde, voller falscher Entscheidungen und verlorener Unschuld und Liebe; die Leser des *New Age* hätten sie nie als deren Autorin vermutet (und sie ist auch nie in eine Sammlung aufgenommen worden).

Im Mai erschien dann ihr bis dahin bestes Stück im *New Age: Ein Geburtstag.* Es handelt von einer Geburt, und die neuseeländische Szenerie ist ohne viel Federlesens in eine »deutsche« umgewandelt. Doch das eigentlich Bemerkenswerte daran ist, daß in den Gedanken der Hauptfigur fast so etwas wie eine Prophezeiung abläuft. Andreas Binzer, ein Mann mittleren Alters, selbstverliebt, reizbar, wichtigtuerisch und nervös, ist in jeder Phase der Erzählung präsent, und die unzufriedene Begutachtung der Fotografie seiner Frau – je mehr er ihr lächelndes Gesicht anschaut, desto mehr sieht er sie als eine verrückte Fremde, die überhaupt nicht die geeignete Mutter für den Sohn ist, den er von ihr erwartet – ist ein absolut origineller und unverwechselbarer Effekt. Ebenso bemerkenswert daran ist, daß sie die Geburt ausschließlich aus der Sicht von Vater, Hausmädchen, Großmutter und Arzt beschreibt und nicht ihre eigene schlimme persönliche Erfahrung thematisiert, wozu unerfahrene Autoren sich oft getrieben fühlen. Bei der Lektüre von *Ein Geburtstag* weiß man sofort, daß man es mit dem Werk einer wahren Schriftstellerin zu tun hat, die auf eine ergiebige Ader gestoßen ist.

Allerdings stellt sich dabei auch ein Gefühl von Ziellosigkeit mit ein. Katherine schien nicht daran interessiert, auf einem

---

7 K. M. an Brett, Dezember 1921, *The Letters of K. M.*, J. M. M., Bd. II, S. 160.

erfolgreichen Text aufzubauen, sondern verhedderte sich unablässig in unterschiedlichen Stilen und Färbungen. Wie in ihrem Leben, so erging sie sich auch in ihrer Kunst in Verwandlung, Verkleidung, Verrätselung und Mimikri; das letztere war für sie der Schlüssel zu Schöpfung und Charakterzeichnung. Das gab ihr eine Freiheit, doch es wurde auch eine Schwäche; es mangelte ihr an Stehvermögen, und sie verlor sich zu sehr in unterschiedlichen Effekten. Angesichts der Qualität von *Ein Geburtstag* kommt man nicht umhin zu bedauern, daß sie so viel Kraft an unbedeutendere Geschichten verschwendet hat.

Katherine wohnte im Cheyne Walk bis April, als Bishop wieder zurückerwartet wurde und sie sich etwas Neues suchen mußte. Sie beschloß, näher an die Redaktionsräume des *New Age* zu ziehen, und fand auch eine Wohnung hoch über der häßlichen Gray's Inn Road, am Rand von Bloomsbury und der City, in einem massigen, stattlichen Backsteinwohnblock namens Clovelly Mansions.* Nr. 69 war im vierten Stock, und wenn man einmal die Steintreppe hinaufgestiegen war, bot sich ein grandioser Blick, nach Osten über die Türme der Stadt, nach Westen über die Dächer von Bloomsbury hinüber zu den fernen Hügeln von Hampstead. Die Zimmer waren behaglich; die zwei zur Straße nannte sie das Schreibzimmer und das Musikzimmer, dazu gab es noch ein Schlafzimmer, eine Küche, ein Bad und einen rückseitig gelegenen Flur. Wie immer half Ida ihr beim Einrichten: Auf den Fußboden kamen Bambusmatten, an die Wände braune Tapeten und Reiseplakate, dazu viele gelbe Kissen, ein schwarzes »Sofa« (ein Diwan mit abgenommenen Beinen), das Klavier aus Chelsea und ein paar Stühle. Im Schreibzimmer bekam den Ehrenplatz ein steinerner Buddha,

* 1913 wurde Clovelly Mansions in Churston Mansions umbenannt (vgl. David Arkell, »The Tigers' Lair in Gray's Inn Road«, *Camden History Review,* November 1980), aus Nr. 69 wurde Nr. 19. Der Blick ist heute nicht mehr ganz derselbe wie damals, besonders nach hinten, doch die fünf Fenster zur Straße bekommen viel Sonne. Einige Jahre lang – bis 1986 – beherbergte das Nachbargebäude die *Sunday Times;* sechs Jahre lang hatte die Autorin dieselbe Aussicht wie K. M., dazu den »Telecom«-Turm und ein paar neu hinzugekommene Veränderungen.

der Ida gehörte – ihre Familie hatte ihn aus Burma mitgebracht –, davor stand eine Schale mit Votivblumen. Im Musikzimmer stand eine Wasserschale mit einer Ziereidechse sowie eine Pawamuschel aus Neuseeland. Katherine arbeitete, wie Orage auch, an einem Rollschreibtisch, und Ida gab ihr einen Korbstuhl dazu, der ihrer Mutter gehört hatte; ein Tisch war nicht vorhanden, Tee wurde auf dem Fußboden serviert. Im Schlafzimmer schmückte eine Elefantenprozession mit winkenden Rüsseln den Bettüberwurf. Die Miete betrug £ 1 die Woche, den Mietvertrag unterzeichnete sie keck mit »Katerina Mansfield«.

Zu diesem Zeitpunkt, erinnerte sich Ida, glaubte Katherine wieder, schwanger zu sein, und sagte, sie freue sich auf das Kind, ungeachtet dessen, daß sie ohne Mann war und auch ohne jede Gewißheit, wer der Vater sein könnte. Offensichtlich gab es da einen Liebhaber, aber es ist nicht bekannt, um wen es sich gehandelt hat*; zudem ist es äußerst unwahrscheinlich, daß sie überhaupt schwanger war, doch Ida, die im April nach Rhodesien mußte, ließ ihr für das vermutete Baby etwas Geld auf einem Konto zurück. Katherine verabschiedete sie mit einem Strauß Nelken. In einem Brief an Orton schrieb sie, es sei alles traurig, unwirklich und »turbulent« gewesen, doch fühle sie sich in der neuen Wohnung sehr wohl, wo sie auf dem Fußboden liege und rauche.

Im Mai, als die Beauchamps in großer Zahl zur Krönung Georges des V. erwartet wurden, weilte Katherine mit Beatrice und Orage in Ditchling-on-Sea. Sie war in sehr ausgelassener Stimmung und schrieb für das Blatt eine Reihe von Sketchen über bekannte Autoren, darunter Bennett, Wells und den Poeta Laureatus jener Zeit, Alfred Austin, den sie aus Anlaß der Krönung an den »gebräunten Kolonialisten« Grüße aussprechen ließ. Das Verhältnis zwischen den gebräunten Beauchamps und ihrer Problemtochter erwies sich als höflich, ohne überschwenglich oder vertraut zu sein. Es gibt keinen Beleg dafür, daß die Eltern sie in Clovelly Mansions besuchten, allerdings

* Antony Alpers vermutet, daß dies Francis Heinemann gewesen sei, was dieser jedoch mir gegenüber vehement bestritt.

bekam der siebzehn Jahre alte Leslie einen Schlüssel und war tief beeindruckt vom Erfolg seiner Schwester. Sie nahm ihn mit zu Orage, der ihre Arbeit pries, und als Leslie sie abends, wenn er sie besuchen wollte, meistens nicht antraf, sagte sie ihm, sie sei auch Theaterkritikerin für die Zeitschrift (was nicht stimmte). Angespornt durch diesen Einblick in die Kulturszene, drängte Leslie seinen Vater, ihn nach Oxford oder Cambridge zu lassen, er wolle nicht weiter Stenographie für das Geschäft lernen, doch ohne Erfolg. Harold Beauchamp war alles andere als überzeugt, daß die englische Erziehung seinen Töchtern gut getan hatte.

Im Juli traf Leslie Katherine zu seinem Entsetzen im Bett mit so hohem Fieber an, daß sie davon das Gefühl hatte zu schweben (wie sie Ida später sagte). Brustfellentzündung oder Bronchitis war die Diagnose, und der Arzt riet ihr, wegzufahren, da es in diesem Sommer in London drückend heiß war. Orton wollte, daß sie mit ihm in die Bretagne ging; die Beauchamps rieten ihr, nach Spanien zu fahren, ohne sie aber dorthin begleiten zu wollen. Sie machte keins von beiden, sondern reiste allein nach Brügge, nachdem sie Ida, die kurz vor der Rückkehr nach Europa stand, in einem Brief vorgeschlagen hatte, man solle sich doch in Paris treffen. Es ist typisch, daß sie ihre Pläne abermals änderte. Überstürzt reiste sie nach Genf ab und schickte Ida ein Entschuldigungstelegramm. Als diese in London eintraf, drang Leslie, der noch immer um die Gesundheit seiner Schwester besorgt war, in sie, sofort nach Genf zu fahren. Als sie dort eintraf, verfügte Katherine gerade noch über £ 1, war aber dennoch voller Zuversicht, daß etwas oder jemand schon auftauchen würde. Eine Weile lang wohnten sie zusammen in einem Pensionszimmer, dann spürte Ida, daß Katherine wichtigere Dinge zu tun hatte, und reiste ab. Sie hatte nämlich Kontakt zu Freunden aus Wörishofen – nicht Floryan, dessen Aufenthaltsort zu jener Zeit unbekannt ist, sondern ein Ehepaar mit Kind. Im September war sie wieder in London.

Die Fahrt trug ihr einige gute Reisenotizen ein, die sie dann auch zur Veröffentlichung im *New Age* niederschrieb. Sie zeigen eine ungebundene, überlegene Mansfield, die sich jeglicher Festlegung entzieht und stets in großer Manier mit einem Lachen wegrennt. Doch es ging ihr nicht gut, aber es war auch nicht ihre Art, auf sich zu achten. Bald schrieb sie in dem Ortonschen Notizbuch von einem mysteriösen »Mann«, der sie um fünf Uhr in Clovelly Mansions besuchte, sie zum »Schwarzen Bett« trug – vermutlich der Diwan – und sich als geneigter Betrachter ihrer silbernen, von gezackten Bändern gehaltenen Strümpfe und gelben, mit weißem Pelz besetzten Wildlederschuhe erwies. »Wie sündig ich aussah! Wir liebten uns wie zwei wilde Tiere«, brüstete sie sich; sie beschrieb auch, wie sie ihm zu Gefallen einen barbusigen Tanz aufführte.[8] Derlei Dinge waren für den armen Orton eine Spur zu viel.

Wer war dieser mysteriöse und exotische »Mann«, mit dem Katherine Orton quälte? Antony Alpers spekulierte, daß es Katherines ehemaliger Deutschlehrer vom Queen's, Walter Rippmann, sein könnte; als Grund nennt er, daß Ida sich erinnerte, wie er sie in Chelsea besucht habe, und ihn gewisser Absichten verdächtigte. Doch Ida verdächtigte alle Besucher Katherines, zudem war sie zur Zeit des Eintrags in Katherines und Ortons gemeinsamem Journal nicht in London.

Ein weit wahrscheinlicherer Kandidat ist ein Wiener Journalist, Geza Silberer, bekannter unter seinem etwas ausgefallenen Pseudonym »Sil-Vara«. Wir wissen mit Sicherheit, daß es eine wie immer geartete Liebesaffäre zwischen Katherine und Sil-Vara gegeben haben muß, denn nach ihrem Tod befragte J. M. Murry Ida in einem langen Brief über diese Zeit und fragte insbesondere: »Wann war ihre Affäre mit Sil Vara [*sic*]? Sie hat mir einmal alle seine Briefe zu lesen gegeben und sie dann verbrannt.«[9]

Sil-Vara lebte zu jener Zeit in London, um Material für eine Artikelserie über das englische Leben und Treiben zu sammeln. Er interessierte sich auch fürs Theater und suchte nach Stücken, die er übersetzen konnte; seine Version von Synges *Playboy of the Western World* wurde 1912 in Deutschland veröffentlicht.

---

8 *Journal*, 6. September 1911, S. 46. (Orton druckte diesen Abschnitt von sich aus in *The Last Romantic*, S. 281.)

9 J. M. M. an Ida Baker, 29. Mai 1933, unveröffentlichter Brief. Murry datiert das Lesen und Verbrennen der Briefe im Runcton Cottage auf den Spätsommer 1912.

Seine journalistischen Erzeugnisse waren eher von der leichten Art. Er schrieb Porträts bekannter Schriftsteller und Politiker, eine Serie Sketche über das Londoner Leben, beispielsweise die Season, die Varietés, die Königliche Akademie, Whitechapel oder über aufsehenerregende Vorfälle der Zeit, wie den Mordfall Crippen und die Aktivitäten der Suffragetten; die gesammelten Artikel erscheinen 1914 in München unter dem Titel *Londoner Spaziergänge.* Zwischen den allgemeinen Geschichten finden sich auch speziellere über seine Einführung in einen Kultur- und Bohemezirkel durch eine Gastgeberin aus Chelsea namens Gwendolen, die immer gern Theaterleute, Maler, Dichter, Romanciers (männliche wie weibliche) und Autoren für kleine Zeitschriften zu Gast hatte. Gwendolen selbst ist eine gutsituierte Dame mit guten Verbindungen; nach den Schilderungen könnte sie durchaus Gwen Otter nachgebildet sein, einer literarischen Gastgeberin aus Chelsea, die Katherine jedenfalls kannte (viel später bezieht sie sich in einem Brief[10] liebevoll auf sie und sehnt sich nach ihren Partys zurück).

Sil-Vara war zwölf Jahre älter als Katherine. Da Orton und Katherine gleichaltrig waren und Orton nach eigener Aussage sexuell unschuldig, würde ein 34jähriger Wiener Journalist einen beträchtlichen Kontrast geboten haben. Sil-Vara lebte noch bis 1938, aber über seine Affäre mit Katherine scheint er Stillschweigen bewahrt zu haben. Vielleicht hatte sie seinen Stolz verletzt, vielleicht war er aber auch nur ein diskreter Wiener der alten Schule. Es wäre schön zu wissen, welcher dieser beiden starken Persönlichkeiten den anderen in dieser besonderen Liebesgeschichte dominierte oder ob sie in diesem Lebensabschnitt weniger Liebe als mehr eine Sache gegenseitigen Posierens war.[11]

---

10 K. M. an Anne Drey, vermutlich Januar 1921, von Isola Bella, zit. in *Adam* (Nr. 300, 1965), S. 93. Auch Murry fragt in seinem Brief vom 29. Mai 1933 nach K. M.s Freundschaft mit Gwen Otter.

11 Sil-Vara kämpfte im Ersten Weltkrieg (natürlich gegen England) und erlangte in den zwanziger Jahren einigen Erfolg als Bühnenautor. Eine englische Übersetzung seiner erotischen Sittenkomödie *Caprice* wurde 1929 von den Lunts in New York und am Londoner St. James's Theatre aufgeführt und bei Gollancz veröffentlicht.

Zur selben Zeit schrieb Katherine an Edna in einem Wirbel von Ausrufezeichen:

> noch weiß ich nicht, was da an den Toren meines Herzens nach Worten schreit – da sind ja so viele, mit reicher Beute in Händen (& der Osten! ganz plötzlich) daß ich noch immer innehalte – bewußt – schrecklich – phantasiere. Ich kann mir nichts leisten, das auch nur im entferntesten unwürdig ist – Edna, so zu schreiben! Plötzlich regen sich die Schwingen eines riesigen und allmächtigen Verlangens – eine Schwinge liegt über der Zukunft – die andere über der Vergangenheit – und der Flug der Schwingen ist Verzückung – Kunst! Kunst! Frohlockst auch Du schon beim Klang des Wortes und hebst Dein stolzes Haupt ...[12]

Das ist beim besten Willen reichlich bodenloser Unsinn, und der Ruf nach »Kunst!« ist immer ein Alarmzeichen. Da überrascht es nicht, daß der Agent James B. Pinker, zu dessen Klienten Henry James, Conrad und bald auch D. H. Lawrence gehörten, die Erzählung zurückschickte, die Katherine ihm im September zugesandt hatte, und anscheinend auch nicht auf ihren Vorschlag, sich einmal zu treffen und über ihre Arbeit zu reden, eingegangen ist.*

Es hat den Anschein, als versuchte sie, andere Publikationsmöglichkeiten als das *New Age,* das nichts bezahlte, aufzutun, was nur zu verständlich ist. Und dennoch war es das *New Age,* das ihr zu ihrem bislang größten Triumph verhalf. Ein Freund von Orage namens Charles Granville, der zuvor schon mehrere Bücher mit Artikeln aus dem *New Age* unter dem Impressum »Stephen Swift« veröffentlicht hatte, bot Katherine einen Vorschuß von £ 15 für ihre deutschen Erzählungen an. Dieser Erfolg muß ihr besonders süß erschienen sein, da ihre Eltern noch in London waren. Sie ordnete sie neu, setzte *Das KIND-DAS-MÜDE-WAR* ans Ende und fügte zwei Erzählungen hinzu, die Orage nicht gedruckt hatte, nämlich *Der Pendelschlag* und *Eine Feuersbrunst,* eine schwache Geschichte über eine ehrbare Frau,

12 K. M. an Edna Smith, September 1911, *Collected Letters,* Scott und O'Sullivan, Bd. I, S. 107.

* 1920 wurde Pinker dann wirklich Katherines Agent; s. S. 301.

die Männer bezirzt, nur um sie zu reizen; auch entfernte sie ihren Namen, der in einigen Erzählungen im Text vorgekommen war.

In einer deutschen Pension erschien im Dezember; es war hübsch gedruckt, hatte grüne Deckel und einen orangenen Schutzumschlag und kostete sechs Shilling. Der Verlag nannte es eine »reizende literarische Neuheit« und redete auf dem Klappentext von Katherines »boshafter Naivität«, in der sie die »biederen Bayern« beschrieb, und auch von ihrem Zynismus und ihren satirischen Hieben. Weiter hieß es:

> Einige Kapitel, die man eher bayerische Kurzgeschichten denn Sketche nennen könnte, sind in einer gänzlich ungewöhnlichen – ja, durch und durch individuellen – Art geschrieben, sowohl bezüglich der Form wie auch des Inhalts. Miss Mansfields Stil ist seinem Charakter nach beinahe französisch, und ihre Beschreibungen werden den Leser an russische Meister wie Turguenieff [*sic*] erinnern.[13]

Heute ist diese Ausgabe kaum noch zu bekommen. Bei ihrem Erscheinen wurde sie als »schelmisch«, »lebendig«, »kaustisch«, »amüsant« und »originell« bezeichnet, und es traf alles zu. In Anbetracht dessen, was ihre Autorin während der drei Jahre davor durchgemacht hatte, war das Buch aber auch eine großartige persönliche Leistung. Zwar tickte darin eine kleine Tschechowsche Zeitbombe, doch die machte erst viele Jahre später Ärger.

---

13 Rückseite von *In a German Pension*, London (Stephen Swift) 1911.

8
»Mach mich zu deiner Mätresse«

Katherine verfügte nun über den Ruhm und die Würde einer veröffentlichten Autorin. Ihr Name drang nun in weitere Kreise als das *New Age*. Einer seiner Mitarbeiter, ein Dichter und Romancier namens Willy George*, arrangierte ein Essen, um sie einem Studenten aus Oxford vorzustellen, der schon eine zweisprachige Vierteljahresschrift namens *Rhythm* herausgab. Sein Name war John Middleton Murry, und er sollte eine entscheidende und weitgehend unglückliche Rolle in ihrem Leben spielen.

Murry selbst hatte gerade einen Artikel für das *New Age* geschrieben. Orage hatte ein schnelles Auge für das, was in anderen Zeitschriften stand, und als er sah, daß *Rhythm* einige Studien von einem in England noch unbekannten Maler namens Picasso abgedruckt hatte, bestellte er im November eine Geschichte über ihn. George wiederum hatte ein Märchen von Katherine an *Rhythm* geschickt. Murry lehnte das Märchen ab; er bewunderte ihre satirischen Arbeiten und war verständlicherweise über diese andere Stimme verblüfft. Er sollte die nächsten elf Jahre damit verbringen, über sie verblüfft zu sein, und noch länger damit, ihr Bild in einen ihm gemäßen Rahmen zu pressen. Zunächst aber schrieb er ihr einen Brief, in dem er Interesse bekundete, etwas anderes von ihr zu lesen, und als sie ihm die Erzählung *Die Frau im Kaufladen* schickte, die im Hinterland von Neuseeland spielt, nahm er sie begeistert an und drängte George, sie ihm vorzustellen. Die Erzählung war wirklich eine eindrucksvolle Arbeit und bezeichnete einen Aufbruch in eine weitere, völlig neue Richtung. Sie handelte indirekt von

---

* Walter George war halber Franzose und ehemaliger Literaturredakteur bei *Vanity Fair*, ein Vielschreiber, begeisterter Anhänger der Frauenemanzipation, gastfreundlich, einer der überall mitmischte; er hatte gerade mit *A Bed of Roses* einen Bestseller über eine ehrbare junge Witwe, die zur Prostitution getrieben wird, geschrieben. Er war großzügig und ehrgeizig, aber kein begabter Autor.

einem Mord und beruhte auf ihren Erinnerungen von dem Ausflug nach Urewera. Es war auch ihr erstes bewußt geschriebenes Porträt ihres Heimatlandes: eine lebendige, fast unheimliche Beschwörung der Atmosphäre dieser dünn besiedelten Wildnis, der Armut und Unwissenheit derer, die darin lebten, des »Geists der Wildnis«. Doch da ist noch ein anderes Thema: Die Hauptfigur, einst eine hübsche Bardame, die 125 Arten des Küssens beherrschte, wird von Ehe, Kinderkriegen und Einsamkeit zerbrochen und antwortet mit Gewalt. Die Geschichte beläßt es kühl dabei, weder Figuren noch Autorin fällen ein Urteil. Jeder Verlag hätte alles darangesetzt, eine solche Erzählung von einer jungen Autorin zu veröffentlichen, und so überrascht es nicht, daß Murry so heftig reagierte.

Katherine war beinahe ein Jahr älter als er, und George hatte ihm gesagt, sie sei ungeheuer kultiviert, so daß er sich von der elterlichen Wohnung in Wandsworth in leicht nervöser Verfassung auf den Weg machte, obwohl auch er in der Londoner Literatenszene kein unbeschriebenes Blatt mehr war. So hatte er schon den Buchladen von Dan Rider in der St. Martin's Lane entdeckt, wo man, zusammen mit den anderen hoffnungsvollen Dichtern, auf den Anblick eines berühmten Autors warten konnte. Gleichwohl nährte er den Glauben, der in der Welt der Literatur so verbreitet ist, daß alle andern es schafften, nur man selber nicht. Katherine aber erschien er beneidenswert brillant, mit 22 schon Herausgeber, dazu noch eine klassische Schulbildung und Studium in Oxford, Paris und Heidelberg.

Wie Murry zu der Zeit wirklich war, ist nicht viel leichter zu beantworten als bei Katherine. Er war jung und noch ungeformt und in jedem Fall ein hervorragend begabter Gelehrter. In der Schule hatte er gelernt, sich seiner Familie zu schämen – oft ein integraler Bestandteil der englischen Erziehung –, aber er hatte auch gelernt, hart und effektiv zu arbeiten. Der Wechsel vom Christ's Hospital nach Oxford war ein Weg, den häßlichen kleinen Häusern der Londoner Vorstädte zu entkommen, in denen er seine Ferien verbracht hatte, und auch seinem tyrannischen Vater, einem knickerigen kleinen Beamten, dessen kühnste Hoffnung für seinen Stipendiatensohn war, daß er wie er selber auch in den Beamtendienst eintrat, wenn auch in höherer

Position. In Murrys eigenen Beschreibungen seines jungen Lebens erscheint er als ein verwirrter und zuweilen auch umschwirrter Held, der unablässig auf der Suche nach Liebe, Treue, Kunst und weiteren gesammelten Abstraktionen ist, immer wieder bekümmert und verblüfft über sein eigenes schlechtes Verhalten. Die herausragende Triebkraft, die hinter allem steckte, was er tat, erwähnt er kaum: Ehrgeiz. Es war nicht der Ehrgeiz seines Vaters, und er sollte ihn auch in einige überraschende Richtungen führen, doch das war es.

Das andere, was bei ihm sofort auffiel, war, und das bestätigten viele, die ihn in seiner Jugend gekannt hatten, sein anziehendes Äußeres. Er hatte einen schönen Kopf, wie gesagt wurde, mit großen Haselnußaugen und dichten dunklen Haaren. Katherine sprach von seinem »wunderschönen, furchterregenden Mund«, und seine Attraktivität zog Männer und Frauen gleichermaßen wie das Licht die Motten an. Ältere wollten ihm helfen, Jüngere suchten seine Freundschaft oder verliebten sich in ihn. Murrys typische Haltung dabei war eine passive, verwirrte Freude über all die Freundlichkeiten und Zuneigungen. Leute, die gegen ihn eingenommen waren, fanden seine Augen leer und reptilienhaft, doch das war selten der erste Eindruck. Er war ernst, ein aktiver Zuhörer, lernte gern von neuen Freunden und neigte zur Heldenverehrung. Was noch auffiel, war seine schiere Arbeitsfähigkeit; rasch beherrschte er ein Thema oder eine Sprache und schrieb einen ernst zu nehmenden Artikel auf den Punkt genau. Leicht flossen ihm wohlgeformte Wörter aus der Feder. Die vielen Stunden am Schreibtisch hatten ihm den krummen Rücken des Gelehrten gegeben, so daß er kleiner wirkte als die 1,745 m (wie er mit der ihm eigenen Präzision in einer seiner autobiographischen Überlegungen schrieb).

Die Geschichte seiner Jahre in Oxford, die er in seiner Autobiographie *Between Two Worlds* (Zwischen zwei Welten) erzählte, ist lehrreich. Sie brachten ihm keineswegs das, was er oder seine Familie sich davon erwartet hatten. Anstatt stetig über »Modern Greats«* zum Beamtenexamen voranzuschrei-

* *A. d. Ü.:* Das Oxforder Studium der Philosophie, Politik- und Wirtschaftswissenschaft.

ten, geriet er durch die Erfahrung des Universitätslebens von seiner Bahn. Um 1910 war Oxford für die meisten Stipendiaten eine große Chance, aber kaum ein Spaß. Murry überwand die Behinderung der Armut mit Leichtigkeit. Im ersten Jahr gewann er das Herz seines Tutors und wurde zu einer Lesegesellschaft in der Grafschaft Suffolk eingeladen. Den Ausflug, der weniger aus Lesen als vielmehr Segeln mit heiteren Freunden in der Mündung des Alde bestand, empfand er als so maßgeschneidert, daß er beschloß, sich von seiner schändlichen Herkunft zu trennen, was er dann auch tatkräftig betrieb. Er fand eine Bauernfamilie in Gloucestershire, die Untermieter aufnahm, und stellte sich ihr als Waise vor, der einen Ort brauchte, an dem er seine Ferien von Oxford verbringen konnte. (Das war genau die Art von Abenteuer, für das auch Katherine zu haben gewesen wäre, doch hätte sie nicht versucht, es später zu erklären und zu rechtfertigen.)

Murry wurde in Gloucestershire bald der Liebling seiner Wirtsleute. Er kaufte sich ein Pferd, sie brachten ihm Reiten bei, er wiederum ging auf die Fuchsjagd. Er ließ sich auf eine Liebelei mit der Nichte des Ortsgeistlichen ein, aber er lernte auch einen jungen Franzosen kennen, der ebenfalls auf dem Hof logierte und ihm einen Besuch in Paris schmackhaft machte. Mit der Geschwindigkeit des pikaresken Helden, der schon nach dem nächsten Kapitel schielt, verließ Murry Gloucestershire, ohne sich bei den Bauersleuten oder der Pfarrersnichte zu verabschieden, und verbrachte seine nächsten Ferien als Privatlehrer eines jungen golfspielenden Aristokraten in den Borders in Schottland, um sich das Geld für eine Reise nach Frankreich zu verdienen. In einer Hinsicht war das ein großartiger Plan: Wenn es das System des Snobismus schon gab, dann war es besser, es sich zunutze zu machen, als sich von ihm zertreten zu lassen. Er fand die Annehmlichkeiten des Lebens auf einem Landsitz angemessen und gewann immer mehr Vertrauen in seine Fähigkeit, sein Leben selbst in die Hand zu nehmen.

Überdies langweilten ihn die altphilologischen Studien, und sein Interesse an neuen Sprachen und deren Literatur wuchs. Sein erster Aufenthalt in Paris im Winter 1910 (zu der Zeit wohnte Katherine in Chelsea) beendete jede Aussicht, Beamter zu werden. Anfangs verbrachte er seine Tage damit, Bergson zu lesen und die Stadt Bezirk für Bezirk gewissenhaft zu Fuß zu durchwandern, abends saß er dann in einem Café am Montparnasse. Schließlich wurde er von einem niedlichen Geschöpf verführt, das, kaum hatte es das Herz des unschuldigen Engländers gewonnen, seine nachlässige Tugend abwarf und eine strenge Moral an den Tag legte; sie wollte von ihm geheiratet werden.

Ihr Plan mißlang. Nach einigen Gewissensbissen verließ Murry sie, wiederum ohne ein Wort. Es war ein unfreundlicher, wenngleich verzeihlicher Akt des Selbstschutzes; er war nicht dazu gemacht, ein Puccinischer Held zu werden, und Paris hatte Zweckdienlicheres zu bieten. Ein Freund aus Oxford, Frederick Goodyear, der genügend Geld von seinem Vater hatte, um damit nach Lust und Laune zu leben, kam nach Paris; er hatte viele Freunde unter Malern und Schriftstellern, und er führte Murry in Gruppen ein, die von Aleister Crowley und seinen Schülern der Schwarzen Kunst bis zu der interessanteren Entourage von Picasso und Derain reichten. Er freundete sich mit »George« Banks an, einer energischen und exzentrischen Karikaturistin, die sich wie ein Mann kleidete, die Erinnerung an Wilde hochhielt und Murry ob seiner Unschuld aufzog; des weiteren auch mit einem leutseligen schottischen Künstler, John D. Fergusson, der sich als Fauvier bezeichnete und behauptete, die Kunst sei weniger eine Berufung, als vielmehr eine Seinsqualität. Eine gefährliche Doktrin für einen jungen Mann, der gerade selbst an der Schwelle stand, sich für einen Künstler zu halten, und um diese Zeit beschloß Murry denn auch, Dichter und Romancier zu werden. Das war ein großer Fehler, denn seine Begabung lag nicht in dieser Richtung, und auf Jahre hin verschwendete er Kraft und Papier auf schlechte Verse und matte Romane; er war entschlossen, das Erbe der englischen Romantiker anzutreten.

Als Herausgeber war er glaubhafter; jung wie er war, beeindruckte seine ernste Begeisterung, und er reagierte schnell auf geschmackliche Moden. Im Sommer 1911 wurde *Rhythm* mit Fergussons enthusiastischer Unterstützung ausgebrütet; das Geld kam von dem Vater eines anderen Künstlerfreundes aus

Oxford, Michael Sadler. Sie konzipierten das Blatt nicht als Studentenzeitung, sondern als etwas viel Ehrgeizigeres, mit dem Ziel, die französische und englische Avantgarde in Literatur und Kunst abzudecken, und dazu sollte es Exkurse in andere Sprachen geben; der Vertrieb sollte bis in so ferne Städte wie München, New York und Glasgow reichen. Von Beginn an war Fergusson ein guter Kunstredakteur; er lieferte eigene schöne Holzschnitte und Zeichnungen, führte die dekorative Arbeit seiner irisch-amerikanischen Freundin aus Philadelphia, Anne Estelle Rice, ein, und legte allem, was er in Auftrag gab, einen hohen Standard zugrunde. Fast alle Tafeln und Zeichnungen wirken heute noch ebenso gut wie damals, als sie ausgewählt wurden, von dem Picasso in der ersten Nummer bis hin zu den Derains, Ihlees, Peploes, Jessie Dismorrs, Orpens, Augustus Johns, Rothensteins und Gaudier-Brzeskas; und George Banks erwies sich als geistreiche Karikaturistin. Leider erreichte die Qualität der Artikel und Geschichten nur selten die der Kunstwerke. Das Format, das dicke Papier mit breitem Rand und großem Schrifttyp erscheint seltsam unangemessen für den Text, dagegen aber sehr passend für die Illustrationen.

In der ersten Nummer gab Murry sich als Schüler der Philosophen Bergson und Croce zu erkennen, indem er sein Vertrauen auf die Intuition und die »spirituelle Vision des Künstlers« verkündete. »Die Kunst ist jenseits allen Glaubens«, schrieb er, »denn sie ist der Glaube selbst. Sie ist in Irreligion geboren und in Amoralität aufgezogen.« Weiter gab es Stücke des unübersetzten Croce und Prosagedichte eines 25jährigen französischen Autors, mit dem Murry sich angefreundet und den er als zweiten Rimbaud hochgejubelt hatte; es war Francis Carco, *fantaisiste*, Dichter, Romancier des Paris der Unterschicht und Freund von Colette; er war einer der Ghostwriter ihres Ex-Mannes Willy gewesen. Später schrieb Carco im Wechsel mit Tristan Derème, einem anderen Dichter, die *Lettres de Paris*; der Plan schien gut, doch die Artikel waren es nicht, da Carco und Derème bessere Dichter als Journalisten waren.

Die englische Lyrik war zunächst durch Murry selber und Willy George vertreten. Murrys Produkte sahen etwa so aus:

Arme Toren! Wir scheiden. Ich bin nicht herzlos, doch
wag ich's nicht, dich zu sehn. Du muß dein Leben leben
Ich das meine, vergessen ...[1]

Später schrieb er unter anderem Einfluß, aber auch nicht besser:

Die schimmernden Füßchen der kleinen Sterne
Haben in meinem Haar getanzt heut nacht:
Sie machten heitre Musik an den goldnen Stäben
Rund um mein Herz heut nacht.

Heut nacht kam mein Liebster zu Berge,
Seine Füße ein leuchtendes Glühn;
Er schritt über die schwarzen Hänge und Borne
Mit Gliedern die nimmer ruhn.

Ungeachtet solcher Entgleisungen fand *Rhythm* Anerkennung, zumindest bei Künstlern und Journalisten; in der dritten Nummer erschien Orages ehemaliger Mitherausgeber Holbrook Jackson mit einer langen Polemik gegen den Reiz in der Kunst, später las man auch bessere Dichter darin – W. W. Gibson, Harold Monro, Walter de la Mare. Murrys Urteilsvermögen, bezüglich seiner eigenen Fähigkeiten wie auch der anderer, blieb schwach.

Seine Begegnung mit Katherine im Dezember 1911 an Georges Eßtisch, wo sie in einem grauen Kleid erschien und mit kühler Autorität über die Überlegenheit der deutschen über die englischen Übersetzungen aus dem Russischen redete, war ein bedeutungsvolles Ereignis in seinem Leben. Sie erfüllte alle seine Erwartungen und übertraf sie noch. Was ihn von Beginn an besonders beeindruckte, war, so schrieb er später, daß »sie irgendwie nicht zuvorderst eine Frau war«[2]. Er konnte ihr mit Genuß zuhören, ohne von ihrer Weiblichkeit abgelenkt zu sein. Sie erschien ihm als herrlich einfach und rein. Nach dem Bruch mit seinem Pariser Mädchen hatte er eine schlimme Zeit durch-

1 J. M. M., »Life« (»Leben«), *Rhythm*, Sommer 1911.
2 J. M. M. *Between Two Worlds*, S. 194.

gemacht. Mit einer mannhaften Geste, die ihm die Reue nehmen sollte, hatte er einen Freund aus Oxford überredet, ihn in ein Bordell mitzunehmen. Das Erlebnis war an sich schon abscheulich gewesen, und dazu hatte er sich auch noch einen Tripper geholt; anders als Katherine hatte er ihn rasch diagnostizieren lassen und wurde davon geheilt. Doch diese Erfahrung hatte ihm Angst eingejagt. Katherines kühle Unabhängigkeit war für ihn erfrischend und auch sicher; er konnte sich in sie verlieben, ohne daß von ihm Initiativen oder Entscheidungen abverlangt wurden.

Nach ihrer ersten Begegnung schrieb er ihr sogleich und schlug ihr vor, etwas für *Rhythm* zu schreiben. Er schickte ihr einen Gedichtband von Crowley und bat sie um weitere Arbeiten. Sie schickte ihm ein paar von ihren Gedichten und schrieb ihm, Orage habe sie wegen ihrer freien Rhythmen abgelehnt[3]; das war vorerst alles. Er ging zurück nach Oxford, hatte aber jedes Interesse für seine dortige Arbeit verloren, obwohl er nach all den Jahren des Studiums und der Stipendien für den Sommer eigentlich als Einserkandidat betrachtet wurde. Katherine wahrte eine ziemliche Distanz zu ihrer Familie, die sich noch immer in London aufhielt, auch wenn sie sie im Januar bedrängte, den Schönheitssalon in der South Moulton Street zu unterstützen, wo Ida versuchte, etwas Geld damit zu verdienen, was euphemistisch »Wissenschaftliches Haarbürsten« hieß. Katherine kämpfte mit einer Erzählung und anscheinend auch wieder mit schlechter Gesundheit, was sie als Grund dafür nannte, daß sie im Februar wieder nach Genf reiste; vielleicht hatte sie dort einen ihr genehmen Arzt gefunden.

Nach ihrer Rückkehr ging sie zu Beatrice und Orage nach Sussex. Es war das letzte Mal, daß sie eine schöne Zeit zu dritt verbrachten. Orage fühlte sich bemüßigt, ihre Bereitwilligkeit, für *Rhythm* zu schreiben, als Verrat anzusehen, eine völlig übertriebene Haltung, da diese Zeitschrift mit ihrer kleinen Auflage und ihren ausschließlich künstlerischen Zielen nicht im entferntesten eine Konkurrenz für eine politische Wochenschrift war. Und überhaupt war es absurd, von ihr zu erwarten,

3 K. M., *Poems*, S. XIII.

ausschließlich für *New Age* zu schreiben, wenn sie vom Schreiben leben wollte; doch Orage und Beatrice waren beide übersensibel und streitsüchtig, und so herrschte Konfusion in der Chancery Lane. Auch mochten sie Kennedy, der darunter litt, daß Katherine seine Liebe abgewiesen hatte. Sobald sie in ihr eine Feindin erblickten, mußte sie mit ihrem Zorn rechnen, und im März ritten sie im *New Age* Attacken gegen *Rhythm*, wobei sie besonders ihre Gedichte – die Orage ja schon kannte – herausgriffen, ihnen »aufgeregtes Flügelschlagen« bescheinigten und andere Artikel als gewöhnlich oder dumm brandmarkten. Die Kritik war nicht unberechtigt, aber auch nicht unbedingt notwendig.

Inzwischen suchte Murry bei Katherine redaktionellen Rat. Als die Osterferien nahten, schrieb er ihr von seinen Eltern aus, klagte: »*je m'étouffe*«[4], sagte, er beabsichtige, sie mit einem Stapel Manuskripte zu besuchen, und trage sich mit dem Gedanken, sich einen Job in London zu suchen. Sie lud ihn zum Tee in Clovelly Mansions ein, servierte ihn in Schalen auf dem Fußboden und verstand seine Probleme. Er erzählte ihr, wie schuldig er sich fühle, seine Collegehoffnungen fahren zu lassen, aber wie unmöglich es ihm geworden sei, sein Studium weiterzutreiben. Dann lachten sie beide, und Katherine meinte, er solle doch Oxford aufgeben.

Da er genau dergleichen hören wollte, suchte Murry gehorsam seinen Tutor auf und teilte ihm mit, daß er nicht mehr in Oxford bleiben könne. Zwar mißbilligte sein Tutor dies, besaß aber die außergewöhnliche Freundlichkeit, ihm ein Empfehlungsschreiben für J. A. Spender mitzugeben, dem Herausgeber der *Westminster Gazette*, der ihm eine freie Mitarbeit zusagte und £ 5 Vorschuß mitgab – ein weiteres Beispiel für Murrys Fähigkeiten, andere für sich einzunehmen und zu beeindrukken. Natürlich war es absurd, Oxford wenige Monate vor dem Abschlußexamen aufzugeben, aber zweifellos erschien er, wie so oft in seinem späteren Leben, ehrlich und hilflos in den

4 J. M. M. an K. M., März 1912, *The Letters of John Middleton Murry to Katherine Mansfield*, hrsg. von C. A. Hankin, London (Constable) 1983, S. 17.

Fängen einer Vorstellung, die zu bekämpfen er zu schwach war. Murrys selbstgerechte Ehrlichkeit war immer absolut, und nie war er um Worte verlegen.

Sogleich eilte er mit der guten Nachricht zu Katherine, sagte ihr, daß er das ihr verdanke, und lud sie zum Essen mit ihm und Goodyear ein, der sich anschickte, in die Werbung zu gehen, und voller Neid und guter Ratschläge für Murry war. Beispielsweise müsse er um jeden Preis bei seinen Eltern ausziehen. Als alle dieser Meinung waren – Katherine und Goodyear fanden einander nett –, bot sie Murry unvermittelt das Musikzimmer in ihrer Wohnung für sieben Shilling und sechs Pence die Woche an. Etwas benommen nahm er das Angebot an und wurde beschieden, am kommenden Donnerstag einzuziehen. Dann fragte sie ihn noch, ob er Eier möge, und empfahl sich mit einem coolen *auf Wiedersehen*. Goodyear war nun noch neidischer.

Ida wurde gerufen, um Katherine dabei zu helfen, das Zimmer für diesen neuen männlichen Rivalen vorzubereiten. Auch steckte sie noch einen Fünfpfundschein diskret zwischen die Eier und andere Lebensmittel, die für Murry bereitgestellt wurden, und verabschiedete sich mit dem Gefühl des Ausgeschlossenseins, das von dem Angebot Katherines, ihr zum Trost ein Gedicht zu schreiben (es erschien später in *Rhythm*), nicht völlig vertrieben wurde.

Zu diesem Zeitpunkt war von Liebe noch nicht die Rede. »Mansfield« und »Murry« – so redeten sie einander zunächst an – wünschten sich vor dem Zubettgehen gute Nacht, wenn sie gerade einmal gleichzeitig da waren, und lebten ansonsten jeder für sich. Das war Anfang April, kurz nachdem die Beauchamps – Vater, Mutter, Chaddie, Jeanne und Leslie – wieder nach Neuseeland abgereist waren. Es gibt keinen Hinweis darauf, daß Katherine den Abschied als schmerzlich empfand. Seit 1909 hatte sie ihre Mutter »Jane« genannt (auch so ein Spitzname der Beauchamps), und beide Seiten machten sich nicht die Mühe, das, was sie an Briefen austauschten, aufzubewahren; auch änderte »Jane« ihr Testament zugunsten ihrer schwierigen Tochter nicht. Die beiden Frauen begegneten sich nie wieder, und Katherines spätere anerkennende Bemerkungen klingen angesichts ihrer kaum vorhandenen Bindung seltsam. Von nun an war es Ida, die Katherine die wahre mütterliche Zuwendung gab, die sie brauchte; stets war sie bereit, ihr zu Hilfe zu eilen, wie oft sie auch gekränkt wurde, und mit verzeihender Liebe und Geduld bedachte sie ihre Forderungen und kindlichen Wutausbrüche.

Murrys Versuch, Katherine seiner Familie vorzustellen, endete, wie nicht anders zu erwarten, in einer Katastrophe. Ihr einziger Besuch in der Nicosia Road in Wandsworth hatte zur Folge, daß Mutter und Tante vereint in Clovelly Mansions auftauchten, um ihn gewaltsam aus der Nähe dieser gefährlichen verheirateten Frau zu entfernen. Murry (der sich nach eigener Aussage krank fühlte) warf sie hinaus und sah sie erst wieder 1914.

Auch Katherine ließ sich nicht mehr behindern; ihr Interesse an Orton und Edna ließ rapide nach. Doch es gab noch weitere Komplikationen. Eine Zeitlang scheint sie versucht zu haben, Murrys Anwesenheit in der Wohnung vor einigen ihrer Freunde geheimzuhalten. Orages bissig-witzigen Beschreibungen dieser Manöver zufolge flüsterte Katherine an der Tür, hinterließ falsche Nachrichten, schickte Telegramme und baute brillante Lügengespinste auf, um ihn nur nicht wissen zu lassen, daß sie einen jungen Mann bei sich in der Wohnung hatte. Ein anderer neuer Freund, ein irischer Anwalt mit literarischen Neigungen namens Gordon Campbell, den sie über den unermüdlichen Willy George kennengelernt hatte, weiß auch von dem bizarren Erlebnis zu berichten, mehrere Stunden mit ihr auf ihrem Zimmer ins Gespräch vertieft zu sein, dabei anzunehmen, sie seien allein in der Wohnung, um dann zu hören, wie sie Murry hinter einer geschlossenen Tür hereinrief. Der Vorfall könnte direkt aus Orages Geschichte stammen, die er im *New Age* im Mai brachte: fünf Episoden anonym verfaßter privater Witze und einem bösartigen Porträt, in dem Katherine als »Moira Foisacre« auftauchte, eine junge Witwe mit kulturellen Ambitionen und einem komplizierten Privatleben. Mrs. Foisacre hatte ein Scheusal zum Mann und verfügt jetzt über eine Menge Freunde, »die Trümmer ihrer abgewrackten Vergangenheit«, die sie sorgsam in getrennten Schubfächern aufbewahrt.

Ihre gescheiten Erzählungen haben einen satirischen wie auch sentimentalen Zug, und ihre Bewunderer meinen, sie habe das Zeug zur Dramatikerin; doch, so der strenge Erzähler, »Promiskuität in Reflektion, Geschmack, Urteil, Charakter und Intelligenz ist ihre kennzeichnende und besondere Eigenschaft«.*

Mrs. Foisacre erfreut sich weitreichender literarischer Gespräche (Maeterlinck, Whitman und Wells kommen vor) und plant einen Sketch über Christliche Wissenschaftler. Ihren Besuchern bietet sie Tee an mit der Bemerkung: »Ist Tee am Nachmittag nicht wie ein Sonnett von Rossetti?« Ihre Wohnung ist mit moderner französischer Malerei ausstaffiert, mitten im Zimmer hat sie auf Matten einen Brunnen errichtet, zum Mobiliar gehören ein Klavier und Diwane. In dieser bekannt klingenden Umgebung hält sie anscheinend einen jungen Literaten verborgen.

Orage brachte seine »Geschichten nur für Männer« auch bei anderer Gelegenheit an den Mann; sie stehen für seinen allgemeinen Frauenhaß, hier aber handelte es sich um einen deutlichen und krassen persönlichen Angriff, der verletzen und auch unwiderlegbar sein sollte. Katherine erwiderte diesen Angriff nie, sei es aus Angst vor ihm oder weil sie die Wahrheit seiner Kritik teilweise akzeptierte; nie hat sie ihren Respekt vor ihm verloren.**

Einstweilen stieg Murry, für den sie makellos war, der keine kritischen Fragen stellte und bereit war, nahezu alles zu drukken, was sie ihm anbot, in ihrer Gunst. Schließlich war er auch Herausgeber und hatte eine bessere Ausbildung, auch wenn er davon redete, »so schrecklich draußen zu sein«[5], und wurde von anderen Intellektuellen mit Respekt behandelt. Die *West-*

5 J. M. M. an K. M., März 1912, *The Letters of J. M. M. to K. M.*, Hankin, S. 18.

* Dieses Urteil ähnelt auffallend dem Aldous Huxleys in dem Roman *Parallelen der Liebe*, der nach Katherines Tod entstand und in dem sie als Mary Thriplow karikiert wird.

** Diese Information stammt von Mrs. Barbara Barr (geborene Weekley), die dieses Gespräch mithörte. Orages Bild von Katherine schwankte; nach ihrem Tod sagte er zu Frieda Lawrence, sie sei die einzige Frau gewesen, die er wirklich geliebt habe.

minster Gazette gab ihm ernste deutsche Bücher zum Rezensieren und auch eine Bücherkolumne, so daß er jede Woche immer einen schönen Packen Bücher zum Verkaufen hatte. Das Leben in Clovelly Mansions war nicht allzu frugal. Die arme Ida dagegen berichtete, daß ihr zu jener Zeit nichts übrig blieb, als den Hafer von den Gesichtspackungen aus dem Schönheitssalon zu essen, in dem sie für zehn Shilling die Woche arbeitete.

Nun forderte Katherine Murry auf: »Mach mich zu deiner Mätresse«. Er lehnte ab, meinte, das würde alles verderben, und wollte seine Rolle als der kleine Junge im Haus nicht aufgeben. Katherine verbarg ihren zutiefst verletzten Stolz und hörte sich weiterhin seine Bekenntnisse aus seiner Vergangenheit an, seine Pariser Liebesaffäre und das daraus folgende Elend. Sie dagegen vertraute sich ihm nicht an, und Murry war das auch ganz recht. Entweder hatte er nicht den Nerv dazu, oder er zog es vor, ein von der Wirklichkeit unbeflecktes Bild von ihr zu bewahren.

Sie brauchte nicht lange, um seinen Widerstand zu brechen; schon bald nach ihrem ersten Vorstoß begannen sie, miteinander zu schlafen. In seiner Version blieb das Verhältnis eher kindlich; obwohl beide sexuelle Erfahrungen hatten, hielt sie sich mit den ihren gänzlich zurück, während die seinen kurz und hektisch gewesen waren. Später meinte er, er habe bis zu seiner *vierten* Ehe keine rechte sexuelle Erfüllung erlebt; da war er dann Mitte fünfzig und empfand es als eine Offenbarung. Auch Katherine beschrieb ihre Liebe später als eine »Kinderliebe«; es war immer eine traurige, unterschwellige Unzulänglichkeit ihrer Beziehung und trägt einiges zur Erklärung ihrer späteren gegenseitigen Unzufriedenheit bei. Einstweilen jedoch waren beide glücklich und geschäftig und hatten eine glänzende Zukunft vor sich. Wie Kinder ernährten sie sich vornehmlich von dem Junkfood jener Zeit: Fleischpasteten und die allerbilligsten Restaurants; Katherine hatte weder Zeit noch Lust zu kochen, auch wenn Murry versuchte, ihr beizubringen, wie man aus billigen Schweinsknochen Brühe macht und unter Hinzugabe von etwas Gemüse einen *pot-au-feu* zaubert.

Allmählich dachte sie über eine Scheidung nach und schrieb Bowden einen Brief, in dem sie ihn zu sich einlud, um die

Angelegenheit zu besprechen. Als er dann höflich, wie er war, kam, hatte er den Eindruck – so jedenfalls sagte er später –, daß sie sich in der Rolle der unabhängigen Literatin wie George Sand oder George Eliot, außerhalb der Beschränkungen der Konventionen, sehr wohl fühlte. Sie besprachen die Möglichkeit einer amerikanischen Scheidung, mußten dann aber erkennen, daß so etwas in England nicht anerkannt würde. Sie war jedenfalls nicht bereit, als die Schuldige geschieden zu werden, was ihren Namen unweigerlich in die Presse gebracht hätte.

Man kam zu keinem Ergebnis, dafür machten sie und Murry im Mai ein paar Tage »Flitterwochen« in Paris, wo sie sich in ihren Briefen an Garnet 1908 und Floryan 1909 so begeistert vorgestellt hatte, im Quartier Latin zu wohnen (und wo sie später Floryan und Ida bei verschiedenen Gelegenheiten versetzte). Jetzt aber führte Murry sie herum, und sie lernte seinen Pariser Korrespondenten Carco kennen, der sich erbot, ihr Französischunterricht zu geben; sie hatten eines gemein, denn er war auf Tahiti geboren (wenn auch von korsischen Eltern) und mimte gern eine Figur aus der Südsee, ebenso wie Katherine zuweilen als eine Maori aufgetreten war.

Nach ihrer Rückkehr nach London schlug Katherine ihrem Verleger (mit einiger Dreistigkeit, angesichts Granvilles Verbindung mit Orage) vor, er könne doch *Rhythm* unterstützen. Er willigte ein, die finanziellen Dinge mit dem Drucker zu regeln, und bot Murry und Katherine £ 10 im Monat als Herausgeber an. Anfangs schien das eine gute Vereinbarung zu sein. Murry hatte auch an Rupert Brooke in der Hoffnung auf ein Gedicht geschrieben, der wiederum führte sie bei Edward Marsh ein, dem Privatsekretär Winston Churchills und einem großen Gönner der Künste, der ebenfalls finanzielle Unterstützung versprach.

Nachdem die Dinge so gut liefen, ließ Murry sich von seinem alten Tutor dazu überreden, seine Abschlußprüfung in Oxford zu machen. Er nahm Katherine und Gordon Campbell, der inzwischen ein enger Freund geworden war, als Unterstützung mit, und alle wohnten sie außerhalb der Stadt in Boar's Hill, während Murry sich der Tortur unterzog. Immerhin erreichte er dabei eine befriedigende Note, was den Umständen entsprechend gut war. Katherine wurde zur Assistenzherausgeberin gemacht und lernte sodann Murrys gegenwärtiges literarisches Idol kennen. Das war Frank Harris, der als Mittfünfziger kaum etwas von dem Elan verloren hatte, der ihn in den neunziger Jahren zu einem guten Herausgeber des *Saturday Review* gemacht hatte; sein letzter Erfolg war eine Shakespeare-Biographie gewesen, und ihm ging der Ruf voraus, sich gegen die viktorianische Prüderie gewandt zu haben, was die jungen Leute natürlich für ihn einnahm. Katherine schrieb ihm einen hanebüchenen schmeichlerischen Brief, in dem sie ihn als ihren »Helden und Meister – immer« bezeichnete und sich darüber begeisterte, wie er

> »dieses Kunst-Ding« bei weitem ernsthafter denn je für mich ›gemacht habe‹ – und ich dachte, es habe in den vergangenen Jahren fast alles für mich bedeutet – doch nun erkenne ich wohl zum ersten Mal, was es bedeuten könnte – und Sie zu kennen und zu hören – da bleibt mir nur Bescheidenheit. Seit ich Tiger liebe, reden wir von Ihnen.[6]

»Tiger« war natürlich Murry, das heißt, er und Katherine hatten den gemeinsamen Spitznamen die »zwei Tiger« von einem anderen neuen Freund erhalten, Gilbert Cannan, der auch für *Rhythm* schrieb. Unter sich nannten sich die Tiger Tig und Wig.

Hinter Wigs Schmeicheleien Harris gegenüber stand niemand anderes als Tig, der selbst gerade eine Eloge auf ihren Helden für *Rhythm* schrieb. Murry bezeichnete einen von Harris' Romanen als den größten in englischer Sprache, seine Kurzgeschichten als die größten, ihn selber als »einen Fürsten unter Menschen, einen Fürsten der Redner und Kritiker«, neben dem »Coleridge und Goethe nur eine halbe Vision hatten«.

Kaum war die Juli-Nummer mit diesem Tribut in den Buchhandlungen, als Murrys Begeisterung einen Dämpfer erhielt. Harris hatte seinem Jünger Stendhal empfohlen, und als dieser Stendhal zu lesen begann, entdeckte er, daß Harris' Erzählung »Ein englischer Heiliger« in Wirklichkeit ein dreistes Plagiat

---

6 K.M. an Frank Harris, Sommer 1912, *Collected Letters*, Scott und O'Sullivan, Bd. I, S. 113.

von Stendhal war. »Ich behielt meine Entdeckung für mich«, schrieb Murry, »doch meine Haltung Harris gegenüber veränderte sich abrupt. Ich traute ihm nicht mehr.«[7] Murry ging die Sache so nach, daß er ablehnte, als Harris ihm freundlicherweise die Stelle eines Direktors für das neue Literaturmagazin *Hearth and Home* anbot, das er mit beträchtlichem finanziellem Aufwand aufzog. Für ihn war ein Plagiat eine unverzeihliche Sünde.

Murry setzt hinzu, daß er seine Entdeckung nicht nur für sich behielt, sondern diese ihn auch daran hinderte, für *Hearth and Home* zu schreiben. Er sagt nicht, ob er die Angelegenheit mit Katherine besprach, wobei es angesichts der Nähe ihrer persönlichen wie beruflichen Beziehung überraschen würde, wenn er es nicht getan hätte; immerhin stand ihr Name nun auch im Impressum von *Rhythm*. Allerdings erschien in der Novemberausgabe von *Hearth and Home* dann doch eine Erzählung von ihr. Wie hatte Murry ihr seinen Sinneswandel erklärt? Wenn er ihr von dem Plagiat erzählte, wie reagierte sie darauf? Interessante Fragen, auf die es keine Antwort gibt.

Vielleicht hätte sie sich mehr Gedanken bei der Sache gemacht, als sie Murry gegenüber sagen wollte, nicht zuletzt deshalb, weil ihr alter Freund Floryan sie inzwischen aufgespürt hatte; er erschien in London mit so viel Gepäck, daß es den Anschein hatte, als wolle er sich dort niederlassen. Wie immer sie insgeheim darüber dachte, sie überredete Murry, ihn etwas für *Rhythm* schreiben zu lassen, und so tauchte sein Name denn auch als »Polenkorrespondent« auf. Für die Septembernummer wurde eine ganzseitige Zeichnung des neuen Korrespondenten vorbereitet. Murry akzeptierte diesen Vorstoß so bereitwillig, wie er alle ihre Vorschläge entgegennahm; im August verschwand Sadlers Name (und damit auch die Unterstützung durch seinen Vater), dafür erschien ein Prosagedicht von Orton. Nach außen hin jedenfalls wählte Katherine eine freundlich-ironische Haltung gegenüber Floryan.

7 J. M. M., *Between Two Worlds*, S. 179.

Er war nicht der einzige Pole, der 1911 ihr Leben komplizierte. Murry lernte zu jener Zeit Henri Gaudier kennen, einen jungen französischen, äußerst vielversprechenden Künstler. Gaudiers Hauptinteresse war die Skulptur, aber er reichte bei *Rhythm* auch Zeichnungen ein. Einen Teil seiner Ausbildung hatte er in England erhalten, doch der Hauptgrund seines gegenwärtigen Aufenthalts dort war, den Militärdienst zu umgehen. Er war 21 Jahre alt und lebte mit Sophie Brzeska zusammen, einer Polin, die doppelt so alt war wie er. Die Beziehung war platonisch oder auch nicht – Gaudier machte da unterschiedliche Angaben, und überhaupt war er der Ansicht, daß die Lüge für einen Künstler unentbehrlich sei. Wie auch immer, das Paar war halb verhungert, sowohl in Bezug auf Essen als auch auf Freunde, und war beglückt, ein ähnlich künstlerisches und unkonventionelles Paar gefunden zu haben, das gute Gesellschaft abgab und auch eine mögliche Quelle des Gönnertums war.

Anfangs blühte die Freundschaft. Gaudier begann die Arbeit an einem Kopf von Murry. Er und Katherine sangen gern zusammen und führten begeisterte Gespräche, in denen sie planten, auf eine Insel im Pazifik zu gehen und dort zu leben. Doch als Sophie dazu kam, schwand Katherines Begeisterung. Zweifellos war Sophie eine neurotische und bedauernswerte Frau, deren Leben eine lange Liste von Kummer und schlechter Behandlung durch Eltern, Liebhaber und Arbeitgeber war. Sie hatte die Welt von einer schlimmen Erfahrung zur nächsten bereist, und von all dem erzählte sie Katherine nun des langen und breiten, darunter auch von einer Zeit intensiver lesbischer Beziehungen während eines Aufenthalts in New York. Das war zu diesem Zeitpunkt genau das falsche Thema für Katherine; sie erschauerte und zog sich auf die Wohlanständigkeit der Beauchamps zurück. Eine Einladung zum Tee, bei der sie ihren anderen polnischen Freund, vermutlich Floryan, kennenlernen sollte, wurde telegraphisch abgesagt, und Murry sagte sie, er solle Gaudier allein einladen. Später wurde auch er von Katherine einer peinlichen Befragung ausgesetzt, ob er homosexuell sei – worauf die Antwort möglicherweise ein teilweises Ja war –, und sie war auch verantwortlich für den Bruch Gaudiers mit Murry. Das traf Murry tief; auch für *Rhythm* war es traurig, denn Gaudiers Zeichnungen von Vögeln und Menschenköpfen gehörten zum Schönsten in dem Blatt.

Der andere neue Freund, der um diese Zeit auftauchte und sich als Verbündeter, Mitarbeiter und Helfer anbot, war Gilbert Cannan, blond, gutaussehend, pfeiferauchend, Hund bei Fuß, das Idealmodell des erfolgreichen jungen georgianischen Literaten. Mit 28 hatte er schon mehrere Romane veröffentlicht und übersetzte gerade nacheinander Romain Rollands zehnbändigen Romanzyklus *Jean Christophe*; einige seiner Stücke, die sich zumeist mit sozialen Problemen wie Alkoholismus befaßten, waren im West End aufgeführt worden, und in *Fanny's First Play* von Bernard Shaw war er sogar zur Zielscheibe der Satire geworden. Murry und Katherine erschien er als der Gipfel des Erfolgs. Ständig wurden ihm Vorträge und Rezensionen in überregionalen Zeitungen angeboten; er war Mitglied des Savage Club und wohnte im respektierlichen Kensington. Der Verleger Martin Secker zählte zu seinen engen Freunden, und sein 1912 erschienener Roman *Round the Corner*, in dem es um die Sexualität von Jugendlichen ging, wurde sogleich in vielen Leihbüchereien verboten und von Wells, Compton Mackenzie und Walpole enthusiastisch aufgenommen; er brachte ihm auch eine Einladung von Lady Ottoline Morrell und den Beginn einer intimen Freundschaft mit ihr ein.

Ungeachtet dieser verheißungsvollen Auspizien war Cannans Leben nicht ohne Probleme. Nachdem J. M. Barrie ihn in seiner Scheidungsverhandlung als Grund genannt hatte, fühlte er sich verpflichtet, Mary Barrie zu heiraten, die siebzehn Jahre älter war als er. Der Fall war durch die Presse gegangen, und obwohl viele ihre Sympathie mit Mary ausdrückten, gab es eine Menge Peinlichkeiten. Es lag auf der Hand, daß er dadurch Katherine und Murry näher kam, die anscheinend keine Gelegenheit ausließen, Bowden zu beschuldigen, sich gegen Katherines Scheidung zu sperren. In Wirklichkeit waren Katherine und Mary einander nicht sehr grün: Mary fand Katherine unaufrichtig, und Katherine beneidete Mary um ihr angenehmes Leben. An ihre Mutter schrieb sie in einer ihrer schönen doppeldeutigen Wendungen: »Mary Cannan ist eine reizende Frau; ich wünschte, du hättest sie kennengelernt. Ich bin sicher, ihr hättet euch blendend verstanden.«[8] Doch mit Gilbert war die Sache klar: er war beeindruckend, angenehm und hatte Verbindungen, die für *Rhythm* sehr nützlich sein sollten.*

Im Verlauf dieses betriebsamen Sommers brachte auch Gordon Campbell seine Verlobte aus Dublin, Beatrice Elvery, eine Malerin, die ihre Ausbildung am Slade erhalten hatte, nach London, wo sie das Haus genehmigen sollte, das er sich in der Selwood Terrace, einer Nebenstraße der Fulham Road, gekauft hatte. Er brachte sie zu Katherine und Murry in die Clovelly Mansions mit. Beatrice erinnert sich, daß die beiden passende marineblaue Seemannspullover trugen und wie sie alle auf dem Fußboden saßen und das Gespräch sich

> um Leute drehte, die miteinander ins Bett gingen, und andere Dinge, von denen ich noch nie zuvor in der Öffentlichkeit gehört hatte. Ich hatte das Gefühl, Katherine wollte mich schockieren und vergraulen. Sie war hart und schlau und feindselig.[9]

Ungeachtet dieses schlechten Anfangs wurden die beiden Paare gute Freunde. Gordon und Beatrice gingen nach Irland, um dort zu heiraten. Auch die Cannans hatten die Nase voll von London, und Katherine und Murry begannen, von einem Haus auf dem Land zu träumen. Praktisch sofort entdeckten sie ein kleines Haus in dem Dorf Runcton, das in der Salzmarsch zwischen Chichester und Selsey lag und einen Garten mit einer Mauer darum und Bäume aufwies. Katherine fand es bezaubernd, betrachtete es sogleich als ihr Hochzeitshäuschen und

8 K.M. an Mrs. Beauchamp, 15. Dezember 1914, *Collected Letters*, Scott und O'Sullivan, Bd. I, S. 144.

9 Glenavy, op. cit., S. 56.

* Auch wenn Cannan heute weitgehend in Vergessenheit geraten ist – er wurde schizophren und verbrachte sein Leben ab vierzig in einer Irrenanstalt –, so war er 1912 einer der vielversprechendsten jungen englischen Autoren, der unter anderem von Henry James hoch gelobt wurde, und eine zentrale Gestalt in der intellektuellen Szene. Er führte Murry und Katherine bei Secker ein und begründete auch ein »Garsington des armen Mannes« in den Chilterns; die gleichen Leute besuchten ihn und die Murrells, ebenso wie Ottoline und Gilbert sich gegenseitig besuchten. Cannan führte Mark Gertler und Lawrence bei ihr ein.

stellte sich vor, dort ein Kind zu bekommen. »Fürs erste mache ich mir nichts mehr aus Städten«, verkündete sie ihrer Cousine Sylvia.[10] Sie waren sich bei dem Haus so sicher, daß sie einen Mietvertrag über drei Jahre abschlossen, es von oben bis unten mit Möbeln auf Raten von Maples einrichteten, sich Kopfpapier drucken ließen und einen Hausdiener anstellten. Da es nach London eine beträchtliche Strecke war, behielten sie ihre Wohnung in der Gray's Inn Road; dennoch schienen sie sich ganz auf ein häusliches Leben auf dem Lande mit einem nützlichen *pied-à-terre*, wenn sie in der Stadt zu tun hatten, einzustellen. All das überstieg so sehr ihren finanziellen Rahmen, daß sich einem der Gedanke geradezu aufdrängt, daß sie einander in das Reich der Phantasie hochgejubelt hatten. Von Beginn an lief es denn auch schlecht.

Einige wenige willkommene Besucher kamen. Goodyear, der gleichzeitig mit Edward Marsh und Rupert Brooke eintraf, erfreute alle mit seiner Konversation und seinem Gesang, wenn sie auf den Marschen spazierengingen. Idas Besuch war kein Erfolg. Sie und Murry merkten, daß sie außer Katherine nichts gemein hatten, was nicht eben eine gute Basis für eine Freundschaft war. Ida fiel auf, daß der Hausdiener das Haus nicht sauber hielt, und bald fiel allen auf, daß er ein Trinker war; er war auch ein Dieb. Das war ein Problem. Ein weiteres war die Ankunft von Henri Gaudier, der die Hoffnung hatte, Sophie mitbringen zu können, und dann »zufällig hörte«, wie Katherine unverschämte Dinge über sie sagte, wie etwa, daß sie das Gefühl habe, ihr Leben auf dem Land würde durch ihren Besuch verdorben, wie sehr sie sie zwar bedauere, sie aber eben nicht leiden könne und sich am liebsten vor ihr zurückzöge, und so weiter.

Nach Gaudiers Version war er den halben Weg von London nach Runcton zu Fuß gegangen, weil er sich nicht die ganze Bahnfahrt leisten konnte, kam dann ausgepumpt an und hörte, wie Katherine das sagte, als sie gerade an einem Fenster Vorhänge aufhängte; er sei so empört gewesen, daß er sogleich

10 K. M. an Sylvia Payne, 11. September 1912, *Collected Letters*, Scott und O'Sullivan, Bd. I, S. 113.

wieder abgereist sei, ohne auch nur mit ihnen zu reden. Möglicherweise war Katherine unschuldiger, als es den Anschein hat; in jedem Fall kamen die Gaudier-Brzeskas nicht, um das Leben in dem Häuschen in Runcton zu zerstören, und er wurde ein eingeschworener Feind von Katherine und Murry. In seiner Wut zerschlug er sogar den Kopf, den er modelliert hatte.

Der nächste Besucher muß ihnen noch unwillkommener gewesen sein. Der Polenkorrespondent des Blattes, der anscheinend keine Neigungen zeigte, nach Polen zurückzukehren, stand auf einmal mit zwei dicken Koffern voller Bücher und Zeitschriften, ansonsten aber offensichtlich mittellos, vor der Tür. Aus dieser potentiell katastrophalen Situation wurden sie durch eine andere Katastrophe gerettet. Der Verlag von »Stephen Swift« war zusammengebrochen und Granville ins Ausland geflüchtet, nachdem er den Druckauftrag für *Rhythm* erhöht und £ 150 Schulden zurückgelassen hatte (er wurde später in Tanger verhaftet und wegen Betrugs und Bigamie vor Gericht gestellt).

Katherine und Murry eilten nach London, um zu versuchen, die Angelegenheit zu regeln, und ließen Floryan erst einmal als alleinigen Hausherrn in Runcton zurück. Die Druckerei wollte schon ihr Geld per Gericht eintreiben in der Überzeugung, daß Murry es leicht beschaffen könne; ein Anwalt, der ihnen zu einer Lösung verhelfen sollte, präsentierte jedoch nur eine weitere hohe Rechnung für seine vergeblichen Bemühungen. Schließlich versprach Katherine, ihre Zuwendungen direkt dem Drucker auszubezahlen. Sie und Murry waren entschlossen, *Rhythm* zu retten. Das bedeutete, einen anderen Verleger zu finden, was sich nicht als schwierig erwies; Martin Secker, der darauf bedacht war, eine Reihe neuer Autoren aufzubauen, zeigte sich nur zu bereit. Unterdessen schoß ihnen auch Edward Marsh mit seiner üblichen Großzügigkeit Geld vor und wollte sogar einen Redaktionsassistenten bezahlen. Das sollte Wilfred Gibson sein, dessen Gedichte von da an regelmäßig in *Rhythm* erschienen. Weitere einflußreiche Personen, darunter Wells, boten finanzielle Hilfe oder Texte an; in der Welt der Literatur sieht man nicht gern zu, wie eine kleine Zeitschrift auf Grund läuft.

Etwas Schönes müßte doch noch bleiben, nachdem der Traum vom Leben in der Salzmarschen zerstoben war. Katherine hatte die flüchtige Hoffnung, schwanger zu sein, mußte aber erkennen, daß auch das nur ein Teil des Traums gewesen war. Maples bekam die ganzen neuen Möbel wieder zurück. Sogar die Wohnung in der Gray's Road mußten sie aufgeben. Die beiden Tiger zogen stoisch in ein Zimmer in der Chancery Lane ein, in dem nur ein Feldbett, zwei Stühle und eine Kiste standen. Wenigstens war nun kein Platz mehr für Floryan. Als sie nach Runcton zu einem letzten Aufräumen kamen, gaben sie ihm etwas Geld und hofften inständig, er möge nun verschwinden. Das süße Leben auf dem Land hatte nur etwas über einen Monat gedauert.

Das erste Heft von *Rhythm*, das bei Secker erschien, enthielt einiges, was den Herausgebern von persönlicher Bedeutung war. Einmal war da Harold Monros »Overheard on a Salt Marsh«, eine traurige Erinnerung an die Marsch von Runcton, aber auch das beste Gedicht, das in der Zeitschrift erschien. Es wurde in zahlreiche Anthologien aufgenommen und von unzähligen Schulkindern auswendig gelernt. Von Gilbert Cannan kam ein Appell für eine Scheidungsreform, der sich recht merkwürdig zwischen den literarischen Beiträgen ausnahm, und ganz hinten stand die Rezension eines Romans, der schon einige Monate erhältlich war, *Auf verbotenen Wegen* von D. H. Lawrence. Die Rezension stammte mit ziemlicher Sicherheit von Goodyear, und sie wurde nicht annähernd der Neuartigkeit und Brillanz des Buchs gerecht, das eine ehebrecherische Liebesgeschichte beschreibt, die im Selbstmord endet. Lawrence hatte die Geschichte, die im wesentlichen wahr war, von einer Kollegin erzählt bekommen und mit ihrer Zustimmung einen Roman daraus gemacht. Der herablassende Ton des Rezensenten von *Rhythm*, der Lawrence mangelnde Objektivität und morbide Psychologie vorwarf, war völlig abwegig und schien ein schlechtes Omen für eine Beziehung zwischen Lawrence und der Zeitschrift zu sein. Dann aber schrieb Lawrence an seinen Freund und Berater vom Gardasee, Edward Garnett, und fragte ihn, »ob

Rhythm Sketche oder Erzählungen von mir annehmen würde«[11].

Der damals achtundzwanzigjährige Lawrence kam aus einer Bergarbeiterfamilie aus den Midlands; er war ein zierlicher junger Mann mit einem markanten, kühn geschnittenen Gesicht und anfälligen Lungen; in seiner Familie hatte es Tuberkulose gegeben. Er war Lehrerreferendar und Büroangestellter gewesen und hatte ein Stipendium erhalten, er hatte eine ungeheure Auffassungsgabe und war außerordentlich belesen in den englischen und französischen Klassikern. Während seines Studiums an der Universität Nottingham hatte er den nonkonformistischen Glauben seiner Vorfahren verworfen und die Ansicht vertreten, es solle in der Morallehre mehr »du sollst« und weniger »du sollst nicht« heißen. 1908 hatte er eine Lehrerstelle in Croydon bekommen, war aber da schon entschlossen, Schriftsteller zu werden. Hueffer und der *English Review* hatten ihm die ersten Ermutigungen gegeben, und Edward Garnett verlegte seine frühen Romane. Seine Herkunft unterschied sich völlig von der Katherines, dennoch teilte er mit ihr das Rebellische, die kühne Neugier, den Glauben an die eigene Stärke und die tiefe Freude an der Welt der Natur. Seiner ersten Geliebten, Jessie Chambers, hatte er gesagt, er müsse glücklich sein, um schreiben zu können, und: »Ich glaube, daß ein Mann alles, was er ist, in ein Buch steckt«[12].

Lawrence hatte seinen dritten und größten Roman beendet (den er in einem Brief »meinen Roman *Söhne und Liebhaber* – Autobiographie« nannte) und wartete nun auf seine Veröffentlichung im neuen Jahr, zusammen mit einem Gedichtband. Im vergangenen Frühjahr war er mit Frieda Weekley durchgebrannt; einen Mann und drei Kinder hatte sie zurückgelassen, und sie besuchten zunächst ihre Familie in Deutschland und zogen dann nach Süden, immer im Wechsel zwischen ekstatischer Seligkeit und Streit über ihr Elend, das sie wegen der

---

11 D. H. Lawrence an Edward Garnett, 19. Dezember 1912, *The Letters of D. H. Lawrence*, hrsg. von James T. Boulton, Cambridge University Press 1979, Bd. I, S. 489.

12 Jessie Chambers, *D. H. Lawrence: A Personal Record*, London (Jonathan Cape) 1935, S. 82.

Trennung von ihren Kindern empfand. Für Lawrence war das Leben auf dem Kontinent eine Offenbarung, und er hoffte, sich vom Schreiben ernähren zu können und nicht wieder an die Schule zurückzumüssen. Im Januar schickte Katherine ihm eine Nummer von *Rhythm* nach Italien und bat ihn, etwas dafür zu schreiben; er willigte ein.

Man plante eine literarische Beilage, in der Murry über Baudelaire und Cannan über Tschechow schreiben sollte, der in England gerade zur Kenntnis genommen wurde, nachdem *Der Kirschgarten* aufgeführt worden war, ein Stück, das den größten Teil des Publikums verwirrte, einige wenige Auserwählte aber in Entzücken versetzte. Man brauchte noch jemanden für den ersten Band von *Georgian Poetry*, eine Lyrikanthologie von Edward Marsh, dem Gönner von *Rhythm*. John Drinkwater lehnte ab (wahrscheinlich, weil er auch selber darin enthalten war), doch Lawrence (der auch drin war) nahm an und schickte eine rhapsodische »Rezension« ein, die die Herausgeber verblüfft haben muß, wenn sie eine nüchterne Bewertung der Meriten von Masefield, W. H. Davies, Walter de la Mare, Rupert Brooke, John Drinkwater und W. W. Gibson erwarteten:

> Das Leben gleicht einem Orangenbaum, unablässig in Blatt und Knospe, in Blüte und Frucht ... Was sind die georgianischen Dichter, fast alle, wenn nicht auflodernd in eine dichte Flamme des Seins? ... Wir glauben an die Liebe, die glücklich ist bis ans Ende, die voranschreitet wie das Leben selbst ... Wenn ich meine ganze, leidenschaftliche, geistige und körperliche Liebe der Frau gegenüber nehme, die wiederum mich liebt, dann diene ich so Gott. Und meine Freudenhymne und mein Freudenspiel ist meine Arbeit. Und all dies lese ich in der Anthologie georgianischer Lyrik.[13]

Manche der georgianischen Dichter müssen entsetzt darüber gewesen sein, solcherart charakterisiert zu werden; jedenfalls vermittelt der Artikel einen sehr deutlichen Eindruck von Lawrences Ideengebäude zu jener Zeit. Nie wieder war er so glücklich wie in jenen Monaten der neugefundenen Liebe mit Frieda und einem Vertrauen in seine Arbeit, das noch von Garnetts

---

13 *Rhythm*, März 1913.

Urteil gestärkt wurde. Als nächstes versprach Lawrence Katherine eine Erzählung gratis; einem weiteren Mitarbeiter vertraute er an, *Rhythm* sei »ein blödes Blatt, doch die Leute sind wohl recht nett«[14].

So nett die Herausgeber auch waren, sie gerieten zunehmend in Schwierigkeiten. Katherine schrieb fast für jede Nummer etwas, oft auch unter Pseudonym, doch zumeist waren es schwache und kränkliche Gedichte, gehaltlose Geschichten von kleinen Mädchen und ein recht gewundener Humor wie etwa in einer Theaterrezension, die als Dialog zwischen den »zwei Tigern« abgefaßt war. Das alles lag so weit unter dem Niveau dessen, was sie konnte und was sie schon im *New Age* unter Beweis gestellt hatte, daß man Murry entweder kritische Beschränktheit bescheinigen oder annehmen muß, daß er zu überwältigt von ihr war, um sein Urteilsvermögen bei ihr anzuwenden. Das erstere ist die wahrscheinlichere Diagnose, da er ähnlich miserable Prosagedichte, Geschichten und kritische Essays auch von anderen druckte, so Richard Curles holprigen Bericht über seine Liebe zu Conrad, die er aber nicht so recht erklären konnte, oder Arthur Crossthwaites bleierne Geschichten und, was am schlimmsten war, Murrys eigene Beiträge. Sie sind so schlecht, daß man sich fragt, wie *Rhythm* unter einem solchen Herausgeber überhaupt von jemandem unterstützt wurde. Sie reichen von seinen langen, bekenntnishaften Gedichten bis hin zu Erzählungen von atemberaubender Unfähigkeit. In einer spielt ein kleiner Junge (Dicky – der Name, den laut Murry Katherine und er ihrem Kind geben wollten, das aber dann nicht kam) mit dem kleinen Mädchen von nebenan, sie erkrankt und stirbt, er bleibt tragischerweise allein zurück. Das Bemerkenswerteste daran ist wohl, daß Dicky eine kleine blaue Lampe in seinem Spielzeughaus hat, die etwas ganz Besonderes ist; vielleicht ist das ein ferner Vorläufer der berühmten kleinen Lampe in Katherines Erzählung *Das Puppenhaus*.

Doch die Zeitschrift schleppte sich weiter. Im Dezember zogen Katherine und Murry in eine Wohnung mit Büro in der

---

14 D. H. Lawrence an Ernest Collings, 24. Februar 1913, *The Letters of D. H. Lawrence*, Boulton, Bd. I, S. 519.

Chancery Lane 57 und verbrachten Stunden damit, durch London zu ziehen und Anzeigenkunden zu werben, eine Pflicht, die Katherine erfolgreicher erledigte als Murry, da sie frecher und hartnäckiger war. Zwischen diesen Werbetouren und ihren Schreibversuchen mußten sie auch noch ihren Feinden aus dem Weg gehen. Orage wohnte nur ein paar Häuser weiter und machte spöttische Bemerkungen, während Gaudier immer massivere Drohbriefe schickte und Murry beschuldigte, ein Lügner und Dieb zu sein, weil er seine Zeichnungen unter Vorspiegelung falscher Tatsachen im *Rhythm* gebracht und ihm kein Honorar dafür bezahlt habe. Dann stand plötzlich wieder Floryan vor der Tür und wollte aufgenommen werden. Da tat Katherine kund, daß sie Herzbeschwerden habe, worauf Murry zustimmte, daß sie weggebracht werden müsse.

Glücklicherweise hatte Anne Rice aus Paris geschrieben und sie zu einer Weihnachtsfeier eingeladen. Die Cannans und die Campbells, die aus Irland wieder zurück waren, wollten unbedingt fahren, und irgendwie wurde auch genügend Geld zusammengekratzt, so daß alle dann gemeinsam losfuhren. Beatrice Campbell erinnert sich, wie fröhlich Katherine in Paris gewesen sei (ihr Herz arbeitete vermutlich wieder normal):

> Ich erinnere mich an ihre Ausgelassenheit, wie sie in ein Restaurant segelte und den breiten schwarzen Hut von ihrem Bubikopf nahm und zwischen die Männerhüte auf die Ablage legte. Ich erinnere mich an eine Gruppe Männer an einem Tisch, die sich die Zunge leckten und »Oh là là« sagten, und wie sie leise in sich hineinlachte und sehr zufrieden mit sich war ... Abends zogen wir von Café zu Café; anscheinend lief immer irgendein schreckliches psychologisches Drama ab, denn immer wieder mußten wir Leuten aus dem Weg gehen.[15]

Anne Rice hat auch das Bild einer sich inszenierenden Katherine gezeichnet, die in der Closerie des Lilas an mehreren Abenden in so unterschiedlichen Aufzügen erschien, daß sie beinahe wie Verkleidungen wirkten; einmal trug sie einen mit Kirschen bedeckten Hut, dann wieder einen Schleier und einen weißen

15 Glenavy, op. cit., S. 58.

Fez, einen Turban, dazu ein leuchtend rot bemalter Mund: eine kühne und selbstbewußte Katherine; eine Katherine, die einen an ihre Frauengestalt in *Der Pendelschlag* erinnert und die sich sagt: »Ich bin nicht zur Armut geschaffen – ich gedeihe nur zwischen richtig fidelen Leuten, zwischen Leuten, die niemals Sorgen haben.«

9
»Ich erinnere mich nur an Sonne und Fröhlichkeit«

Zurück nach England gekommen, stand ihr gleichwohl ein unerfreuliches, chaotisches und ruheloses Jahr 1913 bevor, ein Jahr, in dem alle ihre Vorhaben scheiterten und sie und Murry unproduktiv, krank und oft unglücklich waren. Zwar schrieb Katherine noch für *Rhythm*, doch scheint sie ihre Redaktionstätigkeit aufgegeben zu haben; in ihrem letzten Geschäftsbrief, im Februar, entschuldigte sie sich bei Edward Garnett, der dagegen gewesen war, daß Lawrence ihnen eine Erzählung gratis zugeschickt hatte. Sie schrieb ihm: »Ich habe Mr. Lawrence erklärt, daß wir nichts bezahlen«[1]; klugerweise hielten sie die Erzählung zurück, so daß sie mit der Veröffentlichung von *Söhne und Liebhaber* im Mai zusammenfiel.*

Lawrence war noch immer in Gargagno am Gardasee und arbeitete an einem neuen Roman, *Die Schwestern*. Er wollte Italien nur ungern verlassen, obwohl Frieda unbedingt nach England zurückwollte, um ihre Kinder wiederzusehen. Sollte *Söhne und Liebhaber* ein Mißerfolg werden, müßte Lawrence wieder unterrichten; auch wenn sie bereit waren, von praktisch nichts zu leben, so mußten sie doch essen. Dasselbe Problem stellte sich Katherine und Murry in London. Auch wenn sie ihren Mitarbeitern nichts bezahlten, trug *Rhythm* sich immer weniger; mit den Zuwendungen ihres Vaters mußten die Schulden bei der Druckerei abgetragen werden, Murry wie-

1 K. M. an Edward Garnett, Februar 1913, *Collected Letters*, Scott und O'Sullivan, Bd. I, S. 119.

* Die Erzählung, die Lawrence etliche Jahre zuvor in Croydon unter dem Titel *The Soiled Rose* geschrieben hatte, beschrieb den Besuch eines jungen, erfolgreichen Mannes bei seiner alten Geliebten, einer Bauerntochter, die inzwischen mit einem leidenschaftlichen Wildhüter verlobt war. Nach ihrem Erscheinen in *Rhythm* arbeitete er sie um und nannte sie *The Shades of Spring*.

derum steckte seine ganze Kraft in Rezensionen für die *Westminster*.

Auch wenn sie mittellos waren, kamen sie doch zu dem Schluß, daß ihr Gesundheitszustand eine Abreise aus London erforderlich machte, und als die Cannans, die gerade nach Cholesbury in den Chilterns zogen, ungefähr dreißig Meilen westlich von London, vorschlugen, sie sollten ein kleines Häuschen in ihrer Nähe mieten, willigten sie ein. Die Cannans wohnten im »Mill House«, einer umgebauten Windmühle; Gilbert stopfte seine riesige Büchersammlung hinein, Mary widmete sich ganz ihrer Leidenschaft für die Innenausstattung. Die Murrys zogen in eine kleine Doppelhaushälfte aus Backstein am Gemeindeanger namens »The Gables«; im Erdgeschoß war ein Badezimmer, das hinten angebaut war, es gab eine Toilette über den Hof und unzureichenden Heißwasservorrat. Hier sollte Katherine in der frischen Luft wohnen, während Murry an den Wochenenden kam. Die Campbells boten großzügigerweise an, die Hälfte der Miete zu tragen, und sollten dafür im Sommer das Haus mitbenutzen. Tatsächlich war Beatrice Campbell dann genau einmal dort und fand diesen Besuch »wenig erfolgreich«. Sie und Katherine schafften es, den Abfluß beim Spülen mit geronnenem Hammelfett zu verstopfen, und der Eigentümer wandte sich entschieden dagegen, daß Gordon und Murry einen Steinweg über den Garten zum Toilettenhäuschen anlegten, damit Katherine trockenen Fußes hingelangte. Cholesbury lag auf der Höhe und war als kalt und windig verschrien.

Die Cannans gaben ihr bestes, um Katherine bei Laune zu halten: sie nahmen sie mit zu Freunden aufs Land und brachten ihr als abendliche Vergnügung im Mill House Poker bei. Als Ida zu Besuch kam, mißbilligte sie die Atmosphäre, gewann aber zur Überraschung aller, auch ihrer eigenen, beim Poker große Summen. Sie brauchte etwas Aufmunterung, nachdem sie in ein möbliertes Zimmer ziehen mußte, da ihre Schwester sich entschlossen hatte, zu ihrem Vater nach Rhodesien zu ziehen; und noch immer lebte sie von dem Hungerlohn, den sie in dem Schönheitssalon verdiente.

Nicht einmal Cholesbury war immun gegen Floryan. Schon bald erschien er wieder, auf der Suche nach einigen Gegenständen, die er bei Katherine gelassen hatte. Ida wurde dazu auserkoren, sie ihm aus Katherines Kiste in der Chancery Lane zu übergeben. Dann tat Floryan etwas, das Murry veranlaßte, Katherine einen Brief zu schicken, »den Du aufbewahren mußt. Er ist der definitive Beweis, was für ein Lügner & Schuft Floryan ist und wie er uns überall in Schwierigkeiten bringt.«[2]

Murry sah sich anderen Schwierigkeiten gegenüber, als Gaudier nämlich im Mai in Begleitung von George Banks in sein Büro stürmte und darauf beharrte, er, Murry, habe ihm versprochen, die Arbeit zu bezahlen, die sie für *Rhythm* geleistet hatten, was dieser – vermutlich zu Recht – rundweg bestritt. Mit größerer Berechtigung forderten sie die Herausgabe ihrer Originale zurück, unter denen sich Banks Zeichnung von Katherine befand. Dann ohrfeigte Gaudier Murry, worauf dieser in Tränen ausbrach – immerhin verehrte er ihn noch immer als Genie. Nachdem sie gegangen waren, schrieb Murry Katherine sofort einen Brief, in dem er sie bat, Cannan zu veranlassen, Banks zu »vernichten«, »sonst bringe ich sie um«.[3] Sie zeigte sich äußerst empört darüber (»Geh nach Büroschluß nicht mehr an die Tür«[4]) und versprach, Cannan dazu zu bewegen. Auch schickte sie Banks' Zeichnung ohne weitere Umstände zurück.

In einem letzten verzweifelten Versuch, sich über Wasser zu halten, gaben sie *Rhythm* einen neuen Namen, *Blue Review*, und in dessen erster Nummer erschien dann auch Lawrences Erzählung. Vielleicht hatte dieser von dem Streit mit Gaudier gehört, denn er fragte einen Freund, ob er beabsichtige, »diesem Halunken, dem *Blue Review*« irgendwelche Zeichnungen zu geben. »›Halunke‹ ist natürlich halb liebevoll gemeint«, fügte er hinzu.[5]

Die ganzen Schwierigkeiten hatten Katherine und Murry

---

2 J. M. M. an K. M., 19. Mai 1913, *The Letters of J. M. M. an K. M.*, Hankin, S. 24.

3 Ibid., 12. Mai 1913, S. 23.

4 K. M. an Edward Garnett, 13. Mai 1913, *Collected Letters*, Scott und O'Sullivan, Bd. I, S. 122.

5 D. H. Lawrence an Ernest Collings, 13. Mai 1913, *The Letters of D. H. Lawrence*, Boulton, Bd. I, S. 548.

nicht lebenstüchtiger gemacht; Katherine hörte, daß Bowden ihnen die Scheidungsunterlagen zukommen lassen wollte, und beschloß plötzlich, sich nach einem Bauernhof umzusehen; doch Bowden reiste nach Amerika ab, ohne die Scheidung geregelt zu haben, und die Aussichten, auf einem Bauernhof zu leben, schwanden in dem Maße, wie sich die Schulden des *Blue Review* auftürmten.

Katherines Vetter Sydney Waterlow versuchte, ihnen zu helfen, und lud Murry zum Tee mit Leonard und Virginia Woolf ein, die vor wenigen Monaten geheiratet hatten und planten, ihren Lebensunterhalt mit Schreiben zu verdienen. Ihnen erschien Murry wie ein »Junge, der wie ein Mondkalb aussieht«, er wiederum berichtete Katherine: »Ich halte nicht sehr viel von ihnen. Sie gehören zu einem saft- und kraftlosen Schlag von Cambridge-Menschen«.[6] Dennoch schickte Leonard ihm eine Erzählung, die er in einem Antwortbrief lobte, aber da kam sie für den sterbenden *Blue Review* schon zu spät. Die dritte und letzte Nummer enthielt eine Erzählung von Katherine, mehr in ihrem *New Age*-Stil, die in einem türkischen Frauenbad in Genf spielt – eine heftige Attacke gegen angeblich ehrbare verheiratete Frauen, die insgeheim die Frauen beneiden, die sie nach außen hin verachten –, sowie eine schöne Besprechung von Thomas Manns *Tod in Venedig* (der deutschen Ausgabe) von Lawrence.

Er und Frieda gingen damit gleich nach ihrer Ankunft in London im Juni in die Redaktion in der Chancery Lane und waren verblüfft über den Anblick von Katherine, die gerade in der Stadt war und auf dem Boden neben einer Glaskugel mit Goldfischen und mit entblößten Beinen saß. Beide Paare hatten eine hektische Zeit hinter sich, beide hatten sich weitgehend von ihrer Vergangenheit abgelöst, und beide brauchten nun Freunde und deren loyalen Rückhalt. Besonders Lawrence war ziemlich erschüttert, weil Garnett Vorbehalte gegenüber seinem neuen Roman hatte. Zwischen den beiden Paaren entstand sofort eine Anziehungskraft und Sympathie. »Die Liebe und dem Mann davonlaufen sind schrecklich kitzlige Dinge«, schrieb

6 J.M.M. an K.M., *The Letters of J. M. M. an K. M.*, Hankin, S. 21.

Lawrence an Constance Garnett in einer Beschreibung von Katherine und Murry.[7] Von Beginn an fühlten sich die vier zueinander hingezogen. Lawrence sah einen Kritiker und einflußreichen Verleger (wie er glaubte), Murry einen heldenhaften und produktiven Schriftsteller, Katherine sah eine tragische Mutter, die ihre Kinder aus Liebe verloren hatte, und Frieda mochte Katherines Humor und Schönheit, die ihrer eigenen entsprach. Beide Männer bewunderten beide Frauen – Katherine, witzig und dunkel und exquisit, Frieda mit ihrer blonden Mähne wie eine große, kühne Löwin. »Ich erinnere mich nur an Sonnen und Fröhlichkeit«, schrieb Murry über das erste Treffen,

> nur ein lebhaftes Bild bleibt, wie wir mit dem jeweils anderen Partner auf den beiden Seiten eines Omnisbusses saßen, als wir irgendwohin zum Essen nach Soho fuhren. Lawrence war schlank bis zur Knabenhaftigkeit; er trug einen großen Strohhut, der ihm sehr gut stand. Mrs. Lawrence einen großen Panamahut auf ihrem flachsenen Haar. Strohhüte, Sonnenschein und Fröhlichkeit.[8]

Die neu gepflanzte Freundschaft blühte sofort auf. Frieda vertraute Katherine ihr Leid darüber an, daß sie von ihrem Sohn und ihren Töchtern getrennt war; ihr Vater, Professor Ernest Weekley, verweigerte ihr die Erlaubnis, sie zu sehen. Sogleich erbot Katherine sich, ihr nach besten Kräften zu helfen und ihnen auf dem Nachhauseweg von der Schule Nachrichten zuzustecken. Das war eine nette Geste, und man sieht auch sofort, daß dies ganz ihrem Sinn für die seltsamen Seiten der menschlichen Natur entsprochen haben muß und sie es genoß, auf solch dramatische Weise gegen derartige bürgerliche Moralvorstellungen anzugehen.

Von Beginn an nannte Lawrence Katherine und Murry »die Murrys«, ebenso, wie er von Frieda als »Mrs. Lawrence« sprach, obwohl sie von Weekley noch nicht geschieden war. Frieda und Katherine widersetzten sich den herrschenden Konventionen viel mehr als Lawrence und Murry, und der Zug

---

7 D. H. Lawrence an Constance Garnett, 10.? Juli 1913, *The Letters of D. H. Lawrence*, Boulton, Bd. II, S. 32.

8 J. M. M., *Reminiscences of D. H. Lawrence*, London (Jonathan Cape) 1933, S. 33.

sexueller Anarchie, der beide Frauen verband und die Männer anfangs angezogen hatte, brachte sie später aus der Fassung. Aber noch war alles eitel Sonnenschein. Die Lawrences mieteten sich eine Ferienwohnung in Broadstairs an der Küste von Kent und drängten die Murrys, doch übers Wochenende zum Reden, Schwimmen und anderen Freuden ans Meer zu kommen.

Doch bevor sie fahren konnten, waren die Schulden des *Blue Review* für Murry, Secker und auch alle anderen Geldgeber zu groß geworden, und das Blatt wurde eingestellt. Katherine war ruhelos geworden und haßte ihre häusliche Rolle in The Gables, und sie verließ Cholesbury ohne Bedauern. Sie zog mit Murry in eine Wohnung in den Chaucer Mansions, Queen's Club Gardens in West Kensington. Ida holte ihre Möbel vom Speicher, um sie ihnen zu leihen, Murry beanspruchte das Wohnzimmer als sein Arbeitszimmer, während Katherine für ihre Arbeit nur die Wohnküche blieb. Von dort fuhren sie am letzten Juliwochenende nach Broadstairs; Gordon Campbell kam mit, da Beatrice nach Irland gefahren war, um dort ihr erstes Kind zur Welt zu bringen.

Abends, wenn der Strand verlassen war, ging die ganze Gesellschaft nackt im Dämmerlicht schwimmen und tat sich anschließend an Beefsteak und Tomaten gütlich. Gordon war von den Lawrences stark eingenommen und lud sie ein, jederzeit zu ihm nach Selwood Terrace zu kommen. Lawrence gab ihnen für die Rückfahrt nach London ein Exemplar seiner *Söhne und Liebhaber* mit. Katherine und Murry sahen sofort, daß es sich um einen großen und kraftvollen Roman handelte. Katherine war so stark beeindruckt, daß sie schon wenige Tage später, am 2. August, den kompletten Entwurf eines eigenen, 35 Kapitel starken autobiographischen Romans niederschrieb und daran zu arbeiten begann.[9]

Der Entwurf, der acht Seiten umfaßt und in dem jedes Kapitel skizziert ist, wie auch die beiden fragmentarischen Kapitel, die sie im weiteren Verlauf des Jahres schrieb, sind von be-

---

9 K. M.s MS von *Maata*, transkribiert von Margaret Scott und veröffentlicht in *Turnbull Library Record*, Mai 1979.

trächtlichem Interesse, nicht nur, weil sie für den Roman stehen, den Katherine Mansfield nie schrieb, sondern auch wegen der Art, in der die weibliche Hauptfigur, die offensichtlich auf ihr selbst basiert, obwohl sie nach ihrer alten Freundin »Maata« heißt, wie auch eine weitere Figur gezeichnet ist, die ebenso offensichtlich an Ida, hier »Rhoda Bendall«, angelehnt ist. Maata erscheint in einem schroffen, unsympathischen Licht als junge Frau von großer Schönheit, die Ambitionen hat, Sängerin zu werden. Sie manipuliert ihre verschiedenen Freunde und Bewunderer und benutzt die Verehrung, die ihr entgegengebracht wird, für ihre eigenen Ziele. Ihren luxuriösen Geschmack rechtfertigt sie mit einem trotzigen »Ich brauche diese Dinge. Sie helfen mir. Ich kann nicht singen, wenn ich schlampig und arm bin«. Auch leidet sie unter heftigen Stimmungsschwankungen; einmal ist sie freundlich und fröhlich mit ihren Freunden, dann wieder zieht sie sich tagelang in tiefste Depressionen zurück – ein Zug, der deutlich Katherines eigenem Wesen entnommen ist.

Rhoda, der sie das erste Kapitel widmet und die in der Geschichte eine große Rolle spielt, wird als krankhaft aufopferungsvoll und masochistisch in ihrer Hingabe an Maata beschrieben. Rhoda stellt eine Schale mit Räucherstaub vor ein Bild von Maata und redet mit der Fotografie wie mit einem Schrein. Grotesk bescheiden und unterwürfig, wie sie ist, läßt sie sich auf jede Laune Maatas ein, träumt von der Berührung ihrer Lippen, gibt ihr ganzes Geld für Blumen aus, bezahlt ihr den Musikunterricht und sogar einen Pelzmantel und erwartet nichts weiter von ihr als die Lust, sie weiterhin als ihr Idol bedienen zu dürfen. All diese romantischen, ja, neurotischen Exzesse werden ohne eine Spur von Humor dargeboten. Katherine scheint hier den Versuch zu unternehmen, eine gänzlich ernsthafte Darstellung obsessiver Liebe zu geben. Ob Ida diese Version ihrer selbst als der Wahrheit entsprechend akzeptiert hätte, wissen wir nicht. In hohem Alter jedenfalls gab sie sich große Mühe, den Eindruck zu verwischen, sie sei masochistisch gewesen.

Die Handlung ist teilweise melodramatisch, aber nicht immer mehr als die Episoden in Katherines Leben, auf die sie sich wohl bezieht. Die Hauptfigur wird nicht schwanger, aber sie geht eine lieblose und unvollzogene Ehe mit einem gutsituierten Ästheten ein, den sie kaum kennt, und verläßt ihn wieder. Beauchamps kommen in der Geschichte überhaupt nicht vor, die beherrschende Familie sind die »Closes«, die deutlich den Trowells nachgebildet sind; sie reden einen heiteren Edwardischen Slang und machen viel Musik, sind dabei aber auch, verglichen mit der exquisiten Maata, bedrückend gewöhnlich. Ihr Verhältnis zu ihnen scheint viel Ähnlichkeit mit dem Katherines zu den Trowells zu haben, auch wenn im Entwurf Maatas Liebhaber Philip Close Selbstmord begeht.

Näher skizziert wurden nur die beiden ersten, sehr kurzen Kapitel. Das erste dreht sich ausschließlich um Rhoda, das zweite erzählt, wie Maata nach zweijähriger Abwesenheit auf einem Londoner Bahnhof eintrifft und dort von Philip Close, dessen kleiner Schwester und Rhoda abgeholt wird; Maata hatte an beide ein Telegramm geschickt, und nun wetteifern sie um ihre Gesellschaft. Sie fährt dann mit Rhoda in einer Kutsche zu dem Zimmer, das diese ihr besorgt hat, verspricht aber, den Abend bei den Closes zu verbringen – und damit endet es auch schon.

Es handelt sich hier nicht um ein verlorenes Meisterwerk, eher um eine beträchtliche Kuriosität. Es ist anders als alles, was von Katherines Werk erhalten ist. Die ganze Synopse hindurch erscheint Maata als mächtig und dominant in ihren Beziehungen mit den anderen Figuren; selbst wenn sie leidet, verhält sie sich nicht als Opfer, sondern mehr wie eine Nietzschesche Gestalt, die sich ihr eigenes Schicksal wählt, ohne Rücksicht auf Moral oder Freundlichkeit. Auch rechtfertigt sie ihr Verhalten mit dem Hinweis auf die Anforderungen ihrer Kunst, was ganz mit den Ansichten über die göttlichen Rechte des Künstlers in den Leitartikeln von *Rhythm* zusammenfällt, die sie und Murry sich 1912 ausgedacht hatten.

Es besteht kein Zweifel, daß sie die Lektüre von *Söhne und Liebhaber* dazu inspiriert hat, einen eigenen Bildungsroman zu entwerfen, in dem eine autobiographische Zentralfigur in verschiedenen Freund- und Liebschaften, wovon einige morbid und selbstzerstörerisch sind (dennoch findet sich hier kein ödipaler Konflikt), formenden Erlebnissen ausgesetzt ist. An einigen wenigen Stellen meint man, die Handschrift von Lawrence zu erkennen, so etwa, wenn Maatas Haut, als sie sich auszieht, »wie gelbe Rosen lodert«, oder wenn Rhoda sich morgens aus dem Schlafzimmerfenster lehnt: »›Ah-h‹, atmete sie in einer Woge der Ekstase. ›Ich bin getauft. Ich bin für einen neuen Tag getauft‹«. Etwas derartiges liest man nirgends sonst bei ihr.

Warum hat sie nicht daran weitergearbeitet? Vielleicht erkannte sie schnell, daß ihre Begabung nicht für ein langes Buch geschaffen war; als Schriftstellerin mangelte es ihr immer an Stehvermögen. Vielleicht erwies sich die Umgebung, die Londoner Bohème mit ihren Vergnügungen und Fährnissen, doch als zu seicht; als sie dann tatsächlich über ihre Vergangenheit schrieb, ging sie zurück zu ihren Ursprüngen, wie Lawrence es auch getan hatte. Nichts deutet darauf hin, daß *Maata* ein sehr gutes Buch geworden wäre, aber ein faszinierendes wäre es geworden. Ein kurzes erstes Kapitel beendete sie zwei Wochen früher als geplant, im November kam ein zweites hinzu, dann nichts weiter. In derselben Zeit schrieb sie eine hervorragende Erzählung aus Neuseeland namens *Old Tar* und sprach davon, mehr dergleichen zu produzieren.* Aber auch daraus wurde nichts. Irgendwie war der Wurm drin, und es wurde immer schlimmer, und ein Teil der Schwierigkeiten bestand in ihrer wachsenden Unzufriedenheit mit Murry.

Im August reisten die Lawrences aus England ab, gingen zunächst nach Bayern und drängten ihre neuen Freunde, später in Italien zu ihnen zu stoßen. Stattdessen aber nahm Murry Katherine mit nach Irland, wo sie bei den Campbells in Howth Ferien am Meer machten. Sie war ruhelos und schlecht gelaunt; sie alle bummelten herum, fischten, badeten, segelten und ließen auf dem Kliff Drachen steigen, während Murry und Gordon versuchten, verzwickte metaphysische Probleme zu lösen. Murry bemerkte, daß Katherine etwas dagegen hatte, daß er seine Zeit auf diese Art mit seinen Freunden verbrachte. Er

* *Old Tar* wurde in der *Westminster Gazette* im Oktober 1913 gedruckt, erschien seitdem aber nur noch einmal, in dem von Ian Gordon edierten Band *Undiscovered Country*.

glaubte, sie mißtraue seinem, wie er es nannte, »intellektuellen Mystizismus«; eine schlichtere Diagnose wäre da wohl Eifersucht gewesen, da sie ihre Dominanz bedroht fühlte. Und wie so oft in einer solchen Situation, holte sie sich jemand anderes, um im Mittelpunkt zu stehen. Sie lud Ida ein, auch in Irland Urlaub zu machen. Es war eines ihrer berechnenden, bizarren Manöver, denn den gastfreundlichen Campbells, die Ida sehr gern noch ein Bett hergerichtet hätten, sagte sie, Ida »zöge es vor«, abseits von den andern zu wohnen, in einer eigenen Unterkunft. Katherine traf sich dann mit Ida auf den Felsen am anderen Ende der Bucht, wo sie mit ihr vertrauliche Gespräche führte, und brachte es fertig, daß zumindest Beatrice den Eindruck bekam, sie erzähle Ida, wie schrecklich sie es in Howth fand.

Als sie wieder in London waren, schrieb Murry, der nun verunsichert darüber war, daß Katherine unzufrieden mit ihm war, an Lawrence – der es sich in einem kleinen rosa Haus in der Bucht von La Spezia bequem gemacht hatte – und bat ihn um Rat, sowohl was seine Beziehung zu Katherine betraf, als auch seine eigene Zukunft. Murry hatte nicht vor, nach Italien zu reisen, aber irgendwo im Ausland wollte er schon leben; allerdings war er ständig in finanziellen Schwierigkeiten, während Lawrence die göttliche Gabe besaß, den Augenblick zu leben und darauf zu vertrauen, daß schon noch ein paar Pfund auftauchen würden, bevor er und Frieda verhungerten. Schließlich hatte Lawrence auch schon drei Romane veröffentlicht, dazu Gedichte und Erzählungen, und seine Arbeit war gesucht, während Murry aus den vergangenen Jahren nur vorzuweisen hatte: seinen akademischen Grad, etwas Erfahrung in der Leitung einer Zeitschrift, die eingegangen war, sowie eine Masse durchschnittlicher Bücherrezensionen, die ihm allmählich zum Hals heraushingen. Zwar hatte Secker inzwischen bei ihm ein Buch über Dostojewskij geordert, und er hatte auch das Angebot, an einer kleinen deutschen Universität zu unterrichten, doch sein großer Traum war es, in Paris zu leben, wo er sich zutraute, etwas auf dem literarischen Gebiet verdienen zu können. In seinem Brief an Lawrence führte er aus, daß Katherine »kleine Luxusdinge« bräuchte und daß er es müde sei, das entsprechende Geld heranzuschaffen. Lawrence antwortete ihm in einer langen und wunderbaren Tirade (wovon das folgende nur ein kleiner Ausschnitt ist):

> sie will nicht, daß Du Dich für sie opferst, Du Narr. Sei natürlicher und positiver, tu mehr, was Du selber willst. Du reichst Dich ihr auf dem Tablett, und sie wirft Dich den Katzen vor. Denn Du willst, daß alles gut wird – wenn Du krank bist und erschöpft, dann nimm ihr Geld bis auf den letzten Penny und laß sie die Hausarbeit selber machen. Dann weiß sie, daß Du sie liebst. Du kannst es ihr nicht verübeln, daß sie unzufrieden mit Dir ist. ... Eine unbefriedigte Frau muß Luxusdinge haben. Eine Frau aber, die einen Mann liebt, würde auf einem Brett schlafen. ... Stehe auf, Junge, und sei ein Mann. Der ist ein Mann, der zu nehmen wagt, der unabhängig ist, nicht der, der gibt. Ich glaube, Oxford hat Dir nicht gut getan ...[10]

Es bereitete Lawrence eine offensichtliche Befriedigung, von seiner Position der unerschütterlichen Autorität als der erwählte Gemahl einer älteren, erfahrenen Frau herab Ratschläge zu erteilen; und er hatte wohl auch unterschätzt, wie schwierig Katherine zuweilen sein konnte. Im Verlauf des Herbstes ging es ihr oft schlecht, dann versuchte sie sich als Komparsin, was ihr aber zu trostlos war, dann experimentierte sie, laut Ida, mit Haschisch, dann flüchtete sie sich in Idas Zimmer, um allein zu sein, dann gab sie sich den, wie die Campbells es nannten, »Dostojewskij-Nächten« hin, in denen sie bis spät in die Nacht tranken und Gefühlsausbrüche produzierten. An einem dieser Abende brach Katherine in Tränen aus und erklärte, sie sei eine »befleckte Frau«. Bei all seinem Gerede von künstlerischem Temperament kam Murry nie mit ihren Anfällen zurecht. In seinem Leidensbrief an Lawrence sehen wir etwas von dem heulenden kleinen Jungen; Lawrence verstand Katherine besser als er, und sein Rat war vermutlich auch gut, doch Murry war unfähig, ihn anzunehmen.

Was nun ihren zukünftigen Wohnsitz betraf, so einigten sich

---

10 D. H. Lawrence an J. M. M., 27. November 1913, *The Letters of D. H. Lawrence*, Boulton, Bd. II, S. 111.

Katherine und Murry auf Paris. Murry suchte den Herausgeber des *Times Literary Supplement*, Bruce Richmond, auf, der ihm versprach, er könne für ihn französische Bücher besprechen, und sie redeten sich ein, daß das Leben in Frankreich viel billiger als in England sei. Im Dezember borgten sie sich etwas Geld von Katherines Schwester Vera, die gerade in London war, bemächtigten sich Idas ganzen Mobiliars und verschickten es nach Paris; nach einigen Tagen im Hôtel de l'Univers zogen sie in eine Wohnung in der rue Tournon, die von den Jardins du Luxembourg zur Pont des Arts verläuft. Katherine prahlte ihrer Schwester Chaddie gegenüber, daß sie und Murry jetzt Französisch miteinander redeten und eine glückliche Zeit vor sich sähen:

> Das Wetter ist eisig, aber Paris sieht wunderschön aus. Alles ist weiß & jeden Morgen scheint die Sonne & scheint den ganzen Tag, bis sie dann in einem rosa Himmel verschwindet. Die Fontänen in ihren Eisbassins blubbern nur – und jetzt säumen die kleinen grünen Weihnachtsbuden die Straßen – Ich werde das Pariser Leben genießen, ich weiß es.[11]

Und Katherine genoß Paris; Murry dagegen bekam es fast sofort mit der Angst zu tun. Es widerte ihn an, in das Büro der *Times* zu gehen, um sich eine Referenz für den Makler zu holen, der die Wohnung vermietete. Er mußte erkennen, daß Carco, der ihm eifrige Aufwartungen machte, sowie andere französische Journalisten, denen er vorgestellt wurde, überzeugt waren, er könne sie beim *Times Literary Supplement* unterbringen, das sie unbedingt als eine Art offizielles Organ sehen wollten, dessen Botschafter Murry war. Sie boten ihm Artikel an, und er wußte nicht, wie er sie ablehnen sollte. Inzwischen war seine erste Geschichte (über Stendhal) von Richmond abgelehnt worden, und die sechs kritischen Artikel über den »gegenwärtigen Stand der englischen Literatur«, mit denen er sich für die *Westminster Gazette* plagte, traf das gleiche Schicksal. Schon bald geriet er in Panik über die Kluft zwischen seinen Einnahmen und ihren Ausgaben. Ein kurzer Blick auf

---

11 K. M. an Charlotte Perkins (geborene Beauchamp), 22. Dezember 1913, *Collected Letters*, Scott und O'Sullivan, Bd. I, S. 133.

Proust eines Abends in einem Café, »ein großer schlanker Mann in Schwarz mit einem kränklichen gelben Gesicht«, der Anblick von Charles Péguy, der gerade ein Bücherpaket in seinem Laden verschnürte – das war zwar aufregend, genügte aber nicht, um Murrys Verzweiflung zu überwinden. In England drohte ein Konkursverfahren, selbst der geduldige Edward Marsh fragte in einem Brief an, was denn nun mit den Schulden bei der Druckerei von *Rhythm* und dem *Blue Review* sei.

Londoner Freunde kamen zu Hilfe. Anfang Februar bot Spender Murry eine Stelle als Kunstkritiker für £ 5 die Woche an, und Gordon Campbell erbot sich, ihn bei sich aufzunehmen, solange er in London sei, um sich die Sache zu überlegen. Als er dann in London war, gab Gordon ihm nützliche Ratschläge bezüglich des bevorstehenden Bankrotts; Murry ging zu dem behördlichen Verwalter, erklärte ihm den Stand der Dinge und traf auf eine mitfühlende Bürokratie.

Es gab nun keinen ersichtlichen Grund mehr, nach Paris zurückzukehren, auch wenn Katherine schrieb, daß das Wetter herrlich frühlingshaft sei, und sie offensichtlich nicht darauf erpicht war, sofort abzureisen. Im Februar erschien Goodyear zu Besuch, und auch Carco war in der Nähe; zu jener Zeit begann sie wohl auch, Colette zu lesen, deren Romane über den Konflikt zwischen Liebe und Unabhängigkeit im Leben von Frauen, *La Vagabonde* und *Die Fessel*, 1910 und 1913 erschienen. Katherine hat beide mit Sicherheit gekannt (im November 1914 schrieb sich nach erneuter Lektüre von *Die Fessel*: »Alle, die ich kenne, können mir gestohlen bleiben, außer ihr« [d. i. Colette])[12]. Colettes Bühnenerfolge, ihre Bisexualität und ihre Bekanntheit mit der *demi-monde* hatten sie bestimmt beeindruckt, und ihre Vision hat vielleicht auch dazu beigetragen, daß Katherine ihr Herz an Frankreich verlor, wobei sie das nicht mit Murry teilte. Während er sich gegen Frankreich stellte, fühlte sie sich ihr ganzes Leben lang zu der Schönheit des französischen Himmels, der Städte und Landschaften hingezogen, zu dem »warmen aufregenden Leben« – eine Wendung, die sie später auch bei Carco benützte, als sie glaubte, in

12 *Journal*, 15. November 1914, S. 62.

ihn verliebt zu sein. Er war eine Enttäuschung für sie, doch Frankreich übte weiterhin eine mächtige Anziehungskraft auf sie aus, und bis an ihr Lebensende gab sie liebevolle Beschreibungen davon, wobei ihr Genußsinn ebenso ausgeprägt wie der Colettes war, wenn auch unsicherer.

Doch langsam wurde es Zeit, den Rückzug anzutreten. Murry kam, und Carco half ihm dabei, Idas Mobiliar zu verkaufen (die einzigen Käufer, die er finden konnte, waren Bordellbesitzer). Katherine gab Carco ein paar Souvenirs, »eine Eieruhr, die er *reizend* fand, und einige weitere kleine Sachen«[13], was Ida mit gemischten Gefühlen aufgenommen haben muß. Mit kaum mehr als ihren Büchern kehrten sie nach England zurück. Sogar der Mantel wurde Katherine von der Putzfrau zum Abschied gestohlen, und wie um die unheilschwangere Atmosphäre noch drückender zu machen, starb die Concierge, während sie auszogen.

Die folgenden vier Monate waren die trübseligsten, die Katherine und Murry bis dahin zusammen verbracht hatten. Sie mußten sich von Gordon Campbell Geld leihen, um eine geliehene möblierte Wohnung in Chelsea zu bezahlen, während Katherine nach billigen Zimmern suchte (zehn Shilling die Woche konnten sie sich ihrer Ansicht nach leisten); Murry bereitete sich auf seine neue Stelle als Kunstkritiker der *Westminster Gazette* vor. Ida stand Ende März wieder vor der Abreise nach Rhodesien, diesmal jedoch für immer, und am gleichen Tag hatte Murry sein Konkursverfahren. Katherine sorgte sich um das Geld und machte mit Ida lange Spaziergänge, die sie nostalgischerweise in die Straßen um das Queen's führten. Sie empfand ihre Freundin als bedrückend, wußte aber gleichzeitig, daß sie sie vermissen würde, und schrieb in ihr Tagebuch, daß sie sich der Ungewöhnlichkeit von Idas Hingabe und ihrer eigenen mangelnden Erwiderung bewußt sei, außer daß sie sich, als Ida sie abends zum Ausgehen ankleidete, »mit Kränzen behängt«[14]

---

13 K.M. an Ida Baker, 24. Februar 1914, *Collected Letters*, Scott und O'Sullivan, Bd. I, S. 138.

14 *Journal*, 26. März 1914, S. 56.

fühlte. Dann begann sie, von Neuseeland zu träumen, und sie spürte wieder Erinnerungsstiche. Bei einem Konzert mit Beatrice Campbell glaubte sie eine Ähnlichkeit des Geigers mit Garnett zu bemerken; die Krokusse im Battersea Park erinnerten sie an Bayern im Herbst. Sie machte sich Sorgen darüber, daß ihre Geschichten »hübsch-hübsch« würden, und das nicht ohne Grund, denn die einzige Erzählung, die aus dieser Periode erhalten ist, *Etwas Kindliches, aber sehr Natürliches*, ist auch eine ihrer flachsten. Sie wie Murry versuchten, etwas zu schaffen, das Geld einbrachte; er einen Roman, sie ein Stück, das sie dann zerriß.

Im April fand sie eine Wohnung im Edith Grove, Fulham, die gerade noch erträglich schien, trotz einer trostlosen Gemeinschaftstreppe; sie richteten sie mit einem Tisch, zwei Stühlen und einer Matratze auf dem Fußboden ein und schickten sich in ihr tristes Leben. Dann bekam Murry plötzlich Brustfellentzündung, und kaum war er wieder genesen, lag sie damit im Bett, dazu mit Herzrhythmusstörungen. Ein anständiger Arzt versorgte sie angesichts der Umstände unentgeltlich, und ein weiterer Freund brachte Murry das Angebot einer Stelle in der Kaiserlichen Bibliothek in St. Petersburg. Während sie noch darüber nachdachten – man ist versucht zu spekulieren, was geschehen wäre, hätten sie sich nach Rußland aufgemacht –, kamen die Lawrences aus Italien angereist, um zu heiraten. Sie wohnten bei den Campbells. Die Murrys warteten ungeduldig darauf, sie wiederzusehen. Es war Ende Juni 1914.

10
1914: »Andere Menschen, andere Dinge«

Katherine und Murry waren hoch erfreut über die Rückkehr von Lawrence und Frieda im Juni 1914, und während der folgenden zwei Jahre war Lawrence die dominierende Gestalt in beider Leben. Sie verbrachten viel Zeit zusammen, tauschten Freunde aus, planten Zeitschriften, begründeten Clubräume, trafen Vorkehrungen für Wohngemeinschaften, redeten, stritten, schimpften und klagten, sowohl einander direkt ins Gesicht wie auch hinter dem Rücken. Vermutlich erzählte Katherine während dieser Jahre Frieda und Lawrence Erlebnisse aus ihrer Jugendzeit in Neuseeland, die sie Murry nicht gesagt hatte und die, wie wir gesehen haben, Lawrence in *Der Regenbogen* verwendete; so hatte sie auch, ohne es zu wissen, teilweise für eine Figur in *Liebende Frauen* Modell gestanden. Obwohl ihre Zuneigung zueinander von Bosheiten, Mißverständnissen und ungutem Verhalten tief erschüttert wurde, litt sie in ihrer Substanz nicht und wurde noch vor beider Tod erneut bestätigt.

Zunächst noch spürte zumindest Murry einen schmerzlichen Kontrast zwischen ihren jeweiligen Umständen. Frieda war nun frei, um Lawrence zu heiraten, während Katherines Scheidung in weiter Ferne lag, da Bowden nach Amerika gegangen war, ohne daß es zu einer Lösung zwischen ihnen gekommen wäre. Lawrence hatte von Methuen ein Angebot über eine Vorauszahlung von £ 300 für seinen nächsten Roman, während Murry noch in aussichtslosem Kampf mit seinem ersten, *Still Life* (»Stilleben«, ein wahrlich passender Titel) lag und nahezu vollkommen auf Katherines Zuwendung angewiesen war, die ihr Vater in weiser Voraussicht auf £ 120 pro Jahr angehoben hatte. Beauchamp konnte Murry nie leiden; er betrachtete ihn als einen Schnorrer, denn er war der einzige seiner Schwiegersöhne, der kein gutes Gehalt bekam und seine Frau nicht anständig versorgte, wie es von einem Mann erwartet wurde. Katherine schrieb nichts und hatte eine Zeitlang versucht, als Schauspielerin unterzukommen, war aber auch damit gescheitert. In einer von Murrys Erinnerungen aus jener Zeit schreibt er von dem »verwunschenen und unwiederbringlichen Paradies vor dem Krieg«[1], notiert aber an anderer Stelle, wie Katherine in Klagen über ihr Elend ausbrach, als die Lawrences einmal in ihrer kärglichen Behausung im Edith Grove zum Essen waren. Nachdem die Gäste gegangen waren, stritten sie und Murry sich die halbe Nacht über diesen »Verrat«[2].

Am nächsten Tag beschlossen sie, sich etwas Besseres zu suchen, und fanden schließlich, ebenfalls in Chelsea, eine Wohnung, die ihnen gefiel; doch auch hier schlug das Schicksal zu. Die Zimmer waren mit Ungeziefer verseucht, und sie mußten heimlich einen wahren Feldzug mit Paraffin und Schwefel unternehmen, da es ihnen zu peinlich war, anderen davon zu erzählen. (Lawrence und Frieda hätten zweifellos gelacht und wären ihnen ganz praktisch zu Hilfe geeilt.) Katherine versuchte tapfer, die Sache von der komischen Seite zu sehen, und meinte, sie sollten sich vorstellen, sie seien Russen, die mit Ungeziefer wahrscheinlich besser zurechtkämen. Später behauptete Murry dann, Lawrence habe ihn eine blutsaugerische Wanze genannt; für den armen soliden Murry wog das schwerer, als Lawrence bewußt war.

Die beiden Frauen waren sich zu dieser Zeit besonders nah. Da Ida in Afrika war, hatte Katherine keine andere Freundin, der sie sich anvertrauen konnte. Nun, da Murry nicht mehr Herausgeber war, sondern nur ein schlecht bezahlter Kunstkritiker, der sich kaum über Wasser halten konnte, hatte ihr Leben mit ihm am Glanz verloren, und sein verlorengegangenes Selbstvertrauen war für beide nicht gut. Frieda wiederum durchlebte wegen ihrer Kinder eine qualvolle Zeit. Sie überlegte sich, ob sie ihre Mutter aus Deutschland holen sollte, um mit ihrer Hilfe die Kinder wenigstens sehen zu können. Einmal hatte sie sich ihnen auf der Straße genähert, worauf ihre Tante kreischte: »Lauft, Kinder, lauft!«, und sie mit ängstlichen Gesichtern gehorchten. Als Frieda ihren Mann darauf ansprach,

1 J. M. M., *Reminiscences of D. H. Lawrence*, S. 39.
2 J. M. M., *Between Two Worlds*, S. 284.

sagte er ihr, sie sei schlimmer als eine Prostituierte. Was immer man von Frieda halten mochte, dies war nicht gerade ein christliches Benehmen, und es war ganz natürlich, daß Katherine volles Verständnis für sie hatte.

Vielleicht auch um Friedas willen hielt sie sich den andern Freundinnen von Lawrence gegenüber eher bedeckt. Als sie einmal mit zweien von ihnen, Catherine Jackson (später Carswell) und Ivy Low, zu einem Picknick in Hampstead eingeladen waren und Katherine sah, wie sie voll Begeisterung, mit wehenden Röcken und unter großem Hallo den Berg hinab auf Lawrence zu rannten, machte sie sofort kehrt und eilte, den vergeblich protestierenden Murry im Schlepptau, zurück zur U-Bahnstation. »Das ertrage ich nicht«[3], grummelte sie dabei. Das war eigentlich schade, denn die beiden Frauen waren äußerst interessante und fähige Personen, doch die ganze Low-Mischpoke rief bei Katherine nur Spott hervor. Ivys Tante Edith war mit David Eder verheiratet, der seine theoretischen Abhandlungen im *New Age* aufgegeben und sich als einer der ersten britischen Psychoanalytiker niedergelassen hatte. Da *Söhne und Liebhaber* eine offensichtliche Studie des Ödipuskomplexes war, hatte Eder großes Interesse an Lawrence, und obwohl dieser nie die Freudsche Theorie akzeptierte, wurden die beiden Männer Freunde und führten viele ernste Gespräche über Sexualität. Katherine, die einmal Beatrice Campbell mit ihren losen Reden, wer mit wem ins Bett gestiegen war, schokkiert hatte, war zurückhaltender geworden; vielleicht fand sie das ganze Thema nach zwei Jahren mit Murry auch nicht mehr so witzig, so daß sie für die Freudianer nur bissige Bemerkungen übrig hatte.

Ihre Schnoddrigkeit hinderte Lawrence und Frieda nicht daran, sie und Murry zu ihrer Hochzeit am Morgen des 13. Juli im Standesamt von Kensington in der Marloes Road einzuladen. Ursprünglich hatte Lawrence Edward Marsh und einen alten Lehrerkollegen als Trauzeugen gebeten, doch beide konnten nicht kommen, worauf er auf seinen Gastgeber Campbell

3 Von diesem Vorfall gibt es mehrere Darstellungen, darunter eine von Murry und eine weitere von Ivy Litvinov in *Adam* (Nrn. 370-75, 1972).

und auf Murry zurückkam. Die Männer legten Anzug mit Weste an, Frieda hüllte sich in wallende Seide, Katherine trug ein düsteres Kleid und einen ihrer schwarzen Hüte, und alle zwängten sie sich am Montag morgen in ein Taxi. Unterwegs fiel ihnen plötzlich ein, daß Lawrence noch gar keinen Hochzeitsring gekauft hatte, worauf sie anhielten und Lawrence in ein Goldschmiedegeschäft hastete. In diesem Augenblick nahm Frieda ihren alten Unglücksring ab und gab ihn Katherine, die ihn von da an lieber als jeden anderen Ring trug.

»Ich fühle mich nicht verändert, aber wahrscheinlich bin ich es«,[4] schrieb Lawrence und traf Vorbereitungen, seine Schwester in Derbyshire zu besuchen; Frieda beschäftigte sich mittlerweile mit dem Problem ihrer Kinder. Lawrence ließ sich nur mit gemischten Gefühlen in London feiern. Murry geriet in Verzweiflung über Friedas völlige Gleichgültigkeit darüber, was ihr Mann bei gesellschaftlichen Anlässen trug (bei H. G. Wells mußte es ein Abendanzug sein, was ihm überhaupt nicht stand); für sie war er einfach ein großer Mann. Murry dagegen verspürte eine geradezu besitzergreifende Sorge um Lawrences Würde. An einem anderen Abend nahm Lawrence Murry und Katherine zu einem Diner in Soho mit, das David Garnett gab, um seine Bloomsbury-Freunde zueinander zu bringen – eine nette Geste, die so manches nach sich ziehen sollte.

Die Lawrences planten, im Oktober wieder auf den Kontinent zu fahren. Unterdessen ging er mit einigen Freunden nach Nordengland auf eine längere Wanderung, während Murry und Katherine eigene Urlaubspläne schmiedeten. Sie hörten von einem billigen Lehrerinnenhäuschen in St. Merryn bei Padstow in Cornwall und beschlossen, Ende August dorthin zu gehen. Doch dann, am vierten, kam zu aller Überraschung die Kriegserklärung.

Dies tat Lawrence in der Seele weh, nicht nur wegen seiner deutschen Frau und seinen Schwiegereltern, sondern auch, weil nun sein Schlupfloch ins Ausland verstopft war. So schnell er

4 D. H. Lawrence an Sallie Hopkins, 13. Juli 1914, *The Letters of D. H. Lawrence*, Boulton, Bd. II, S. 196.

konnte, kehrte er nach London zurück. Murry und Katherine waren fassungslos und wußten nicht, was sie nun glauben sollten.

> Wir trieben durch London, kauften Zeitungen, lasen sie in Teehäusern; am Abend wirbelten wir mit der Menge von einer Botschaft zur andern, gerieten in seltsame flüchtige Strudel von Massenemotionen und wurden wieder hinausgeschleudert. Wir waren verwirrt. Wir waren nicht für den Krieg, aber auch nicht dagegen. Um für oder gegen etwas zu sein, muß es Teil der eigenen Welt sein, und dieses war nicht die unsere.[5]

Beide waren sie bewegt vom Anblick der abmarschierenden Regimenter, als sie in der heißen, staubigen Nacht am Green Park standen, und am folgenden Tag eilte Murry, angespornt von einem alten Freund, nach Putney, um sich dort für eine Fahrradeinheit zu melden. Im Bus zurück nach Chelsea befielen ihn Zweifel, und als er zu Hause ankam und Katherine sagte, sie müsse allein nach Cornwall fahren, weigerte sie sich. Murry fand nun, er bräuchte eigentlich doch noch Urlaub, und als die Truppe überhaupt nichts davon hielt, ging er zu seinem Arzt, der so nett war, ihm ein Schreiben mitzugeben, auf dem stand: »Verdacht auf Tb«. Das brachte ihm sogleich wieder die Freiheit, worauf er sich so gut fühlte, daß er zum ersten Mal wieder seit der Prügelei in Clovelly Mansions seine Eltern besuchte. Er stritt sich mit seinem Vater über die Frage der deutschen Kriegsschuld, aber wenigstens hatten sie ihren privaten Waffenstillstand.

Eine Woche nach Ausbruch des Krieges lud Lawrence, der wieder in der Selwood Terrace wohnte, Katherine und Murry ins Café Royal ein, um ihnen einen neuen Freund vorzustellen, Koteliansky. Kot, wie seine Freunde ihn nannten – sein voller Name war Samuel Solomonovich Koteliansky –, war ukrainischer Jude, der 1911 mit einem Stipendium nach England gekommen war, um Jura zu studieren. Teils aus purer Liebe zu England, teils aus politischen Gründen war er geblieben und verdiente sich einen knappen Lebensunterhalt als Übersetzer.

5 J. M. M., *Between Two Worlds*, S. 295.

Ein Hindernis dabei war sein schwaches Englisch, doch mit der Zeit halfen ihm zahlreiche seiner Bewunderer (und Bewunderinnen; Katherine gehörte auch zu ihnen). Als ernster und leidenschaftlicher Mann, großzügig gegenüber seinen ausgewählten Freunden, fand er sogleich Gefallen an Lawrence, was absolut auf Gegenseitigkeit beruhte; in seiner Einladung bezeichnete er Murry und Katherine feierlich als »zwei kleine Freunde«[6]. Vielleicht war das ein ungenügender Anreiz, denn die Vorstellung wurde vertagt.

Die Murrys reisten also nach Cornwall ab, während die Lawrences in ein billiges Häuschen bei Chesham in Buckinghamshire zogen, das die Cannans, die immer gern Nachbarn hatten, für sie aufgetrieben hatten. Es hieß »The Triangle« und lag ein paar Meilen von Mill House entfernt. »Ich könnte nicht sagen, wir seien glücklich, Frieda und ich, weil wir es nicht sind«[7], schrieb Lawrence an Marsh. Der Krieg brachte für viele Probleme, persönlicher wie finanzieller Art. Ein Eintrag in Katherines spärlichem Journal zeigt, daß sie nicht glücklicher war, daß sie Murry mißtraute und wünschte, sie hätte einen andern Liebhaber, einen, der »mich pflegte, liebte, hielte und tröstete«.[8] Murry dagegen behauptet in seinen Erinnerungen, daß nach ihrer Abreise aus London nach Cornwall alles gut gewesen sei. Sie lebten billig von Sahne, Brombeermarmelade und Eiern und beschlossen, nach einem festeren Wohnsitz Ausschau zu halten. Ohne Glück durchstreiften sie die Gegend südlich von Fowey und dem Truro River, fuhren dann hinüber nach Kent und suchten weiter in Rye und der Romney Marsh. Während die Sonne schien und der Krieg an Heftigkeit zunahm (Frieda bestritt wütend Berichte von deutschen Greueln), erfreuten sie sich, Murry zufolge, einer der kurzen Perioden gemeinsamen Glücks, das stets mit gutem Wetter und der Abwesenheit von Rivalen oder hinterhältigen Vertrauten verbunden war.

Katherine fand die Zeit, einen patriotischen Brief an eine

6 D. H. Lawrence an S. S. Koteliansky, 11. Juli 1914, *The Letters of D. H. Lawrence*, Boulton, Bd. II, S. 207.

7 D. H. Lawrence an Edward Marsh, 25. August 1914, *The Letters of D. H. Lawrence*, Boulton, Bd. II, S. 212.

8 *Journal*, S. 61.

Freundin ihrer Mutter nach Wellington zu schreiben, in dem sie von mitleiderregenden Szenen berichtete, als belgische Flüchtlinge eintrafen: Waisenkinder mit Puppen oder Kätzchen auf dem Arm, eine »alte Dame von 93 Jahren, die meilenweit gelaufen war, um den Soldaten zu entkommen«[9]. Es war ein guter Text, und im November wurde er in der *Wellington Evening Post* abgedruckt. Katherine bemühte sich um eine Arbeit, »nicht weit von der Front«, wie sie ihrem Vater schrieb[10], und sagte, sie wolle Reporterin für einen Zeitungsverbund werden. Unterdessen hatte sich ihr Bruder Leslie freiwillig gemeldet und bereitete sich auf einen Einsatz in Europa vor; Veras Mann trat in ein kanadisches Regiment ein, Chaddies Mann war sowieso schon Offizier. Kein Wunder, daß die Beauchamps Murry verachteten und Katherine sich später genötigt fühlte, ihnen zu schreiben, wie sehr er sich darum bemüht habe, zur Truppe zu kommen.[11]

Auch in Kent fand sich kein Haus. Lawrence meinte nun, sie sollten vorerst bei ihnen wohnen und versuchen, etwas in der Nähe zu bekommen. Also kehrten sie in ihre alte Gegend zurück, es war um die Zeit von Katherines 26. Geburtstag, und richteten sich in »The Triangle« ein. Ihnen fiel auf, daß Lawrence sein gutes Aussehen vom Sommer verloren hatte; er wirkte dürr und kränklich und ließ sich einen Bart wachsen. Tag für Tag schwang Murry sich aufs Fahrrad, um nach einem zweiten Haus zu suchen, während Katherine sich mit den Lawrences unterhielt. »Sie vertraute mir. Ich war die Ältere, und sie erzählte mir viel aus ihrem Leben«, so Frieda.[12] Schließlich entdeckte Murry das »Rose Tree Cottage«; es lag ungefähr fünf Kilometer weiter querfeldein und sollte fünf Shilling die Woche kosten. Lawrence wollte ihnen unbedingt bei der Renovierung helfen. Murrys tranige Art, den Pinsel zu führen, ärgerte ihn;

9 K.M. an Harold Beauchamp, 15. Dezember 1914, *Collected Letters*, Scott und O'Sullivan, Bd. I, S. 142.

10 Ibid., S. 142.

11 K.M. an Vera Bell (geborene Beauchamp), 26. Februar 1916, *Collected Letters*, Scott und O'Sullivan, Bd. I, S. 246.

12 *Memoirs and Correspondence of Frieda Lawrence*, hrsg. von E.W. Tedlock, London (Heinemann) 1961, S. 64.

»nun mach schon!« zischte er ihn an und strich ihm seinen Teil in der Hälfte der Zeit.[13]

Nachdem die Murrys ausgezogen waren, aßen die beiden Paare weiterhin zweimal die Woche gemeinsam, wobei die Männer kochten. Frieda fand Katherine »fröhlich und prachtvoll und wunderbar«[14] und war verblüfft darüber, wie hart sie arbeitete, was in merklichem Gegensatz zu ihr selber stand. Katherine stehe immer um sieben Uhr auf und habe um zehn Uhr ihre Hausarbeit beendet, sagte sie, doch wie prachtvoll sie auch gewesen sein mag, daß sie es tun mußte, gefiel ihr gar nicht. Als ihr Vater ihr zu Weihnachten zusätzlich fünf Guineen schickte – die von dem onkelhaften Mr. Kay mit großer Geste hervorgezaubert wurden –, stellte sie sogleich eine Frau zum Putzen an und erzählte, daß sie es bei weitem vorzog, bequem in ihrem Wohnzimmer zu sitzen und zuzuhören, wie jemand anderes schrubbt. Das schrieb sie in einem überschwenglich liebevollen Brief an ihre Mutter, die krank gewesen war. Nach einer langen Zeit des Schweigens versuchte Katherine, wieder ein gutes Verhältnis herzustellen. Sie konnte es sich nicht verkneifen zu erwähnen, daß Frieda die Tochter eines Barons war, doch Ausführungen zu Lawrences Herkunft oder Arbeit behielt sie dann doch lieber für sich.

Irgendwann im November begegneten dann Katherine und Kot einander, wenn auch ganz anders, als Lawrence sich das vorgestellt hatte. Wieder einmal war es zu einem Streit über Friedas Elend wegen dem Verlust ihrer Kinder gekommen; Kot, der gerade in »The Triangle« zu Besuch war, stellte sich auf Lawrences Seite, worauf Frieda in Tränen aufgelöst zum »Rose Tree Cottage« rannte. Katherine, die ihre Rolle in diesem Drama zweifellos mit einiger Begeisterung spielte, machte sich sogleich in Gummistiefeln und mit geschürztem Rock – bei Regen überschwemmte der Ententeich den Weg – zu Lawrence auf, um ihm mitzuteilen, daß Frieda nicht die Absicht habe, wiederzukommen. Lawrence brüllte: »Ver-

13 J. M. M., *Reminiscences of D. H. Lawrence*, S. 40.
14 *Memoirs and Correspondence of Frieda Lawrence*, Tedlock, S. 425.

dammte Frau, sag ihr, ich will sie nie wieder sehen«[15], worauf Katherine auf dem Absatz kehrtmachte und in die Nacht verschwand. Das war ein guter Auftritt, und Kot war sogleich von ihr bezaubert.

Als er sie während der nächsten Wochen kennenlernte, machte er das ganz klar; er las ihr jeden Wunsch von den Augen ab und nötigte ihr Geschenke von einer Großzügigkeit auf, die in auffallendem Konstrast zu Murrys Knickerigkeit stand. Natürlich fand sie es wundervoll, einen Verehrer zu haben, und war auch durchaus bereit, mit ihm zu flirten. Sie hatte nie ernste Absichten, doch er wurde einer derjenigen, bei denen Katherine sich unbesorgt über Murry beklagen konnte. Zu unterschiedlichen Zeiten in ihrem Leben übertrug sie diese Rolle unterschiedlichen Freund(inn)en – Ida, Lawrence, Kot, Virginia Woolf –, ungeachtet des Geschlechts, und machte sie zum Teil eines privaten Spiels, in dem sie Murry anschwärzte, während sie ihn gleichzeitig ihrer Liebe versicherte. Nur ihrer Familie gegenüber lobte sie ihn immer. Auch wenn dies für einen willensstarken Menschen, der von seinem Liebhaber nicht abhängig sein wollte, eine Möglichkeit war, einen fundamentalen Konflikt auszutragen, waren ihre Freunde doch etwas verblüfft. Viele von Kots Freunden mißbilligten auch seine Liebe zu Katherine, da sie das Gefühl hatten, sie beute ihn aus. Er aber sagte nur, »sie konnte Dinge tun, die mir stark mißfielen, übertreiben und die Unwarheit sagen, doch die Art, wie sie das tat, war so wunderbar, so einzigartig, daß es mir überhaupt nichts ausmachte, was sie sagte, es war einfach wundervoll«[16]. Obwohl er mehr als einmal in ihrem Leben mit ihr zerstritten war, wollte er nach ihrem Tod kein schlechtes Wort über sie hören.

Kot wurde zu Weihnachten eingeladen, das die drei Paare auf dem Lande, trotz des Krieges (und der Abwesenheit von Friedas Kindern), so festlich wie möglich gestalten wollten; Lawrence versprach, »oben auf dem Speicher auf einem Primusko-

---

15 Leonard Woolf, *The Autobiography of Leonard Woolf*, London (Hogarth Press) 1964, Bd. III, S. 252.

16 S. S. Koteliansky an Sydney Waterlow, 31. Juni 1927, zitiert von John Carswell in *Lives and Letters*, London (Faber) 1978, S. 101.

cher«[17] Punch zu machen, was er dann auch mit verheerender Wirkung tat. Gordon Campbell wurde ebenfalls eingeladen, da Beatrice wieder in Irland war, und dazu Mark Gertler, ein Schützling der Cannans. Zwei Jahre zuvor war er von der Slade abgegangen und wurde schon als sehr vielversprechender Künstler gehandelt; er war ein lebhafter und attraktiver junger Mann mit dem exotischen Hintergrund einer jüdischen Familie aus dem East End, die aus Mitteleuropa gekommen war, und »dem Gesicht eines Lippo Lippi-Cherub«*, so Edward Marsh, der hoffte, zusätzlich zu seinem Gedichtband *Georgian Poetry* auch einen Band mit georgianischen Zeichnungen zu produzieren.[18] Am 23. 12. sollte bei den Lawrences gefeiert werden, am ersten Weihnachtsfeiertag bei den Cannans. Gertler beschrieb die Abende in einem Brief an Lytton Strachey so:

> Welch ein Spaß war das. Beide Male waren wir alle betrunken! Auf der zweiten Party wurde ich so betrunken, daß ich Katherine Mansfield mit heftigen Zärtlichkeiten bedachte! Sie war ebenfalls betrunken und erwiderte sie. Schließlich weinte ich bitterlich, weil ich die Frau eines anderen Mannes geküßt hatte, und alle versuchten, mich zu trösten.[19]

Der Vorfall ereignete sich während einer Scharade, die Kot vorgeschlagen hatte. Später erzählte Gertler seiner verehrten Freundin von der Slade, Carrington, daß keiner so recht gewußt habe, ob er das nun als Scherz oder als Skandal ansehen sollte, und daß die Lawrences aufgeregt und fasziniert gewesen seien. Gertler beschloß, Katherine zu mögen und sie näher kennenzulernen. In ihrem Journal schweigt sie sich darüber aus. In der Scharade erschien Murry als verlassener Liebhaber und Gertler als sein Rivale, und Katherine hatte sich, der Regie entsprechend, am Ende geweigert, sich mit Murry »wieder zu versöh-

---

17 D. H. Lawrence an Amy Lowell, 18. Dezember 1918, *The Letters of D. H. Lawrence*, Boulton, Bd. II, S. 244.

18 *The Selected Letters of Mark Gertler*, hrsg. von Noel Carrington, London (Hart-Davis) 1965, Einleitung, S. 34.

19 Ibid., S. 77.

* *A. d. Ü.:* Anspielung auf den florentinischen Maler Filippino Lippi ?1457-1504.

nen«. Tatsächlich hatte sie ihm schon echte Abschiedsgrüße in ihr Journal geschrieben: »Liebling, es war wunderschön. Wir werden es nie vergessen – nein, niemals. Lebe wohl! Wenn ich Dich einmal verlassen habe, werde ich Dir ferner sein, als Du Dir vorstellen kannst.«[20] An Silvester, das sie allein mit Murry und nüchtern verbrachte, ging sie hinaus in den frostigen Garten und spielte mit dem Gedanken, einfach für immer wegzugehen; und Idas »Geist ... fuhr mir durchs Herz, mit wehenden Haaren, sehr bleich, und dunklen, erschrockenen Augen«.[21]

Tags darauf fuhr sie nach London und suchte Kot in seinem Büro auf, dem verrauchten Russian Law Bureau in High Holborn mit den Roßhaarsitzmöbeln und den Bildern; eins davon zeigte Christus mit Kindern, ein anderes Kätzchen in einem Korb mit Stiefmütterchen, dessen Häßlichkeit ihr gefiel.

Den ganzen Januar hindurch waren sie und Lawrence ruhelos und fanden die winterlichen Unannehmlichkeiten des Lebens in einem Haus in den Chilterns für Seele und Gesundheit unerträglich. Er und Frieda stritten sich, wobei Murry zunehmend für Lawrence Partei ergriff und Frieda gegenüber immer feindseliger wurde; Lawrence träumte davon, mit einer Gruppe ausgesuchter Geister eine Inselgemeinschaft zu gründen. Nun fand Katherine sogar seine Gespräche über Sexualität erträglich: »Lawrence war nett, sehr nett, wie er da mit einem Stück Schnur in der Hand saß und über wahre Sexualität redete.«[22] Ein paarmal ließ sie Murry mit ihr schlafen, fieberte aber in Leidenschaft für Francis Carco, mit dem sie Liebesbriefe, Fotos und Haarlocken austauschte.

Sie und Murry planten offiziell für Ende Januar eine Party – Kot und Gertler, die gute Freunde geworden waren, freuten sich schon darauf –, doch gleichzeitig plante sie, eine Wohnung in London zu nehmen oder gar nach Frankreich zu reisen. Sie schrieb eine lange Erzählung, *Mutige Liebe*, über eine herzlose und faszinierende Frau, die von einem reichen Mann ausgehalten wird und einem unschuldigen russischen Matrosen, der mög-

20 *Journal*, 18. Dezember 1914, S. 63.
21 Ibid., 1. Januar 1915, S. 64.
22 Ibid., 10. Januar 1915, S. 67.

licherweise Gertler nachgebildet ist, das Herz bricht. Murry äußerte sich nicht weiter dazu, was verständlich ist, da die Erzählung künstlich und melodramatisch ist; sie war einer ihrer echten Fehlschläge, und er nahm sie nie in eine Sammlung auf.

Sie verbrachte ein paar Tage in London bei Anne Rice, die inzwischen mit dem Kunstkritiker Raymond Drey aus den Tagen von *Rhythm* verheiratet war, und als die Lawrences verkündeten, sie wollten nach Sussex ziehen, wo Viola Meynell ihnen ein Haus in Pulborough angeboten hatte, verblich der Reiz des »Rose Tree Cottage« noch mehr. Die Murrys sagten die Party ab und verbrachten die letzte Nacht der Lawrences bei diesen in »The Triangle«: »Sehr schmutzig – Zeitungen und vertrocknete Misteln«, kommentierte die penible Katherine und fügte hinzu: »Ich fand fast keinen Schlaf, aber es war trotzdem nett«.[23] Danach ging sie erneut nach London, suchte einen anderen Agenten auf (Curtis Brown; es gab keine Einigung) und gestattete Kot, sie zu verschiedenen Varietés auszuführen und ihr Schokolade, Zigaretten und Kleider zu kaufen.

Gleich nach ihrer Rückkehr sagte sie Murry erneut, sie wolle in Zukunft getrennt von ihm leben. Er ging nicht darauf ein, da ihn gerade eine andere emotionale Krise beschäftigte, ein eingebildeter Affront von Campbell. Einige Tage später drängte Carco sie in einem Brief, so bald wie möglich nach Frankreich zu kommen. Wieder eilte sie nach London, wo sie bei Mr. Kay unerwartet ihrem Bruder Leslie gegenüberstand. Er lud sie zum Essen ein, um zu hören, wie es ihr ging. Dabei tischte sie ihm, ohne rot zu werden, zwei Lügen auf: die eine war, daß sie Murry noch so liebte wie eh und je, die andere, daß er mit ihr nach Frankreich gehen würde, um eine Reportage zu schreiben. Leslie gab diese Neuigkeiten arglos an die Familie weiter und erfüllte sich dann den alten Wunsch, eine englische Universität zu besuchen. Er machte seine Offiziersausbildung am Balliol College, während seine Schwester allein nach Frankreich abreiste.

Murry war so verzweifelt, daß er krank wurde und sofort nach Pulborough eilte, wo Lawrence ihn dann liebevoll umsorgte.

23 Ibid., 20. Januar 1915, S. 70.

Murrys Abneigung gegen Frieda hatte sich nun verfestigt; Katherine dagegen schrieb ihr, kaum daß sie in der französischen Metropole angekommen war.

Um in die Kriegszone zu gelangen, wo ihr Möchtegernliebhaber war, mußte sie die französische Armeebürokratie austricksen. Heute erscheint uns das als eine groteske Tollkühnheit, aber es war genau die Art von Abenteuer, bei der sie aufblühte. Sie war sogar so weit gegangen, Beatrice Campbell um ein paar Umstandssachen zu bitten, damit sie eine Schwangere markieren konnte, doch Beatrice hatte sie davon abbringen können, und so verfiel sie auf die alte Idee der kranken Verwandten. Das Wetter war ungewöhnlich warm für die Jahreszeit, und trotz des bedrückenden Anblicks verwundeter Soldaten war sie begeistert, wieder in Frankreich zu sein, »ein so wunderschönes Land – überall Flüsse und Wälder und große Vögel, die in der Sonne traurig aussehen«.[24] Gray, wohin sie unterwegs war, lag an der Saône, etwas östlich von Dijon; Frauen durften das Gebiet nicht betreten, doch Carco fand nicht weniger Gefallen an dem Abenteuer als sie und hatte ihr ein Zimmer in einem Haus im Dorf besorgt, zu dem er sie führte; er selbst gab sich als Fremder aus. Im Journal beschreibt sie das Treffen voll Wärme und dennoch leidenschaftslos:

> Als wäre es das Natürlichste der Welt, entkleideten wir uns am Ofen. F. warf sich ins Bett. »Ist es kalt?« fragte ich. »Ah, nein, überhaupt nicht kalt. *Viens, ma bébé*. Hab' keine Angst. Die Wellen sind ganz klein.« Mit seinem lachenden Gesicht, seinen hübschen Haaren und dem Reif am Arm über der Bettdecke sah er wie ein Mädchen aus.
>
> Das Schwert, das große häßliche Schwert, doch nicht zwischen uns, lag auf einem Stuhl. Der Liebesakt geschah wie beiläufig, wir redeten so viel. Es war so warm und herrlich, wie wir zusammengerollt in des andern Armen lagen, im Schein der winzigen Lampe … nur die Uhr und das Feuer waren zu hören. Ein ganzes Leben ging in Gedanken vorüber. Andere Menschen, andere Dinge. Wir aber lagen da wie

24 K. M. an Frieda Lawrence, 22. Februar 1915, *Collected Letters*, Scott und O'Sullivan, Bd. I, S. 150.

zwei Alte, die schwach unter der Daunendecke hüsteln und einander zulachen.[25]

Weder sie noch Carco unternahmen überhaupt den Versuch, so zu tun, als seien sie leidenschaftlich verliebt. Zweifellos hatte er nie etwas anderes erwartet als eine vorübergehende, nette Episode; danach bot er ihr an, seine Wohnung in Paris zu benutzen, und glaubte möglicherweise, er sei ihr von Nutzen gewesen, da sie das Abenteuer liebte. Doch sie fühlte sich verpflichtet, einen Groll gegen ihn zu entwickeln. Vielleicht war das eine Art, ihre Schuldgefühle zu beruhigen, denn schließlich nahmen sie und Murry die »Liebe« ernst.

In *Eine unbesonnene Reise*, der Erzählung, die auf diesem Abenteuer basiert, kommt Carco als Person so gut wie nicht vor; in der viel später geschriebenen Geschichte *Je ne parle pas français* dagegen ist er nach allgemeiner Übereinstimmung als Duquette porträtiert (Katherine selbst deutete an, daß er teilweise Carco nachgebildet war); danach ist er als sexuell passiver Gigolo gezeichnet, der die Frauen aber nicht als Freiwild ansieht. Auch ist er möglicherweise bisexuell, ein Phantast und Schriftsteller. In Wahrheit fühlte Katherine sich als zu verwandt mit ihm, ihm ähnlicher, als ihr lieb war; und da sie ihn nicht dominieren konnte, wie sie es gern gehabt hätte, gab sie die Affäre lieber auf. Sodann machte sie ihn zu einem Symbol dessen, was sie an Frankreich nicht mochte, was sie Murry gegenüber dessen »Verderbtheit« nannte. Doch ihre Liebe für »das warme, aufregende Leben« dort bewahrte sie sich.

Eine Woche später war sie wieder in dem kalten »Rose Tree Cottage«. Murry, den eins ihrer Telegramme herbeizitiert hatte, holte sie in London ab und begleitete sie. Er bemerkte, daß sie sich die Haare sehr kurz hatte schneiden lassen, und »aggressiv und krank«[26] wirkte. Über zwei Wochen lang hatte sie so heftige Rheumabeschwerden, daß sie sich kaum bewegen konnte, wie sie Kot schrieb, der ihr Whisky und Zigaretten schickte. Sie schickte ihm ihre Erzählung *Die kleine Gouvernante*, in der sie

25 *Journal*, 20. Februar 1915, S. 78.
26 J. M. M., *Between Two Worlds*, S. 340.

die Verletzbarkeit und das Entsetzen eines jungen Mädchens nachzeichnet, das einem scheinbar gütigen alten Herrn in die Hände gefallen ist. Die Schauplätze – ein Transeuropaexpress, ein Hotel, München – waren vertrautes Terrain für sie, und sie verband darin eine direkte, einfache Erzählform mit dem Schrecken eines Märchens über Unschuld, Stolz und Schlechtigkeit. Die Erzählung ist nicht nur sehr erfolgreich, sie steht auch für ein Genre, in dem Katherine brillierte.

Kot war über die Erzählung begeistert, konnte sie aber nirgends unterbringen. Besorgt um ihre Gesundheit, bedrängte er sie, worauf sie ihm schrieb: »Ja, ich habe eine besondere Krankheit. Mögen Deine Ahnen für mein Herz beten.«[27] Soweit wir wissen, hat kein Arzt Katherine gegenüber erwähnt, sie hätte eine Herzkrankheit, eine besondere, unnennbare Krankheit hatte sie allerdings. Was wollte sie Kot damit sagen? Das Rätsel wird noch größer, als sie ihm einige Wochen später (am 29. März) aus Paris schrieb, daß »die Krankheit, die ich in England hatte und nach deren Heilung ich mich sehnte – völlig und für immer weg [ist] – ich glaube, es war doch mein ›Herz‹«[28]. Da sie weiterhin an quälenden rheumatischen Schmerzen litt, hatte sie damit vielleicht andere Symptome gemeint, die in Paris abgeklungen sein mochten, oder vielleicht bedauerte sie auch nur die Anwandlung, Kot etwas so Persönliches anvertraut zu haben, das sie kaum sich selber eingestehen wollte.

Bevor sie nach Paris zurückkehrte, ging es ihr immerhin so gut, daß sie in Kots Begleitung die Lawrences in Pulborough besuchen konnte. Murry fühlte sich elend wie nie zuvor. Lawrence hatte endlich *Der Regenbogen* beendet, und selbst Campbell stand vor der Vollendung eines Romans, während Murry sich immer noch mit *Still Life* abquälte. Katherine schrieb ihm einen forsch-fröhlichen und liebevollen Brief mit Zeichnungen und fuhr dann direkt weiter nach Paris in Carcos leere Wohnung am Quai aux Fleurs, hoch über der Seine und Notre Dame mit dem Park hinterm Haus.

---

27 K. M. an S. S. Koteliansky, *Collected Letters*, Scott und O'Sullivan, Bd. I, S. 154.

28 Ibid., 29. März 1915, S. 173.

Lawrence war mit neuen Freunden beschäftigt: Lady Ottoline Morrell, E. M. Forster, Bertrand Russell. Murry zog in eine Zweizimmerwohnung im Elgin Crescent in Notting Hill und verbrachte eine triste Zeit damit, sich Linoleum und Vorhänge zu besorgen. In seiner Verzweiflung schrieb er an Orage und bat flehentlich um etwas Arbeit; die Abfuhr, die er bekam, traf ihn hart. Kot und Gertler schauten vorbei, doch sie waren wegen Katherine gekommen und zogen gleich enttäuscht wieder ab. Der einzige Mensch, der sich zu freuen schien, ihn wiederzusehen, war Floryan Sobieniowski, dem er auf der Straße über den Weg lief; auch er erkundigte sich sogleich nach Katherine und brüstete sich damit, sehr beschäftigt zu sein: Sekretär des polnischen Kommittees, Übersetzer von Synge, dazu viele weitere bevorstehende Projekte, wenngleich sein Englisch nicht besser geworden war. Murry konnte sich, zu Katherines Ärger, ein freundliches Wort nicht verkneifen.

Auch sie verbrachte Zeit mit einer alten Feindin, Beatrice Hastings, die Orage verlassen und sich in Paris angesiedelt hatte, wo sie inmitten von Schriftstellern und Malern Hof hielt; Max Jacob zählte zu ihren Freunden, Picasso und Modigliani rühmten sich als ihre Liebhaber. Katherine beglückte Murry, der Beatrice nie begegnet war, mit Berichten von ihren Alkoholräuschen und modischen Partys am Montmartre, wo sie, Katherine, mit »einer ganz reizenden jungen Frau – verheiratet und *neugierig* – blond – leidenschaftlich«[29] tanzte.

Sie war tief gespalten zwischen dem Ausleben der Genüsse, die ein Leben allein in Paris bot, und dem Gefühl, daß Murry immerhin noch ein sicherer Liebhaber, eine Zuflucht war, den man nicht leichtfertig wegen irgend einem unsicheren französischen Kantonisten wegwerfen durfte. Was ihn betraf, so schickte er ihr Ende März einen Brief, in dem er ihr die Haltung klarmachte, die er einzunehmen gedachte, um seine romantischen Ansichten von Liebe mit der tatsächlichen Situation, in der sie sich befanden, zur Deckung zu bringen. Er begann mit einem Verweis auf Beatrice Hastings, die mit Katherine einige

29 K. M. an J. M. M., 22. März 1915, *Collected Letters*, Scott und O'Sullivan, Bd. I, S. 164.

Dinge gemein haben sollte: »Ich meine die Cabaret-Passage ... das hat mich entsetzt und beinahe umgebracht« (er meinte vielleicht ihre Auftritte im »Cave of the Golden Calf«). Dennoch, fuhr er fort, sei Katherine »die ewige Frau«, die von anderen »unzulänglichen Frauen« beneidet würde,

> die Recht und Unrecht gegen Dich ins Feld führen, deren Größe darin besteht, daß Du weder Recht noch Unrecht kennst, nur das, was Du fühlst, was Du bist oder nicht bist ... Nun, bei so vielem, was gegen Dich steht, ist es eine harte Nuß für Dich, wirklich Du selbst zu sein. (Du ist ein Typus – der wunderbare Typus von Aspasia bis B. B. – [Beatrice Hastings] – Colette Vagabonde und Du vor allen Modernen). Natürlich geht die Tendenz dahin, extravagant und unerhört zu sein und Dich zu rächen gegen die Feindseligkeit, die Recht & Unrecht gegen Dich ins Feld führt. Du bist vermittels der schieren Tatsache Deines Genies – Genie bei Dir heißt einfach, das wundervoll zu sein, was Du bist – durch all das hindurchgegangen, ohne Dir weh zu tun, und stehst kurz davor, Deine Schlechtigkeit vollkommen loszuwerden (das ist nur ein bildhafter Ausdruck). Und deshalb bleibst Du bei mir; weniger deshalb, weil Du mich liebst – was Du tust –, sondern weil Du weißt, daß Du bei mir das wahre Du, das gute Du bist.[30]

Murry kann man keinen Vorwurf machen, daß er von Katherines tatsächlichen Erlebnissen nichts wußte (»Du bist ... durch all das hindurchgegangen, ohne Dir weh zu tun«), auch wenn es einer außergewöhnlichen Begriffsstutzigkeit bedurfte, das nicht zu merken. Seine Ermutigung, sie solle denken, sie sei irgendwie ein Genie, einfach durch »das wundervoll zu sein, was Du bist«, ist eine grobe Dummheit, ebenso seine nervöse Andeutung, sie sei zugleich im Recht wie im Unrecht, und dennoch gleichzeitig schlecht; offensichtlich fiel aber die letzte Bemerkung, daß nur er die geeigneten Umstände dafür biete, in denen die »wahre« und »gute« Katherine gedeihe, bei ihr auf fruchtbaren Boden.

---

30 J. M. M. an K. M., 25. März 1915, *The Letters of J. M. M. to K. M.*, Hankin, S. 54.

Ihre Briefe wurden zärtlicher; Beschreibungen von Spaziergängen am Seineufer und einsame Mahlzeiten treten an die Stelle der Montmartre-Partys, und in diesem milden Zustand begann sie die Arbeit an einer neuen Erzählung, die sie als Roman konzipierte. Sie hieß *The Aloe* und war der Kern von *Prélude*. Sicherheitshalber schrieb sie aber auch noch kokette Briefe an Kot; man spürt geradezu ihre Entschlossenheit, diesen neuen Verehrer an der Leine zu halten, wenn sie neckisch von dem hübschen violetten Korsett schreibt, das sie sich gekauft hat, von einem Haus ganz weit weg fantasiert, in dem »wir« abends auf dem Balkon sitzen, rauchen und Tee trinken können, ihm sagt, er sei »einer meiner Leute«, und mit »Kissienka« unterschreibt, ein Name, den sie nur bei ihm verwendet, dem armen Kot, dessen Kopf zu groß für seinen Körper war und dessen Herz zuweilen größer als seine Vernunft.

Ende März war sie wieder in London, aber Murrys Wohnung im Elgin Crescent fand sie schrecklich, und so verging der April voller Unzufriedenheit. Zum dritten Mal in drei Monaten ging sie zurück nach Frankreich und richtete sich wieder in Carcos sonniger Wohnung ein; am Tag genoß sie die blühenden Bäume und das warme Wetter und arbeitete hart an ihrem Buch: »*Ça marche, ça va, ça se dessine*; es ist gut«[31]. Nachts träumte sie von Rupert Brooke, die Nachricht von seinem Tod hatte kurz zuvor England erreicht und alle tief betroffen gemacht, und von Murry, der unmöglich »in Khaki gewandet – sehr stattlich und glücklich«[32] war.

Lawrence meinte gegenüber Kot, er finde ihre Briefe aus Paris »gräßlich wie das Geräusch einer Säge«[33]. Er selbst hatte einiges am Hals; er sollte die Kosten für Friedas Scheidung bezahlen, Methuen rückte nicht mit der vollen Höhe seines Vorschusses heraus, mit David Garnett und seinen Freunden von Cambridge und Bloomsbury war er zerstritten. Lawrence war plötzlich auf ihre homosexuellen Neigungen aufmerksam

31 K. M. an J. M. M., 8. Mai 1915, *Collected Letters*, Scott und O'Sullivan, Bd. I, S. 178.

32 Ibid., 6.-7. Mai 1915, S. 176.

33 D. H. Lawrence an S. S. Koteliansky, 3. Mai 1915, *The Letters of D. H. Lawrence*, Boulton, Bd. II, S. 33.

geworden und reagierte mit einer Mischung aus Abscheu und Faszination; er fand die Vorstellung ekelhaft, beschäftigte sich aber immer wieder damit. Unterdessen war Murry in die Position des Lieblingsschülers aufgerückt. Seine Abneigung gegen Frieda hatte solche Formen angenommen, daß er, wie er Katherine Mitte Mai schrieb, vorhatte, Lawrence in einen Sommerurlaub mitzunehmen, wo er dann versuchen wollte, »ihn dahin zu bringen, daß er sie verläßt«[34]. »Ich könnte mir vorstellen, daß er glücklich wäre, wenn er eine Weile mit weg wäre, weil er dann wüßte, daß ich ihn mag«, fuhr er fort, worauf Katherine sehr scharf mit ein paar knappen Zeilen reagierte: »Man stelle sich vor, DU GIBST DICH dazu her, jemanden für vierzehn Tage zu LIEBEN.«[35] Sie begann und endete den Brief mit Bemerkungen über ihr Rheuma – »Ich bin krank und allein *voilà tout*« – wenige Tage später war sie wieder in London.

Murry ließ sich überreden, aus dem Elgin Crecent auszuziehen, und im Juni zogen sie in ein kleines Stuckhaus in der Acacia Road in St. John's Wood; Katherine war hocherfreut, einen Garten zu haben und ein Studio unterm Dach für sich allein (Murry war eher der Meinung, sie könne auch im Wohnzimmer arbeiten). Die Campbells zogen in ein Haus in der Nähe, und im August richteten sich die Lawrences im Vale of the Heath in Hampstead ein; es gab Pläne, eine neue Zeitschrift zu gründen, die *Signature* heißen sollte. Lawrence zählte auf das Erscheinen von *Der Regenbogen* im September, der ihm einen Topf voll Gold einbringen sollte, wie er sagte, und in seinem Glauben an Murrys Fähigkeiten verstieg er sich Ottoline gegenüber zu der Bemerkung, daß sein Schüler ihn wohl bald übertreffen würde.

Leslie Beauchamp, der inzwischen in Aldershot war, kam im August und September in die Acacia Road; Katherine und er tauschten Erinnerungen an Wellington aus, was sie zu einer kurzen, nostalgischen Skizze namens *Der Wind weht* anregte;

---

34 J.M.M. an K.M., 11. Mai 1915, *The Letters of J.M.M. an K.M.*, Hankin, S. 63.

35 K.M. an J.M.M., 14. Mai 1915, *Collected Letters*, Scott und O'Sullivan, Bd. I, S. 187.

sie erschien in der ersten Ausgabe von *Signature* (am 4. Oktober). Ihre bei weitem pointiertere und längere Erzählung, die auf ihrer Eskapade mit Carco basierte, blieb unveröffentlicht; vielleicht fanden sie und Murry, sie enthalte zu viele Unbesonnenheiten über sie und den Krieg. Die Nachricht von einem weiteren Toten in Frankreich traf ein, es war Henri Gaudier-Brzeska. Er war 24.

Den ganzen September hindurch war Lawrence intensiv mit *Signature* beschäftigt, die Murrys Essay über »persönliche Freiheit, was es bedeutet, mich in meiner Seele frei zu fühlen«, Katherines Skizzen und Lawrences Vorstellungen von »unpersönlicher Freiheit, meiner Freiheit in Bezug auf die ganze Welt«[36] enthalten sollte. Er versuchte, auch Bertrand Russell und Cannan für Beiträge sowie Abonnenten zu gewinnen; die Zeitschrift sollte im East End gedruckt werden, und die Mitarbeiter sollten für gemeinsame Treffen und Besprechungen einen Clubraum in Bloomsbury bekommen.

Es wurden dann schließlich nur drei Ausgaben, zwei im Oktober und eine im November, und der Club lief so gut wie nicht. Ende September brachte Lawrence Katherine und Murry ein Vorausexemplar von *Der Regenbogen* mit einer liebevollen Widmung für beide. Ihre Meinung dazu ist nicht bekannt, aber am 5. Oktober kam Lawrence wieder vorbei, diesmal mit der ersten Rezension. Sie war von Robert Lynd und stand in den *Daily News*, und er beobachtete sie, während sie sie lasen. Lynd fand das Buch »windig, langweilig, öde und widerlich«, eine Verschwendung der Fähigkeiten des Autors, und lenkte das Augenmerk insbesondere auf die lesbische Episode, indem er das Buch mit Diderots *La Religieuse* verglich (womit es nun wirklich nichts gemein hatte). Daraufhin schossen sich auch andere Kritiker darauf ein; auch Clement Shorter pickte sich das lesbische Thema und das Kapitel »Scham« heraus, und ein anderer Kritiker schrieb, das Buch falle den jungen Männern an der Front in den Rücken. Der Verlag unternahm nichts, um seinen Autor vor dem Zugriff der Polizei zu bewahren. Es kam

36 D. H. Lawrence an Ottoline Morrell, 9. September 1915, *The Letters of D. H. Lawrence*, Boulton, Bd. II, S. 389.

zur Verhandlung, und die Auflage mußte eingestampft werden. Es war eine schlimme Geschichte, die Lawrence nie richtig verwand.

Wir wissen nur von Murry, daß Katherine Teile von *Der Regenbogen* »haßte«, insbesondere »seine Verherrlichung des geheimen, intimen Gesprächs zwischen Frauen, dem sexuellen Einfühlungsvermögen in der weiblichen Bruderschaft, was Katherine nicht ertragen konnte«[37]. Es ist offensichtlich, daß Murry solche Gefühle gern bei ihr gesehen hätte, tatsächlich aber scheint sie Lawrence gegenüber nichts dergleichen erwähnt zu haben – und auch weiterhin mit ihm gut ausgekommen zu sein. Dann spielten literarische Fragen für sie plötzlich keine Rolle mehr. Die Nachricht kam, daß Leslie, der vor kurzem den Kanal überquert hatte, am 7. Oktober bei einer Granatenunterweisung in die Luft gesprengt worden war.

Sie reagierte mit Ausbrüchen bitterer Trauer, die sich, was ganz natürlich ist, mit frenetischen Fröhlichkeitsanfällen abwechselten. Sie besuchte weiterhin Freunde und ging aus; beispielsweise wissen wir, daß sie auf einer Party von Gertlers Freundin Brett in ihrem Studio im Hampstead war, wo Lytton Strachey ein Auge auf sie warf, von Mary Hutchinson eine Einladung zum Essen erhielt* und Carrington begegnete und bewunderte.[38] Zuweilen fand sie Murry unerträglich, doch dann nahm sie ihn plötzlich Mitte November mit auf eine Reise auf den Kontinent. Sie fuhren nach Südfrankreich; Murry ließ sich wieder seine schlechte Gesundheit bescheinigen, um vom Kriegsdienst befreit zu werden, und das Haus überließen sie einem Freund von Kot.

37 J. M. M., *Between Two Worlds*, S. 351.
38 Mark Gertler an Carrington, 14. September 1915. *The Selected Letters of Mark Gertler*, Carrington, S. 102.

* Sir John Hutchinson, ein Anwalt, und seine Frau Mary waren mit den Campbells und auch mit der Bloomsbury Group befreundet. Mrs. Hutchinson galt allgemein als die Geliebte von Clive Bell. Sie hatten ein Haus in Hammersmith und einen Ferienhof in Sussex und waren großzügige Gastgeber.

Wie viele Reisende hielten sie die Mittelmeerküste für immerwährend warm und sonnig und waren über die Kälte verblüfft. In Marseille holte sich Murry eine Lebensmittelvergiftung, und das erste Hotel in Cassis fand er schrecklich; Katherine dagegen schrieb Kot, daß es ihnen gefiele und sie glücklich seien. Auch Murry schrieb und wies Kot an, »das eheliche ›wir‹ zu ignorieren«, da es für sie keine Bedeutung habe.[39] Sie fuhren weiter nach Bandol, und da hatte dann »mein kleiner John Bull Murry«[40] endgültig die Nase voll. Er sagte, er wolle eine Druckmaschine kaufen, und kehrte zu dem literarischen Leben der Großstadt zurück, wo es ihm am besten ging und wo er auch bald eine Weihnachtseinladung nach Garsington bekam. Das hatte Lawrence eingefädelt.

Trotz aller großen Worte über ihren Stolz als Single Kot gegenüber dauerte es keine Woche, bis Katherine ihre Abhängigkeit von Murry wieder voll zu spüren bekam. Er war in dem Glauben abgereist, sie hätte sich im Hôtel Beau Rivage gut eingelebt und wäre glücklich, doch dann, wie durch einen bösen Zauber, war es vorbei mit der kühlen, unabhängigen Mansfield. Plötzlich wurden Briefe für sie zum Rettungsanker, zu einer Nabelschnur, durch die ständig Versicherungen gepumpt werden mußten, daß sie geliebt und gebraucht wurde, daß Murry die Zukunft gemeinsam mit ihr plane, daß er sie vermisse. Für sie war Briefeschreiben nie ein Problem. Sie konnte sich jeden Tag zum Schreiben hinsetzen und minutiöse Beobachtungen aufzeichnen, teils witzige, teils lyrische, konnte dann auch wieder vorwurfsvoll werden, schmerzvoll, schwankend zwischen Erklärungen absoluter Liebe und Ausbrüchen von Enttäuschung, Eifersucht und Wut. Seine Antworten waren unregelmäßig, weniger häufig, weniger ausführlich und kürzer. Wie stolz er sie nach ihrem Tod auch veröffentlichte, er muß zuweilen darunter gelitten haben, als sie ihn erreichten, manchmal mehrere an einem Tag, wenn sie ihn unerbittlich an ihre Einsamkeit gemahnten, an ihren schlechten Gesundheitszustand,

39 K. M. an S. S. Koteliansky, 28. November 1915, *Collected Letters*, Scott und O'Sullivan, Bd. I, S. 201.

40 K. M. an Anne Drey, 8. Dezember 1915, *Collected Letters*, Scott und O'Sullivan, Bd. I, S. 203.

ihre Bedürfnisse. Auf diese Bestrafung reagierte er mit schuldiger Verwirrung. Versprach er ihr, zu ihr zurückzukommen, schrieb sie ihm, er solle es sein lassen; doch konnte sie nicht umhin, Bilder idealer Glückseligkeit zu malen, die sie genössen, wäre er nur wieder bei ihr.

Was bald zum Standardmuster ihres Lebens wurde, war erst der Anfang. Natürlich war Katherine schon chronisch krank, lange bevor ihre Tuberkulose zum Ausbruch kam, und es ist gut möglich, daß sie den Bruch mit Murry, den eine Seite von ihr wünschte, vollzogen hätte, wenn sie gesund gewesen wäre. Doch bei dem Fieber, der Heiserkeit, der »Dysenterie« und vor allem ihrem Rheuma, das sie ans Bett fesselte, richteten sich ihre Phantasien sogleich wieder auf ihn, kaum war er gegangen. Hörte sie nicht so schnell von ihm, wie sie es erwartete, schrieb sie einen leidenschaftlichen Verzweiflungsbrief an Lawrence, der daraufhin Murry persönlich Vorhaltungen machte, er hätte sie nicht allein lassen sollen, und andeutete, daß der Grund ihrer Krankheit ausschließlich in seinem schlechten Verhalten liege, daß er »immer jammere & nie zu einer Entscheidung komme«[41], was nicht besonders fair war. Lawrence machte sich auch die Mühe, ihr einen liebevollen Brief zu schreiben, in dem er seine eigenen Schwierigkeiten nicht erwähnte, dafür aber auf den Gedanken zurückkam, sie könnten doch eine Wohngemeinschaft bilden. Er und Frieda wollten ein kleines Haus in St. Merryn mieten, wo Katherine und Murry 1914 ihren Urlaub verbracht hatten; sie wollten Ende Dezember dort sein. Anfang Januar schrieb er Katherine abermals einen freundlichen Brief. Unterdessen war Murry zum Außenministerium geeilt, um sich seinen Paß erneuern zu lassen, damit er wieder nach Frankreich konnte. Davor verbrachte er allerdings Weihnachten in Garsington, wo er in seinem Häuschen wohnte, mit Lytton Strachey und Clive Bell spazieren ging und sehr zufrieden war mit dem Eindruck, den er machte:

> sie scheinen allem, was ich sage, mit Respekt zu begegnen ... Ich bin zu dem Schluß gelangt, daß der Grund für das alles

41 J. M. M. an K. M., 20. Dezember 1915, *The Letters of J. M. M. an K. M.*, Hankin, S. 79.

ihre Vermutung ist, daß zwischen uns tatsächlich jene unglaubliche Sache geschieht, die man gemeinhin eine *grande passion* nennt ... Und ich kann mir vorstellen, daß etwas von diesem Glanz mich neuerdings umgibt.[42]

Murry mußte alles in seinem Leben in Literatur verwandeln; sogar seine Gefühle für Katherine waren eine Gelegenheit zur Selbstbeglückwünschung, weil sie die Mitglieder einer neuen, hervorragenden Gruppe von Menschen (anscheinend) interessierte, bei denen er eingeführt war. Offensichtlich hatte er keine Ahnung, daß er da etwas sagte, was einen vor Peinlichkeit um ihn zittern ließ.

Mit zunehmender Gesundung vergaß Katherine ihre Wut und Einsamkeit. Sie schrieb Kot, wie glücklich sie sei, und schickte Murry widersprüchliche Telegramme, aber auch eine Beschreibung der »perfekten Villa«, die sie außerhalb von Bagnol für sie beide entdeckt hatte:

Sie liegt für sich in einem kleinen Garten mit Terrasse. Sie blickt gen ›midi‹ & hat den ganzen Tag über Sonne. Sie hat eine steinerne Veranda & kleinen runden Tisch, wo wir sitzen & essen oder arbeiten können ... Sie ist sehr privat und liegt hoch auf der Spitze eines Berges. Sie heißt Villa Pauline.[43]

Sie hatte das vollkommene Leben mit ihm vor Augen, und am letzten Tag des Jahres, gerade war ein Telegramm von ihm eingetroffen, in dem er sein Kommen ankündigt, bestellte sie Essen, Wein und Holz für den Ofen.

Alle Fenster sind offen – alle Türen – die Leintücher lüften aus. Ich ging auf den Blumenmarkt und stand zwischen den Käufern und kaufte *en masse*, weißt Du, auf der Auktion in einem Zustand ausgelassener, fassungsloser Freude 3 Dutzend Rosenknospen und 6 Veilchensträuße.[44]

Er traf am ersten Januartag ein. Die Frühjahrsblumen streckten schon die Köpfe heraus, und das Meer zeigte in der Sonne das gewünschte mediterrane Blau. Während im Norden der Krieg tobte und Tausende junger Männer Katherines Bruder ins Grab

42 Ibid., 26. Dezember 1915, S. 88.
43 K. M. an J. M. M., 29. Dezember 1915, *Collected Letters*, Scott und O'Sullivan, Bd. I, S. 239.
44 Ibid., 30.-31. Dezember 1915, S. 244.

folgten, erlebten sie und Murry die friedlichsten Monate ihres gemeinsamen Lebens.

Sie waren in vieler Hinsicht glücklich; er schrieb an der einen Seite des Tisches sein Dostojewskij-Buch, während sie sich in den ersten sechs Wochen Sorgen machte, ob ihr Drang zu schreiben verkümmert war. Ende Januar schrieb sie in ihr Journal, daß sie sich an Lyrik und einer Art Elegie für ihren Bruder versuchen wolle, und spielte mit dem Gedanken, »eine Art Minutenbuch« zu führen, »das eines Tages veröffentlicht werden könnte«[45]. Es wurde Mitte Februar, und sie hatte noch immer nichts geschrieben, doch nahm sie sich wieder *The Aloe* vor, das sie im vergangenen Frühjahr in Paris geschrieben hatte, und sah, daß sie daraus etwas machen konnte, was sie schon immer wollte. Sie begann mit der Arbeit, es wurde wieder kalt und windig, und sie saßen beisammen am Kamin und schrieben den ganzen Tag. Ihre Gesundheit blieb stabil, und während dieser kurzen Periode der Zuversicht hielt Katherine die Absicht fest, »genügend Geld zu verdienen und [Ida] etwas davon zu geben. Ja, ich möchte richtig für sie sorgen«[46]. Sie wußte, daß sie da an etwas Gutem schrieb, und im Bewußtsein ihrer Kraft, die Erfüllung fand, wollte sie für ihre »Frau« sorgen, auch wenn sie gleichzeitig die Gesellschaft ihres »Mannes« genoß.

Die Beschaffenheit ihres gemeinsamen Glücks ist in einer Wendung eingefangen, die sie ihm gegenüber benutzte, als sie ihm Liebesbriefe von Marseille schickte, wohin sie für zwei Tage im März gefahren war, um ihre verwitwete Schwester zu besuchen. (Für Katherine trugen Briefe ihren Sinn in sich selbst; sie zögerte nie, einen zu schreiben, auch wenn sie den Empfänger sehen würde, bevor der Brief ihn überhaupt hätte erreichen können.) Sehnsüchtig verweilte sie zunächst bei der schönen Zeit mit ihm in der Villa Pauline und fuhr dann fort: »Ich habe das Gefühl, wir sind heute fünfzehn – reine Kinder. Du und ich, wir leben ja nicht wie erwachsene Menschen.«[47] Weiter tröstete sie ihn, daß die Armee »dich ja nicht erwischt«, was er nach

45 *Journal*, 22. Januar 1916, S. 94.
46 Ibid., 13. Februar 1916, S. 96.
47 K. M. an J. M. M., 22. März 1916, *Collected Letters*, Scott und O'Sullivan, Bd. I, S. 255.

Verdun befürchtete. Ohne Zweifel bekam Chaddie eine andere Version zu hören.

Sie korrespondierten mit Lawrence und Frieda und erzählten ihm, wie glücklich sie seien, und erhielten dafür seine warme Freude an ihrem Glück; »*Cari miei ragazzi*« (Meine lieben Kinder), redete er sie an. Nur beklagte er seine eigene schlechte Gesundheit, die ihm während des kalten Winters das Leben schwer mache. Warum sie keine Pläne für ein gemeinsames Wohnen ab Frühjahr schmiedeten, fragte er erneut: Katherine schrieb an Ottoline (die sie kaum kannte, die Murry aber £ 5 für seine Reise in den Süden geliehen hatte), sie planten, den Sommer mit den Lawrences in einem Bauernhaus nahe am Meer zu verbringen, und später schrieb sie Frieda, wie froh sie sei, daß sie alle wieder vereint sein würden. Auch Murrys Freund Goodyear bekam einen begeisterten Brief über England, indem sie sich nun auch über die Armseligkeit der französischen Küche und die Ungemütlichkeit der französischen Häuser beklagte. Konsequenz war nicht gerade ihre Stärke; kein Wunder, daß Murry oft verwirrt war. Es besteht aber kein Zweifel, daß sie den Plan mit den Lawrences befürwortete. Er schrieb zweimal und betonte, er wolle sie keineswegs in irgendein Schema des gemeinsamen Wohnens pressen, worauf Katherine in einem Telegramm definitiv ihr Kommen ankündigte. Auch schrieb sie direkt an ihn, während er, ängstlich darauf bedacht, sie nicht über die Reize von Cornwall in die Irre zu führen, in seinem nächsten Brief an sie beide hoffte: »Laßt doch den Winter vorüber sein, bevor Katherine nach England kommt.«[48] Er wußte noch vom Winter 1914, daß sie den kalten Wind und die Feuchtigkeit ebenso fürchtete wie er, und er war besorgt um sie. Als er zwei nebeneinander stehende Häuschen entdeckte, hoffte er, sie würden das größere mit einem hohen Raum nehmen, den er »Katherines Turm« taufte.

Anfang April also, erwärmt vom Frühling des Mittelmeers, ihren glücklichen, jungenhaften Liebhaber an der Seite, den Schmerz über ihren Bruder hinter sich und das Manuskript von

48 D. H. Lawrence an K. M. und J. M. M., 24. Februar 1916, *The Letters of D. H. Lawrence*, Boulton, Bd. II, S. 550.

The Aloe in der Tasche, reiste Katherine von Frankreich nach Cornwall, wo sie und Murry gerade anderthalb Jahre zuvor vergeblich versucht hatten, ein Häuschen für sich zu finden, und wo ihre besten Freunde jetzt eines für sie gefunden hatten. Frieda schrieb an Katherine:

> Ich freue mich so sehr darauf, daß Ihr kommt und daß ich Euch das Haus zeigen kann ... Ich sehne mich so danach, endlich ohne weitere Seelenbedrängnisse zu *leben*, wir sind *Freunde* und wir wollen uns nicht mehr um die *tiefen* Dinge kümmern, die sind schon gut so, leben wir einfach wie die Lilien auf dem Felde.[49]

Das war sehr nett; doch Frieda fühlte sich auch verpflichtet, sie davor zu warnen, daß Lawrence eine wirklich schlimme Zeit hinter sich hatte (»Einige Wunder der Welt gibt es für ihn nicht mehr«), und auch für Katherine standen die Sterne nicht allzu gut. In Marseille hatte sie wieder Fieber gehabt: »Ich zitterte, und das Blut summte wie ein Bienenschwarm in meinem Herzen.«[50] Ihre Krankheit, die keinen Namen hatte, aber chronisch war, war nicht weniger dicht in den Stoff ihres Lebens eingewoben als ihre Freunde und Liebhaber.

---

49 Frieda Lawrence an K. M., 8. März 1916, *The Letters of D. H. Lawrence*, Boulton, Bd. II, S. 571.

50 K. M. an J. M. M., 22. März 1916, *Collected Letters*, Scott und O'Sullivan, Bd. I, S. 254.

11
Cornwall 1916: »Ein ganzer Frühling voller Glockenblumen«

Die Nordküste von Cornwall bei Zennor ist ein ödes, karges, windgepeitschtes Land. In der vollen Sonne wird das Meer tiefblau und grün und pfauenfarben, und die mit Felsen und Kliffs eingerahmten Buchten geben herrlich abgeschiedene und romantische Badeplätze ab, die Wellen branden herein und lassen weich gewaschenen Sand zurück. Doch es ist ein tückisches Meer – viele Schiffe sind die Küste entlang zerschellt –, tückisch auch das Wetter; im Nu kann es bedrohlich dunkel werden. Im März 1916 fiel Schnee, und bis in den April hinein war die Küste oft tagelang in Nebel gehüllt. Lawrence war vollauf damit beschäftigt, seine kleine Gemeinschaft aufzubauen.

Die Häusergruppe, die er gefunden hatte, hieß »Higher Tregerthen« und lag ungefähr fünf Meilen westlich von St. Ives; die Häuschen gehörten einem gewissen Captain John Short, der sie ihnen billig überlassen wollte. Die Lawrences zogen in ein Haus mit je einem Zimmer oben und unten, das £ 5 im Jahr kosten sollte, und schickten Katherine und Murry Zeichnungen und Beschreibungen des größeren Gebäudes, das rechtwinklig zu dem ihren stand und das Short einmal für einen anderen Schriftsteller umgebaut hatte. Die Miete betrug £ 16 im Jahr, und »Mrs. Murry« sollte die Mieterin sein. Es bestand aus drei Reihenhäuschen mit drei Türen, die im Erdgeschoß in eine Küche, ein Eßzimmer und ein Arbeitszimmer führten; darüber waren Schlafzimmer, und das Zimmer über dem Arbeitszimmer, das »Turmzimmer«, hatte große Fenster und holzvertäfelte Wände. Hier sollte Katherines Reich sein; es war am weitesten von der Küche entfernt und konnte nur über eine Treppe von dem darunterliegenden Arbeitszimmer erreicht werden. Es versprach, ein guter Arbeitsplatz zu sein. »Draußen ist eine kleine Rasenterrasse, und hinterm Haus fällt das Moor ab, ungeheuer große Felsbrocken und Ginster.«[1]

In den Briefen kommt Lawrences Freude, für Katherine zu planen, zum Vorschein, aber auch ein eigennütziges Element. Sein Vorschlag, gemeinsam ein Mädchen anzustellen, das in Katherines Haus kochen sollte, würde es für ihn und Frieda in ihrem Haus gerade noch erträglich machen. Beide Häuser hatten weder fließendes Wasser noch Toilette, doch ließ er in weiser Voraussicht einen Abort einbauen, um Katherine, die Damenhafte in der Gruppe (Frieda waren derlei Dinge gleichgültig), nicht zu inkommodieren. Auch bestand er auf einer Feuchtigkeitsversiegelung und darauf, daß das Haus weiß und bunt getüncht wurde, um ihr eine Freude zu machen. Seine Beschreibungen des Geländes zeigen seine wachsende Begeisterung:

> Es ist ein wunderschöner Ort: ein winziges Granitdorf schmiegt sich unter hohe, struppige Moorhügel, und darunter die große Weite des schönen Meeres, und welch ein schönes Meer, schöner noch als das Mittelmeer. Es liegt 5 Meilen von St. Ives entfernt, und 7 von Penzance. Penzance erreicht man übers Moor, über die Höhe, sodann hinab zur Mounts Bay, mit einem Blick hinüber auf St. Michaels Mount, gleich einem dunklen kleinen Juwel. Jetzt ist überall Ginster, dazwischen flackern Blumen; später kommt das Heidekraut, und dann Fingerhut zu Hunderten. Ich glaube, es ist der beste Ort, an dem ich je war.[2]

Katherine teilte seine Liebe zu Blumen, und in ihren ersten Briefen nach ihrer Ankunft erzählt sie von Schlüsselblumen, Glockenblumen und Veilchen, die an dem Bach wuchsen, der an ihrem Haus vorbei hinab zum Meer floß; später beschrieb sie Virginia Woolf Häuser und Umgebung so:

> Vielleicht ist das Haus in vieler Hinsicht ganz unvollkommen, aber es hat so ein – gewisses Etwas – weshalb man sich danach sehnt. Kaum ist man da – ist man frei, frei wie die

1 D. H. Lawrence an J. M. M. und K. M., 5. März 1916, *The Letters of D. H. Lawrence,* Boulton, Bd. II, S. 564.
2 Ibid., S. 563.

> Luft. Man hängt seinen Hut an einen Nagel & das Haus ist eingerichtet. – Es ist ein Haus, wo man auf der Treppe sitzt & das schöne Licht betrachtet, das den Raum darunter erfüllt. Nach Einbruch der Nacht hat das Haus drei Stimmen. – Wenn man im Turm ist und jemand kommt von dem hinteren Haus – er kommt von weit her – um Brot zu holen, geht man am Feldrand entlang zu Katie Berryman. Mit dem großen frischen Laib wandert man am Rand des Atlantiks entlang heimwärts – & wenn man da ist, ist das Haus wie ein Schiff. Ich darf nicht davon reden – Es hat mich behext.[3]

Gegen Ende ihres Lebens erinnert sie sich gegenüber Brett: »Ich hatte während eines Jahres mit Lawrence einen ganzen Frühling voller Glockenblumen. Nie werde ich es vergessen. Und es war warm, nicht viel Sonne, die Schatten jagten über das seidige Gras, und der Kuckuck rief.«[4] Frieda erinnerte sich an Spaziergänge nach Zennor und an eine ruhige Zeit, als sie alle zusammen mit dem Boot hinausfuhren und sangen: »Row, row, row your boat.«

Trotz solch angenehmer Erinnerungen wurde Katherine, wie Murry berichtet, schwermütig, kaum daß sie am 7. April in Cornwall angekommen waren und zehn Tage im Gasthof Tinner's Arms in Zennor bleiben mußten; und im ersten Monat schrieb sie Briefe, die andeuten, wie verärgert sie über ihre neue Lage war.

Sie schrieb von Tagen, an denen Murry und Lawrence mit dem Rucksack auf dem Rücken im Nebel verschwanden, während sie wie Mariana allein in ihrem Turm vor dem Kamin lag, rauchte und nur die Geräusche des Mädchens in der Küche hörte. Sie hatte aufgehört zu schreiben. Ihre Gesundheit wurde durch die Feuchtigkeit Cornwalls auch nicht besser. Einen Teil ihrer Unzufriedenheit führte sie auf die öde, steinige Landschaft zurück, doch dahinter steckte ein eher persönlicher Grund. Statt daß sie mit Schreiben und den Liebesspielen mit einem ihr hörigen Murry beschäftigt war, befürchtete sie zu-

3 K. M. an Virginia Woolf, 26. April 1919, *The Letters of K. M.*, J. M. M., Bd. I, S. 228.

4 K. M. an Brett, 26. Februar 1922, *Collected Letters,* Scott und O'Sullivan, Bd. I, S. 261.

nehmend, daß sie in dem Vierergespann zur Außenseiterin werden könnte.

Lawrence kam ihr verändert vor, seine Stimmungen wechselten zwischen einer ziemlich verdächtigen »femininen« Sanftheit, während der er nähte und kleine Bilder malte, und Wutausbrüchen, in denen er auf den Tisch haute, völlig die Beherrschung verlor und zuweilen wie wahnsinnig alle gleichermaßen beschimpfte. »Nach einem dieser Anfälle ist er nun krank, hat Fieber, ist verstört und gebrochen«, schrieb sie an Beatrice Campbell.[5] Obwohl er sie sogar gewarnt hatte: »Ich selber stehe immer am Rande des Zusammenbruchs«[6], begriff sie entweder nicht, wie bedenklich sein Gesundheitszustand geworden war, oder wollte es nicht begreifen. Erst später, als auch sie von der Tuberkulose gepackt war, bemerkte sie den gleichen Hang zu Wutausbrüchen bei sich selber.

Auch für Frieda hatte sie kein freundliches Wort mehr. Selbst über ihre Häuslichkeit beklagte sie sich, besonders über ihre Angewohnheit, Wäsche mit offensichtlichem Vergnügen in riesigen Zubern zu waschen. Natürlich war das eine notwendige Arbeit, aber nichts, was Frieda tat, war recht. Sie war ein »dicker deutscher Pudding« – Katherine höhnte immer über Fett – und hatte den wahren, lieben Lawrence, so wie sie ihn kannte, wie eine Menschenfresserin ausgesaugt. Besonders Friedas Gespräche über Sexsymbole erregten ihren Unwillen; in ihrer Verzweiflung meinte die jüngere Frau, man solle doch das Lawrencesche Haus in »The Phallus« umbenennen, was Frieda aufgeräumt »eine gute Idee fand«.[7] Frieda bewunderte die Pingeligkeit Katherines und schrieb später: »Sollte ich sie mit einem Wort beschreiben, so würde ich das Wort vortrefflich wählen. Sie war vortrefflich als Mensch: weiche, leuchtend braune Haare und zartporige Haut, nicht groß, nicht klein, nicht dick und auch nicht dünn, gerade recht.

5 K. M. an Beatrice Campbell, 4. Mai 1916, *Collected Letters,* Scott und O'Sullivan, Bd. I. S. 261.

6 D. H. Lawrence an J. M. M. und K. M., 24. Februar 1916, *The Letters of D. H. Lawrence,* Boulton, Bd. I, S. 549.

7 K. M. an Beatrice Campell, 4. Mai 1916, *Collected Letters,* Scott und O'Sullivan, Bd. I, S. 262.

Wenn wir baden gingen, fand ich sie so hübsch wie eine Statuette.«[8]

Offensichtlich war die wilde junge Katherine, die so sehr auf sexuelle Befriedigung bedacht war, maßvoller geworden. Sie glaubte, daß ihre Beziehung mit Murry gerade wegen ihrer Kindlichkeit gut war, was seinem Wesen nur entgegenkam. Die zwei Tiger waren zu Kätzchen geworden. Katherine schrieb Beatrice, daß Lawrence und Frieda »zu grob sind, als daß es mir gefiele, mit ihnen zu spielen«.[9]

Nach einigen Wochen war sie überzeugt, daß sie mit den Lawrences in ihrer gegenwärtigen Verfassung überhaupt nicht zurechtkam. Ihre Beschreibungen sind nicht eben freundlich, aber hervorragende Verhaltens-Reportagen. Nie wurde die Choreographie eines ausgewachsenen Ehekrachs, in der jedes Detail und das Timing perfekt waren, so gut dargestellt. Sie sind mindestens so gut, wenn nicht besser, wie ihre besten Erzählungen und zeigen, was sie ohne Samthandschuhe und ohne Effekthascherei erreichen konnte:

> Laß Dir erzählen, was Freitag geschah. Ich ging hinüber zu ihnen zum Tee. Frieda sagte, Shelleys *Ode an eine Lerche* sei falsch. Lawrence sagte: »Du gibst an; davon verstehst du überhaupt nichts.« Dann fing sie an. »*Jetzt* habe ich aber genug. Hinaus aus meinem Haus, du kleiner Gottallmächtiger du. Ich habe genug von dir. Willst du wohl jetzt den Mund halten.« Lawrence sagte: »Ich gebe dir gleich eins auf die Backe, damit du still bist, du dreckige Göre.« Usw. Usw. Darauf verließ ich das Haus. Zum Abendessen erschien Frieda. »Ich habe endgültig Schluß mit ihm gemacht. Es ist alles für immer aus und vorbei.« Dann ging sie aus der Küche & fing an, im Dunkeln immer im Haus herumzulaufen. Plötzlich erschien Lawrence und stürzte sich wie ein Wilder auf sie, worauf ein Gekreische und eine Rauferei losging. Er schlug sie – schlug sie tot – Kopf, Gesicht und Brust und riß ihr die Haare aus. Während sie ständig nach Murry um Hilfe

8 Frieda Lawrence, *Katherine Mansfield Day by Day*, MS in der Humanities Research Center Library, Universität von Texas in Austin.

9 K. M. an Beatrice Campbell, 4. Mai 1916, *Collected Letters*, Scott und O'Sullivan, Bd. I, S. 261.

> kreischte. Schließlich rasten sie in die Küche und immer um den Tisch herum. Nie werde ich vergessen, wie L. aussah. Er war so weiß – fast grün und schlug einfach drauf – prügelte die große weiche Frau. Dann fiel er in einen Sessel und sie in einen anderen. Keiner sagte ein Wort. Stille trat ein, unterbrochen nur von Friedas Schluchzen und Schniefen. In gewisser Weise war ich fast froh, daß die Spannung zwischen ihnen für immer vorüber war – und daß sie die »Intimität« beendet hatten. L. saß da und starrte zu Boden und kaute an den Nägeln. Frieda schluchzte. Plötzlich, nach einer langen Zeit – ungefähr eine Viertelstunde – schaute L. auf und fragte Murry etwas über französische Literatur. Murry antwortete. Ganz allmählich kamen die drei wieder an den Tisch. Dann schenkte F. sich Kaffee ein. Dann redeten sie und L. allmählich wieder miteinander und sprachen einer Portion »sehr fettem aber sehr gutem Käsemakkaroni« zu. Und am nächsten Tag peitschte er sich, und das weit heftiger, als er je Frieda geschlagen hatte, und er riß sich fast ein Bein aus, um ihr das Frühstück ans Bett zu bringen und ihr den Hof zu machen.[10]

Das alles klingt sehr wahr; was wäre Katherine für eine Kriegsberichterstatterin gewesen, hätte sie eine Zeitung gefunden, die sie an die Front schickte. Weniger wahr klang es allerdings, als sie auf das Thema Murry kam. Beatrice gegenüber zeichnete sie ihn als komische Figur, die beim Sprung über die Zauntritte ständig die Hornbrille verliert. An Ottoline Morrell schrieb sie: »Murry und ich sind so glücklich zusammen – es ist wie ein Wunder«, während sie wenige Tage zuvor noch Kot anvertraut hatte, daß sie plane, im Juni nach London zu kommen, und daß ihre Unzufriedenheit keineswegs nur mit den Lawrences zu tun hätte: »Ich bin hier sehr allein ... In einem Monat ist vielleicht alles schon vorbei; ja, es wird vorbei sein. Hier gehöre ich zu niemandem. Eigentlich habe ich überhaupt niemanden, aber ich treffe Vorbereitungen, das alles zu ändern.«[11] Über die Lawrenceschen Ideen einer *Blutsbrüderschaft,* die sie ursprünglich mit

---

10 K. M. an S. S. Koteliansky, 11. Mai 1916, *Collected Letters,* Scott und O'Sullivan, Bd. I, S. 263.

11 Ibid., S. 264.

einschließen sollte, schwieg sie (»Wir wollen es ein für alle Mal besiegeln. Ich bin *Blutsbruder:* eine *Blutsbrüderschaft* zwischen uns allen. Sage K., sie soll nicht so überempfindlich sein.«[12]) Nun wurde die Angelegenheit, womöglich wegen Katherines Empfindlichkeit, nur mit Murry diskutiert, der, wie er sagte, davor zurückschreckte, da er ein »vorchristliches Blutritual« auf dem Moor befürchtete. Das alles hätte reiches Material für die Satirikerin in Katherine abgegeben. Die Tatsache, daß sie nichts dazu sagte – zumindestens nichts dazu schrieb –, sondern nur schwermütig und ärgerlich wurde, läßt vermuten, daß Murry trotz seiner Furchtsamkeit (mit der er Lawrence enttäuschte) Lawrences Bann nicht genügend Widerstand entgegensetzen konnte, um weiterhin bei ihr gut angeschrieben zu sein. Für sie war Murry nur gut, wenn er ausschließlich ihr zugewandt war.

In gewisser Hinsicht war sie die am wenigsten Unschuldige von allen. Die beiden Männer konnten übers Moor wandern und der Bedeutung der Männerfreundschaft auf den Grund gehen, und Murry konnte in seiner sentimentalen Heldenverehrung hin und her gerissen sein; doch Lawrence betätigte sich bei all seinem schmerzlichen Interesse an dem Thema und seinem Geständnis (in dem unterdrückten Prolog zu *Liebende Frauen*), daß gewisse Männer ihn körperlich anzogen, nicht homosexuell, und auch Murry hegte eine extreme Aversion dagegen; seinem Freund und Biographen Frank Lea zufolge hatte er als Schuljunge einmal einen unsittlichen Antrag erhalten, was ihm einen gehörigen Schrecken eingejagt habe. Katherine jedoch wußte eine Menge über Bisexualität und ihre Unannehmlichkeiten. Sie sagte nichts; Murry aber bekam ihren Ärger und ihre Verschlossenheit zu spüren.

Wieder erwog sie Fluchtwege. Auch wenn sie Ottoline kaum richtig kennengelernt hatte – eine große Party am Bedford Square zählte dabei kaum –, hatte sie eine schwärmerische und schmeichlerische Korrespondenz mit ihr begonnen. Es war ein gut gewählter Zeitpunkt, um eigene Beziehungen mit der Wohltäterin von Garsington aufzubauen, da Frieda und Otto-

12 D. H. Lawrence an J. M. M. und K. M., 8. März 1916, *The Letters of D. H. Lawrence*, Boulton, Bd. II, S. 570.

line brieflich heftige Streitereien ausfochten. Ottoline vertraute sich Murry und Katherine an: Murry selbst bat Ottoline insgeheim um Geld, und die £ 10, die sie ihm geschickt hatte, zahlte er ihr, zusammen mit einem hinterhältigen, herabsetzenden Brief über Lawrence und Frieda, am 12. April zurück, also noch bevor er in Higher Tregerthen eingezogen war.[13] Allein Lawrence bewahrte in diesen Auseinandersetzungen einige Würde Ottoline gegenüber – vorerst jedenfalls.

Ende Mai bedrängte Katherine Murry, nach einem anderen Haus an der Südküste von Cornwall zu suchen, was er auch gehorsam tat. Die beiden Paare zogen sich voneinander zurück, Lawrence war verblüfft, verletzt und zuweilen auch wütend. Zu dieser Zeit beschuldigte Lawrence dann Murry, eine »blutsaugende Wanze« zu sein; doch, wie er Campbell schrieb: »Warum soll ich nicht brüllen, wenn ich von der brüllenden Sorte bin?«[14] Frieda nahm die Geschichte wie immer leicht; sie hatte schon Schlimmeres erlebt. Alle akzeptierten die Entschuldigung, daß Katherine ein wärmeres Klima bräuchte. Doch kaum hatten sie sich im »Sunnyside Cottage« in Mylor eingerichtet, schrieb sie an Kot: »Das Leben ist jetzt so abscheulich, daß ich wie betäubt bin.«[15]

Sie bereitete ihren Angriff auf Garsington vor, indem sie sich, typisch für sie, selber einlud:

> Darf ich am 13. Juli zu Ihnen kommen und ein paar Tage bleiben? Ich muß am 8. nach London und würde so gern zu Ihnen kommen. Nur weiß ich nicht, ob Sie mich wollen – denn ich werde allein sein – Murry kann nicht mitkommen. Ich fühle, daß ich Ihnen so viel zu sagen und mit Ihnen zu besprechen habe. Auch wenn wir uns kaum begegnet sind – wie seltsam – Mit sehr herzlichen Grüßen an Sie stets[16]

---

13 Zit. in Paul Delany, *D. H. Lawrence's Nightmare,* Sussex (Harvester) 1979, S. 222.

14 D. H. Lawrence an Gordon Campbell, 25. Januar 1917, *The Letters of D. H. Lawrence,* Boulton, Bd. III, S. 83.

15 K. M. an S. S. Koteliansky, 24. Juni 1916, *Collected Letters,* Scott und O'Sullivan, Bd. I, S. 269.

16 K. M. an Ottoline Morrell, 27. Juni 1916, *Collected Letters,* Scott und O'Sullivan, Bd. I, S. 269.

So stellte sie mit einer Mischung aus Schmeicheleien und Lügen eine Vertrautheit her; Murry hat sie wohl gar nicht erst gefragt, ob er mitkommen könne. Auch scheint es, als habe sie so etwas wie ein Rendezvous mit Mark Gertler vereinbart; Kot war auch eingeweiht und mußte sich dann Gertlers Klagen darüber anhören, daß er in Garsington ankam und erfahren mußte, daß Katherine ihn versetzt und früher als vorgesehen nach Cornwall – und zu Murry – zurückgefahren sei.[17] Unterdessen hatte Lawrence an Kot über Katherine geschrieben:

> Ich denke – nun, sie und Jack [Murry] sind nicht sehr glücklich – sie haben so eine Art Vertrag, nach dem jeder der beiden frei ist. Auch redet sie davon, nach Dänemark zu gehen! Aber erwähne ihr gegenüber nicht, daß ich Dir etwas gesagt habe. Sie hat so viele Vorbehalte – Wirklich, ich glaube, sie und Jack haben alles zerrieben, was zwischen ihnen war – ich mag sie lieber als ihn. Er war ziemlich unausstehlich, als er hier war... [Katherine] braucht Ruhe, muß lernen, allein zu leben und ohne ein äußerliches Stimulans.[18]

Einige Tage später schrieb Lawrence erneut einen Brief an Kot:

> Wenn Du Katherine siehst, sage ihr, sie möchte uns schreiben und uns alles Neue berichten; wir denken an sie in London. – Du hast ganz recht mit ihren Wanderungen – sie will vor sich selber davonlaufen... ich wünschte nur, sie würde lernen, ruhig und allein zu sein.[19]

Das ist die Stimme eines wirklichen Freundes, voll Interesse und Zuneigung. Als Katherine aus ihrem Turm ausgezogen war, übernahm Lawrence ihn als sein Studierzimmer, und von

17 *The Selected Letters of Mark Gertler,* Carrington, S. 114; in Gertlers Briefen trägt dieser Brief das Datum des 20. Juni, was aber keinen Sinn ergibt, da Katherine sich für den 27. eingeladen hatte, wobei feststeht, daß dies ein erster Besuch sein sollte. Sollte Gertlers Brief aber vom 20. Juli stammen, würde es zu den anderen Fakten und Briefen passen.

18 D.H. Lawrence an S.S. Koteliansky, 7. Juli 1916, *The Letters of D.H. Lawrence,* Boulton, Bd. II, S. 623.

19 D.H. Lawrence an S.S. Koteliansky, 10. Juli 1916, *The Letters of D.H. Lawrence,* Boulton, Bd. II, S. 628.

Kathleen Mansfield Beauchamp mit etwa neun Jahren: die dritte, am wenigsten geliebte Tochter, bereits mit einem aufrührerischen und wißbegierigen Funkeln in den bebrillten Augen. (Sammlung der Autorin)

Mrs. Harold Beauchamp, von schwachem Herz und eisernem Willen. Sie brachte ihren Kindern Selbstkontrolle als erste Tugend bei. (Alexander Turnbull Library, Wellington)

Sir Harold Beauchamp, höchst erfolgreicher Bankier und Geschäftsmann, wollte seine Töchter zu perfekten Damen machen und schickte sie nach London zur Schule – mit ganz unerwarteten Ergebnissen. (Alexander Turnbull Library, Wellington)

Die Beauchamp-Sippe in voller Pracht, aufgenommen 1903 in Las Palmas, während der Reise nach England: (stehend, von links nach rechts) Katherine Mansfield, Harold Beauchamp, Schiffsoffizier Crow, Onkel Dyer, Vera Beauchamp; (sitzend, von links nach rechts) ›Chaddie‹ Beauchamp, Mrs. Beauchamp, Leslie Beauchamp, Kapitän Fishwick, Jeanne Beauchamp und Belle Dyer. (Alexander Turnbull Library, Wellington)

Queen's College, Harley Street: ein Mittelding zwischen Internat und College. (Queen's College)

Ida Constance Baker, Katherines treue ›Frau‹ (um 1908). (Peter Day)

Katherine im Jahre 1906, vor ihrer nur widerwilligen Rückkehr nach Neuseeland: »Die Vorstellung, dazusitzen und auf einen Mann zu warten, ist einfach scheußlich.« (Alexander Turnbull Library, Wellington)

»Sie fesselt mich, bezaubert mich – ... unbedingt ihrem Körper – gilt meine Verehrung«: die Schauspielerin Edith Kathleen Bendall; Katherine verliebte sich 1907 in Wellington leidenschaftlich in sie. (Barbara Webber)

Garnet Carrington Trowell, Katherines erster Liebhaber und Vater des Kindes, das sie verlor: ein sanfter, verträumter, gelehrter junger Musiker und wie sie aus Neuseeland verpflanzt, um in Europa zu studieren. (Dr. Hopkins)

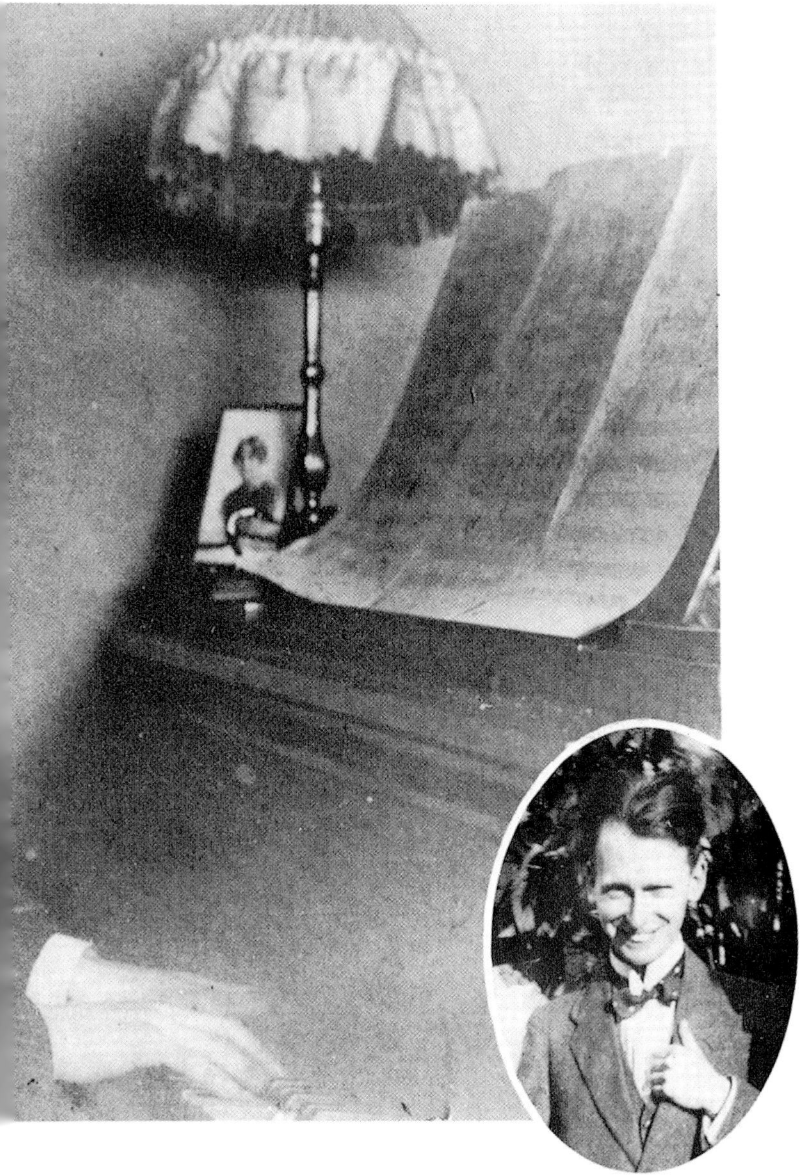

Ein weiterer Liebhaber Katherines: der Übersetzer Floryan Sobieniowski, der zu ihrem »bösen Geist« wurde, hier zusammen mit seinem berühmten Freund George Bernard Shaw. (Polish Social and Cultural Association Ltd.)

Floryan als Polen-Korrespondent des *Rhythm*. (*Rhythm*, September 1912)

George Bowden, Musiklehrer am King's College in Cambridge; ihn heiratete Katherine 1909. (Harry Ransom Humanities Research Center, University of Texas at Austin)

A. R. Orage, Katherines Mentor 1910 und 1911 und Herausgeber des radikalen *New Age*, in dem ihre ersten Erzählungen erschienen. (John Carswell)

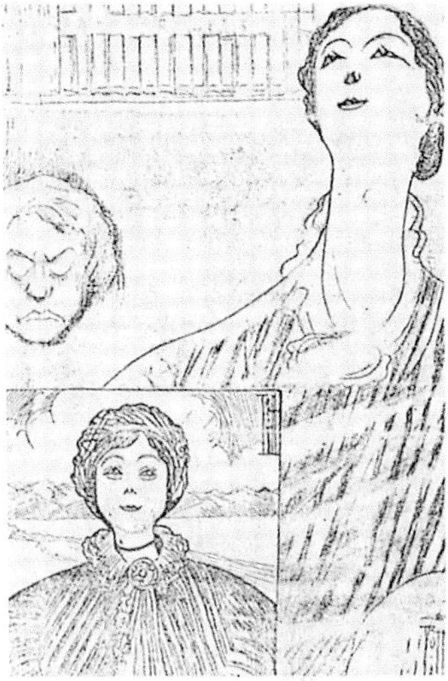

Beatrice Hastings, Orages Mitarbeiterin und Geliebte, war wie Katherine Schriftstellerin und kam aus den englischen Kolonien; sie lebte von ihrem Ehemann getrennt. (Supplement zu *New Age*, 1. Mai 1913)

Die angehende Autorin: Katherine im Jahre 1910. (*Hearth and Home*, 28. November 1912)

(*links*) John Middleton Murry 1912, mit dem Blick eines kleinen Jungen; zu jener Zeit schlug Katherine ihm vor, bei ihr zu wohnen. (Alexander Turnbull Library, Wellington)

(*unten*) Katherine, 1913, in ihrer Wohnung Chaucer Mansions: die letzten Tage des *Blue Review* und die ersten Treffen mit D. H. Lawrence und Frieda. (Peter Day)

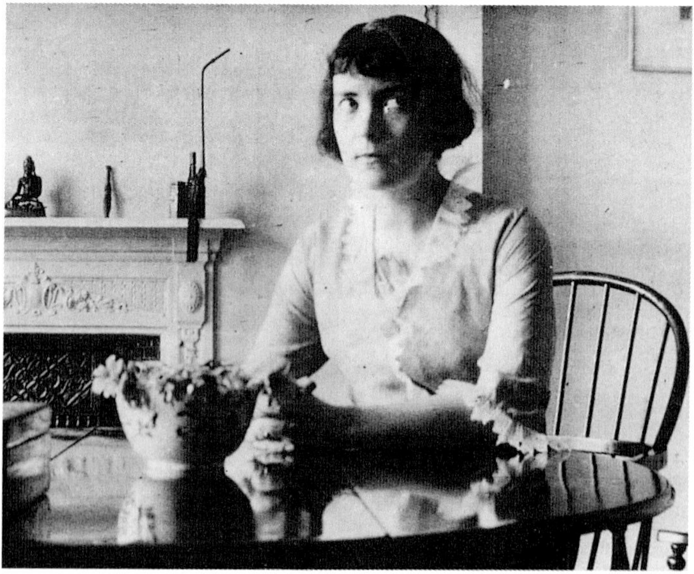

Lady Ottoline Morrell zu Hause in Garsington. (J. Vinogradoff)

Francis Carco in Zeiten seiner Freundschaft mit Murry und Katherine. (Sammlung der Autorin)

D. H. Lawrence und Frieda an ihrem Hochzeitstag 1914 mit Katherine und Murry im Garten der Campbells in Selwood Terrace. (Harry Ransom Humanities Research Center, University of Texas at Austin)

1910: Die Rekonvaleszentin in Rottingdean. (Peter Day)

1911: Die *New Age*-Autorin. (Colin Middleton Murry)

1913: Die erfolgreiche junge Autorin. (Sammlung der Autorin)

1915: Rückkehr von der Front. (Alexander Turnbull Library, Wellington).

1916: In ihrem Garten in St. John's Wood. (J. Vinogradoff)

1917: Eine dramatische Studioaufnahme. (Colin Middleton Murry)

Die Gesichter der Katherine Mansfield

August 1919: Bei der Abreise nach San Remo. (Alexander Turnbull Library, Wellington)

(*oben links*) »Ein Bruder, den man liebt«: D. H. Lawrence im Jahre 1913. (Harry Ransom Humanities Research Center, University of Texas at Austin)

(*oben rechts*) »Du bist die einzige Frau, bei der ich mich danach sehne, über das Schreiben zu reden«: Virginia Woolf in den frühen zwanziger Jahren. (Nigel Nicholson)

(*links*) Murry auf der Terrasse der Villa Isola Bella: »Ich bedaure, daß er nicht warm, begeistert, begierig, reaktionsschnell, sorglos, verschwenderisch mit sich selbst, intensiv lebendig und lebhaft ist. Aber das tut meiner Liebe keinen Abbruch.« (Alexander Turnbull Library, Wellington)

(*oben*) Villa Isola Bella, fotografiert von Ida Baker. (Alexander Turnbull Library, Wellington)

(*oben links*) Das Chalet des Sapins in Sierre. (Alexander Turnbull Library, Wellington)

(*rechts*) Katherine im Garten der Villa Isola Bella: »Ich stehe um 11 auf. Bin bis 2 unten. Komme nach oben und lege mich aufs Bett, um mich dann wieder hineinzulegen«. (Alexander Turnbull Library, Wellington)

Katherine im Jahre 1921. (Peter Day)

dort aus schrieb er seine Briefe und fuhr in der Arbeit an seinem neuen Roman fort, in dem sie – natürlich – auftaucht.

Liebende Frauen wurde zwischen April und Herbst geschrieben; der Roman wurde also begonnen, als Katherine und Lawrence noch in täglichem Kontakt standen, und beendet, als die Verbindung entfernter, wenngleich noch freundschaftlich war. Es herrscht allgemeine Übereinstimmung, daß nicht nur Hermione (teilweise) Ottoline, Birkin Lawrence selbst, Ursula Frieda nachgebildet ist, sondern auch Gerald Crich und Gudrun Murry und Katherine. Murry stritt jedwede Ähnlichkeit mit sich und Katherine ab, verabscheute das Buch und las es zum Teil als einen Angriff auf seine Auffassung von Liebe. Wahr ist allerdings, daß Crich mit Ausnahme einiger weniger Bemerkungen, die von ihm stammen könnten, und der Verweigerung der *Blutsbrüderschaft* wenig mit Murry gemein hat: er ist der weltlich gesinnte Sohn eines Industriemagnaten, der die Zirkel und Modelle der Boheme frequentiert und brutal gegenüber seiner Arbeiterschaft verfährt.

Bei Gudrun steht die Sache anders. Zweifellos ist sie in vieler Hinsicht deutlich mit Katherine verwandt, und außer auf den letzten Seiten des Romans ist das Porträt warm und voller Zuneigung; vielleicht hat Murry sich daran gestoßen. Gudrun ist außergewöhnlich hübsch und attraktiv, hat dunkle, zuweilen »erweiterte« Augen und trägt eine ausgesuchte, bis zur Kühnheit individuelle Kleidung. Wohin sie auch geht, überall wird sie bewundert; sie hat eine künstlerische Begabung, ist charmant, geistvoll, eine gewandte Rednerin, ein wenig Feministin, ein wenig Zynikerin. Wie Katherine, ist Gudrun »ein ruheloser Vogel... ein Paradiesvogel«, stets bereit, ihre Kunst liegenzulassen, wenn etwas anderes ihre Aufmerksamkeit erregt. Stets plant sie, irgendwohin ins Ausland zu reisen, nach Rußland oder München oder Rom, es mangelt ihr an Stehvermögen, und oft verteidigt sie sich. Wenn Lawrence beschreibt, wie Gudrun den Männern ihre Freiheit neidet, hören wir Katherines Stimme: »›Frei sein, ungebunden, ohne Fessel!‹ sagte Gudrun mit roten Wangen und leuchtenden Augen. ›Wären wir Männer, wir täten, wozu wir Lust hätten und kennten nicht die tausend Hindernisse, die den Frauen im Wege stehen.‹«[20] Und später protestiert sie dagegen, daß sie sich zum Baden nicht einfach ausziehen kann: »Ist denn das nicht lächerlich, verkürzt uns das nicht einfach das Leben?« Als sie dann schwimmt und mit ihrer Schwester singt und tanzt, sehen wir Katherine und Frieda in ihren heiteren Momenten; wenn sie in ein kleines Boot steigt und leichthin sagt: »Es ist wunderschön – als ob man in einem Blatt säße«, dann ist das genau Katherines Trick der Miniaturisierung.

Auch ihrer Selbstironie begegnen wir, wenn Gudrun einerseits sagt, sie könne es nicht ertragen, verheiratet und »in ein Haus gesteckt« zu sein, um dann fast unmittelbar darauf zu gestehen, sie habe die Vision

> eines rosigen Raums, in dem sie in einem wunderschönen Umhang steht und ein gut aussehender Mann im Abendanzug sie im Schein des Kaminfeuers in den Armen hält und sie küßt. Dies Bild nannte sie »Heim«. Für die Royal Academy hätte es genügt.[21]

Romanautoren zeichnen nur sehr selten genaue Porträts, und der »Beweis«, daß eine Figur einer realen Person nachgebildet wurde, ist eine knifflige und letztlich unmögliche Sache. Dennoch läßt nicht nur die Ähnlichkeit zwischen bestimmten Episoden im Buch mit bekannten Begebenheiten, an denen Katherine und Lawrence beteiligt waren (darunter auch eine Fahrt auf der Themse, die einer wirklichen im Sommer 1914 ähnelt, ebenso auch der vielzitierte Vorfall im Café Pompadour), vermuten, daß wesentliche Züge von Katherine auf Gudrun übertragen wurden. Zweifellos gab es eine echte Vertrautheit zwischen ihr und Lawrence, die ihn über viele Jahre hinweg beschäftigte; noch im März 1919 schrieb er ihr: »Deiner bin ich mir sicher – ich war es seit Cornwall, nur nicht Jacks.«[22]

Im folgenden Text liegt Gudrun nachts wach, wie Katherine es so oft von sich beschrieben hat:

---

20 D. H. Lawrence, *Liebende Frauen,* Aus dem Englischen übertragen von Th. Mutzenbecher, Reinbek (Rowohlt, rororo 929) 1978, Kap. 4.

21 Ibid., Kap. 17.

22 D. H. Lawrence an K. M., 27. März 1919, *The Letters of D. H. Lawrence,* Boulton, Bd. II, S. 628.

Alles sah sie vor sich, ihre Kindheit, ihre Mädchenzeit, die vergessenen kleinen Geschehnisse, die unbegriffenen Einflüsse, alles, was sie damals nicht verstanden hatte von den Dingen, die ihr und ihrer Familie, ihren Freunden, ihren Liebhabern, ihren Bekannten, allen Menschen überhaupt begegnet waren. Ihr war, als zöge sie ein glitzerndes Seil der Erkenntnis aus dem Meer des Dunkels. Sie zog und zog es herauf aus der bodenlosen Tiefe der Vergangenheit, es war noch immer nicht zu Ende. Es hatte gar kein Ende. Fort und fort mußte sie das schillernde Seil aus den unendlichen Schlünden des Unbewußten hervorzerren, ...[23]

Ein anderes Mal, als ihr Liebhaber schläft und sie mit Schlaflosigkeit geplagt ist, sinniert sie, »es gibt vollkommene Augenblicke«, über einen sehr charakteristischen Mansfield-Zug:

Wach auf, Gerald, wach auf, überzeuge mich davon! Ach ja, überzeuge mich, ich habe es nötig.

Er öffnete die Augen und sah sie an. Sie grüßte ihn mit einem spöttischen Rätsellächeln, in dem es beizend lustig schillerte; und über sein Gesicht zog das Abbild ihres Lächelns, völlig unbewußt.

Sie freute sich riesig, als sie das Lächeln auf seinem Gesicht erscheinen sah. So lächelte ja das Kind in der Wiege. Es war ihr eine unerhörte, strahlende Freude.[24]

Am Schluß des Buches betont Lawrence Gudruns Labilität und Zynismus sowie die Enttäuschung ihres Liebhabers; obwohl Crich in ihre Privatsphäre einzudringen sucht, wogegen sie sich wehrt, gesteht er auch, daß in dem Zusammensein mit ihr auch etwas Enttäuschendes liege. Zu Anfang erscheint es als »eine große Erfahrung, etwas Endgültiges – und dann – schrumpft man, als habe man einen elektrischen Schlag erhalten.«[25] Was Gudrun betrifft:

Wollte sie »das Gute«? Wer das von Gudrun annehmen

---

23 D. H. Lawrence, *Liebende Frauen*, Kap. 24.

24 Ibid., Kap. 29.
Dieser eigenartige Vorfall von einem widerspiegelnden Lächeln kommt auch in Katherines Erzählung *An der Bucht* vor, wo Linda Burnell das Lächeln ihres kleinen Söhnchens auf dieselbe Art beantwortet.

25 Ibid.

> konnte, war sehr dumm. Das war die Fassade ihrer Wünsche. Doch brauchte man nur über die Schwelle zu gehen, und man fand sie ganz und gar zynisch in bezug auf die menschliche Gesellschaft und das, was sie bieten konnte. Wer im Haus ihrer Seele war, atmete eine scharfe, beizende Luft, eine schwüle Nacht des Gefühls und eine emsige, kritisch feine Bewußtheit, die die Welt verzerrt sah, grauenhaft.[26]

Natürlich war es Murry, der Katherines »Gütigkeit« beanspruchen wollte und der entsetzt war angesichts der zynischen, kritischen Katherine, die Orage, Lytton Strachey, Leonard Woolf und andere aufmerksame Beobachter bei ihr ausmachten. Das Bild, das Lawrence von ihr gezeichnet hat, ist auf eine Weise scharf, wie es Murry nie hätte wahrnehmen können.

Lawrence und Frieda verbrachten im August noch ein Wochenende mit Murry und Katherine in Mylor, wobei der Schein der Harmonie gewahrt blieb. Danach ging Murry auf Distanz, trotz einiger Versuche Lawrences, die Vertrautheit wiederherzustellen. Von Zeit zu Zeit korrespondierten Katherine und er – er schickte ihr tröstende Worte zum Jahrestag des Todes ihres Bruders; sie ergriff mehrere Gelegenheiten, um ihn zu verteidigen. Die berühmteste ist der Vorfall im Café Royal Ende August. Als sie einmal dort mit Kot und Gertler saß, hörte sie mit, wie zwei indische Studenten Lawrences kürzlich erschienene Gedichte, *Amores,* lasen und darüber lachten; sie fand das respektlos und bat sie in ihrer typischen dramatischen Art höflich um das Buch, und als sie es ihr gaben, drehte sie sich einfach um und verließ das Lokal. Es war eine eindrucksvolle Szene, und als Kot Lawrence davon berichtete, fügte dieser sie sofort in seinen Roman ein. Auch vor Ottoline verteidigte sie ihn noch, indem sie ihr sagte, daß Lachen die beste Antwort auf seine Attacken und Obsessionen sei. Kurzum, die Freundschaft zwischen Lawrence und Katherine war keineswegs am Ende, auch wenn sie zu jener Zeit nicht gerade im Zenit stand.

Und Katherine und Murry? »Das Leben fühlt sich wundervoll und anders an, denn endlich bin ich wieder frei«, schrieb sie

---

26 Ibid., Kap. 30.

Kot vor ihrer Abreise im Juli nach London und anschließend Garsington.[27] Das war eine Illusion. Sie trat nun in einen neuen und größeren Zirkel ein, doch dieser würde sie nicht von Murry entfernen. Immer wenn sie nervös wurde, suchte sie bei ihm Zuflucht, und obwohl sie während der nächsten achtzehn Monate ein kompliziertes Versteckspiel miteinander spielten, war Katherine am Ende von ihren beiden Geliebten Murry und Ida – die nun wieder auf dem Weg von Rhodesien nach England war – abhängiger als je zuvor.

Eine Zeitlang sah es so aus, als wäre Murry ebenso bereit zu einem endgültigen Bruch wie Katherine. Bezeichnenderweise bewahrte er keinen seiner Briefe an sie zwischen August 1916 und 1918 auf; auch seine Erinnerungen an die Art seiner Beziehung zu ihr während dieser Zeit sind bewußt vage. Allerdings schreibt er in einem Brief an Ottoline (vom 31. August 1916): »Ich habe den seltsamen Verdacht, daß ich in Sie verliebt bin«[28], und das ist nicht seine einzige derartige Erklärung. In diesem Herbst schien Murry erfolgreicher als Lawrence; zwei Bücher erschienen von ihm (sein Roman und seine Studie über Dostojewskij), und die Zuwendung und der Schutz von Garsington waren ihm wichtig. Dort lernte er John Sheppard kennen, der ihm eine Stelle als Übersetzer im Kriegsministerium verschaffte, wodurch er erneut um den Militärdienst herumkam und dabei auch noch ein sehr ordentliches Einkommen hatte. Auch muß er Ottoline bei dieser Gelegenheit einen Wink gegeben haben, daß sie die »Schurkin« in Lawrences neuem Roman sei; sie erfuhr es Ende November, als Murry dort ohne Katherine wohnte. Solchermaßen aufgeschreckt, bestand Ottoline auf Einsicht in das Manuskript von *Liebende Frauen* und war über die Figur der Hermione derart aufgebracht, daß sie Lawrence drohte, sie würde ihn vor Gericht bringen, sollte er das veröffentlichen, und ihm das nie verzieh. Lawrence steckte nun in tiefster Armut; für seine beiden bedeutenden Romane – die Arbeit von drei bis vier Jahren – fand er keinen Verlag. Aller-

27 K. M. an S. S. Koteliansky, 3. Juli 1916, *Collected Letters*, Scott und O'Sullivan, Bd. I, S. 270.

28 Delany, op. cit., S. 252.

dings war Ottoline nicht das einzige Hemmnis; kein Verleger wagte sich damals an *Liebende Frauen.*

Murry warb weiter um Ottoline, und im folgenden Sommer brachte er seinen jüngeren Bruder auf dem Gut unter, wo er auf dem Hof mit den Kriegsdienstverweigerern arbeitete, die die Morrells aufgenommen hatten. Ottoline bot Murry und Katherine schließlich das Verwalterhaus an, auf das auch Lawrence einmal gehofft hatte. Als Murry Ottoline eines Abends fragte, ob er in ihr Herz »dringen« dürfe, diese ihn daraufhin zu einem Spaziergang bei Mondschein einlud und er am nächsten Tag nach London eilte, um Katherine zu gestehen, daß Ottoline sich wohl ihn ihn verliebt habe, war er zu weit gegangen. Aber dennoch vergaben ihm beide Frauen. Lawrence gegenüber blieb Ottoline dagegen hart.

Auch Katherine kam, trotz des Fiaskos ihres gescheiterten Rendezvous mit Gertler, in Garsington gut an. Laut Brett, die zur gleichen Zeit da war, besuchte sie sie in ihrem Zimmer und schlug ihr einen Pakt ewiger Freundschaft vor. Brett lag ihr vollkommen zu Füßen. Mit ihrem Malerblick gab sie eine gute Beschreibung ihrer Freundin:

> klein, das glatte Haar fest an den Kopf gebürstet, der Pony über die weiße Stirn geglättet... ihre Bewegungen sind sparsam; kontrollierte, kleine, reservierte Gesten. Die dunklen Augen blicken ganz wie die eines Vogels umher, das bleiche Gesicht ist eine ruhige Maske, voll verstecktem Gelächter, Witz, Ausgelassenheit. Doch sie ist vorsichtig, mißtrauisch, auf der Hut.[29]

Katherine erlaubte anderen Frauen schwesterliche Vertrautheit: Carrington, die von ihr fasziniert war, Mlle. Baillot, Julian Morrells Schweizer Gouvernante (die spätere Frau von Julian Huxley), die sie reizend und aufmerksam fand, und auch Ottoline selbst. Katherine wurde daraufhin öfters eingeladen, auch wenn Ottoline ihr nicht ganz erlag; wie jeder wurde auch sie gern geliebt und hofiert, doch nach und nach verdächtigte sie Katherine der Unaufrichtigkeit und des Neids. Gewiß besaß Garsington all den Luxus, den sie in der kurzen Zeit zwischen

---

29 Brett, *Lawrence and Brett,* London (Martin Secker) 1933, S. 17.

1907 und 1908 kennengelernt hatte, und obwohl sie ihn bewußt abgelehnt hatte, sehnte sie sich halb und halb noch immer danach. Katherine fühlte sich ihren Schwestern mit deren angenehmem, leichtem Leben überlegen, gleichzeitig aber verspürte sie auch eine neidvolle Wut; Ottoline dagegen, die sie zur Ehrenschwester ernannt hatte, schätzte sie und lehnte sie gleichzeitig ab.

Die Schmeicheleien und der »Charme« von Katherines Briefen an Ottoline gehören zu ihren gröberen Effekthaschereien; trotzdem war Ottoline berückt. Nicht nur, weil sie leichtgläubig gewesen wäre – sie entdeckte in Katherine auch etwas von ihrem eigenen rebellischen Wesen, und das war ihr sympathisch. Katherines Skizze *In Confidence* liest sich fast wie eine Abschrift der Konversation ihrer Gastgeberin:

> Vielleicht werden du und ich einmal gute Freunde – was spürst du? Manchmal denke ich, du magst mich – manchmal bin ich mir da nicht so sicher. Seltsame kleine geheimnisvolle Person! Meinst du, irgend etwas, das du mir aus deinem Leben und deinen Erfahrungen erzählen könntest, könnte mich schockieren? Ich glaube nicht, meine Liebe. Ich brenne darauf, es zu erfahren und Sympathie und Verständnis aufzubringen. Ich habe das eigenartige Gefühl, daß wir beide auf gewisse Weise sehr ähnlich sind. Wie auch immer, wir werden mutig sein... Vielleicht wollen wir sogar dieselben Dinge.[30]

Katherine hörte und haßte den gönnerhaften Ton; doch wenn Ottoline ihrer tapferen jungen Freundin sagt: »vielleicht wollen wir sogar dieselben Dinge«, dann hat sie auch etwas Rührendes und Einfühlsames.

Garsington wurde mehr als eine Art Crotchet Castle oder Gryll Grange beschrieben, die imaginären Landhäuser, in denen Thomas Love Peacock seine Figuren zu gewagten Gesprächen und Intrigen versammelte, denn als irgendein Ort in der wirklichen Welt. Es war Ottoline nämlich gelungen, ihre frühen Ambitionen zu verwirklichen und sich mit unterhaltsamen Menschen zu umgeben; die Flucht von den Cavendish-Ben-

30 *New Age*, 24. Mai 1917.

tincks war ihr zu einem Triumph geraten (dennoch verstand sie sich weiterhin gut mit ihnen, und einer ihrer Brüder kaufte Gemälde von ihren Freunden), und sie wuchs rasch in die Rolle der Patronin, Wohltäterin und Muse hinein. Fünf Jahre lang hatte sie Bertrand Russell in Bann geschlagen, wonach dieser ihr bescheinigte, sie habe ihm nicht nur die Erfahrung der Leidenschaft gegeben, sondern auch erreicht, daß sein Gehirn besser arbeitete. Sie hatte auf der Freiheit zu dieser Affäre bestanden und sich gleichzeitig geweigert, ihre Ehe aufzugeben. Es war nicht leicht gewesen, aber es hatte funktioniert, wobei die intellektuelle Freundschaft für Ottoline immer wichtiger war als der sexuelle Teil der Beziehung. Folglich wurde Russell allmählich immer unruhiger und schaute sich nach anderen Frauen um, was ihn aber nicht davon abhielt, ein ständiger Besucher in Garsington zu sein.

Das Haus, das man von Oxford aus mit dem Fahrrad erreichen konnte, war ein steinerner jakobinischer Herrensitz. Der Garten war eine Anlage aus Rasenflächen und üppigen Blumenrabatten, Wegen und Teichen, in denen Fische ebenso wie Gäste schwimmen konnten. Es gab auch Pfauen, und, so einer der scharfzüngigen Gäste:

> Ottoline selbst war einem ihrer Pfauen nicht unähnlich. Sie schwebte im Haus und auf den Terrassen mit wunderlichen Schals in leuchtenden Farben und anderen fließenden Gewändern umher; ihre dilettantisch rotgefärbten Haare, ihr Kopf, den sie in dem gleichen Winkel wie die Vögel gen Himmel reckte, sowie ihre seltsam näselnde Stimme und ihr wieherndes Lachen machten einen darauf gefaßt, sie könnte jeden Augenblick in einen jener durchdringenden Pfauenschreie ausbrechen.[31]

Ottoline vereinte ihren eigenen prächtigen Geschmack mit einem Respekt für den Geschmack ihrer Künstlerfreunde und hatte das Haus mit leuchtenden Farben und ebensolchen Stoffen ausgestattet. Es war groß genug, um ein halbes Dutzend Gäste ohne Schwierigkeiten aufzunehmen; dazu gab es noch Häuschen für zusätzliche Besucher (Katherine wurde einmal in

31 Leonard Woolf, op. cit., S. 198.

der Dachkammer der Erzieherin einquartiert – eine andere Welt, wie sie vermerkte); und so wie ihre Farben, vermengte sie auch ihre Freunde aus der Aristokratie und der Welt der Politik mit anderen Gruppen: Progressiven und Pazifisten, Dichtern, Malern und Schriftstellern, manche berühmt und von hohem Rang, andere wieder unbekannt und sogar bedürftig.

Russell steckte Katherine offensichtlich in seine geistige Privatsammlung emanzipierter junger Frauen mit Verstand, die sexuell verfügbar sein könnten. In diesem Sommer begegnete er seiner zukünftigen Frau, Dora Black, die Fellow von Girton College in Cambridge und eine enthusiastische Anhängerin der freien Liebe war; außerdem ließ er sich auf eine Affäre mit der Schauspielerin Constance Malleson ein, ohne dabei seine Verbindungen zu Ottoline zu kappen. Bald stellte er auch Katherine nach. Lytton Strachey bemerkte, sie sei »sehr amüsant und hinreichend rätselhaft«; das jedenfalls erzählte er Virginia Woolf und gab dabei Katherines Lob ihres Romans *The Voyage Out* weiter, den Ottoline ihr geliehen hatte.

> »Katherine war mir drei Jahre lang auf den Fersen«, schrieb Virginia Woolf.
>
> Ich bin immer kurz davor, sie zu treffen oder ihre Erzählungen zu lesen, und beides habe ich nie geschafft... Bitte arrangieren Sie doch ein Treffen – Wir fahren im September nach Cornwall, und sollte ich einer Frau auf einem Fels oder im Meer begegnen, die ihrer Beschreibung entspricht, dann werde ich sie ansprechen...[32]

Nur war Katherine im September nicht mehr in Cornwall, da Brett sie zunächst in ihr Studio in Earls Court eingeladen und ihr danach angeboten hatte, mit Murry in das Haus Gower Street Nr. 3 in Bloomsbury zu ziehen, das sie und ihre Künstlerkollegin Carrington von Maynard Keynes gemietet hatten. Brett taufte diese Wohngemeinschaft »The Ark«, und bald waren Russell und Lytton ständige Besucher; Brett lamentierte darüber, daß alle immer nur wegen Katherine kamen. Als Ida nach zweijähriger Abwesenheit aus Rhodesien zurückkam, ließ

---

32 Virginia Woolf an Lytton Strachey, 25. Juli 1916, *The Letters of Virginia Woolf: 1912-22*, Nicolson, Bd. II, S. 107.

man sie bald spüren, daß sie überflüssig war. Fürs erste zog sie sich klugerweise zurück, wohnte bei anderen Freunden und besorgte sich einen Job in einer Flugzeugfabrik in Chiswick, wo sie zusammen mit mehreren aristokratischen Damen Kriegsarbeit verrichtete.

Katherine war sehr beschäftigt, wenn nicht mit ihrer Arbeit, so doch mit ihrer eigenen Beliebtheit. Einladungen kamen von Mary Hutchinson, von den Woolfs in Richmond (ein erstes Abendessen, das von keiner Seite kommentiert wurde), von Lytton zu Teepartys, von Ottoline auf ein Wochenende, von Russell zu mehreren privaten Treffen. »Ich würde zu gern am Mittwoch zum Tee zu Ihnen kommen, doch habe ich eine Verabredung, die ich einhalten muß. Vor sechs werde ich nicht frei sein. Und wenn ich dann zu Ihnen in die Wohnung käme?«,[33] schlug sie kess vor, und im nächsten Brief sagte sie ihm:

> Soeben habe ich Ihren Brief wieder gelesen, und nun schmerzt mir der Kopf von einer Art süßer Erregung... am Dienstagabend werde ich Ihnen eine Menge Fragen stellen. Ich möchte mehr von Ihrem Leben wissen – so sehr viele Dinge... Vielleicht ist genügend Zeit, aber jetzt im Augenblick bin ich teuflisch ungeduldig... Ich werde Ihren Brief nicht noch einmal lesen – Er »beunruhigt« mich viel zu sehr – doch danke ich Ihnen – Haben Sie Dank dafür.[34]

Unwahrscheinlich, daß dieses Flirten unbemerkt blieb oder nicht zur Sprache kam. Katherine war es sehr unangenehm, wenn über sie geredet wurde, und sie nahm sich bald vor dem Bloomsbury-Klatsch sehr in acht, da sie von Lytton und Clive Bell zu Recht Bösartigkeiten befürchtete. Natürlich war auch ihre eigene Unterhaltung nicht eben von Diskretion und Zartheit geprägt; Russell schrieb später einmal, daß »ihre Unterhaltung wunderbar war, viel besser als was sie schrieb, besonders wenn sie darüber redete, was sie vorhatte zu schreiben, doch wenn sie über Leute redete, war sie mißgünstig, dunkel und

---

33 K.M. an Bertrand Russelll 1. Dezember 1916, *Collected Letters*, Scott und O'Sullivan, Bd. I, S. 286.

34 Ibid., 7. Dezember 1916.

voller beunruhigendem Scharfsinn«.[35] Auch Carrington zog ihr gesprochenes ihrem geschriebenen Wort vor; sie beschrieb sie einmal als »eine außergewöhnliche Frau, geistreich und mutig, sie hatte viel von einer Abenteurerin und dazu die Sprache eines Marktweibs aus Wapping«[36].

Weihnachten 1916 war Murrys zweites und Katherines erstes Fest in Garsington. Alle Bewohner von »The Ark« waren eingeladen, dazu Russell, Lytton und der junge Aldous Huxley; Clive Bell wohnte schon dort, offiziell arbeitete er als Kriegsdienstverweigerer. Katherine hatte für alle Geschenke, darunter einen blauen Emailtopf für Mlle. Baillot; Murry kam mit leeren Händen. Das machte er dadurch wett, daß er Brett und seiner Gastgeberin schmeichlerische, um nicht zu sagen amouröse Entschuldigungskärtchen aufs Kopfkissen legte. Die Feiertage gingen mit Gesellschaftsspielen und der Aufführung eines kleinen pseudorussischen Stücks vorüber, das Katherine inszenierte und für das Lytton sich einen falschen roten Bart anlegte. Damals fand man es sehr komisch; das Fragment allerdings, das uns erhalten ist, läßt eher vermuten, daß der Witz weniger im Text als vielmehr in der Aufführung gelegen haben muß.

Die Weihnachtsgesellschaft fuhr gemeinsam mit der Bahn zurück nach London. In ihrem Dankesbrief an Ottoline beschrieb Katherine, wie Russell einen Packen Dokumente, die mit seiner Arbeit für Kriegsdienstverweigerer zu tun hatten, aus seinem grünen Attachékoffer nahm und auf ihrem Schoß ausbreitete. Sie klang fröhlich, hatte aber schon begonnen, sich seinen Werbungen zu entziehen. Auch hatte sie beschlossen, aus »The Ark« auszuziehen und sich eine eigene Wohnung zu suchen, um ganz unabhängig, auch von Murry, zu sein. Es ist daher unwahrscheinlich, daß sie Russell aus Liebe zu Murry zurückwies. Eher stand eine allgemeine (und endgültige) Ernüchterung von sexuellen Verstrickungen dahinter, die ihr so viel Schaden zugefügt hatten.

Russell war nicht der Mann, der sich leicht in Zaum halten

35 *The Autobiography of Bertrand Russell*, London (Allen & Unwin) 1963, Bd. II, S. 291.

36 Gerald Brenan, *Personal Record*, London (Hamish Hamilton) 1974, S. 57.

ließ, was viele seiner Frauen und Freundinnen bezeugen können; Murrys sexuelle Furchtsamkeit und Unbeholfenheit, sein fügsames Wesen waren für Katherine eine weit sicherere Angelegenheit. Im Januar, als sie die Sache mit Russell langsam ausklingen ließ, schrieb sie Murry: »Mein einziges überwältigendes Gefühl ist, daß wir beide dieses Jahr frei sein müssen, um zu schreiben – und daß selbst unser gemeinsames Leben dafür hintanstehen muß.«[37] Es war ein liebevoller Brief, in dem sie aber auch sehr deutlich machte, daß sie einen eigenen Bereich für ihre Arbeit brauchte, und in dem sie ihre damaligen gemeinsamen häuslichen Probleme schonungslos darlegte:

> Erinnerst Du Dich noch so lebhaft wie ich an ALL die Häuser, ALL die Wohnungen, ALL die Zimmer, die wir gemietet und aus denen wir wieder ausgezogen sind... Fürs erste haben sie mich zerbrochen, und ich muß von einer Woche auf die andere leben und darf mich nicht gebunden fühlen... Die Zeit verrinnt, und wir können es uns nicht leisten, ein weiteres Jahr zu vergeuden.[38]

Auch hatten ihr Hausmakler und St. John Hutchinson durch seine Weigerung, ihr eine Referenz für die Anmietung einer Wohnung zu geben, die Demütigungen ihres quasi-ehelichen Status schmerzlich bewußt gemacht. In London forderte die Ehrbarkeit eben nicht weniger ihren Tribut als in Wellington. Irgendwann 1917 scheint Murry seinen Eltern gesagt zu haben, er und Katherine hätten geheiratet[39], eine Lüge, die bedeutete, daß sie, würden sie tatsächlich einmal heiraten, dies vor ihnen geheim halten mußten. Zunächst jedoch zog erst sie, dann auch er in getrennte »Studios« in Chelsea; ihres lag in der Old Church Street 141A (die erste Studiowohnung, die sie gefunden hatte, wurde ihr von einem »perfiden Polen weggeschnappt«, wie sie in einem Brief an Ottoline schrieb; man ist versucht zu glauben, es könnte Floryan gewesen sein[40]). Es war eine roman-

---

37 K. M. an J. M. M., Anfang Januar 1917, *Collected Letters,* Scott und O'Sullivan, Bd. I, S. 291.

38 Ibid., Januar 1917, S. 290.

39 F. A. Lea, *John Middleton Murry,* London (Methuen) 1959, S. 84.

40 K. M. an Ottoline Morrell, 14. Januar 1917, *Collected Letters,* Scott und O'Sullivan, Bd. I, S. 291.

tische Wohnung, eingezwängt zwischen zwei Häusern, mit einem riesigen hohen Nordfenster am einen Ende und Glastüren mit Bäumen davor am andern, dazu ein mit einem Vorhang abgeteiltes Schlafzimmer und eine Galerie, in der Katherine bald Ida einquartierte, die zuweilen Besucher durch unvermittelte Lebenszeichen hinter dem Vorhang oder darüber überraschte.

Katherine schlug nun mehrere falsche Wege ein. Eine Zeitlang agierte sie als Komparsin, fand es mörderisch und gab es auf; am Ende des Winters erkrankte sie an Bronchitis und konnte ihre rechte Hand nicht benutzen, vermutlich wegen rheumatischer Schmerzen. Dann plante sie ein abendfüllendes Stück, das *A Ship in the Harbour* heißen sollte; nichts davon ist erhalten, obwohl sie im April immerhin bis zum dritten Akt gekommen war. Ihr alter Inkubus Floryan hinterließ um diese Zeit auf andere Art Spuren, denn es existieren Fragmente einer Übersetzung des polnischen Dramatikers Wyspianski, die von ihr und ihm stammt, doch sagte sie niemandem etwas davon. Im Frühjahr schrieb sie wieder für einen alten Kollegen, Orage; es war eine Serie von Dialogsketchen, von denen keiner an die Qualität ihrer Texte im *New Age* von 1911 und 1912 heranreicht. Sie waren flüchtig hingeschrieben und geben keinen Hinweis darauf, daß eine Dramatikerin in ihr schlummerte, wie scharf ihr Gehör für gesprochene Sprache auch war. Es steht zu hoffen, daß Ottoline das *New Age* nicht gelesen hat, denn sie schickte Katherine Blumen und drängende Einladungen, bei ihr zu wohnen, und erhielt dafür überschwengliche »literarische« Briefe, gerade als der Dialog erschien, in dem sie als affektierte und absurde Gastgeberin auftaucht.

Die einzige gute Arbeit, die sie 1917 produzierte, war ihre Überarbeitung von *The Aloe*. Sie kam durch die allmählich sich entwickelnde Freundschaft mit Virginia Woolf zustande. Die Annäherung dieser beiden labilen, empfindlichen, außergewöhnlichen Frauen ging sehr zögerlich vonstatten. Seit 1908, als sie hier kurz auftauchte, war Virginias Leben nicht weniger alptraumhaft verlaufen als Katherines, und ihr selbstgewählter Weg als Schriftstellerin war weit weniger geradlinig, als man ihr damals prophezeit hätte.

In Bloomsbury-Kreisen stand sie lange Zeit gewissermaßen

im Schatten ihrer vitalen Schwester Vanessa, die, zusammen mit ihrem Mann Clive Bell, den Brennpunkt für Virginias Gefühle darstellte. Sie lehnte Heiratsanträge von (unter anderem) Lytton Strachey 1909 und Sydney Waterlow 1910 ab. In jenem Jahr arbeitete sie viel für die Suffragettenbewegung, erlitt aber auch einen Nervenzusammenbruch, der so schwer war, daß sie in ein Pflegeheim mußte.

Nach ihrer Genesung entdeckte sie Asheham House, das in den Downs hinter der Küste von Sussex versteckt lag, und mietete es; dennoch lebte sie die meiste Zeit in London, reiste zuweilen mit den Bells und hielt sich in ihrem Zirkel auf. Als sie dann schließlich doch heiratete, blieb sie innerhalb der Gruppe; Leonard Woolf war mit ihren Brüdern, mit Lytton und Sydney in Cambridge gewesen. Sein Interesse galt der Literatur und der Politik, und er wollte beide verfolgen, während er sich gleichzeitig mühte, ihren gefährdeten Geisteszustand in der Balance zu halten; um zu heiraten, quittierte er den Dienst im Kolonialministerium. Ihr erster Roman aus dieser ganzen Zeit blieb unvollendet.

Sie heirateten im August 1912. Es gibt viele Hinweise darauf, daß sie sich in sexueller Hinsicht als ungeeignet für eine Ehe empfand, so sehr sie ihren Mann auch liebte, und ihr Geisteszustand blieb angegriffen. Der Roman jedenfalls war im März 1913 fertig. Später in diesem Jahr unternahm sie einen Selbstmordversuch und war erneut für zwei Monate in einem Pflegeheim; eine weit längere Zeit verbrachte sie in der Obhut von Schwestern und von Leonard. 1914 schien es ihr besser zu gehen, aber die Ärzte bestimmten, daß sie keine Kinder bekommen durfte, was vielleicht ihre Sicht von sich als einer mangelhaften Frau bestärkte.

Im März 1915 schließlich erschien *The Voyage Out* in dem Verlag ihres Halbbruders Gerald Duckworth. (Wer mit ihrer Geschichte vertraut ist, weiß, daß sie ihn später in ihren Memoiren beschuldigte, sich an ihr, als sie noch ein Kind war, vergangen zu haben). Gleich nach der Veröffentlichung hatte sie wieder einen schweren Anfall von Geisteskrankheit – Halluzinationen, wüste Beschimpfungen ihrer Pflegerinnen und Leonards, Verweigerung der Nahrungsaufnahme. Erst 1916 vermochte sie in einer gewissen Normalität zu leben. Sie teilte ihre Zeit zwischen einem Haus in Richmond und Asheham auf, griff wieder als Rezensentin zur Feder und begann einen neuen Roman, ständig liebevoll und zärtlich von Leonard auf jedwede Anzeichen von Überanstrengung hin überwacht.

1917 schlug er ihr vor, in Richmond ein eigenes kleines Druck- und Verlagshaus zu gründen; er hatte die Hoffnung, Virginia eine Beschäftigung zu geben, die emotional weniger aufzehrend war als das Schreiben. Sie willigte ein, und die Hogarth Press war geboren. Es war klar, daß sie wohl kaum etablierte Autoren anziehen würden, und so sahen sie sich nach solchen um, die sich noch einen Namen zu machen hatten. Und da stand Katherine ganz oben auf der Liste.

Anfangs empfand Virginia Katherine »billig und hart« in ihrer Art, »unangenehm, aber zwingend und absolut skrupellos«.[41] Trotz dieses scharfen Urteils suchte sie sie in der Old Church Street auf und bat sie um eine Erzählung. Ende Juni lud sie Katherine zu einem Abendessen *tête-à-tête* ein und hörte ihren Erzählungen aus ihrer Vergangenheit zu. Virginia war von diesen Abenteuern in der wirklichen Welt beeindruckt, erzählte diese jedoch nicht ihrer Schwester weiter, sondern sagte nur: »Seit sie siebzehn war, scheint sie überall aufs Ganze gegangen zu sein, was interessant ist; ich finde auch, daß sie eine viel bessere Vorstellung vom Schreiben hat als die meisten anderen. Sie ist ein merkwürdiger Mensch.«[42] Katherine wiederum schrieb Ottoline:

> Ich mag sie ungemein ... Ich verspürte da zum ersten Mal die seltsamen, zitternden, funkelnden Eigenschaften ihres Geistes – und zum allerersten Mal erschien sie mir als eine jener Frauen bei Dostojewskij, deren »Unschuld« verletzt wurde.[43]

Ein genaues, scharfsinniges Urteil.

Mittlerweile kam die Erzählung, wurde angenommen und

---

41 Virginia Woolf an Vanessa Bell, 11. Februar 1917, *The Letters of Virginia Woolf: 1912-22*, Nicolson, Bd. II, S. 144.

42 Ibid., 27. Juni 1917, S. 159.

43 K. M. an Ottoline Morrell, 3. Juli 1917, *Collected Letters*, Scott und O'Sullivan, Bd. I, S. 315.

mit dem neuen Titel *Prélude* versehen. »Prélude wovon?« fragte Lawrence gereizt, als er davon hörte, obwohl er und Katherine wieder durchaus freundschaftliche Briefe wechselten und sie ihn Ottoline gegenüber übermäßig lobte. Die Woolfs waren von der Erzählung begeistert, doch bevor Katherine sie wieder besuchen konnte, waren beide Frauen krank; sie hatte so starkes Rheuma, daß ihr der Arzt während der Untersuchung nahelegte, sie sollte in der Sonne überwintern. Sie schrieb Virginia, daß sie sich zu krank und niedergeschlagen fühle, um *Prélude* abzutippen.

Als es ihr wieder besser ging, verbrachte sie – ohne Murry – ein verlängertes Wochenende in Asheham. Auch Lytton Strachey war da, und für einen Tag kam auch Edward Garnett. Virginia und Katherine wanderten über die Hügel und beobachteten Distelwolle, Schmetterlinge und am Himmel viele Flugzeuge. Der Krieg trat in sein drittes Jahr. Die Ernte war in vollem Gang, und die Sonne schien; Katherine blieb bis Mittwoch und schrieb dann einen ekstatischen Dankesbrief, in dem sie Virginias letzte Erzählung pries, erklärte, sie beide hätten als Autorinnen sehr ähnliche Ziele, und sich gegen den Bloomsbury-Klatsch verteidigte. Leonard mochte Katherine, bewunderte ihre Arbeit und unterstützte die Freundschaft.

Die Zeichen standen wieder gut. *Prélude* gehörte zu ihren besten Erzählungen und war ihre bisher längste. Es ist die Beschreibung einer Familie, die in ein neues Haus auf dem Land einzieht, und als eine Reihung kurzer Abschnitte ohne erklärende oder verbindende Passagen verfaßt; der Leser wird direkt in immer neue Szenen, in die Gedanken immer wieder neuer Figuren geworfen. Es ist nicht zu übersehen, daß sie sich dabei an die Beauchamps und ihre eigene Kindheit anlehnte, in der die Distanz der Mutter zu den Kindern in wenigen Zeilen deutlich wird, die größte Aufregung für die Kinder das Köpfen einer Ente fürs Abendessen ist und die Frauen in der Familie völlig unzufrieden sind und von Flucht träumen. Sowohl der Schauplatz der Erzählung – er wird nicht genannt und wirkt beunruhigend englisch, ohne englisch zu sein – als auch die Behandlung von Stimmung und Charakter waren etwas gänzlich Neues. Der Mangel an Durchhaltevermögen, der sie daran hinderte, einen Roman zu schreiben, förderte andere Tugenden: Geschwindigkeit, Sparsamkeit, Klarheit. Diese wurden zu ihrem Markenzeichen, das von nachfolgenden Schriftstellern bewundert und imitiert wurde.

Im Oktober 1917 war Katherine in Richmond zum Abendessen und bekam von den Woolfs einige Fahnen und großes Lob. Als Brett sie nach der Form der Erzählung fragte, antwortete sie: »Soweit ich weiß, ist das mehr oder weniger meine Erfindung... Ich empfinde dabei nur die große Sehnsucht, meinem Thema so gut ich kann zu dienen.«[44] Sie war in einem Zustand großer Erregung. Doch dann ging es Schlag auf Schlag.

Als erstes wurde Murry krank. Er hatte stark abgenommen und litt nun an Brustfellentzündung. Auch war er in eine Depression geraten, und der Arzt meinte, er müsse aufhören zu arbeiten und auf dem Land zur Ruhe kommen. Katherine, von mütterlicher Sorge getrieben, schrieb sofort an Ottoline und bat sie, ihn aufzunehmen. Am folgenden Tag erhielt sie ein Telegramm des Inhalts: »NATÜRLICH HOCHERFREUT EUCH BEIDE HIERZUHABEN LIEBSTE KATHERINE KOMM BALD WARUM NICHT HEUTE OTTOLINE«.[45] Katherine wollte eigentlich nicht, fuhr dann aber doch mit ihm hin und nötigte seine Gastgeberin und Brett, die oft dort war, sich um ihn zu kümmern. Murry war bald auf dem Wege der Besserung. Katherine fuhr Anfang Dezember übers Wochenende hin und holte sich eine Erkältung.

Mitte Dezember war sie schwer krank, die Knochen schmerzten, bis sie sich »wie ein kriechendes Etwas [fühlte], das nur noch die Kraft hat, sein Schicksal zu verfluchen«.[46] Das Fieber schnellte hoch, und Ida nervte sie mit Tassen heißer Milch, bis der Arzt kam. »Trockene Pleuritis«, meinte der Arzt (»Ein altes Leiden von mir!«). Er machte ihr Brustwickel und verordnete Bettruhe; sie durfte nicht einmal in einem beheizten Wagen nach Garsington oder zu Tante Belle fahren, die dann dafür mit Chaddie auftauchte, um ihr beizustehen.

---

44 K. M. an Brett, 11. Oktober 1917, *Collected Letters*, Scott und O'Sullivan, Bd. I, S. 331.

45 Humanities Research Center Library, Universität von Texas in Austin.

46 K. M. an Virginia Woolf, Dezember 1917, *Collected Letters*, Scott und O'Sullivan, Bd. I, S. 342.

Anne Drey gegenüber gestand sie, daß man ihr gesagt habe, sie dürfe den Winter nie mehr in England verbringen, sonst »könnte ich schwindsüchtig werden«.[47] Am folgenden Tag schrieb sie Murry, der wieder Weihnachten in Garsington verbrachte, sie habe einen »FLECK« auf dem rechten Lungenflügel, sie müsse nach Südfrankreich, könne nicht arbeiten und würde ihn gern vor ihrer Abreise heiraten. Auch schrieb sie, und das unterstrichen: *»Verbrenne meine Briefe.«*[48]

Daraufhin fuhr Murry nach London zurück und half ihr zusammen mit Ida, die Vorbereitungen für die Abreise nach Bandol zu treffen. Ida bat in der Fabrik um einen Monat Urlaub, um sie zu begleiten, doch das Außenministerium verweigerte ihn ihr in letzter Minute. Katherine nahm all das auf die leichte Schulter. »Eigentlich bin ich ja keine Invalidin«[49], schrieb sie Ottoline, dann fuhren sie und Murry ein letztes Mal nach Garsington. Danach kehrte er in seine Wohnung in der Redcliffe Road und an seine Arbeit im Kriegsministerium zurück, während sie drei Tage bei ihrer Schwester Chaddie verbrachte. Dann reiste sie nach Frankreich ab. Die Tuberkulose, die Murry bedrohte, hatte sich nun bei ihr eingenistet.

Tuberkulose ist eine ansteckende Krankheit. Natürlich erhebt sich die Frage, von wem Katherine sie hatte. Nur einer kommt dafür in Betracht. Im ersten Kriegswinter, und dann wieder im Frühjahr 1916, lebte sie sehr nahe mit den Lawrences zusammen, blieb manchmal in deren Haus über Nacht und nahm viele Mahlzeiten gemeinsam mit ihnen ein. Lawrence war tuberkulös, auch wenn er davon nichts wissen wollte. Frieda und Murry waren widerstandsfähig genug, um sich nicht anzustecken, oder hatten Kinderkrankheiten gehabt, die sie wirksam gegen diesen Erreger schützten. Katherine aber, die schon chronisch krank war, war verwundbar. Vielleicht war das die wirkliche *Blutsbrüderschaft*, nur unheilvoller, als Lawrence es beabsichtigt hatte.

---

47 K. M. an Anne Drey, 22. Dezember 1917, *Collected Letters,* Scott und O'Sullivan, Bd. I, S. 353.

48 K. M. an J. M. M., 23.-24. Dezember 1917, *Collected Letters,* Scott und O'Sullivan, Bd. I, S. 358.

49 K. M. an Ottoline Morrell, 28. Dezember 1917, *Collected Letters,* Scott und O'Sullivan, Bd. I, S. 362.

12
1918: »Ein großer schwarzer Vogel«

Katherine machte sich allein auf die Reise; ihr Gepäck bestand aus wenig mehr als einer ärztlichen Bescheinigung, die ihr die Fahrt durch den Kriegsschauplatz Frankreich ermöglichte. Fünf Jahre hatte sie noch zu leben, und in denen quälten sie die alten Symptome ihrer Gonorrhöe, während die neuen Symptome der Tuberkulose sie nach und nach zerstörten. Aussagen ihrer Freunde und ihre eigenen Beobachtungen spiegeln den steten Gewichtsverlust, wie die Ringe auf ihren Fingern zu rutschen beginnen, das einst volle Gesicht schmal und hager wird, der Atem kürzer, die Laune schlechter, die Freiheit, auch nur durchs Zimmer zu gehen, ihr allmählich genommen wurde. Gleichzeitig wuchs ihr Ruhm und blühte auf, fast als zehrte er von ihrer Krankheit. Oft war sie zu krank und niedergeschlagen, um zu arbeiten, dann wieder erlebte sie einen Ausbruch buchstäblich fiebernden Schreibens und produzierte einige perfekte Erzählungen. Die Qualität blieb schwankend, und nie war sie zufrieden mit dem Erreichten, doch immerhin schuf sie genug für zwei weitere Bände, dazu viele Fragmente, viele Rezensionen und ihr Journal, das voller bissiger Anspielungen war. Ihre Briefe an Murry umfassen mehr als alle ihre anderen Schriften zusammengenommen; leider zeigt sie sich darin nur selten von ihrer besten Seite, auch sind sie eher von klinischem als literarischem Interesse, indem sie in grausamer Wiederholung den pathologischen Grund ihrer Launen aufzeigen.

Die neunundachtzig Briefe jedoch, die Katherine im Lauf der folgenden drei Monate an Murry schrieb, werfen von allen das hellste Licht auf ihr Innerstes; zusammen ergeben sie über 50 000 Wörter, ein weit dickeres Stück Prosa als die längste ihrer Erzählungen. Die zwei Schläge, erst seine Krankheit, dann die ihre, hatten ihre Gefühle zu ihm zu neuem Leben erweckt, und als sie sich des vollen Ausmaßes ihres schlimmen Zustands bewußt wurde, merkte sie plötzlich wie nie zuvor, wie abhängig sie von ihm war. Im Grunde zeugen diese Briefe von der Verwandlung einer jungen Frau, die sich mit einer dreimonatigen Rekonvaleszenz in der Sonne auf ihre Heirat vorbereiten will, in eine, die den Hauch des nahenden Todes gespürt und sich damit abgefunden hat. Kurz vor ihrer Abreise an jenem düsteren Sonntagnachmittag im Januar schliefen sie und Murry miteinander; als sie im April wieder in London eintraf, zwölf Kilo leichter, war er zunächst zu entsetzt und verängstigt, um sie in die Arme zu schließen: »Als ich sie am Bahnhof abholte, erkannte ich sie kaum. Sie sah aus, als wäre sie monatelang in einem schrecklichen Gefängnis gewesen.«[1]

Katherine war immer für ihr Leben gern irgendwohin aufgebrochen, und ihre Briefe beginnen mit freudiger Erregung: der stürmische Kanal, die kuschelige Koje, der Schnee in Le Havre und, bei allen kriegsbedingten Verzögerungen und ungeheizten Zügen, das herrliche französische Essen, das die Gier weckte (sieben Käsesorten, berichtete sie entzückt), dazu ein Zimmer im Hôtel Terminus am St. Lazare in gelb-blauen Brokat, das sie klugerweise im voraus gebucht hatte (zu Recht, denn Paris war voll). Doch als sie am folgenden Tag Richtung Süden weiterfuhr, schwand die Freude allmählich dahin, auch wenn ihre Eindrücke gestochen scharf blieben. An die Stelle traten zunächst Enttäuschung und dann Angst. Sie hatte vergessen, wie kalt es im Winter im Midi sein konnte; nur die sonnigen Tage in Bandol hatten sich in ihrer Erinnerung gehalten. Das Hotel war unter neuer Leitung, und selbst alte Bekannte erkannten sie merkwürdigerweise nicht gleich wieder: *»Vous êtes beaucoup changée … Vous n'avez plus votre air de p'tite gosse.«*[2] Die Reise hatte sie erschöpft: »Ich fühle mich wie eine Fliege, die in einen Milchtopf gefallen ist und wieder herausgefischt wurde, aber noch zu milchig und durchnäßt ist, um mit der Säuberung zu beginnen.«[3] Dann wurde sie von Schmerzen gepackt: »Mein linker Lungenflügel schmerzt und schmerzt … Es ist wie ein

1 J. M. M., *God*, London (Jonathan Cape) 1929, S. 19.
2 K. M. an J. M. M., 11. Januar 1918, *K. M.'s Letters to J. M. M.: 1913-22*, J. M. M., S. 115.
3 Ibid., S. 116.

furchtbares *Brennen*. Manchmal, wenn ich den Arm über den Kopf hebe, verschafft mir das eine kurze Erleichterung. Was ist das?«[4] Zwei Wochen später schrieb sie: »Ein großer schwarzer Vogel fliegt über mir, und ich habe solche Angst, er könnte sich auf mir niederlassen – so schreckliche Angst. Ich weiß nicht genau, was für einer es ist.«[5]

Es dauerte nur noch zwei Wochen, bis sie genau wußte, was das für ein Vogel war. Als sie eines Morgens aus dem Bett sprang, um aus dem Fenster zu schauen, hustete sie in ihr Taschentuch und sah, daß es rot war. Es war ihre erste Hämorrhagie. »Als ich das hellrote arterielle Blut sah, bekam ich fast einen Anfall«; in ihrem Brief jedoch schlägt sie den heitersten Ton an und versucht alles, um Murry zu beruhigen:

> Paß auf! Ich kann hier nicht vor April weg. Es geht einfach nicht. Ich kann und darf nicht – verstehst Du. Ich kann keinen Zug und keine Kälte riskieren und darf nicht einmal gehen. Ich habe etwas Temperatur und bin nicht mehr so dick wie bei meiner Ankunft – und, Bogey, es ist *nichts* Ernstes, ich muß nicht im Bett bleiben, es ist absolut leicht zu heilen, ich habe nur ein bißchen Blut gespuckt, ja? Ich sage es Dir doch. Aber wenn Du Dir Sorgen machst – es sei denn, Du lachst wie Rib – dann kann ich es Dir nicht sagen: Du darfst es nicht in die Maschine tippen oder dergleichen, mein Schatz, mein Alles – und schließlich hat Lawrence das immer getan; und ich glaube, auch Belle Tinker.[6]

Lungentuberkulose nimmt folgenden Verlauf: Eine Infektion entsteht, wenn ein Tuberkelbazillus in die Lunge gelangt. Im Glücksfall sind die natürlichen körpereigenen Abwehrkräfte stark genug, den Bazillus zu erfassen und ihn in umliegendem Gewebe zu binden, wodurch er harmlos wird; scheitert dies –

---

4 Ibid., 18. Januar 1918, S. 124.

5 Ibid., 3. Februar 1918, S. 150.

6 Ibid., 19. Februar 1918, S. 173; möglicherweise hat Murry, der gerade zum ersten Mal Keats-Briefe gelesen hatte, sich an dessen Bemerkung am gleichen kritischen Punkt erinnert: »Ich kenne die Farbe dieses Blutes, es ist arterielles Blut. Bei dieser Farbe kann ich mich nicht irren. Dieser Blutstropfen ist mein Hinrichtungsbefehl.« – Rib war Katherines japanische Puppe.

etwa bei einem Menschen mit geringer Widerstandskraft –, dann bildet der Bazillus große, käseartige Massen in der Lunge, die das Atemgewebe zerstören und Höhlen erzeugen. Im fortgeschrittenen Stadium greift dieser Prozeß auf die Bronchialwege über; der Tuberkelbazillus kann dann ausgehustet oder ausgeatmet werden, und der Erkrankte kann wiederum für andere zum Infektionsherd werden. Im weiteren Verlauf erodiert die Krankheit Blutgefäße, wodurch die Hämorrhagien auftreten.

In diesem fortgeschrittenen Stadium wurde Tuberkulose zu Katherines Zeit als tödlich angesehen. Heute ist sie natürlich chemisch heilbar, aber auch damals war eine Heilung oft möglich. Das geschah durch eine Stärkung der körpereigenen Widerstandskräfte. Der Körper selbst mußte, auch noch in diesem späten Stadium, den Tuberkelbazillus isolieren; die Lunge war dann zwar stark vernarbt, blieb aber dennoch funktionsfähig. Die einzige Möglichkeit, diesen Selbstheilungsprozeß zu fördern, war Ruhe, gesunde Ernährung und ständige Pflege. Dazu mußte man nicht unbedingt in den Süden fahren. Zu Beginn unseres Jahrhunderts wurden sogar viele Sanatorien auf den Britischen Inseln gegründet; eine entschlossene Aufklärung der Öffentlichkeit setzte auf Vorbeugung, Diagnose und Frühbehandlung der Krankheit. Ab 1912 gab es ein Nationales Tuberkuloseprogramm, und in ganz Großbritannien bestand Meldepflicht. Ein besonderes Augenmerk wurde dabei auf die ansteckende Wirkung gerichtet, die erst seit 1882 durch die Entdeckung des Tuberkelbazillus bekannt war, und auf eine gründliche Desinfizierung der Räume, in denen Schwindsüchtige gelebt, und von Gegenständen, die sie benutzt hatten. Spezialkliniken und Hospitäler (in manchen Ländern auch Schulen) wurden errichtet, um die Krankheit zu bekämpfen. Man isolierte die Kranken, da man glaubte, man könne sich auch schon dadurch anstecken (durch trockene Bazillen im Staub), daß man in einem Zimmer wohnte, in dem zuvor ein Tbc-Patient lag.

Das Überwintern am Mittelmeer war das alte Linderungsmittel für die Krankheit – trockene und warme Luft wurde als heilend angesehen –, doch die moderne Behandlung hing nicht von einer Reise in den Süden ab. Statt dessen gehörte ein strenges System von Ruhe, frischer Luft, gutem Essen und Pflege dazu, praktisch das genaue Gegenteil dessen, was Katherine mit ihrer Reise bewirkte. Hätte man ihr geraten, sich ab dem Winter 1917 dem strengen Tagesablauf eines Sanatoriums auf den Britischen Inseln anzuvertrauen, dann hätte noch die kleine Möglichkeit zur Selbstheilung bestanden, auch wenn sie damals wahrscheinlich schon zu geschwächt war; in jedem Fall wäre sie unter den gegebenen Umständen damit besser beraten gewesen, und als man ihr später diesen Rat gab, schlug sie ihn in den Wind.

In dieser Situation verdient Murry unser Verständnis. Wie er später erklärte – und die Wahrheit seines Berichts wird durch ihre Briefe bestätigt –, wollte sie, daß er zu ihr kam, wobei sie vorgab, nicht an Tuberkulose zu leiden. Indem sie diese ignorierte und nur diejenigen ärztlichen Ratschläge befolgte, die ihr zupaß kamen, könnte sie ja irgendwie erreichen, daß sie wieder verschwände. Denn schließlich, so mag sie gedacht haben, wieviel hatten die Ärzte ihr schon bei ihrer anderen chronischen Krankheit geholfen? Katherines Mut stand nie in Zweifel, doch in diesem Fall grenzte er an Wahnsinn, wie wir heute sehen. Und zu keiner Zeit leisteten Murry oder Ida genügend Widerstand gegen ihre Entschlossenheit, die Tuberkulose einfach nicht als eine Tatsache zu akzeptieren, bei allem, was das bedeutete. Der Aufenthalt in einem Sanatorium, der Trennung, Freiheitsverlust und aufgezwungene Faulheit mit sich bringen würde, kam ihr wie »ein zweites Irrenhaus«[7] vor, wie sie Ida sagte. (Natürlich wies auch Lawrence dieses Ansinnen zurück, und er starb dann auch langsam an seiner Tuberkulose, während Gertler, der sich in mehreren britischen Sanatorien aufhielt, anscheinend genas.)

Für den Rest ihres Lebens hatte Katherine zwei völlig unterschiedliche Vorstellungen im Kopf: Die eine war, daß sie unheilbar krank, ja, sterbenskrank war, die andere, daß sie sich wieder erholen, Kinder bekommen, mit Murry auf dem Land leben und in einem vollkommenen ländlichen Paradies am Schreibtisch und im Garten arbeiten würde. Dies ist bei

7 Baker, op. cit., S. 113.

Kranken nichts Ungewöhnliches, doch daß Murry von Katherine gedrängt wurde, ebenfalls an ihre Genesungsphantasien zu glauben, machte die Sache für ihn zunehmend schwieriger. Wäre er älter oder klüger oder überhaupt ein anderer Mann gewesen, dann wäre er vielleicht stark genug gewesen, dem Lauf der Dinge eine Wendung zu geben. Sein Verhalten aber trug nicht gerade dazu bei. Allein schon die Lektüre ihrer Pläne für eine unmögliche Zukunft ist traurig, schlimmer noch ist aber, ihre gegenseitigen Schmeicheleien zu verfolgen, die Teil der Phantasie wurden. Sie nennt ihn einen »großen Dichter«, er erklärt sie beide zu Genies. Beide sehen sich als unschuldige Kinder in einer korrupten Welt; gleichzeitig sind sie die wahren Erben der großen Tradition der englischen Literatur. Auch glaubt Murry fest, sie hätten übersinnliche Kräfte, da sie oft zur selben Zeit an die gleichen Dinge denken; er drängt sie, seine Briefe aufzubewahren – »Vielleicht sind sie uns eines Tages von Nutzen«[8] –, im Gegensatz zu ihrem *»Verbrenne meine Briefe«* vom Dezember. Arme Katherine: Ein besonders grausamer Traum war, daß sie schwanger sei. In Wirklichkeit war ihre Periode aus dem einfachen, schlimmen Grund ihrer Krankheit und ihres Gewichtsverlusts ausgeblieben. Sie bemerkte, wie sie an den Schläfen graue Haare bekam. Sie war neunundzwanzig.

Voller Besorgnis hatte Ida sich bei ihrer Fabrik um Urlaub bemüht. Sie hatte den Behörden so lange etwas vorgeheult, bis sie sich erweichen ließen, die Vorschriften umgingen und ihr die benötigte Reiseerlaubnis gaben. Obgleich Katherine sich gewünscht hatte, daß sie kam, überschüttete sie sie bei ihrer Ankunft im Hôtel Beau Rivage mit einem Schauer wütenden Hasses und Ärgers. »Und *wozu* bist du nun gekommen?« fragte Katherine eisigst. Sofort gingen Briefe an Murry ab, in denen sie Ida nicht nur der Dummheit und Gefühllosigkeit bezichtigte, sondern auch eines dämonischen Schmarotzertums an ihrer Krankheit, daß sie ihren Tod wolle, daß sie eine Kannibalin und – als gehörte auch das zu der Liste schrecklicher Laster – daß sie

8 J. M. M. an K. M., 10. März 1918, *The Letters of J. M. M. to K. M.*, Hankin, S. 137.

gefräßig sei. »Ich hasse dicke Leute«, verkündete sie und vergaß dabei (oder erinnerte sich auch daran), daß ihre Mutter sie gescholten hatte, sie sei ein dickes kleines Mädchen. Jetzt wurde sie selbst genötigt zu essen, auszuruhen und zuzunehmen; zwar sagte ihr das französische Essen durchaus zu, doch meistens rauchte sie Zigaretten und trank zahllose Tassen Kaffee. Kein Wunder also, daß sie nachts nicht schlafen konnte. Wenn es ihr besser ging, erkannte sie, daß ihre Wut auf Ida pathologisch war, und mehr als einmal verglich sie sie mit Lawrences Ausfällen gegenüber Frieda.

Ida war nicht das einzige Objekt des Hasses. Sie und Murry wetteiferten in der Beschimpfung von »H. L.« (Her Ladyship, d. h. Ottoline). Gleichzeitig besuchte Murry Ottoline und verstand sich so gut mit ihr, daß es sogar Virginia einen Kommentar wert war (»sie hat Murry wieder«[9]), während Katherine ihr liebevolle Briefe schickte. Das war von beiden kein besonders feiner Zug. Auch die französische Nation als ganzes wurde nun Gegenstand von Katherines Verachtung, ebenso ihre Mitbewohner wegen roher Verdauungsgewohnheiten, die Soldaten, die entlang der Küste stationiert waren, weil sie sich wie Soldaten benahmen, der Arzt, den sie aufsuchte, wegen seiner sexuellen Anspielungen und anzüglichen Bemerkungen über Geschlechtskrankheiten. Überall begegne ihr »Verfall«, schrieb sie Murry, gegen den sie in ihrer Arbeit anschreiben wolle; doch der Verfall war eher in ihr als um sie herum.

Die Erzählung *Je ne parle pas français,* die sie im Februar schrieb und ihm schickte, nannte sie einen »Aufschrei gegen den Verfall«. Ganz abgesehen von ihrem eigenen körperlichen und geistigen Zustand, steht diese Bemerkung in keinem Bezug zu der Erzählung, wie sie sich dem unvoreingenommenen Leser darstellt. Auch sagte sie, die Erzählung sei »ein Tribut an die Liebe«; tatsächlich aber dreht sie sich um einen voyeuristischen, aber recht harmlosen Gigolo und einen Akt der Untreue, der von einer Figur begangen wurde, die leicht als Murry selbst auszumachen ist. Entweder dachte Katherine, sie könne Murry

---

9 Virginia Woolf an Vanessa Bell, 1. Februar 1918, *The Letters of Virginia Woolf: 1912-22,* Nicolson, Bd. II, S. 214.

jeden Bären aufbinden, oder die Kluft zwischen Autor und Werk war tiefer als gewöhnlich: »Trau nie dem Autor, trau dem Werk«, sagte Lawrence weise.

Sie schickte Murry die Erzählung in zwei Fortsetzungen. Er war des Lobes voll über den ersten Teil, in dem die Erzählfigur, Raoul Duquette, aufgebaut wird. Duquette ist ein junger Pariser Autor, der sich in Cafés herumtreibt und – wie sie selbst sagte – zwei früheren Rivalen von Murry, Carco und Gertler, grob nachgebildet war. Er ist klein, eitel und gewöhnlich, aber immerhin so nett zu Frauen, daß er sein Leben als Gigolo fristen kann; Katherine hatte sich große Mühe gegeben, ihm einen eigenen Stil zu geben und ihn zu einer unterhaltsamen Figur zu machen. Einige ihrer dramatischen Kunstgriffe sind plump – Duquettes »clevere« Bemerkungen, denen stets selbstmißbilligende Verbesserungen folgen, wirken auf die Dauer störend –, doch im großen und ganzen erreicht die Geschichte ihr Ziel, die Figur, das Milieu der kleinen Cafés und die zwielichtige Pariser Unterwelt des Sex zu skizzieren.

Im zweiten Teil, der Murry verblüfft haben muß, erscheint Duquettes englischer Freund Dick Harmon mit einer englischen Freundin in Paris. Harmon bringt es fertig, gleichzeitig weichlich und hinterhältig zu sein, und läßt das Mädchen sitzen (das »Mouse« heißt, ein Name, den Murry manchmal Katherine gab), nachdem er sie nach Paris gebracht und kompromittiert hat, da sie Familie und Freunden erzählt hatte, sie würde heiraten. Harmon hinterläßt in dem Hotel, in dem sie wohnen, einen feigen Brief, in dem er seine Mutter als Grund für seine Abreise nennt; dies, und das muß Murry einfach bemerkt haben, erinnert an dessen Lügen im Jahre 1911 seinem Pariser Mädchen gegenüber, die er Katherine gebeichtet hatte. Wie sehr er sich auch gewunden und geschluckt haben mag, seine Antwort ist würdevoll.

> Auf die tragische Wendung von *Je ne parle pas* war ich nicht vorbereitet; sie hat mich erschüttert – ich bin ein schreckliches Kind. Aber es ist schön, sehr schön. Ich muß es noch einmal ganz durchlesen, um die wachsende Qualität dieses Schlusses aus diesem Anfang heraus voll zu genießen. Die Steigerung ist erstaunlich. Und wie zum Teufel

Du die scharfen Züge von Mouse hinbekommen hast, weiß ich nicht.[10]

Katherine erkundigte sich eingehend, ob er enttäuscht sei, und wenn es auch schwerfällt, in diesem Stadium ihres Lebens von Komödie zu sprechen, so lag doch etwas unwiderstehlich Groteskes in diesem Briefwechsel. Mouse war in jedem Fall darauf angelegt, Murry zu gefallen (hilflos, winzig, edel etc.), und es war ihm wichtig, sie in gewisser Hinsicht als die »heimliche« Katherine zu sehen, die nur er kannte, die »gute« Katherine. Man braucht keine Sekunde zu überlegen, um zu wissen, daß dieses schüchterne Opfer, das den beiden fragwürdigen Männern völlig ausgeliefert war, alles andere als ein Abbild Katherines war – der Katherine, die mutig allein auf Reisen ging, die mit ihrem breitkrempigen Hut in Cafés ging und sich der Bewunderung, die sie bei anderen Männern erregte, absolut bewußt war. Zugleich aber läßt sich die Notlage von Mouse, »verlassen« von dem Mann, von dem sie abhängig ist, als ein Signal von Katherines Sicht ihrer gegenwärtigen Lage und als Vorwurf an Murry lesen. Murry konnte es drehen, wie er wollte, in *Je ne parle pas français* kommt er nicht gut weg; und die wahre Katherine mußte eher mit Duquette als mit Mouse identifiziert werden, denn wie er saß Katherine gern allein in Cafés, spekulierte über Madame und die Kellner und die Charaktere der Passanten, genoß die Zeit des Tages und die Dramen der Gäste; wie er machte Katherine Karriere als Schriftstellerin, hatte sie eine geheime und anrüchige Vergangenheit. Aber so etwas hätte sie ihm nicht gesagt, und Murry hätte sich derlei Gedanken nicht gestattet.[11]

War *Je ne parle pas français* ein untergründiges Zeichen ihres komplexen Wesens und ihrer äußerst gemischten Gefühle Murry gegenüber, so brachte sie in ihren Briefen weiterhin ei-

---

10 J. M. M. an K. M., 15. Februar 1918, *The Letters of J. M. M. to K. M.*, Hankin, S. 121.

11 Für den Hinweis auf ein unveröffentlichtes Paper über das Werk Katherine Mansfields habe ich Sophie Tomlin zu danken: es hat mir bei der Interpretation von *Je ne parle pas français* geholfen, auch wenn wir nicht zu den gleichen Schlußfolgerungen gekommen sind.

nen absoluten Glauben an seine Liebe und sein literarisches Urteilsvermögen zum Ausdruck. Als nächstes schickte sie ihm eine durch und durch sentimentale Geschichte über Kinder, *Sonne und Mond,* und danach *Glück,* eine weitere Studie eines untreuen Mannes, die unter smarten jungen Londoner Ästheten spielt. Es handelt sich dabei um einen etwas ziellosen Text, der als Überarbeitung eines 1912 im *New Age* erschienenen Sketchs *(Mr. and Mrs. Devoted)* beginnt und darin gipfelt, daß die Frau das Verhältnis ihres Mannes mit einer Freundin entdeckt, für die auch sie gewisse Gefühle gehegt hat, nicht gerade erotische, aber durchaus leidenschaftliche. Die Satire ist zu ausgewalzt, um lustig zu sein, und auch der Schluß erreicht keine Schärfe. Kraftvoll dagegen ist das harsche Bild der jungen Hauptfigur gezeichnet, und wie sie zu ihren Besitztümern steht: Haus, Garten, sorgfältig arrangiertes Diner, jungenhafter Gatte, Baby, um das sie sich mit dem Kindermädchen streitet. Die geradezu halluzinatorische Intensität mancher Passagen ist von großer, wenn auch nicht immer erfreulicher Kraft.

Sie schickte *Glück* sogleich an Murry und bat ihn um seine Meinung, und diesmal wagte er eine taktvolle Kritik einiger Details, die sie auch akzeptierte. Dabei schrieb sie ihm auch, daß sie nicht erwartete, mit ihren ernsten Erzählungen Geld zu verdienen, nur mit den leichteren und den Kindergeschichten (eine Prophezeiung, die nicht eintraf). Zunehmend diskutierte sie mit Murry nun ihre Lektüre, ganz im Ton eines Autors, der liest, um zu lernen. Murry schickte ihr Abschriften von Rezensionen über moderne französische Schriftsteller (aus dem *Times Literary Supplement,* in dem er nun regelmäßig schrieb), doch sie bat ihn vor allem um Dickens. »Ich lese ihn nicht *müßig*«[12], sagte sie. *Unser gemeinsamer Freund,* in dem ihr insbesondere die Veneerings gefielen, *Edwin Drood, Nicholas Nickleby* und *Master Humphrey's Clerk,* das alles las sie in Bandol, dazu einiges von Mrs. Gaskell sowie englische Lyrik des 16. Jahrhunderts.

Zum Lesen hatte sie genügend Zeit; vormittags und abends

12 K. M. an J. M. M., 1. Februar 1918, *K. M.'s Briefe an J. M. M.: 1913-22,* J. M. M., S. 148.

mußte sie im Bett bleiben. Als die Frühlingsblumen erblühten, wollte sie gern kurze Spaziergänge unternehmen, doch zumeist gab sie sich mit den Sträußen zufrieden, die ihr ein junges korsisches Hausmädchen aufs Zimmer brachte. Für Ida hatte sie nur Hohn und Haß übrig; sie war ihr eine lebende Erinnerung an ihre Vergangenheit und ein Emblem ihrer gegenwärtigen Abhängigkeit und Trennung von Murry. Katherine freute sich nun richtig auf ihre Hochzeit und darauf, ihre ungeordnete Vergangenheit hinter sich zu lassen und in den Schoß beider Familien zurückzukehren, die ihr dann Liebe und Versöhnung geben würden. Seiner Mutter schickte sie Geschenke und Briefchen, während die ihre nun wieder »Mummy« war. Mit Murry tauschte sie Liebesgeschnäbel aus, das zu lesen immer peinlich ist (auch wenn Murry nichts dabei fand, es zu veröffentlichen); doch ihr verzweifelter Glaube an die Kraft ihrer Liebe wuchs mit ihrer Besorgnis über den eigenen Zustand.

Obwohl sie auf ärztlichen Rat hin in wärmere Breiten gefahren war, hatte sie schon während ihrer Reise gen Süden gegenteilige Ansichten bezüglich ihres möglichen Nutzens gehört. Zwei Frauen im Zug erzählten sich mit makabrem Genuß von der raschen gesundheitlichen Verschlechterung eines jungen Freundes, der mit bloß einer Bronchitis ans Meer gefahren und wenige Wochen später an einer Tbc gestorben sei, die ihm das lebensgefährliche Klima dort zugefügt habe. Auch die protestantischen Friedhöfe entlang der Küste legten ein schauerliches Zeugnis von den vielen jungen Patienten aus dem Norden ab, die dort ihrer Krankheit erlegen waren. Noch vor ihrer eigenen Tbc hatte Katherine erwogen, früher als ursprünglich geplant nach London zurückzukehren; einer ihrer Gründe war die Angst um Murry wegen der Luftangriffe. Doch Reisen waren kriegsbedingt streng begrenzt, da die Franzosen frivole Urlaubsbesuche unterbinden wollten, und überhaupt durfte sie frühestens nach drei Monaten am Meer wieder zurück.

Anstatt diese Zeit auszusitzen und sich darauf zu konzentrieren zuzunehmen und das besser werdende Wetter zu genießen, wurde sie ungeduldig und unternahm allein und mit Ida eine Reihe von Vorstößen, mit denen sie die Erlaubnis, früher nach

England zurückzukehren, erzwingen wollte. Dazu gehörten gefälschte Telegramme von Murry über eine kranke Mutter, anstrengende Behördengänge in Marseille sowie ein entschlossener Angriff Katherines auf einen empfänglichen Arzt, für den sie sich in Schale warf, sich bis hinter die Ohren schminkte und das Parfüm auftrug, das sie sich für ihre Hochzeit gekauft hatte. Der Arzt war füglich beeindruckt und gab ihr eine Reisebescheinigung, worauf die beiden Frauen sich in den Zug nach Paris setzten. Dann jedoch ging Idas Koffer unterwegs verloren, und als sie am 22. März in der Hauptstadt eintrafen, lag die Stadt unter Bombardement, so daß niemand sie verlassen durfte.

Sie stiegen im Hôtel Select an der Place de la Sorbonne ab und nahmen sich zwei Zimmer unterm Dach. Abgesehen von der schreienden Dummheit eines lungenkranken Menschen, jedesmal sechs Treppen bewältigen zu müssen, waren sie auch den deutschen Granaten ausgesetzt, die ungefähr alle achtzehn Minuten in Paris einschlugen. Katherine war verzweifelt, fern von England hier festzusitzen, und beglückte Murry mit Ergüssen, die sich zuweilen mehr wie Gekreische in Briefform lesen, so groß war ihre Wut und ihr Selbstmitleid. »Das ist nicht Paris; das ist die Hölle«[13], schrieb sie ihm. Jeden Tag mußte man sich bei der Polizei melden, und täglich mußte man auch bei Thomas Cook hereinschauen, falls Post gekommen war; doch Murrys Briefe kamen nicht durch, und den Behörden schien es – so Katherine – eine perverse Freude zu bereiten, ihr mitzuteilen, daß sie voraussichtlich noch lange festsitzen würden, und dazu ging ihr noch allmählich das Geld aus. In ihren lichteren Momenten beschrieb sie die heulenden Sirenen, den Anblick aufgerissener Häuser, die Flucht in eiskalte Keller, die voller Menschen und Zigarettenqualm waren. Das war für sie so schrecklich, daß sie sich nach einiger Zeit nicht mehr die Mühe machte hinunterzugehen. Sie tobte, wenn Ida keine Besorgungen für sie erledigen wollte, und verbrachte die Nächte auf ihrem Zimmer damit, verrückt zu spielen.

Die beiden Frauen begingen das Osterfest, indem sie in einer

13 Ibid., 26. März 1918, S. 229.

Kantine unter dem Gare du Nord arbeiteten, teils, um die Zeit sicher unter der Erde zu verbringen, teils, um etwas Geld zu verdienen; doch es war zu anstrengend für Katherine, und nach zwei Tagen gab sie auf. Sie schrieb Murry, sie sei müde und habe Angst. Ihm war ähnlich elend; er hatte eine Woche Urlaub erhalten, den er mit ihr hatte verbringen wollen, statt dessen saß er nun allein in London und wußte, daß sie in Paris war, im Bombardement, krank und elend, und er nichts für sie tun konnte. Allerdings kam ihm der Gedanke, Sydney Waterlow (im Außenministerium) um Hilfe zu bitten, und nachdem Katherine es geschafft hatte, von jemandem, den sie nicht mochte – entweder Beatrice Hastings oder Carco –, Geld zu borgen, zeigte Sydneys Einfluß schließlich Wirkung, und sie durften nach England ausreisen. Auf der Fahrt wurde Katherine Ida gegenüber plötzlich nachsichtiger, und auf der Fähre legten sie dann in trauter Eintracht Patience. »Versuche, diese traurige und kranke Kathi zu vergessen, der der Rücken im Gehirn schmerzte und das Gehirn im Rücken«[14], schrieb sie ihr wenige Tage später in einem Entschuldigungsbrief, als Ida wieder in ihrer Munitionsfabrik arbeitete.

Ihr Wiedersehen mit Murry, dem sie während des vergangenen Monats in jedem Brief entgegengeharrt hatte, gestaltete sich anders als erträumt. Zu offen zeigte er seine Bestürzung über ihre äußerliche Veränderung und, wie sie argwöhnte, seine Angst, selbst auch mit Tuberkulose angesteckt zu werden. Diese Angst war nicht unbegründet, da die Krankheit ja als ansteckend bekannt war; doch seine Art, es zu zeigen, vertrug sich kaum mit dem romantischen Bild ihrer vollkommenen Liebe, die er so oft in seinen Briefen beschworen hatte. Statt sie in die Arme zu schließen, wandte er sich furchtsam ab und hielt sich ein Taschentuch vor den Mund.

Sie ging mit ihm in seine Wohnung in der Redcliffe Road, um dort die letzte Runde ihrer Scheidung abzuwarten. Nach einigen Fehlstarts kam sie schließlich am 2. Mai durch (dem gleichen Tag, an dem ihr alter Verehrer Russell wegen Kritik an der Politik der Regierung ins Gefängnis gesteckt wurde). Mit einem

---

14 Baker, op. cit., S. 113.

hektisch fröhlichen Brief bestellte Katherine Brett zur Trauzeugin.

> Es wird ein Großer Spaß werden, Jux und Tollerei. Natürlich trage ich ein Schlichtes Kleid aus Weißer Crêpe de Chine und eine perlfarbene Schleife präsentiert von *unserer lieben Königin.* Murry natürlich mit Zylinder und Nelke im Knopfloch. Sei mir gesegnet – ich hoffe, Du wolltest Patin für mein Erstes Halbes Dutzend sein –
>
> Katherine.
>
> P.S. Wir haben (aufgrund des Weltkrieges) nur eine Streichkapelle ohne Bläser bestellt.[15]

Anscheinend war Ida nicht zur Hochzeit eingeladen, jedenfalls war sie nicht dabei. Brett kam aus Garsington, Fergusson war der andere Trauzeuge, und am 3. Mai waren Katherine und Murry endlich verheiratet. Die Zeremonie fand um die Mittagszeit auf dem Kensingtoner Standesamt in der Marloes Road statt, wo die Lawrences vier Jahre zuvor Mann und Frau geworden waren. Katherine trug noch immer den Ring, den Frieda ihr gegeben hatte, doch die beiden Paare hatten Kontakt verloren; die Lawrences saßen in Derbyshire und kämpften gegen Armut, schlechte Gesundheit und Verbitterung, denn sie waren aus »militärischen« Gründen aus Cornwall ausgewiesen worden.

Nach Murrys eigener Aussage verspürte er bei seiner Hochzeit nichts als Qualen und war nur unglücklich während der folgenden Wochen, als Katherine ihm die Wohnung »führen« wollte, die, wie er sagte,

> düster und ohne Sonne war, völlig ungeeignet für jemanden in ihrem Zustand, und ich war vor allem damit beschäftigt, sie herauszubekommen. Sie war... fast mißtrauisch angesichts meines Eifers, etwas anderes für sie zu finden. Ich »versuchte, sie loszuwerden«.[16]

Nach außen hin trug sie eine tapfere Fassade. Als sie einige Tage nach der Hochzeit bei Virginia Woolf in Richmond zu Mittag

---

15 K. M. an Brett, 30. April 1918, *Collected Letters,* Scott und O'Sullivan, Bd. II, S. 167.

16 J. M. M., *Between Two Worlds,* S. 481.

aß, tat sie zunächst so, als habe sie aus rein praktischen Gründen geheiratet. »Nach einiger Beunruhigung meinerseits«, schrieb Virginia an Ottoline,

> gestand sie mir, daß sie endlos glücklich sei, mit Murry verheiratet zu sein, obwohl sie aus irgend einem Grund behauptet, die Ehe sei nicht von größerer Bedeutung als die Anstellung einer Putzfrau. Ein Teil ihrer Fasziniation rührt daher, daß sie sich verpflichtet fühlt, absurde Dinge zu sagen.[17]

Virginia bemerkte auch mit sorgenvollem Blick, wie krank sie wirkte; und mehreren Menschen gegenüber erzählte sie von ihren warmen Gefühlen dieser Freundin gegenüber, die ihr plötzlich so verletzlich wie sie selbst erschien, und ihrer Zuversicht, daß Katherine das Format einer Schriftstellerin besaß.

17 Virginia Woolf an Ottoline Morrell, 24. Mai 1918, *The Letters of Virginia Woolf: 1912-22*, Nicolson, Bd. II, S. 243.

13
»Er hätte nicht heiraten sollen«

Kurz vor ihrer Hochzeit teilte Katherine Ida in einem Brief mit, nach Meinung ihres Arztes leide sie nun definitiv an Schwindsucht, doch finde er, so jedenfalls ihre Behauptung, daß ein Sanatorium sie schneller umbringen als heilen würde. Er habe eine Behandlung zu Hause vorgeschlagen, unter der Bedingung, daß dieses Zuhause wenigstens im höher gelegenen London liege, also in Hampstead oder Highgate. Also machten sie und Murry sich auf die Suche nach einem geeigneten Haus. Bald fanden sie eine schmale, grau geziegelte Doppelhaushälfte, hoch über der East Heath Road.

Wie die meisten ihrer bisherigen Wohnungen oder Häuser, existierte auch dieses von Anfang an in zwei ganz unterschiedlichen Versionen in Katherines Kopf. In der einen war es ein häßliches Ungeheuer, das sie »The Elephant« nannte (der einzige plausible Grund ist wohl die Farbe des Hauses) und nicht mochte, weil es das Geld aufzufressen drohte, das sie und Murry für ihr Traumhaus auf dem Land beiseite legen wollten. In der anderen war es das reizende Haus, als das es heute noch dasteht, groß und luftig, mit hübschen Fenstern unter Stürzen, die spitzen Augenbrauen glichen, und Zimmern, die von einem Treppenhaus ausgingen, in das den ganzen Tag über Licht und Sonne kamen. Im Südgarten hinterm Haus gab es Weinreben, und die vorderen Fenster boten einen Blick über das Heath, und ganz London lag davor ausgebreitet.

Während sie noch zögerten, es zu nehmen, erkrankte Katherine erneut an Brustfellentzündung. Ihre alte Freundin Anne war den Sommer über mit ihrem Mann in Cornwall, und sie schlug vor, sie sollte sich mit ihnen in Looe treffen, einem kleinen Urlaubsort westlich von Plymouth, wo sie ein herrliches Hotel direkt am Meer gefunden habe, und Murry solle derweil die Wohnungsfrage regeln. Katherine gab Murrys Drängen nach und willigte ein, und Anne versprach, sie nach besten Kräften zu unterhalten. Erneut fuhr Katherine gen Süden in der Erkenntnis, daß ihre Anwesenheit ihren Mann mehr peinigte als ihre Abwesenheit.

Anne machte viel Aufhebens um sie und sorgte dafür, daß das Personal des Headland Hotel zusätzliche Speisen für die Kranke bereitstellte. »Ich bin immer wieder darüber erstaunt, verblüfft, wie freundlich die Leute sind. Ich könnte darüber weinen«[1], schrieb sie Murry. Es dauerte allerdings keine Woche, bis sie wieder, getrieben von ihrem Dämon, ihre Ausbrüche hatte. Das Hotel war zu vornehm, die Gäste zogen sich zum Abendessen um und hoben die Augenbrauen, wenn Katherine zwischen ihren Hustenanfällen rauchte. Sie hoffte, Anne würde ihr eine andere Unterkunft besorgen, aber dann wiederum: »Ich kann mit Anne einfach nicht reden«[2]; sie sei gefühllos, geschmacklos, einfach zu gesund – *»trop forte* pour moi« – und sie hatte einen Mann, der ihr jeden Wunsch von den Augen ablas. Hinter allem lauert ein Vorwurf.

Nach ein paar Tagen waren Anne und das Hotel wieder akzeptabel geworden. Katherine war entsetzt über ihre stürmischen Stimmungsschwankungen, aber sie konnte sie nicht beherrschen; auch konnte sie sich nicht davon abhalten, Murry mit Briefen zu bombardieren, die zuweilen die Wucht eines tätlichen Angriffs hatten. Sein Verhalten glich dem einer Marionette, die hilflos an Schnüren tanzte, die sie nach Belieben zog; einmal beteuerte sie ihm ihre Liebe, dann kamen Klagen, dann Wutausbrüche; einmal sollte er sie in die Portland Villas bringen, dann wieder nicht. Und wenn sie das Haus nahmen, wie sollten sie es finanzieren? Ida, die sie bei Murry so oft verunglimpft hatte, mußte er nun als wesentlichen Teil ihres Lebens akzeptieren; sie sollte nun miteinziehen und »Haushälterin« sein.

Katherine hatte keine Hemmungen, auf Ida Druck auszuüben, »um all dessen willen, was einmal war«[3]; sie war schon

---

1 K.M. an J.M.M., 19. Mai 1918, *K.M.'s Letters to J.M.M.: 1913-22*, J.M.M., S. 250.

2 Ausschnitt von J.M.M. eines Briefs vom 26. Mai 1918, Alexander Turnbull Library.

3 Baker, op. cit., S. 122.

ihre heimliche Vertraute gewesen, als sie abmagerte, als sie Geld oder Eisentabletten brauchte; und als dann feststand, daß sie Portland Villas nehmen würden, überredeten sie sie, ihre Arbeit aufzugeben, die ihr Spaß machte, und die unerfreuliche Aufgabe zu übernehmen, ein Haus zu führen, in dem ihre Mitbewohner ihr mit gemischten Gefühlen begegneten. Sie hatte Bedenken, und sie waren gerechtfertigt. Katherines Anordnungen für das Streichen und Tapezieren des Hauses vermittelten ein sehr klares Bild ihrer Einschätzung der jeweiligen Stellung und der Bedürfnisse der drei; ihre beiden Zimmer sollten weiß gestrichen werden, für Murrys Zimmer schlug sie eine »zarte Blumentapete« vor und für Idas Nordzimmer unterm Dach grüne Farbe, oder wenn das zu kalt wäre, gelbe.

Während der ganzen Zeit in Cornwall war ihr »Rückgratrheuma« so schlimm, daß sie oft glaubte, diese »teuflischen, teuflischen« Schmerzen könnten sie lähmen. Die Ärzte, die zu ihr kamen, waren freundlich, aber völlig ineffektiv. Weit tröstlicher war für sie die schlichte Fürsorge der alten Frau, die ihr das Zimmer besorgte und das Frühstückstablett brachte. Als Mrs. Honey eines Morgens sah, daß Katherine wieder litt, bot sie ihr an, ihr die Gedichte vorzutragen, die sie vor langer Zeit als Kind gelernt hatte, etwa vierzig Verse über »Mose Tod«. Katherine hörte zu, bewegt von der schlichten Güte dieser Frau, und verglich sie mit einer Figur in einem Wordsworth-Gedicht. Mrs. Honey bedrängte sie auch, Kinder zu bekommen; ein trauriger Rat, denn im Juni verlor sie alle Hoffnung, schwanger zu sein. Das Kind, das nicht kommen würde, betrauerte sie indirekt in ihren immer häufiger werdenden Gesprächen über Puppen.*

Anne nahm Katherine auf Ausflüge entlang der flimmernden Sommerküste mit und malte sie: ein verwegenes Porträt, ziegelroter Rock, schwarze Augen, Lippenstiftmund, die Haltung des Kopfes auf dem dünnen Hals verrät eine gewisse Anspannung. Im Dunkeln, nachts in ihrem Zimmer:

Ich gehe auf und ab, schaue aufs Bett, schaue auf den Schreib-

---

* Daß Katherine sich dessen auch bewußt war, geht aus einem Eintrag ihres Journals vom 18. Oktober 1920 hervor, in dem sie eine verzweifelte alte Jungfer beschreibt, die ihre Puppe wie ein uneheliches Kind behandelt.

tisch, schaue in den Spiegel und fürchte mich vor dem Mädchen mit den brennenden Augen, denke: »Wird mein Licht noch brennen, bis es hell wird?«, sitze dann lange da und starre auf den Teppich – so lange, daß man nur durch Zufall wieder aufschaut. Und Oh Gott, dieser entsetzliche Gedanke, daß man einmal sterben muß und vielleicht bald sterben wird. Ich habe wirklich solche TODESQUALEN der Einsamkeit und Krankheit durchlitten, daß ich nie wieder völlig hergestellt sein werde. Ich glaube nicht, daß ich je wieder denke, sie kommen nicht wieder – daß ein grinsendes Schicksal mir nicht raten werde, ich solle allein weggehen, um von etwas zu genesen.[4]

Das war keine Übertreibung: Brügge, Bayern, Bandol, Cornwall, das war eine lange Litanei, die noch nicht abgeschlossen war.

Murry arbeitete weiter im Kriegsministerium. Ottoline drängte ihnen noch immer das Verwalterhäuschen auf. Die Woolfs druckten noch immer *Prelude*. Im Juni aß Murry bei ihnen zu Abend, und Virginia erschien er »bleich wie der Tod, mit glänzenden Augen & einer geduckten Art bei Tisch, die äußersten Hunger oder Verzweiflung auszudrücken schien«[5]. Er erzählte ihnen, er habe an Weihnachten kurz vor dem Selbstmord gestanden und hätte sich seitdem mit dem Nachdenken über eine Formel aufrecht gehalten, die er »Indifferentismus« nannte und bei der sein Bewußtsein »zwei Lagen« aufwies.

Virginia schickte Katherine Briefe, Blumen und Zigaretten. Insgeheim bezweifelte sie, daß sich von *Prelude* mehr als hundert Exemplare verkaufen würden. Im Juni erschien es dann endlich, und Virginia brachte ihre Zufriedenheit zu Papier: »es hat die lebendige Kraft, das für sich stehende Leben eines Kunstwerks.«[6] Ottoline war so loyal, Russell eines ins Gefängnis zu schicken. Er machte sich nichts daraus, sondern ergriff die Gelegenheit, Ottoline vor Katherines Bosheit zu warnen. Ottoline hörte nicht auf ihn, was wohl verständlich war; es gab

4 K. M. an J. M. M., 9. Juni 1918, *K. M.'s Letters to J. M. M.: 1913-22*, J. M. M., S. 292.
5 *The Diary of Virginia Woolf: 1915-19*, 17. Juni 1918, Bell, Bd. I, S. 156.
6 Ibid., 12. Juni 1918, S. 167.

einfach zu viel hinterhältiges Gerede und Verhalten in ihren Kreisen, als daß man seine Freunde deswegen fallen ließ. Dagegen litt Virginias hohe Meinung von Katherines Fähigkeiten, als sie im August in der *English Review* ihre Erzählung *Glück* las. Virginia fand sie oberflächlich, zu schick, schwach, billig und schlecht geschrieben; das jedenfalls schrieb sie nach der ersten Lektüre verärgert in ihr Tagebuch. Dennoch tat dieses negative Urteil ihrer Freundschaft keinen Abbruch. Etwas an Katherine, die ihr von Herkunft und Wesen so fremd, und die so auf ihre Arbeit fixiert war, zog die ältere Freundin an und faszinierte sie.

Ende Juni fuhr Murry für eine Woche nach Cornwall. Katherine versicherte ihm schon vorher, daß sie ihm ein Einzelzimmer besorgen würde, vielleicht, um ihn zu beruhigen, daß er ihrer Tuberkulose nicht zu nahe ausgesetzt sein würde, vielleicht auch, um ihn mit ihren Schmerzen zu verschonen. Sie bat Ida, sie bei ihrer gemeinsamen Rückkehr in der Redcliffe Road zu erwarten, da es ihr offensichtlich unmöglich war, ohne ihre Hilfe zurechtzukommen. Und so wohnten sie von Mitte Juli bis Ende August mitten im heißen und ungesunden Chelsea; sie war zu krank, um, wie beabsichtigt, Virginia in Asheham zu besuchen oder nach Garsington zu fahren, wo die Morrells zeitweilig mit Murry zürnten, weil er ihren Schützling Siegfried Sassoon nicht gut besprochen hatte. Oft hatte sie Fieber, oft konnte sie nicht einmal gehen. Ein »Arzt« kam und behandelte ihre Gelenkschmerzen mit Elektroschocks. Ida sagte sie: »Wie Du siehst, bin ich nicht eine Stunde ohne Schmerzen. Wenn es nicht die Lunge ist, dann (weit schmerzhafter) der Rücken. Und dann *schmerzen* meine Beine …«[7]

Ihr Leiden beeinflußte zweifellos ihre Reaktion auf die Nachricht vom Tod ihrer Mutter, die sie Mitte August erhielt. Sie trauerte, nannte sie »ein ganz vornehmes, vollkommenes kleines Geschöpf – etwas zwischen einem Stern und einer Blume«, eine etwas unpassende Beschreibung für die Frau, die sie in Bayern sitzen und mit ihrer Schwangerschaft allein gelassen hatte und die ihre Tochter auch in ihrem kurz vor ihrem Tod

7 Baker, op. cit., S. 122.

geänderten Testament nicht wieder berücksichtigte. Katherine jedoch betonte Mrs. Beauchamps vollkommenen Charakter nacheinander vor Brett, Virginia und Ottoline. Angesichts ihres nahenden dreißigsten Geburtstags und dem drohenden Schatten ihres eigenen Todes vor Augen, wollte sie mit ihren Erinnerungen an ihre Mutter versöhnt sein. Eine idealisierte Mutter konnte Vorbild und Trost sein; einen ähnlichen Prozeß hat Proust beschrieben: die Mutter des Erzählers beginnt, sich mit ihrer toten Großmutter zu identifizeren. Katherine war überglücklich, als ihr Vater ihr später (1920) sagte: »Du bist ganz wie Deine Mutter.« Sie willigte ein, zu der Schwester ihrer Mutter, Belle Trinder, nach Tadworth zu fahren und dort eine Weile zu bleiben, für sie ein ungewöhnliches Zeichen von Familiensinn; von Belle aus zog sie dann schließlich in Portland Villas ein.

Vermutlich war es Belle, die Harold Beauchamp auf Katherines Zustand aufmerksam machte; der wiederum sorgte dafür, daß Sydney Beauchamp, der inzwischen ein sehr erfolgreicher Arzt geworden war, ihr im Oktober einen Krankenbesuch abstattete. Im Verlauf des Herbstes waren mindestens vier Ärzte bei ihr. Der erste Spezialist, Murry hatte ihn gerufen, beeindruckte sie mit seiner Intelligenz und bedeutete ihr, sie müsse in ein Sanatorium, nicht unbedingt ins Ausland, und brauche Disziplin und intensive Pflege, damit ihre Lungen wieder heilen konnten; ihr Zustand sei »ernst, aber heilbar«. Murry sagte er, daß sie höchstens noch vier Jahre zu leben habe, wenn sie diesen Rat nicht befolge. Zehn Tage später, an ihrem dreißigsten Geburtstag, kam Sydney Beauchamp in seinem Seidenhut, sprach die tröstenden Worte: »Nun, meine Liebe, natürlich wirst du mal nicht als Greisin enden«[8] und gab ihr ebenfalls den Rat, ins Sanatorium zu gehen. Inzwischen fühlte sie sich so krank, hatte ein »schreckliches, kochendes Gefühl«, daß sie glaubte, sie müsse sterben. Sie wandte sich an einen Doktor Stonham, den Virginia ihr empfohlen hatte; auch er bestätigte, daß beide Lungenflügel tuberkulös seien, und riet ihr, für mindestens ein Jahr in die Schweiz zu gehen.

8 Ibid., S. 135.

Doch Katherine suchte weiter nach einem Arzt, bis sie einen fand, der ihr den Rat gab, den sie hören wollte: Victor Sorapure, ein in Edinburgh ausgebildeter Gynäkologe, der einige Jahre in Amerika praktiziert hatte und nun Facharzt am Hampstead General Hospital war. Er untersuchte sie Ende November. Anne Drey hatte ihn empfohlen, und sie fand ihn sympathisch, weil er sich Zeit für ein Gespräch mit ihr nahm. »Er half mir nicht nur, die Schmerzen zu ertragen, sondern meinte auch, daß körperliche Krankheit vielleicht notwendig sei, ein Wiederherstellungsprozeß, und immer wieder sagte er mir, ich solle mir einmal überlegen, daß der Mensch nur eine kleine Rolle in der Weltgeschichte spiele.«[9] Auch ihre Abneigung, in ein Sanatorium zu gehen, fand er vernünftig (er selbst starb 1933 an Tuberkulose). Sodann erbot er sich, ihre Arthritis zu behandeln, und begann mit einer Serie starker Injektionen, die die Schmerzen lindern sollten. Eine Zeitlang glaubte sie, es würde helfen. Ida schrieb fälschlicherweise in ihren Erinnerungen, Sorapure habe Katherine geheilt, doch da sie noch 1919, ja bis an ihr Lebensende, die gleichen Schmerzen hatte, kann die Behandlung nicht erfolgreich gewesen sein. Möglicherweise waren die Symptome eine Weile weniger heftig, weil sie, vermutlich auf Sorapure hin, zu jener Zeit damit begann, regelmäßig ein Medikament auf Opiumbasis einzunehmen.

Als Virginia sie im November in dem Haus in Hampstead besuchte, hatte sie den folgenden Eindruck von ihr:

> Katherine war auf, aber heiser und schwach, sie kroch im Zimmer umher wie eine alte Frau. Wie krank sie ist, vermag ich nicht zu sagen. Der erste Eindruck ist ein wenig ungünstig – dann wird es besser. Ich finde, sie hat eine gewisse Kindlichkeit, die zwar sehr gelitten hat, aber noch vorhanden ist. Krankheit, so sagte sie, zerstöre einem das Private, so daß man nicht schreiben könne – die lange Erzählung, die sie verfaßt hat, verströmt nichts als Haß. Murry und das Monster* passen auf und kümmern sich um

9 *Journal*, Dezember 1920, S. 229.

* Das »Monster« ist einer von vielen unfreundlichen Namen Katherines für Ida; Spitznamen waren bei den Beauchamps sehr beliebt, und Ka-

sie, bis sie beide haßt, sie traut keinem; sie findet keine »Wirklichkeit«.[10]

Auch Ida beschrieb aus ihrer Sicht die häusliche Seite des Lebens in Portland Villas. Sie brachte Katherine Frühstück und Mittagessen auf einem Tablett und servierte auch Besuchern das Essen. Katherine verspürte keine Gewissensbisse, sie auf die Ebene einer Dienerin herabzuwürdigen; sie forderte sie auf, bei Tisch zu bedienen, ohne sie vorzustellen, sie gab den Hausmädchen Gertie und Violet, die jeden Tag kamen, Anordnungen über ihren Kopf hinweg (obwohl Ida doch Haushälterin sein sollte); ebenso verfuhr sie mit der Köchin, die mit im Haus wohnte, dann aber wegen Trinkens gefeuert wurde. Ida machte Feuer, wischte und polierte, kaufte ein, nähte Kleider für Katherine und mußte sich beschimpfen lassen, wenn das Mittagessen nicht rechtzeitig fertig war. Tagsüber saß Katherine in ihrem weißen Arbeitszimmer, die Füße in einem dicken Fußsack, an einem gelb gestrichenen Tisch und arbeitete; durch zwei Fenster fiel die Nachmittagssonne herein. War sie guter Stimmung, konnte sie richtig ausgelassen sein. Murrys Bruder Richard, ein häufiger Gast, erinnerte sich, wie der Mann von nebenan an einem Tag sein Grammophon im Garten spielte und sie alle Opernlieder kannte, die er auflegte, und sie die entsprechenden opernhaften Gesten dazu machte. Vielleicht dachte sie dabei an Garnet und die Moody-Manners. Varietés mochte sie ebenso gern; Richard kam sie wie eine richtige Entertainerin und gänzlich extrovertiert vor, »sehr dem Leben zugetan«; er entdeckte eine große Gemeinsamkeit zwischen ihr und Gertler. Sein Bericht paßt gut zu Leonard Woolfs Eindrücken:

> Sie war von Natur aus, wie ich meine, heiter, zynisch, amoralisch, derb, geistreich. Als wir sie kennenlernten, war sie ungemein unterhaltsam. Ich glaube nicht, daß mich jemand

---

therine verwendete sie systematisch, um Zuneigung oder Verachtung auszudrücken. Die Erzählung, die nichts als Haß verströmen sollte, ist vermutlich *Je ne parle pas français*; Murry wollte sie auf der Maschine drucken, die er nach dem Vorbild der Woolfs gekauft und im Erdgeschoß von Portland Villas aufgestellt hatte.

10 *The Diary of Virginia Woolf: 1915-19*, 9. November 1918, Bell, Bd. I, S. 216.

> mehr zum Lachen gebracht hat als sie in jenen Tagen. Sie saß ganz aufrecht auf dem Rand eines Sofas oder eines Sessels und erzählte in ungeheurer Breite eine Art Saga von ihren Erlebnissen als Schauspielerin oder wie und warum Koteliansky wie ein Hund in dem Zimmer unterm Dach des Hauses in der Southampton Row heulte. Auf ihrem maskenhaften Gesicht war nicht das mindeste Leuchten eines Lächelns, und die außerordentliche Lustigkeit der Geschichte wurde durch das Aufblitzen ihres beißenden Witzes noch gesteigert. Ich glaube, daß Murry sie auf irgendeine abstruse Art verdorben und pervertiert und zerstört hat, sowohl als Mensch wie auch als Schriftstellerin. Sie war eine sehr ernste Schriftstellerin, doch ihre Begabung war die eines sehr intensiven Realisten mit einem hervorragenden Sinn für ironischen Humor und einem fundamentalen Zynismus. Sie kam mit Murrys klebriger Sentimentalität in Konflikt und schrieb dann gegen ihre eigene Natur an. Ich glaube, im Grunde ihres Wesens wußte sie das, und es machte sie wütend. Und deshalb war sie auch so oft auf Murry wütend. Beide zusammen zu erleben, besonders in ihrem Haus in Hampstead, machte einen gänzlich unbehaglich, denn Katherine schien sich ständig über Murry zu ärgern ... Immer wieder sagte sie *sotto voce* etwas Bitteres und Beißendes.[11]

Das ist nicht die Katherine des Journals, auch nicht die Katherine, die Murry und Ida kannten – was die Aussage dieser beiden neutralen Zeugen desto bedeutsamer macht. Vor einem anderen Publikum konnte Katherine ihre Rolle als edles Opfer oder Haustyrann vergessen, ebenso, für den Moment, ihren Ärger und ihre Schmerzen und lachen und Witze machen. Zuweilen beklagte sie insgeheim Murrys phlegmatisches und unsensibles »englisches« Wesen, und in ihrem Journal beschreibt sie ihn als »nicht warm, leidenschaftlich oder begeistert, ohne rasche Auffassungsgabe, nie sorglos, verschwenderisch mit sich selber, überschäumend, temperamentvoll«[12], allerdings unterstrich sie nach diesem Katalog der Klagen, daß dies an ihrer

11 Leonard Woolf, op. cit., S. 204.
12 *Journal*, Mai 1919, S. 158.

Liebe zu ihm nichts ändere. Bis zu einem gewissen Grad fühlten sie sich in dem Haus zusammen sogar wohl. Sie gaben ein paar Partys, Katherine dominierte alles vom Sofa aus, und alte Freunde wie die Campbells, Kot und Gertler besuchten sie wieder. Sie hatten Katzen, an denen sie beide sehr stark hingen. Ganz selten einmal reichte es auch zu einem kurzen Gang auf das Heath, und es gab auch Nächte, da lagen sie zusammen im Bett und lasen Gedichte.

Katherine verlebte auch angenehme Stunden, wenn sie allein im Haus war; dann hatte sie das Gefühl, daß sie, das Aschenputtel der Beauchamps, es jetzt doch noch zu einem festen Wohnsitz gebracht hatte, zu einem richtigen Ehemann, Personal und einer Stellung im Leben. Kam eine der Katzen und bettelte um Futter, dann konnte sie ihr Sahne auf einem Silberlöffel geben, und sie genoß es, Anweisungen zu geben, der Köchin oder dem schüchternen neuen Hausmädchen, auch Ida, der sie zu jener Zeit befahl, alle Briefe zu verbrennen, die sie ihr je geschickt hatte. Ida gehorchte. Doch auch wenn sie in ihrem Reich regierte, kam das Glück nur selten in die Portland Villas. Rückblickend erinnerte sich Katherine mit Freude an den Blick aus den Fenstern im Treppenhaus und an das Licht, »wie das Licht einer bleichen Muschel«, in ihrem Zimmer, relativierte aber gleichzeitig ihre Freude: »Es sollte ein vollkommenes kleines Haus sein, doch es erblühte nie.«[13]

Das Ende des Kriegs wurde in Portland Villas ohne große Feierlichkeiten aufgenommen, aber zu Weihnachten gab es immerhin Wein, Knallbonbons und Scharaden, in denen Kot und die Campbells etwas von der alten Ausgelassenheit zu inszenieren suchten; Murry trug einen Papierhut. Ein Funken Eifersucht erglomm im neuen Jahr, als Katherine nach Ida rief und Murry »sehr bekümmert war, weil ich an sie dachte und nicht nur an ihn«[14]. Ansonsten brachte das neue Jahr die Ablehnung einer Erzählsammlung von Katherine durch Heinemann; Murry dagegen bekam genau die Arbeit angeboten, die er am liebsten machte: Für £ 800 pro Jahr sollte er Herausgeber einer

13 Baker, op. cit., S. 158.
14 *Journal*, 19. Mai 1919, S. 154.

Wochenschrift namens *Athenaeum* werden, die dem Philantropen Arthur Rowntree gehörte.

Die Redaktionsräume lagen in der Adelphi Terrace, unten am Fluß, und Murrys erste Nummer erschien im April. Er stellte Aldous Huxley und einen weiteren Freund mit einer wissenschaftlichen Ausbildung, J. W. N. Sullivan, als Assistenten ein und warb zahlreiche eindrucksvolle Mitarbeiter an, darunter die Dichter T. S. Eliot und Paul Valéry, ebenso Russell, Forster und etliche andere aus dem Bloomsbury-Zirkel. Katherine wurde ständige Literaturkritikerin. Abgesehen von ihren Artikeln schrieb sie nichts; sie half nur noch Kot bei seiner Übersetzung der Briefe Tschechows, eine Arbeit allerdings, bei der sie nur seinen Text redigieren mußte, da sie kein Russisch konnte – ein Mangel, den alle Helfer Kotelianskys, darunter Lawrence und die Woolfs, teilten. Doch Katherine konnte nicht stillsitzen. »Ein Leben ohne Arbeit – ich würde mich umbringen«[15], schrieb sie im Sommer in ihr Journal. Sie war stolz auf Murry und interessiert an der Zeitschrift, doch merkte sie bald, daß er sie nur ungern daran teilhaben ließ und zuweilen sogar vergaß, ihr eine Nummer mitzubringen oder zu erwähnen, er habe ein interessantes Buch im Haus, das sie vielleicht lesen wollte – und das, obwohl sie selber nicht hinaus in eine Buchhandlung gehen konnte. »Das alles verletzt mich furchtbar, aber ich möchte mich dem stellen und darüber hinwegsehen. Er hätte nicht heiraten sollen. Nie war jemand von seiner Natur her weniger für das Leben mit einer Frau geeignet.«[16]

Oft schrieb sie ihren Freundinnen, vor allem Anne und Ottoline – der sie eine Reise nach Italien vorschlug –, gelegentlich auch Virginia. Viele dieser Briefe hinterlassen ein ungutes Gefühl, weil der Ton oft etwas Bewußtes und gezwungen Literarisches hatte, als hätte Katherine geglaubt, sie würden eines Tages als Beweismittel vorgelegt; und da sie es nun sind, legen sie in der Tat nahe, daß sie eine Pose annahm, um die Empfängerin zu beeindrucken. Fairerweise muß man dazusagen, daß sie diese Posen vor dem Hintergrund periodisch auftretenden hohen

15 Ibid.
16 Ibid., Juni 1919, S. 166.

Fiebers, von Schmerzen, Blutspucken, langen Phasen der Qual und fruchtloser Spritzen einnahm. Ihr Mut steht außer Zweifel, ihr Stil aber tut zuweilen weh.

Im August kam Harold Beauchamp nach London. Er war in Begleitung seiner jüngsten Tochter, Jeanne, die beabsichtigte, in England zu bleiben, das letzte Schäfchen, das Neuseeland für immer verließ. Seit 1912 hatte er Katherine nicht mehr gesehen. Seine Memoiren verraten seine Gedanken nicht, doch der Tee in Portland Villas war offensichtlich wenig erfolgreich. Murry war nicht bereit, über die Witzchen und Anekdoten aus dem Geschäftsleben seines Schwiegervaters zu lachen, und die beiden Männer verabschiedeten sich in gegenseitiger Abneigung. Was immer Katherine sich von ihrem Vater erhofft hatte – Bezeugungen der Zuneigung, mehr Geld für eine medizinische Behandlung oder einen bequemen Urlaub im Ausland –, nichts kam. Sie meinte nun, sie könne keinen weiteren Winter in London überstehen. Seltsamerweise riet Sorapure von einem Sanatorium wie auch von der Schweiz ab. Statt dessen bedrängte er sie, an die italienische Riviera zu fahren, ein besonders schlechter Rat, da Italien strenge Gesundheitsvorschriften hatte, die tuberkulösen Patienten einen Hotelaufenthalt verwehrten.

Vor der Abreise fühlte sie sich so schwach, daß sie, ohne jemandem etwas davon zu sagen, ein Testament in Form eines Briefes an Murry aufsetzte, das sie bei Mr. Kay hinterlegte. Ihre Manuskripte und alles Geld vermachte sie ihrem Mann und drängte ihn, nach ihrem Tod wieder zu heiraten; Ida bat sie, ihre Kleider wegzuschaffen. Dann machte sie sich in Begleitung ihrer beiden Erben auf nach Italien.

14
»Ein Bruder, den man *liebt*«

Im Oktober 1918 lebte die Freundschaft zwischen Katherine und Lawrence, die abgesehen von ein paar Briefen seit 1916 geruht hatte, wieder auf, als er sie in Portland Villas besuchte; er sah aus, so Ida, »wie ein altes italienisches Christusbild«[1]. Seit ihrer letzten Begegnung hatte er alle erdenklichen Kümmernisse und Erniedrigungen durchlitten: Die Behörden hatten ihn mit der Begründung aus Cornwall gejagt, Frieda sei Angehörige einer feindlichen Nation; für *Liebende Frauen* fand er keinen Verlag (natürlich war *Der Regenbogen* noch immer verboten); er war oft krank und für ein Dach über dem Kopf auf die Barmherzigkeit anderer angewiesen. Seit einiger Zeit lebte er in einem Häuschen in Derbyshire, wo er erneut gezwungen war, den Royal Literary Fund um ein Stipendium anzugehen, und wiederum von der Armee gemustert und für eine sitzende Tätigkeit als tauglich befunden wurde, wogegen er sich nachdrücklich zur Wehr setzte. Er schrieb nur Essays und Erzählungen und sehnte sich danach, wieder ins Ausland zu gehen und allem zu entfliehen, was er mit der Zeit hassen gelernt hatte: die Zurückweisung seiner Arbeit, die Kriegsmaschinerie und das Klima. Seine Beziehung mit Frieda zeigte nach den anstrengenden Jahren, die sie beide durchlaufen hatten, Abnutzungserscheinungen. Vor ihrem Besuch in Hampstead bekam sie Grippe, so daß Lawrence Katherine allein aufsuchte. Sogleich flammte die alte Zuneigung zwischen ihm und Katherine wieder auf. »Ich mochte ihn sehr«, schrieb sie Brett.

> Er war ganz der Alte, ausgelassen, wundervoll, er lachte, beschrieb Dinge, gab einem Bilder, war voller Begeisterung und Freude an der Zukunft, in der wir alle zu »Vagabunden werden« – wir redeten über alles, nur nicht über andere… Oh, es ist so etwas Liebenswertes an ihm und seiner Gier,

---

1 Baker, op. cit., S. 133.

seiner leidenschaftlichen Gier nach Leben – das liebt man so sehr an ihm.[2]

Lawrence besuchte sie noch einige Male allein und zeigte sich stets von seiner reizendsten Seite. Die körperlichen Veränderungen Katherines, ihre Schwäche und Auszehrung, schockierten ihn. Einem Freund schrieb er, sie habe Schwindsucht, aber er hoffe, es gehe ihr sicher wieder besser, wenn sie nur irgendwo ins Ausland könne, wo es warm sei, wenn der Krieg einmal vorbei sei. Und er fügte hinzu: »Mr. Murry ist wie das blühende Leben – ganz zu meinem Unwillen, wo sie doch so krank ist.«[3] Murry, der bei einem seiner Besuche hinzukam und sie so ausgelassen und vertraulich antraf, »spürte, daß ich auf ihnen wie ein Bleiklotz lag«[4]. Was er wohl auch tat. »Lawrence und Murry werden sich nie gut verstehen, sie sind beide zu stolz, und Murry zu eifersüchtig«[5], bemerkte sie in ihrem Journal, ein Urteil, das man bei ihren späteren Unternehmungen in Erinnerung behalten muß.

Kaum war Lawrence wieder in Derbyshire, schickte er ihr sein Stück *Touch and Go* und bat sie um ihr Urteil. Katherines einzige dazu erhaltene Bemerkung, es sei »schwarz vor Bergarbeitern«, übergeht die Tatsache, daß es Szenen darin gibt, die ganz offensichtliche Bezüge zu ihrer Freundschaft mit ihm enthalten.

Das zentrale Thema des Stücks ist die Beziehung zwischen Arbeitgebern und Arbeitnehmern sowie ein gescheiterter Bergarbeiterstreik, doch der junge Minenbesitzer Gerald hat einen Freund, Oliver, und eine ehemalige Mätresse, Anabel Wrath, eine Bildhauerin, die in Paris gelebt hat und Teil eines, wie sie es nennt, »üblen Dreiecksverhältnisses« mit den beiden Männern war. Oliver spricht deutlich Lawrences Sprache und Anabel die Katherines. (Das ist wohl auch der einzige interessante Aspekt des Stücks, das im Gegensatz zu den übrigen dramatischen Werken Lawrences unspielbar und schlecht ist.)

---

2 K. M. an Brett, 27. Oktober 1918, *The Letters of K. M.*, J. M. M., Bd. I, S. 215.

3 D. H. Lawrence an Stanley Hocking, 30. Oktober 1918, *The Letters of D. H. Lawrence,* Boulton, Bd. III, S. 294.

4 J. M. M., *Reminiscences of D. H. Lawrence,* S. 92.

5 *Journal,* Oktober 1918, S. 150.

Anabel sagt Oliver, daß Gerald »ihn viel zu sehr liebe, um mich absolut zu lieben«, und während dies zwar ihre Beziehung zu ihm untergrabe, könne es sie nicht davon abhalten, auch Oliver zu lieben und ihm zu vertrauen: »Du wirkst so warm und beschützend – wie ein Bruder, weißt du – aber ein Bruder, den man *liebt.*«

»Und dann haßtest du mich?« fragt Oliver, worauf Anabel antwortet, sie habe ihn und ihren Liebhaber »fast bis zum Wahnsinn« hassen gelernt. Wahnsinn und wahnsinnigen Haß schrieben Lawrence wie auch Katherine zuweilen sich selber zu (so etwa Katherine in ihrem Brief an Murry im November 1919[6]), und es wird ziemlich klar, daß dieser Dialog an die Zeit in Cornwall erinnert und versucht, sie in eine Perspektive zu rücken. Oliver sagt über Anabel: »Wie sie die dunklen Götter haßt!«: »Und dennoch haben sie sie in ihren Bann geschlagen«, erwidert ihr abgewiesener Liebhaber.

Obwohl Lawrence *Touch and Go* vollkommen ernst nahm, war er sicher auch auf Katherines Reaktion auf Anabel gespannt, als er ihr das Stück zu lesen gab. Auch wenn sie sie ihm mitteilte, sie ist leider zusammen mit allen ihren anderen Briefen an Lawrence verloren gegangen; anders als Murry lauerte er nicht mit einem Auge auf die Nachwelt.

Auch bot Lawrence ihr an, ihm doch ebenfalls eine ihrer Erzählungen zu schicken, doch auch hier wissen wir nicht, ob sie es tat. Er schickte ihr seine kürzlich vollendete Erzählung *Der Fuchs,* in der uns wiederum etwas an der Figur der Ellen bekannt vorkommt: die »kurzen glatten Strähnen ihres dunklen Haars«, die großen, breiten, dunklen Augen mit einem Blick, der »seltsam, überrascht, schüchtern und sardonisch zugleich« ist, der Mund, »verzogen wie in Schmerz und Ironie«, das satirische Flackern in ihren Augen und die »gefährliche Satire in ihrer Stimme« – das alles klingt viel mehr nach Katherine als nach Lawrences Nachbarin auf dem Land, der anderen Inspiration für die Erzählung, die einen Dreieckshaushalt beschreibt, in der ein Mann und eine Frau um die Liebe der dunkeläugigen

6 K. M. an J. M. M., 20. November 1919, *K. M.'s Letters to J. M. M.: 1913-22,* J. M. M., S. 399.

jungen Frau wetteifern. Es ist eine von Lawrences brillanten dramatischen Erzählungen, und Katherine mochte sie sehr gern,[7] allerdings dürfte ihr die spätere Version von 1921 mit ihrer Betonung auf der lesbischen Liebe und ihrem gewalttätigen Ausgang weniger gefallen haben.

Mit dieser ausführlichen Beschreibung von Lawrences Verwendung von Katherines Erscheinung oder Konversation soll nur noch einmal betont werden, wie stark sie seine Phantasie zu jener Zeit beschäftigte, als er sich verletzlich und unglücklich fühlte, und eine mögliche Erklärung für die äußerste Verbitterung von einigen seiner späteren Bemerkungen liefern, als sie sich mit Murry deutlich gegen ihn zu verbünden schien. Zunächst jedoch schrieb er ihr eine ganze Serie von Briefen voll tiefer Zuneigung und Vertrautheit, mit denen er offensichtlich versuchte, ihre Freundschaft auf eine solide und permanente Basis zu stellen. Er lud sie zu sich in sein Mountain Cottage ein, und drängte sie, es möge ihr »Rasch – sofort«[8] besser gehen. Er meinte, sie beide sollten »auf eigenen Füßen stehen und einander die Treue schwören«.[9] Er erörterte seine Beziehung zu Frieda und die ihre mit Murry und warnte sie davor, es zuzulassen, daß er sie zu einer Mutterfigur machte; »Frieda ist die alles verschlingende Mutter. – Es ist furchtbar hart, sich daraus zu befreien, wenn die sexuelle Beziehung sich einmal so entwickelt hat. Wenn wir uns nicht daraus befreien, sterben wir«[10], fügte er noch hinzu. Frieda, so schrieb er, würde sich seinem Verlangen nach männlicher Vorherrschaft nicht unterordnen, daher ihr Streit. Er unterstrich noch einmal seinen Glauben an die Freundschaft, nicht nur zwischen Männern, sondern auch zwischen Mann und Frau. Er bot ihr an, den Brief Murry zu zeigen und schlug vor, sie sollten beide über Weihnachten nach Derby kommen. Katherine war höchstwahrscheinlich zu schwach, um an eine solche Reise überhaupt zu denken; er hatte sie auch noch vor den eisigen Winden in den Bergen gewarnt. In seinem

---

7 J. M. M., *Reminiscences of D. H. Lawrence,* S. 93.

8 D. H. Lawrence an K. M., 29. November 1918, *The Letters of D. H. Lawrence,* Boulton, Bd. III, S. 301.

9 Ibid., 10. Dezember 1918, S. 308.

10 Ibid., 5. Dezember 1918, S. 302.

nächsten Brief schrieb er ihr, er sei zu Hause gewesen und habe einen kranken Freund aus seiner Kindheit besucht, der im Sterben lag (er verschwieg ihr, daß es Tuberkulose war); in einem leidenschaftlichen Ausbruch von Angst um sie und zweifellos auch um sich selber schrieb er: »Katherine – *on ne meurt pas:* fast möchte ich es reflexiv sehen: *on ne se meurt pas: Point!* Soll doch alles verdammt und verflucht sein, soll die verdammte Welt doch zu Ende gehen. Aber man stirbt nicht. *Jamais.*«[11]

Zu Weihnachten schickten sie einander Geschenkpakete: Er schickte ihr ein Stück Flußspat aus Derbyshire, sie schickte Mandarinen, ein Taschentuch und eine kleine Weizengarbe für Frieda. Im neuen Jahr schrieb er ihr weiter, beunruhigt über ihre langen Schreibpausen, weil er glaubte, sie sei zu krank dazu; er schickte ihr Bücher und beschrieb ihr seine Spaziergänge durch den Schnee, die Spuren von Vögeln und Tieren, woran sie ihre Freude gehabt haben muß. Er befragte Kot nach ihrem Gesundheitszustand und brachte anderen Freunden gegenüber seine Besorgnis darüber zum Ausdruck, daß sie sich mit letzter Kraft am Leben festklammerte. Im Februar hatte er eine so schwere Grippe, daß er selber in Lebensgefahr war, doch Ende März schrieb er wieder und beklagte sich über die Schwierigkeiten, sie zu viert zusammenzubringen, insbesondere auch Murry: »und wenn Du tun mußt, was er will, und wenn er nie richtig so will, wie wir wollen – nun denn!«[12] Im selben Brief beschreibt Lawrence auch einen Traum, den er gehabt hatte, in dem Katherine ihn besucht und von ihrer Schwindsucht völlig geheilt sei; die beiden gingen zusammen ins Freie und betrachteten die Sterne:

> Alle Konstellationen waren anders, und ich, der ich nach dem Orion suchte, um ihn Dir zu zeigen, weil er jetzt gerade aufgeht, war von diesen dicken, dichten leuchtenden neuen Konstellationen verblüfft. Plötzlich sahen wir dann einen Planeten, so wunderschön, ein großer, fürchterlicher, starker Stern, daß wir beide davon einen Moment lang völlig durchdrungen, besessen waren. Dann sagte ich: »Das ist Jupiter« –

11 Ibid., 10. Dezember 1918, S. 307.
12 Ibid., 27. März 1919, S. 343.

doch ich spürte, daß es nicht Jupiter war – jedenfalls nicht der normale Jupiter.

Yung *[sic]* oder Freud danach fragen? – Niemals! – Es war ein Stern, der einem für einen Augenblick lang auf der Seele loderte.

Ich wollte, es wäre für uns alle Frühling.[13]

Dieser großartige Brief, in dem Lawrences Freude an der Welt und seine kräftige, biblische Sprache Katherine wie ein Geschenk dargeboten wurden, schien das Band der Freundschaft zwischen den beiden für immer zu besiegeln; doch so einfach ist nichts in der wirklichen Welt. Zwei Dinge kamen dazwischen.

Das eine war, daß Katherine nun auch Frieda schrieb, »ach so geistreiche Briefe« Lawrence zufolge, der darüber gekränkt war, nachdem er ihr doch seine Vertrautheit angeboten hatte. Das andere war Murrys neue Stellung als Herausgeber von *Athenaeum*, die ihn in die Position eines Gönners setzte, der die Macht hatte, Lawrence Arbeit und das Geld zu verschaffen, das dieser so dringend brauchte, oder eben auch nicht. Er nahm einen Artikel von ihm an und lehnte danach jeden weiteren Text ab, den Lawrence ihm anbot, wobei ihm dessen verzweifelte finanzielle Lage wohlbekannt war. Murry behauptete später, Katherine habe mit seinen redaktionellen Entscheidungen übereingestimmt, was man glauben kann oder auch nicht. Jedenfalls konnte sie sich durchaus grob über Lawrences Arbeit auslassen, besonders denen gegenüber, die es von ihr erwarteten, nämlich Ottoline und Murry. Niemand anderem gegenüber, weder jetzt noch später, griff sie Lawrence an, und selbst Ottoline gegenüber beschränkte sie sich darauf, seinen Mangel an Humor und die Verrücktheiten von *Liebende Frauen* zu beklagen, das, wie sie wußte, Ottoline sowieso schon haßte und ablehnte. Ob sie bei Murry für ihn eintrat, steht auf einem anderen Papier; sie war krank und verletzlich, er war eifersüchtig und, wie Frieda schon bemerkt hatte, in einem echten Konflikt würde Katherine mit Murry nicht brechen.

Als Lawrence im Sommer nach London kam, kam er nicht mehr nach Portland Villas, und im August beschwerte er sich

13 Ibid.

darüber, daß Murry einige seiner Manuskripte verloren habe. Er wurde zunehmend verbitterter, und das Schauspiel Murrys, der nun so behaglich etabliert war und seine Bemühungen derart abtat, war nur schwer für ihn zu ertragen. Die normale Reaktion darauf wäre Enttäuschung, Wut, vielleicht auch Trotz; bei Lawrence war es eine unkontrollierte, kindliche Raserei. Und da Katherine sich auf Murrys Seite geschlagen hatte und auf Lawrences Freundschaftsangebot nicht einging, wurde auch sie ein Objekt seiner Raserei. Im Oktober erhielt Koteliansky – der vermutlich so manches noch geschürt hat – einen Brief von Lawrence, in dem dieser die Hoffnung ausdrückte, Katherine, die inzwischen in Italien war und über eine Moskitoplage klagte, würde zu Tode gestochen. Einige Wochen später schrieb er ihr allerdings einen ganz freundlichen Brief aus Florenz.

Als Murry dann über Weihnachten zu ihr fuhr, nahm er einige von Lawrences Manuskripten mit und schickte sie ihm von Katherines Adresse aus zurück, wodurch er sie für die Ablehnung mit verantwortlich machte. Das war der Auslöser von Lawrences Wutausbruch, im Verlauf dessen er Murry in einem Brief einen »dreckigen kleinen Wurm« nannte und in einem anderen Katherine schrieb, er hasse sie, finde sie widerwärtig (»wie Du in Deiner Schwindsucht dampfst«), und ihr den Tod wünschte. Katherine schickte den Brief Murry nach und drängte ihn, Lawrence zu schreiben, er würde ihm ins Gesicht schlagen, sollten sie sich je wieder begegnen, und beide schrieben Lawrence verständlicherweise wutschnaubende Briefe zurück.* Nun folgte eine Weile Stille, auch wenn Lawrence »die Murrys« weiterhin vor anderen Leuten schlechtmachte, wobei er besonders wütend darüber war, daß Murry die Erzählungen seiner Frau in seiner eigenen Zeitschrift mit Lob überhäufen ließ; die Rezension hatte Sullivan, sein Redaktionsassistent, geschrieben.

Das Auffallende an der ganzen Sache ist, daß Katherine Lawrences Ausbruch nicht unverzeihlich fand und ihm dies nicht

* Murry vernichtete Lawrences Brief an Katherine, worauf sich die Frage stellt, was wohl noch darin gestanden hat.

weiter vorwarf. Wenngleich sie sich, so wie die Dinge lagen, wohl nicht wiedersehen würden, hatte sie für Wut und schreckliche Ausbrüche aufgrund ihrer eigenen Erfahrungen durchaus Verständnis; schließlich war sie auch oft genug Zeugin von Lawrences Wutanfällen Frieda gegenüber gewesen, und möglich ist auch, daß sie selbst sich nicht ganz frei von Schuld fühlte.

Die Tiefe der Gefühle zwischen Lawrence und Katherine wurde durch seine spektakulären Wutausbrüche und ihre gelegentlichen boshaften Bemerkungen überdeckt; das war wohl auch unvermeidlich, da sie mehr Aufmerksamkeit erregten als der darunterliegende Strom echter Zuneigung und gegenseitigen Interesses. Und doch ist dabei so vieles zu berücksichtigen: Er war so sehr von ihr fasziniert, daß er ihre Erlebnisse, ihre Erzählungen und ihre physische Erscheinung in sein Werk einarbeitete. Sie wiederum plante, einen autobiographischen Roman zu schreiben, ähnlich seinem *Söhne und Liebhaber.* Für sie besaß Lawrence die Wärme, die Empfänglichkeit für lebende Dinge, die Großzügigkeit des Geistes, all das, was sie bei Murry nicht hatte. Wie sehr sie sich auch über Lawrences schlechtes Benehmen geärgert haben oder über unangemessene Passagen in seinem Werk schockiert gewesen sein mag, so anerkannte sie doch immer wieder aufs Neue, daß sie ihn liebte und daß seine Schriften Wärme ausstrahlten, atmeten, lebten, kraftvoll und voller Überzeugung, »von einem wirklichen Mann geschrieben«[14] waren.

In ihrer Phantasie wandte sie sich in kritischen Lebenssituationen an Lawrence, so nach ihrem Todestraum (im Dezember 1919), als sie sich von Murry in ihrer Verzweiflung alleingelassen fühlte; in ihr Journal schrieb sie: »Ich würde gern meine Bücher schreiben und eine glückliche Zeit mit Jack verbringen (nicht sehr viel Vertrauen übrigens) und an einem sonnigen Ort mit Lawrence Veilchen pflücken – alle möglichen Blumen.«[15] Und im Februar 1922, als sie in Paris furchtbar litt, erinnerte sie

---

14 K. M. an S. S. Koteliansky, 17. Juli 1922, *The Letters of K. M.*, J. M. M., Bd. II, S. 229.

15 *Journal,* S. 185.

sich Brett gegenüber an die Glockenblumen des kornischen Frühlings mit Lawrence. Blumen und Sonne – das war Lawrence. Murry, so wußten sie beide, war ein Zweifler und kalter Kritiker, der bei allem immer nach den Kosten fragte. Lawrence und Katherine hatten viel mehr gemein, vom Temperament her, körperlich und von den Umständen her. Beide waren sie echte, imaginative Schriftsteller (während Murrys Bemühungen ihn nicht dazu qualifizierten). Beide waren von einer chronischen Krankheit angegriffen und behindert, und beide versuchten, sie zu leugnen und zu ignorieren. Beide hatten Augenblicke, in denen sie ihre geistige Gesundheit anzweifelten. Beide waren sich ihres Außenseitertums in der englischen Welt der Literatur bewußt, beide waren empfindlich gegenüber Herablassungen; Murry dagegen schaffte es dank seiner Bildung und ihrer entschlossenen Anwendung, in diese Welt einzudringen und darin eine Macht zu werden. So bescheiden Murry zuweilen einräumte, daß seine Begabung nicht mit der von Lawrence oder Katherine zu vergleichen sei, so war es doch eine Begabung, die ihn in die Lage versetzte, aus ihnen etwas zu machen oder sie zu vernichten; und da war er nicht immer so bescheiden.

Im Januar 1922 schrieb Katherine in einem Brief, wie Lawrence sie einmal darum gebeten habe, ihm die Freundschaft fürs Leben zu schwören:

> Damals war ich ungeduldig mit ihm. Ich fand es extravagant – fanatisch. Aber wenn man sich überlegt, was das für eine Welt ist, verstehe ich vollkommen, warum L. (besonders, weil er L. war) solche Forderungen stellte ... Ich finde ja, daß der Stolz eine Freundschaft so schwierig macht. Nachzugeben, sich dem anderen zu beugen, das ist nicht einfach, aber man muß es tun, will man das Wesen des anderen wirklich erfassen.[16]

Während dieses letzten Jahres ihres Lebens dachte sie viel an Lawrence, obwohl kein Kontakt zu ihm möglich war (er bereiste Sizilien, Deutschland, Italien und später auch Ceylon und Australien). Sie lehnte *Das verlorene Mädchen* vehement ab

---

16 K.M. an Violet Schiff, Januar 1922, *The Letters of K.M.*, J.M.M., Bd. II, S. 175.

und weigerte sich, den Roman für *Athenaeum* zu rezensieren, obwohl sie ansonsten durchaus bereit war, harte Worte auszusprechen (statt dessen schrieb Murry selbst einen Verriß). Doch als sie *Aaron's Rod* las, Lawrences nächsten Roman, war sie begeistert darüber und schrieb in ihre Ausgabe:

> Es gibt Stellen in diesem Buch, die mir nicht gefallen. Aber sie sind unwichtig und gehören eigentlich nicht dazu. Sie sind trivial, überkrustet und klammern sich daran wie Schnecken an die Unterseite eines Blattes – nicht mehr, vielleicht hinterlassen sie noch eine kleine silbrige Spur, einen Fleck, vor dem man zurückschreckt wie vor irgend einer Dummheit. Doch abgesehen davon ist da das Blatt, der Baum, fest verwurzelt, tief stoßend, ausgebreitet, von großartigem Wuchs, lebendig in jedem Zweig. Während ich das Buch las, hatte ich immer das Gefühl, es nährte mich.[17]

Vielleicht sprach sie das Thema des Buches, das von einem Mann erzählt, der seine Familie verläßt und in der Trennung und Unabhängigkeit seine Erfüllung findet, besonders an.

Der Streit war nicht behoben. Lawrence wäre nicht erfreut gewesen, hätte er 1921 erfahren, daß Katherine für die *Sphere* schrieb, die von Clement Shorter herausgegeben wurde, einer aus dem Rudel der Rezensenten, die für das Verbot von *Der Regenbogen* verantwortlich waren. Von allen Enden der Welt schoß er weiterhin gegen »die Murrys«, zumeist Koteliansky gegenüber. Aber im August 1922 nahm Katherine Lawrence in ihr Testament auf, da sie wollte, daß er eines ihrer Bücher bekam. Er war auch einer der beiden, von denen sie Verständnis dafür erwartete, was ihr an dem Gurdjieff-Institut gefiel, wo sie die letzten Monate ihres Lebens verbrachte (der andere war E. M. Forster); nur glaubte sie, daß Lawrences Stolz ein Hindernis sein könnte. Im letzten Herbst ihres Lebens erhielt sie voller Freude eine Karte von ihm aus Wellington; sie war an sie c/o Ottoline adressiert, und enthielt nur ein Wort: *»Ricordi!«*. Murry sagte sie: »Lawrence ist nach Mexiko gekommen und

---

17 K. M., *Novels and Novelists*, Hrsg. J. M. M. London (Constable) 1930, S. 308.

fühlt sich unglaublich lebendig.«[18] Vermutlich hatte sie das von Koteliansky, der Lawrence überreden wollte, ihr zu schreiben, und der ihm Nachrichten über sie zukommen ließ. Tatsächlich ließ Lawrence ihr zweimal im Dezember Grüße bestellen, über Koteliansky und Murry, und Ende November forderte sie Murry auf, ihm zu schreiben.[19]

Der stärkste Beweis, daß sie Lawrence vergeben hatte, was immer es auch zu vergeben gab, und daß ihr Herz voll Zärtlichkeit für ihren alten Freund war, steht in einem Brief an Murry, den sie kurz vor ihrer Abreise nach Fontainebleau im Oktober schrieb: »Ja, Lawrence bedeutet mir etwas. Ich habe mir überlegt, ihm zu schreiben und zu versuchen, eine Begegnung zu arrangieren, wenn ich Paris verlassen habe – und vorzuschlagen, daß ich im Frühjahr zu ihnen komme.«[20] Doch das war dann nicht mehr möglich.

18 K. M. an J. M. M., 8. Oktober 1922, *K. M.'s Letters to J. M. M.: 1913-22*, J. M. M., S. 668.
19 Ibid., 19. November 1922, S. 688.
20 Ibid., 13. Oktober 1922, S. 671.

15
»Ein Gefühl, ähnlich zu sein«

Katherine, Ida und Murry hatten eine lange, beschwerliche Reise quer durch Frankreich in der Septemberhitze. Auf Mr. Beauchamps Rat hin machten sie in Menton Station, um seine Cousine Connie zu besuchen, die in England ein Pflegeheim leitete, den Winter aber bei einer älteren Freundin verbrachte. Connie zeigte sich an Katherine interessiert und von ihrer schlimmen Lage berührt. Nach diesem Treffen fuhren sie weiter nach San Remo. Als das Hotelpersonal bei ihrer Ankunft Katherines Zustand bemerkte, erklärte der Geschäftsführer, man könne niemanden mit Tuberkulose aufnehmen, und außerdem müßten sie noch für das Ausräuchern der Zimmer bezahlen. Immerhin empfahl er ihnen ein kleines Haus in dem Nachbardorf Ospedaletti, das sie gegen eine geringe Miete haben könnten: das Casetta Deerholm. Es blieb ihnen nichts anderes übrig, als es zu nehmen. Murry brachte die beiden Frauen dort unter und kehrte zurück nach England. Solange noch keine Rohre verlegt waren, mußte das Wasser geholt werden, und Ida mußte lernen, wie man auf einem Holzkohlenofen kocht. Der Geschäftsführer warnte sie vor möglichen Eindringlingen und gab ihnen vorsichtshalber einen Revolver mit, für alle Fälle. Katherine war fasziniert davon und ging damit in den Garten, um laden und schießen zu üben. Sie beschloß, ihn zu behalten (und tat es auch). So richteten sie und Ida sich nun in ihrer Abgeschiedenheit ein; eine Hitzeperiode brachte Schwärme von Insekten mit sich – eben jene, von denen Lawrence hoffte, sie würden Katherine totstechen –, das Geräusch des Meeres, das unterhalb des Hauses an den Strand brandete, schlug einen verlorenen Ton an, und Italien selbst befand sich nach dem Krieg und mit dem Aufkommen der Faschisten in einer brodelnden Krise.

Wenigstens sagte Katherine die Hitze zu. Sie plante ein Journal, das sie veröffentlichen wollte, *From the Casetta*, ein Bericht ihres halbjährigen Aufenthalts (in England hatte sie erzählt, sie bliebe für zwei Jahre dort, doch insgeheim waren sie und Murry übereingekommen, daß es nur den Winter dauern sollte). Sie notierte die Blumen und Schmetterlinge, den wilden Thymian und das Rosmarin an den Hängen, die kleine Katze, die eines Abends hereinkam und sich Futter erschnurrte; an einem Nachmittag nahm sie die Trambahn von Ospedaletti nach San Remo, erste Klasse, mit samtbezogenen eisenharten Sitzen, und kaufte sich Obst, Brioches und Porzellan. Murry erinnerte sich an ihren Geburtstag und schickte ihr einen kleinen Silberlöffel, ein Geschenk ganz nach ihrem Geschmack. Lytton schrieb ihr einen freundlichen Brief, Ida schenkte ihr eine Flasche mit dem teuren Duftwasser, das sie so gern hatte, und sogar ihr Vater schickte ihr einen Brief, wenn auch kein Geschenk. Doch am Ende dieses hoffnungsvollen Oktober ging die Medizin zur Neige, die Sorapure ihr gegeben hatte, und niemand konnte sie ihr neu zusammenstellen; sofort bekam sie wieder Angst und Depressionen und Haßgefühle auf Ida.

Auch ihr Vater, von dem sie eigentlich erwartet hatte, daß er aus Furcht vor einer Ansteckung wegbleiben würde, kam zu Besuch, zusammen mit seiner Cousine Connie und deren Freundin Jinnie Fullerton. Sie waren von der Casetta nicht gerade begeistert. Mr. Beauchamp machte mit Katherine eine Ausfahrt, pflückte ihr einen Strauß wilder Blumen, gab ihr ein paar Zigaretten und nahm sie in den Arm: »gehalten und geküßt und mein liebstes Kind genannt zu werden, das war fast zu viel ... dadurch wird die Liebe gegenwärtig, nah, warm, so wird sie gespürt und erwidert.« Eben das vermißte und brauchte sie, das jedenfalls deutete sie Murry an.[1] Das war ein deutlicher Verweis. Einige Tage später beschrieb sie ihm, wie sie an die Morgen in Hampstead dachte, als sie vor ihm aufwachte und neben ihm lag und ihn mit der Hand berührte, während er noch schlief, den dunklen Kopf von ihr abgewandt, und es gerade so hell war, daß sie den Dürer-Druck an der Wand erkennen konnte. Und mehr als einmal sagte sie ihm, wie sie Virginia

1 K. M. an J. M. M., 12. November 1919, *K. M.'s Letters to J. M. M.: 1913-22*, S. 387.

beneidete, die die Sicherheit und Annehmlichkeit hatte, daß Leonard ständig da war und sie umsorgte, da rege sich in ihr einfach die Eifersucht.

Es wurde kalt. Sie schrieb Murry:

> Die Kälte macht mir Angst. Sie ist bedrohlich. Ich atme sie ein, und tief in mir drin ist es, als hätte ein Messer sich weich an meinen Busen gedrückt und gesagt: »Sei Dir nicht so sicher.« Das ist der schreckliche Teil, dem Tod nahe gewesen zu sein. Man weiß, wie leicht es ist zu sterben. Die Barrieren, die für alle andern bestehen, gibt es für Dich nicht, und Du mußt einfach nur hindurchschlüpfen.[2]

Und so hielten die Wechselbäder von Angst und Hoffnung und Ausgelassenheit an. Als sie sich wieder dazu in der Lage fühlte, schrieb sie detaillierte Briefe über *Athenaeum*, kritisierte die Artikel und machte Vorschläge; dazu schickte sie ihre wöchentlichen Besprechungen. Sie drängte Murry, Ottolines Weihnachtseinladung anzunehmen. Als Sorapures Medizin eintraf, freute sie sich über ihre »großartige« Wirkung. Manchmal, sagte sie, könne sie überhaupt nicht schlafen, dann sei sie wieder tagelang übermüdet. Ende November war sie so euphorisch, daß sie schrieb: »wir müssen Kinder haben, wir müssen.«[3] Im gleichen Atemzug beschuldigte sie Murry und Ida, in ihren Gedanken sei sie schon tot. Derart vernichtende Bemerkungen entglitten ihr öfters in ansonsten durchaus warmen und herzlichen Briefen. Ihre Stimmungsschwankungen waren völlig unberechenbar, wobei die Prophezeiungen von Ärzten am Ort einen großen Einfluß darauf hatten; einer sagte ihr zunächst, sie würde innerhalb von zwei Jahren geheilt, nur um ihr später zu erklären, er habe sie aufheitern wollen, weil sie so deprimiert gewesen sei. Ein anderer, ein Engländer, riet ihr, ein gutes Leben zu führen und viel Weinbrand oder Marsala zu trinken. Vielleicht war dieser Rat auch nicht schlechter als alle andern.

Im Dezember schickte sie Murry ein Gedicht, das sie, wie sie sagte, im Fieber geschrieben habe. Sie beschuldigt ihn darin, sie verlassen zu haben, und sagt voraus, daß sein Platz von einem

---

2 Ibid., 17. November 1919, S. 395.
3 Ibid., 23. November 1919, S. 407.

andern Gatten eingenommen würde; einem Gatten namens Tod. Hinsichtlich des Stils wie des Inhalts ist es ein fürchterliches Gedicht, und für Murry war es wie »eine Schlange mit einem Stachel«. Er war betroffen und schmiedete sogleich Pläne, um sie über Weihnachten zu besuchen, und schrieb ihr einen Brief, in dem er ihr Getrenntsein damit rechtfertigte, daß er ja Geld verdienen müsse. Quer über diesen Brief schrieb sie höhnische Bemerkungen und beschuldigte ihn in ihrem Antwortbrief, zu sehr aufs Geld zu achten und nicht fähig zu sein, »den Mann zu spielen«.[4] Das gleiche Thema griff sie in ihrem Journal auf; sie erinnerte sich, wie sie wie zwei Männerfreunde lebten, bis die Krankheit sie zur Frau machte. Murry habe es ertragen, dachte sie, weil es eine romantische Krankheit gewesen sei (»seine Liebe zu einer ›romantischen Erscheinung‹ ist ungeheuer real«), doch habe er ihre Liebe betrogen, indem er nicht zu akzeptieren vermochte, daß sie fern von London mit dem, was sie gemeinsam verdienten, zusammenleben konnten.

Auch wenn Murry eine gewisse praktische Rechtfertigung dafür hatte, daß er seine Stelle nicht aufgeben wollte, so hätte doch jeder Trottel sehen können, daß Katherine nur eines wollte, nämlich daß er alles stehen und liegen ließ und bei ihr war. Mit einer Mischung aus Blindheit und vorsätzlicher Unwissenheit machte er ihr deutlich, wie sehr er London ihrer Gesellschaft vorzog: Er hatte seine Zeitung, Waterlow wohnte bei ihm zur Untermiete, Forster und Russell schauten herein, Brett schleppte ihn in ihr Studio, Ottoline bot ihm an, ihm Möbel zu verkaufen, und wichtige literarische Streitereien und Hiebe hielten ihn in Atem. Als er dann tatsächlich für zwei Wochen über Weihnachten in die Casetta kam, lag er mit einer Neuralgie darnieder, und nach seiner Abreise wurden ihre Briefe wieder angespannt. Katherine hatte »Herzattacken«, Ohnmachtsanfälle, Weinkrämpfe und schwere Depressionen. Dann schickte sie ihm die Erzählung *Der Mann ohne Temperament*; sie enthielt einen weiteren unterschwelligen, wenn auch sehr subtilen Vorwurf, denn die Hauptfigur widmet sich seiner kranken Frau und führt eine unerträgliche Existenz in ausländi-

4 Ibid., 12. Dezember 1919, S. 442.

schen Hotels. Seine Geduld ist bewundernswert, doch was es einmal zwischen ihnen an Liebe gegeben hatte, ist nun durch die Anstrengungen ihres Lebens ausgelöscht, eines Lebens, das in bitterem Kontrast zu der heilen Welt der Gesunden steht. Der Ehemann mag zwar seine Frau umsorgen, ihr den Schal bringen, einen Moskito erschlagen, der in ihr Netz geraten ist, aber er kann nichts tun, um ihre Lebenskraft und die Liebe, die sie verloren haben, wiederzuerwecken; ebenso wie Murry im richtigen Leben zu träge und selbstbezogen war, um Katherine abzulenken oder zu unterhalten, damit sie ihre Krankheit für eine Weile vergaß.

Es dauerte noch ein Jahr, bis Murry sich dazu überwinden konnte, für Katherine das zu sein, was Leonard für Virginia war. Davor nahm Katherine in ihrer Verzweiflung das Angebot Connie Beauchamps an, zu ihr nach Menton zu ziehen, wo es wärmer war und man sich um sie kümmern konnte. Der Umzug war schwierig – Italien war in Aufruhr, die Post streikte, Katherines Mantel wurde gestohlen, und alles war teurer als erwartet –, und als sie schließlich in Menton ankam, mußte sie feststellen, daß Connie und Jinnie beschlossen hatten, sie statt in ihrer großen Villa Flora in einem großen privaten Pflegeheim unterzubringen. Ida wurde in ein gemietetes Zimmer abgeschoben, und für wenige Tage genoß Katherine die Annehmlichkeiten und die Luftigkeit des Heims, die aufmerksame Pflege, die Massage und die Ärzte; doch dann begann sie, der Atmosphäre zu mißtrauen. Das Haus war voller älterer Kranker und kostete mehr, als sie sich leisten konnte. Sie und Murry hatten einen weiteren erbitterten Briefwechsel über Geld (und in dieser Situation erreichte sie Lawrences Attacke). Murry entschuldigte sich für seine Schäbigkeit und erklärte, es gebe da »ein gewisses Maß an Gefühllosigkeit in mir«; im folgenden schrieb er ihr, er habe eine große Lebensversicherungspolice abgeschlossen, und schickte ihr die detaillierten Abrechnungen.

Das brachte Katherine in Rage, doch schluckte sie ihren Zorn wie immer hinunter und baute erneut das Bild ihrer vollkommenen Liebe auf. Sie hatte es geschafft, aus dem Pflegeheim zu kommen und in Connie und Jinnies Villa Flora einzuziehen, wo sie von den beiden mütterlichen Frauen umhegt und gehätschelt wurde; hier gefiel es ihr so gut wie schon lange nicht mehr. Sie unternahmen mit ihr Fahrten in ihrem großen Wagen über die in den Fels gebauten Straßen und kauften ihr Röcke, Hüte und andere Geschenke. Murry fand ihre Briefe falsch, doch ihre Freude an dem Luxus und den Zuwendungen klang sehr natürlich; Katherine sehnte sich nach den Annehmlichkeiten, die sie aus ihrer Jugendzeit noch in Erinnerung hatte, und wie ihre Mutter alles immer in Ordnung brachte. Krank, wie sie war, klammerte sie sich verzweifelt an ein wenig Vergnügen und Sicherheit.

Daß die beiden Frauen die Hoffnung hegten, Katherine mit ihrer bemutternden Liebe, den Geschenken und Einkaufsfahrten zum römisch-katholischen Glauben zu bekehren, wog da nicht schwer. Sie war durchaus nicht abgeneigt, mit einem solchen Gedanken zu spielen – ja, ein paar Tage lang glaubte sie tatsächlich, sie würde übertreten, in einem heimlichen Brief an Ida kündigte sie diesen Schritt an –, doch anscheinend schlug der Glaube keine Wurzeln, und Connie und Jinnie waren enttäuscht. Wenn Katherine überhaupt Schreine verehrte, dann heidnische.

Eine weitere Quelle der Annehmlichkeiten war die Ankunft eines schwerreichen englischen Paars, Sydney und Violet Schiff, Ästheten und Förderer der schönen Künste. Sie machten in Frankreich Ferien und wollten Katherine unbedingt kennenlernen. Sydney schrieb Romane (später übersetzte er den letzten Teil von Prousts *A la recherche du temps perdu*), Violet sang ein wenig; ihre Schwester Ada Leverson war eine Freundin Oscar Wildes gewesen. Die Schiffs suchten die Gesellschaft von Schriftstellern und Malern und hatten schon Joyce, Wyndham Lewis ebenso wie Proust mit vollendetem Eklektizismus Gastfreundschaft gewährt. Katherine war dankbar für ihre Aufmerksamkeiten, genoß es, mit dem Wagen zu Besuchen ihrer herrschaftlichen Villa abgeholt zu werden, und fing eine herzliche Freundschaft und literarische Korrespondenz mit den beiden an.

Auch war sie damit beschäftigt, ihren Sommer in England mit Murry zu planen. Den ganzen März hindurch waren ihre Briefe voller Vorschläge für den einen Monat Urlaub, den sie gemeinsam verbringen wollten, einmal sollte es ein Gasthof in Beaulieu im New Forest sein, wo sie segeln und unter Bäumen picknikken wollten, dann wieder ein Hotel in der Wildnis Nord-Devons. Murry stand in Verhandlungen über den Kauf eines Hauses in Sussex, was für sein Vertrauen in ihre Zukunft sprach; die Geste verpuffte ein wenig insofern, als sie nicht vor einem Jahr einziehen konnten (und sie wohnten auch nie darin). Trotz seiner täglichen Briefe, seinen Liebes- und Sehnsuchtsbeteuerungen, war er in seinem getrennten Leben vollauf beschäftigt, verbrachte viele Wochenenden in Garsington, wo ihm Brett eine schmeichlerische und kongeniale Begleiterin war.

Die vier Sommermonate in England hielten nicht, was sie sich davon versprochen hatte. Ob es nun ihre körperliche Schwäche war – »Ich kann ausschließlich mit dem Wagen irgendwo hin, und für lange Strecken kann ich mir einfach keinen Wagen leisten«[5] – oder Murrys Trägheit oder beides, es kam jedenfalls zu keinem Urlaub, weder im New Forest noch in Devon. Ida machte mehrere Pläne, um sie an die Südküste zu bringen, aber auch daraus wurde nichts. Statt dessen saß sie wie eine Gefangene in Portland Villas fest, während Murry seinen Herausgeberpflichten nachkam und einen Großteil seiner Freizeit beim Tennisspiel mit Brett verbrachte, mit der er nun einen seiner vagen Flirts unterhielt, also mit Nachdruck um sie warb und gleichzeitig seine Loyalität zu seiner Frau erklärte. »Zuvorderst durch die Erfahrung, daß Du mich geliebt hast, habe ich erkannt, wie heilig meine Ehe ist«, schrieb er ihr Anfang des Jahres.[6] Katherine war empört und eifersüchtig, als sie erkannte, was da geschah, doch bekämpfte sie ihre Wut, so gut es eben ging. Brett war in ihren Gefühlen hin und her gerissen, Murry aber konnte diesen eigenartigen Tanz ohne jedes Schuldgefühl fortführen, was zweifellos auf seiner Technik beruhte, sein Gewissen auf zwei Ebenen zu verteilen, wie er den Woolfs erklärte.

---

5 K. M. an Anne Drey, Mai 1920, zit. in *Adam* (Nr. 300, 1965), S. 91.
6 J. M. M. an Brett, 8. März 1920, Brief aus dem Special Collections Department, University of Cincinnati Libraries.

Der Sommer 1920 war kalt, so jedenfalls kam er Katherine vor, und sie mußte eine Vakzinbehandlung von Sorapure über sich ergehen lassen, nach der sie sich schlechter fühlte als je zuvor, ohne daß irgend eine sichtbare Besserung eintrat. Eines Tages brachte Murry sie dann mit einem Mietwagen zu ihrer Bank und dann weiter in die Redaktion von *Athenaeum*, doch fühlte sie sich inmitten seiner Kollegen fehl am Platz und versuchte dann auch noch zu seiner Verlegenheit, ihnen etwas von der Schönheit Südfrankreichs zu erzählen. Die Schiffs nahmen sie mit ins Theater, und T. S. Eliot kam mit seiner Frau Vivien zum Abendessen; Katherine bemerkte voll Abscheu und Neid, wie Eliot sich ihr zuwandte: »er bewunderte sie, hörte ihr zu, rückte sie ins beste Licht«[7]; glückliche Vivien.

Auch ihre Cousine Elizabeth, die sich von Bertrand Russells Bruder Francis getrennt hatte*, kam zu Besuch; es war die erste Begegnung, seit Katherine 1909 mit ihrem Verlobten George Bowden bei ihr zum Tee erschienen war. Die beiden Cousinen musterten einander mit einiger Verwunderung. Niemand konnte Elizabeth für eine liebenswerte Frau halten, dagegen stand ihr rücksichtsloser Egoismus, gepaart mit Sentimentalität, eine Mischung, die viele aus dem Klan der Beauchamps kennzeichnete. Doch konnte sie sehr hart arbeiten; sie hatte fünf Kinder geboren, sich aus ihren verkaufsträchtigen Büchern ein kleines Vermögen erworben und war aus ihren Kämpfen mit zwei aufeinanderfolgenden adligen Ehemännern als Siegerin hervorgegangen; sie lebte in völliger Mißachtung aller Konventionen, die sie als Ehefrau und Mutter hätte befolgen müssen. Als sie Katherine besuchte, stand sie kurz vor der Abreise zu ihrem Schweizer Chalet, wo sie elegante Gäste bewirtete und sich zu der Zeit auch einen jungen Liebhaber, A. S. Frere, hielt. Ihren Erfolg und ihre Unabhängigkeit muß Katherine sehr beneidet haben. Elizabeth wiederum betrachtete ihre weniger robuste Cousine mit echter Anteilnahme und Bewunderung.

---

7 K. M. an Violet Schiff, Mai 1920, British Library Add. MS.

* Elizabeth war zweimal verheiratet; zuerst mit Henning von Arnim, den sie 1891 heiratete und der 1910 starb, dann mit Earl Russell (Bertrands älterer Bruder), den sie 1916 geheiratet und von dem sie sich nun getrennt hatte.

Eine weitere Besucherin war Virginia Woolf, obwohl sie Zweifel hatte, ob sie überhaupt willkommen war. Dabei war Katherines Freundschaft mit Virginia auffällig einseitig. Virginia war stets die Werbende, Katherine dagegen – nach einer anfänglichen Flirtperiode 1917 – ausweichend, schwierig, unberechenbar, passiv. Virginia schickte Katherine Blumen und Zigaretten, sie schlug ihrer Schwester Vanessa 1919 vor, sie solle doch Charleston, ihr Haus in Sussex, Murry überlassen, sie schickte Einladungen zum Essen fürs Wochenende und schrieb liebevolle und lobende Briefe, ungeachtet der Vorbehalte, die sie in Wirklichkeit hatte. Virginia bewahrte Katherines Briefe auf, während nur zwei von den vielen, die sie ihr schickte, erhalten sind. Zweifellos profitierte Virginia viel von Katherines Werken wie auch von ihrer Kritik; sie änderte ihre Richtung als Schriftstellerin und nahm sich Katherines Rezension von *Nacht und Tag*, die im November 1919 in *Athenaeum* erschien, zu Herzen: Danach war keiner ihrer Romane noch einmal in die alte konventionelle Form gepreßt, mit keinem hätte sie sich mehr Katherines Spöttelei einfangen können, »die Miss Austen von heute [zu sein] ... aufs äußerste kultiviert, distinguiert und brillant, vor allem aber – bedächtig ... mitten in unserer Bewunderung fühlen wir uns dabei alt und kalt: nie hätten wir geglaubt, noch einmal auf etwas derartiges zu stoßen!«[8] So sehr sie dieses Verdikt traf, Virginia akzeptierte seine Berechtigung und ließ sich nicht davon abhalten, Katherine aufzusuchen, sobald sie gehört hatte, daß sie wieder in Portland Villas wohnte. Sie schätzte den Gedankenaustausch und die Intensität der Gespräche mit ihr, auch wenn sie das Gefühl hatte, daß die Freundschaft »auf Treibsand gebaut«[9] war:

> Bei Katherine finde ich, was ich bei anderen klugen Frauen nicht finde, ein Gefühl der Ungezwungenheit und des Interesses, was, wie ich meine, daran liegt, daß sie so echt, wenn auch so anders als ich, um unsere kostbare Kunst besorgt ist.

Auch wenn Katherine nun im Zentrum der Literatenwelt

---

8 K. M., *Novels and Novelists*, S. 107-11.

9 *The Diary of Virginia Woolf: 1915-19*, 18. Februar 1919, Bell, Bd. I, S. 243.

steht ... ist sie, und wird es wohl immer sein, nicht im mindesten eine Lohnschreiberin.[10]

Die herzliche Beziehung, die 1919 dann entstand, führte Virginia zu dem Glauben, sie hätten »eine Art dauerhafter Basis« erreicht, doch der Treibsand tat sich wieder auf, als Katherine im kommenden Winter nichts von sich hören ließ und sich auch nach ihrer Rückkehr nicht rührte. Doch kaum hatten sie sich wieder getroffen, war der alte Zauber wieder da. Virginias Berichte von ihren Besuchen in Portland Villas im Sommer 1920 sind ein lebendiger Beweis ihrer Faszination von Katherine, auch zeichnen sie ein klares Bild von dem Leben dort und von Katherine, wie sie, kaum war man draußen, einem in den Rükken fiel. Das folgende ist einem langen Eintrag vom 31. Mai 1920 entnommen:

Ich hatte meine Unterredung mit K. M. am Freitag. Zunächst anhaltende, beunruhigende Förmlichkeit & Kälte. Erkundigungen nach Haus & ähnliches. Keine Freude oder Erregung, mich zu sehen. Mir fiel auf, daß sie etwas von einer Katze hat: fremdartig, gefaßt, immer für sich & beobachtend. Und dann redeten wir über Einsamkeit, & da drückte sie meine Gefühle aus, wie ich es von niemandem zuvor gehört hatte. Woraufhin wir in Gleichklang fielen &, wie gewöhnlich, so frei miteinander redeten, als wären die 8 Monate Minuten gewesen – bis Murry mit einem Paar blauer & rosa Meissner Kerzenhalter hereinkam: »*Sind* sie nicht wunderbar«, sagte sie. »Hol doch bitte auch Kerzen.« »Virginia, wie *schrecklich*, was soll ich nur sagen? £ 5 hat er dafür ausgegeben«, sagte sie, als er den Raum verlassen hatte. Ich sehe, daß sie oft Feindschaft pflegen. Besonders über eines – Murrys Schreiben. »Hat dir C. & A. gefallen [Murrys Stück *Cinnamon and Angelica*]?« Nein. »Mir auch nicht. Aber D. of an I. fand ich zu schrecklich – falsch – Es ist oft sehr schwierig ...« [ein Essay mit dem Titel *The Defeat of the Imagination* (Die Niederlage der Imagination)] Dann kam Murry wieder. Wir schwatzten wie gewöhnlich. Diesmal ging es um Aldous ... Doch als Murry dann endlich wieder ging, kamen K. & ich wieder auf Litera-

10 Ibid., 22. März 1919, S. 258.

tur zu sprechen ... Sie erzielte da eine eigentümliche Wirkung, ist gleichsam entrückt, völlig auf sich bezogen, absolut auf ihre »Kunst« konzentriert: mir gegenüber beinahe heftig ...[11]

Katherine sagte weitere schmeichelhafte Dinge über *Nacht und Tag*; unaufrichtige Dinge, was Virginia gefiel, aber auch verwirrte: schließlich war da noch die Rezension. Sie schloß: »Wie auch immer, erneut spüre ich so deutlich wie je ein gemeinsames gewisses Verständnis zwischen uns – ein eigenartiges Gefühl, ähnlich zu sein – nicht nur bei der Literatur – & ich glaube, es hat nichts mit befriedigter Eitelkeit zu tun. Ich kann offen mit ihr reden.«[12]

Im Juni vermerkte sie abermals den Genuß »zweier Stunden unschätzbaren Gesprächs – unschätzbar in dem Sinn, daß ich mit niemand anderem in derselben körperlosen Art über das Schreiben reden kann, ohne meine Gedanken mehr zu verändern, als ich es hier beim Schreiben tue. (L. nehme ich dabei aus.)«[13] Der letzte, in Klammern gefaßte Satz ist hier der bedeutsamste: daß sie Katherine ein Verständnis und eine Intimität im Gespräch zugestand, das dem Leonards gleichkam, war ein außergewöhnliches Zeichen der Bedeutung, die Virginia ihr zumaß. Im August notierte sie, daß sie »das eigenartigste Gefühl eines Echos ihrer Gedanken in dem Augenblick auffing, als ich zu Ende geredet hatte.«[14] Die beiden Frauen versprachen, einander zu schreiben, und Katherine wollte Virginia von Frankreich aus ihr Tagebuch schicken.

»Werden wir, wird sie es tun?« fragte Virginia. »Wäre ich auf mich allein gestellt, würde ich es tun, da ich die einfachere, direktere von uns beiden bin.«[15] Nach Katherines Abreise schrieb Virginia denn auch, und Katherine antwortete ihr, sagte ihr, wie viel ihre Besuche ihr bedeutet hätten, und daß »Du die einzige Frau bist, bei der ich mich danach sehne, über das

---

11 *The Diary of Virginia Woolf: 1920-24*, 31. Mai 1920, Bell, Bd. II, S. 43.
12 Ibid., S. 44.
13 Ibid., S. 45.
14 Ibid., 25. August 1920, S. 61.
15 Ibid., S. 62.

Schreiben zu reden. Es wird nie eine andere geben.«[16] Es war ein warmer Brief, und er endete mit den Worten: »Lebe wohl, liebe Freundin (Darf ich Dich so nennen)«; doch obwohl Virginia ihr wieder schrieb, antwortete Katherine nicht mehr und schickte ihr auch nicht das versprochene Tagebuch. Etwas hatte sie mißtrauisch gemacht. Vielleicht war es ein (nur zu begründeter) Argwohn gegenüber dem Getratsche und den Bosheiten von Bloomsbury. Vielleicht war es auch Berufsneid.* Vielleicht fühlte Katherine sich einfach auch nicht in der Lage zu einem weiteren Briefwechsel und unterschätzte den Grad der Zuneigung, die Virginia ihr entgegenbrachte.

Katherine und Virginia bewunderten einander wegen ihrer profihaften Einstellung zum Schreiben. Beide fühlten sich zu allererst als Schriftstellerinnen; alles andere – ihr Leben als Frau, das gesellschaftliche Leben, selbst der Erfolg, auch wenn beide danach strebten – war unwichtiger, und beide nahmen ihre Rezensententätigkeit als Begleiterscheinung ihrer Hauptarbeit sehr ernst. Katherine pries die Schönheit von Virginias Prosa und war sich ihres umfangreichen Wissens bewußt; Murry gegenüber konnte sie zwar sarkastisch über »all die Stunden in einer Bibliothek« werden, doch sie erkannte auch ihren Wert. Was sie bei ihr vermißte, waren Unmittelbarkeit, wonach sie selbst in ihren Schriften strebte, und wahre menschliche Gefühle; Katherine sagte einmal, Virginia stürze sich auf die Schönheit eher wie ein Vogel als ein Mensch. Das ist eine hellsichtige Bemerkung,

---

16 Zit. in *Adam* (Nrn. 370-75, 1972) und datiert vom 27. Dezember 1920.

* E. M. Forster an Sydney Waterlow, Januar 1921, *The Letters of E. M. Forster*, hrsg. von Mary Lago und P. N. Furbank, London (Collins) 1983, Bd. I, S. 312. Ein Brief von E. M. Forster an Sydney Waterlow vom Januar 1921 deutet an, wenn auch etwas elliptisch und verdeckt, daß Katherine nicht weniger eifersüchtig bezüglich ihres literarischen Ansehens sein konnte als Virginia: »K. M. beklagte sich in einer meiner seltenen Unterhaltungen mit ihr darüber, daß Virginias Kunst keine Zwischentöne habe, wie sie sich ausdrückte, ein von etwas Lebendigem Abgebrochenes, und implizierte, ihre eigene habe das, oder daß, wenn man implizierte, daß dies nicht der Fall sei, der Abend gesellschaftlich gescheitert sei.«

denn Virginias Beobachtungen haben tatsächlich etwas Distanziertes an sich.*

Beide Schriftstellerinnen hatten ein großes Interesse an den Widersprüchlichkeiten des Familienlebens und den Gefühlen zwischen Mann und Frau, Eltern und Kindern. Beide hatten auch eine Affinität zu Tieren: Virginia setzte in einem Roman einen Hund als Erzähler ein, und Katherine erzählte Kot (unter anderem), sie wolle eine Erzählung schreiben, die sich um eine Katze oder ein Kätzchen drehte.[17] Die Unmittelbarkeit in Katherines Werk, das, was Desmond MacCarthy als den »hellen, scharf abgesetzten Kreis ihrer außerordentlich lebhaften Aufmerksamkeit«[18] nannte, ihre Fähigkeit, den Leser in ihre Welt hereinzuholen, das machte auf Virginia Eindruck. *Jacobs Raum*, ihr dritter Roman, den sie Anfang 1920 begann, deutet an, daß sie die Technik ihrer Freundin studiert und über ihre Rezension nachgedacht hatte. Nichts an dem neuen Buch klingt wie ein Edwardianischer Roman. Verglichen mit *Nacht und Tag* ist seine Unmittelbarkeit überwältigend. Es gibt keine nennenswerte Handlung, dafür aber eine Reihe impressionistischer Szenen und ein »Verschmelzen mit den Dingen«, wie Katherine es in einem Gespräch genannt hat, das Virginia im August wiedergab:

> Ich sagte, wie meine eigene Gestalt eine Form gleich einem Schatten vor mir herauszuschneiden scheint [schrieb Virginia]. Das verstand sie ... und bewies mir dadurch, daß sie es für schlecht hielt: Man sollte mit den Dingen verschmelzen. Ihre Sinne sind unglaublich scharf.[19]

Natürlich kannte Virginia auch die Werke anderer modernistischer Schriftsteller (wie etwa Eliot) und auch die von Joyce und

17 British Library Add. MS.
18 *New Statesman*, 15. Januar 1921.
19 *The Diary of Virginia Woolf: 1920-24*, 25. August 1920, Bell, Bd. II, S. 61.

* Man muß sich in Erinnerung rufen, daß Katherine starb, bevor ihre besten Arbeiten erschienen; *Jacobs Raum*, das sie nicht gelesen hatte, erschien zwei Monate vor ihrem Tod, und *Mrs. Dalloway, Die Fahrt zum Leuchtturm, Die Wellen, Zwischen den Akten* usw. erschienen allesamt später.

Dorothy Richardson (die sie nicht mochte); Katherine stand ihr als Person und in der Wahl der Themen näher. Beide machten die Zerbrechlichkeit der Gefühle, des Glücks und des Lebens selbst zum Thema; beide empfanden eine gewisse Feindschaft der männlichen Welt der Tat (und der männlichen Sexualität) gegenüber; beide holten sich Anregungen bei ihrer Kindheit und ihren Toten. *Jacobs Raum* ist eine Elegie auf einen verstorbenen Bruder, *Prélude* war als solche geplant; *Die Fahrt zum Leuchtturm* (in dem sie, fünf Jahre später, zu dem Meermotiv vom Anfang von *Jacobs Raum* zurückkehrt, denselben blinkenden Leuchtturm verwendet, denselben Jungen, der einen Tierschädel aufbewahren will, denselben Maler, der die Mutter des Kindes mit einem einzigen violetten Tupfer darstellt) ist eine Elegie auf eine verstorbene Familie. Das Meermotiv findet seine Parallele in Katherines Erzählung *An der Bucht*, obwohl beide nicht wußten, daß die andere es verwendete.

Gleichwohl weisen sie auch starke Unterschiede auf. Virginias Art zu schreiben ist stets reflektierend. Ihre Personen leben in einer Welt der gesellschaftlichen, kulturellen und historischen Verbindungen, auch ihre Häuser und Landschaften sind reich an historischen Assoziationen. Katherines Figuren scheinen dagegen oft in einer Leere zu leben; wie MacCarthy sagte, zeichnet sie sich dadurch aus, daß sie »eine kindliche Sicht der Dinge ausdrückt«. Bei Woolf werden Bücher und Bilder zu Emblemen und Stützen von Gefühlen, die ohne diese zuweilen gefährdet erscheinen: Sandra Wentworth Williams mit ihrem Auge auf jungen Männern und ihrem zerstreuten Gatten hat ihren Erzählband von Tschechow und erhält von Jacob dessen Band mit Donne-Gedichten. Eine Figur von Mansfield würde nicht Fieldings *Tom Jones* kaufen, um sich dadurch dem jungen Mann zu nähern, in den sie verliebt ist, wie es Fanny in *Jacobs Raum* tut; bei Mansfield sind es eher Kleider und Blumen, Vergängliches also, das symbolische Bedeutung trägt: ein Muff, ein Pelz, ein Hut, ein Spitzentaschentuch.

Katherines Figuren treten einfach so auf, ohne jedes Netz aus Assoziationen, Konventionen oder Geschichte, fast frech, mit nichts als Charme oder Absurdität oder Pathos; der Rahmen ist ein Zug, Häuser am Meer, ein Hotel, eine Wohnung, Parkbänke, ferne, nicht näher bezeichnete Winkel der Welt. Wie ihre Schöpferin, so berühren auch sie uns als bis in die Spitzen lebendig und verletzlich zugleich. Katherine gibt ihnen oft eine derb komische Sprache und ebensolche Gedankenmuster, während nahezu alle Figuren Woolfs in wohlgeformten Sätzen reden und denken; sie mögen in einem mild satirischen Licht erscheinen, aber ihre Eleganz büßen sie dadurch nicht ein. In dem Bordell murmelt Laurette »Ich pflegte zu reiten« mit der Gesetztheit einer Dame.

Das Element des Erhabenen, das in Virginias Werk stets präsent ist, fehlt bei Katherine vollkommen. In den Beschreibungen der Welt der Natur dagegen sind ihre Prosakadenzen von großer Ähnlichkeit.

> »Es wird plötzlich ganz kalt. Die Sonne scheint weniger Wärme zu geben«, sagte sie, um sich blickend, denn sie leuchtete hell genug, das Gras war noch immer ein sanftes Tiefgrün, das Haus in all seinem Blätterwerk von purpurfarbenen Passionsblumen besternt, und Krähen sandten ihre kühlen Rufe vom hohen Blau herab. Doch etwas bewegte sich, blinkte, wendete eine silberne Schwinge in der Luft. Es war schließlich September, Mitte September, und nach sechs Uhr nachmittag.

> Freundliches Morgenlicht füllte das Zimmer. Die große Glastür zum Balkon stand offen, und die Palme draußen warf ihre zitternden Spinnenschatten auf die Schlafzimmerwände. Obwohl ihr Hotel nicht an der Seefront lag, konnte man in dieser frühen Morgenstunde das Meer riechen und konnte es atmen hören, und hoch in den Lüften, auf goldenen Flügeln, glitten Möwen vorüber. Wie friedvoll der Himmel aussah, als lächelte er zärtlich!

Der erste Abschnitt ist Woolfs *Fahrt zum Leuchtturm* entnommen, der zweite einem Fragment (*Eine so reizende alte Dame*), das Murry nach Katherines Tod in *Das Taubennest* abdruckte. Bei allen generellen Unterschieden zeigt sich die Verwandtschaft in der Gestaltung der Sätze und dem einen Bild von Bedrohung, das in beide Passagen einfließt – solche Bilder sind für beider Visionen von der Welt grundlegend und charakteristisch.

Warum erlosch die Freundschaft noch vor Katherines Tod? Es ist offensichtlich, daß Virginia von Katherines mangelhafter Zuwendung verletzt war, und wie so viele andere auch kam sie mit der Schwere ihrer Krankheit einfach nicht zurecht. Noch Ende August, nur wenige Monate vor Katherines Tod, sagte Virginia zu Lytton Strachey, sie habe gehört, Katherine habe sich wieder völlig erholt. Ohne die Entschuldigung der Krankheit waren Katherines gezeitenhafte Stimmungsschwankungen weniger leicht zu übersehen, und in beider Zirkel gab es genügend boshaften Klatsch, der jede abschätzige Bemerkung der einen über die andere weitergab und übertrieb. Katherine war von Bloomsbury sehr getroffen und wußte, daß Virginia einen herablassenden Ton annehmen und sie gesellschaftlich und intellektuell zerstören konnte, wenn sie wollte. Virginia wußte, daß Katherine eine Lügnerin und Schmeichlerin war. Und durch Murry wurde das alles nicht besser.

Unmittelbar nach Katherines Tod schrieb Virginia eine lange Passage in ihr Tagebuch, die den Versuch eines Resümees ihrer Beziehung darstellt:

> Katherine ist nun eine Woche tot, & inwieweit gehorche ich ihrem »vergiß Katherine nicht ganz«, das ich in einem ihrer alten Briefe las? Vergesse ich sie schon? Es ist seltsam, dem Fortgang der Gefühle zu folgen. Nelly sagte am Freitag beim Frühstück in ihrer aufgeregten Art: »Mrs. Murry ist tot! Es steht in der Zeitung!« Dabei fühlt man – was? Einen Schock der Erleichterung? – eine Rivalin weniger? Dann Verwirrung darüber, daß man so wenig fühlt – dann, allmählich, Verständnislosigkeit & Enttäuschung; dann eine Depression, aus der ich mich den ganzen Tag lang nicht zu lösen vermochte. Als ich zu schreiben begann, schien es mir, als hätte das Schreiben keinen Sinn. Katherine wirds nicht lesen. Katherine ist keine Rivalin mehr. Großzügiger nun fühlte ich mich, doch obwohl ich das besser kann als sie es konnte, wo ist sie, die kann, was ich nicht kann! Dann tauchten, wie üblich bei mir, immer neue visuelle Impressionen vor mir auf – immer von Katherine, wie sie einen weißen Kranz anlegt & uns verläßt, da sie fortgerufen wird; mit Ehren bedacht, erwählt. Und dann bedauerte man sie. Und man spürte, wie wider-

strebend sie diesen Kranz trug, der eiskalt war. Und sie war erst 33. Und ich konnte sie so deutlich vor mir sehen, & das Zimmer in Portland Villas. Ich gehe hinauf. Ganz langsam erhebt sie sich von ihrem Schreibtisch. Ein Glas Milch & eine Flasche Arznei standen da. Auch Stapel Romane. Alles war sehr sauber, hell & irgendwie gleich einem Puppenhaus. Sogleich, oder beinahe, überwanden wir unsere Scheu. Sie (es war Sommer) lag halb auf dem Sofa am Fenster. Sie sah wieder wie eine japanische Puppe aus, der Pony war schnurgerade über die Stirn gekämmt. Manchmal schauten wir einander ganz unverwandt an, als hätten wir eine dauerhafte Beziehung erreicht, die unabhängig von den Veränderungen des Körpers war, durch die Augen. Sie hatte wunderschöne Augen – ziemlich hundeähnlich, sehr weit auseinander, mit einem steten, langsamen, ziemlich treuen & traurigen Ausdruck. Ihre Nase war scharfgeschnitten & ein wenig vulgär. Ihre Lippen dünn & hart. Sie trug kurze Röcke & hatte es gern, »eine Linie um sich herum zu haben«, wie sie sagte. Sie sah sehr krank aus – sehr verhärmt, & bewegte sich sehr matt, schleppte sich durchs Zimmer wie ein leidendes Tier. Ich nehme an, daß ich einiges davon, worüber wir redeten, niedergeschrieben habe. An den meisten Tagen erreichten wir, wenn wir über Bücher redeten, oder vielmehr über unsere Schriften, jene Art von Gewißheit, die, wie ich fand, etwas Dauerhaftes hatte. Und dann war sie wieder unergründlich. Mochte sie mich? Manchmal sagte sie es – küßte mich dann – schaute mich dann an, als wollten (ist das sentimental?) ihre Augen gern immer treu sein. Dann versprach sie, mich nie, nie zu vergessen. Und das sagten wir am Ende unseres letzten Gesprächs. Sie sagte, sie würde mir ihr Tagebuch zu lesen schicken & mir immer schreiben. Denn unsere Freundschaft sei etwas Echtes, sagten wir, während wir einander in die Augen schauten. Es würde immer weitergehen, was immer geschehe. Was dann tatsächlich geschah, waren wohl Kritteleien und vielleicht auch Klatsch. Nie beantwortete sie meine Briefe. Dennoch fühlte ich noch immer, daß die Freundschaft anhält. Noch immer gibt es Dinge über das Schreiben, an die ich denke & die ich Katherine sagen will. Wäre ich in Paris

> gewesen & zu ihr gegangen, dann wäre sie aufgestanden & nach drei Minuten hätten wir wieder geredet. Nur konnte ich diesen Schritt nicht tun. Die Umgebung – Murry & so weiter – & die kleinen Lügen und Tücken, das ständige Spielen & Necken, oder was es auch war, nahm so viel von der Freundschaft. Man war sich zu unsicher. Und so ließ man es alles ausgleiten. Doch ich hatte die gewisse Erwartung, daß wir uns im kommenden Sommer wieder sähen & von neuem begännen. Und ich war eifersüchtig auf ihre Arbeit – die einzige Arbeit, auf die ich je eifersüchtig gewesen bin. Das machte es schwieriger, ihr zu schreiben; & ich sah darin, vielleicht aus Eifersucht, all die Eigenschaften, die ich an ihr nicht mochte ... Ich habe das Gefühl, daß ich in gewissen Abständen mein ganzes Leben hindurch an sie denken werde. Möglicherweise hatten wir etwas gemein, was ich nie bei jemand anderem finden werde ...[20]

Virginia schrieb diese wunderbare, ehrliche und ehrenwerte Passage, als sie selber krank war, doch das Fieber verminderte in keiner Weise die Klarheit der Wahrnehmung oder des Ausdrucks. Sie behielt recht mit ihrer Voraussage, daß Katherines Geist sie verfolgen würde. Im Winter 1925, sie ging mit Leonard im Ken Wood spazieren und war gerade wegen Vita Sackville-West bedrückt, die sie jetzt liebte, notierte Virginia, wie »dieser ganze Teil von Hampstead mich an Katherine erinnert – an diesen Geist mit den steten Augen, den spöttischen Lippen«[21]. Möglicherweise war es ihre Entdeckung der erotischen Liebe für das eigene Geschlecht, durch die sie die Gefühle, die sie einmal für Katherine gehegt hatte, neu überdachte, für die Katherine, deren sexuelle Ambiguität so fest in Schach gehalten war, als sie einander kannten.

1927 schrieb sie eine Rezension von Katherines veröffentlichtem *Journal* in *Nation*, deren literarischer Redakteur Leonard war, der Katherine immer bewundert hatte. Der Artikel pries sie wegen ihrer »nüchternen, kaustischen, strengen« Haltung

---

20 Ibid., 16. Januar 1923, S. 225-7.

21 *The Diary of Virginia Woolf: 1925-30*, 7. Dezember 1925, Bell, Bd. III, S. 50.

ihrem Werk gegenüber und dem Fehlen von Eitelkeit und Eifersucht, zweier Sünden, derer Virginia sich bei sich selber sehr bewußt war. Vier Jahre später, im Sommer 1931, schrieb sie als Antwort auf eine Frage von Vita die folgende Zusammenfassung ihrer Gefühle für Katherine und ihrer Erinnerungen an sie:

> Wir vermengten uns nie; aber ich war fasziniert und sie respektvoll, allerdings fand ich sie billig und sie fand mich hochnäsig; und dennoch fühlten wir uns getrieben, uns zu sehen, einfach nur, um übers Schreiben zu reden. Das taten wir stundenlang. Nur dann kam aus ihr ein Schwarm kleiner Erzählungen heraus, und ich war neidisch, ganz klar; weil sie so gelobt wurden; gab es aber auf, sie zu lesen, aber nicht deswegen, sondern wegen ihrer billigen, krassen Sentimentalität, die um so schlimmer war, wie ich fand, als sie, wie Du sagst, Klangfülle und Würze hatten – ich meine, sie konnte einen mit ihrer Qualität durchdringen; und wenn man dann diesen billigen Duft darin roch, stank er einem in der Nase. Aber ich muß sie wieder einmal lesen. Auch saß ihr immer der Tod im Nacken; und sie mußte durch Stadien, die eigentlich Jahre gedauert hätten, in zehn Minuten hindurchhetzen – so daß auch unsere Beziehung unwirklich wurde. Und da war dann Murry im Hintergrund und wand sich und sonderte eine Art dickflüssiges Motorenöl ab – mit ihnen zu essen gehörte zu den unangenehmsten Vorstellungen, menschlich gesprochen, die ich je erlebt habe. Doch Tatsache bleibt – ich meine, daß sie eine Qualität hatte, die ich bewunderte und auch brauchte; ich glaube, ihre Schärfe und Wirklichkeit – daß sie sich mit Prostituierten herumgetrieben hat und so weiter, während ich immer anständig war, das habe ich damals gebraucht. Ich träume oft von ihr – das ist nun eine komische Überlegung – wie die Beziehung mit einem Menschen nach seinem Tod ihre Fortsetzung in Träumen zu finden scheint, und dazu mit einer eigenartigen Wirklichkeit.[22]

Virginias Aussage über ihre Beziehung mit Katherine (»nie wie-

---

22 Virginia Woolf an Vita Sackville-West, 8. August 1931, *The Letters of Virginia Woolf: 1926-31*, Nicolson, Bd. IV, S. 366.

der werde ich etwas ähnliches haben«[23]) ist von besonderem Wert und Interesse, weil sie eine Freundin und Zeitgenossin war, die mit ähnlichen Schwierigkeiten zu tun hatte, wie etwa Krankheit und Kinderlosigkeit, und die sich ihrer Arbeit mit der gleichen Hingabe und Professionalität näherte; was aber noch wichtiger ist: Es ist das Urteil einer großen Schriftstellerin. Virginia war, ähnlich wie Lawrence, bar jeder Sentimentalität, so daß ihre Kritik zwar scharf, ihre Liebe und ihr Lob aber substantiell sind. Ihre Katherine, trickreich und tückisch, belastet mit dem Inkubus Murry (den sie nichtsdestoweniger liebt und von dem sie abhängig ist), die sich mit äußerster Hingabe dem Handwerk des Schreibens widmet, obwohl ihr Durchhaltevermögen von Krankheit geschwächt ist, die Liebe und Anerkennung sucht, aber nicht so kriecherisch, als daß sie deshalb auch nur eine falsche Rezension geschrieben hätte, die ihr faszinierend und unergründlich ist – diese Katherine stimmt erstaunlich gut mit all dem überein, was über sie selbst bekannt geworden ist.

Zwei Monate vor ihrem Tod im Jahr 1941 sollte sich Virginia in ihrem Tagebuch noch einmal Katherine in Erinnerung rufen. In der Szene, die absolut für sie spricht, nimmt sie in der Hogarth Press das Manuskript von *Ulysses* aus einem Regal, spottet erst einmal, hält dann aber inne und ruft aus: »Aber da steckt ja wirklich einiges drin.«[24]

23 *The Diary of Virginia Woolf; 1920-25*, 17. Oktober 1924, Bell, Bd. II, S. 317.

24 *The Diary of Virginia Woolf: 1936-41*, 15. Januar 1941, Bell, Bd. V, S. 352.

16
»Zu allererst bin ich Schriftstellerin«

Im September 1920 reisten Katherine und Ida erneut gen Süden, und wider alle Erwartungen erglomm mit der Aussicht auf einen Wechsel, auf Frankreich, Sonne, einen neuen Arzt wieder ein Hoffnungsschimmer. Auch reiste Katherine in dem beruhigenden Gefühl, daß sie £ 40 Vorauszahlung von einem kommerziellen Verlag, Constable, für eine neue Erzählsammlung erhalten hatte. Murry hatte das zusammen mit seinem alten Freund aus *Rhythm*-Tagen, Michael Sadleir*, der mittlerweile Direktor der Firma geworden war, sorgfältig eingefädelt. Es war die erste größere Summe, die sie mit ihrer Arbeit verdient hatte.

Ihre Journaleinträge über die lange Bahnfahrt zeigen Freude und Vergnügen an der Reise selbst, an den Mitreisenden, der vorbeigleitenden Landschaft, am Blick von einem Bahnhof, an dem sie Aufenthalt hatten:

> Frühstückszeit. Es wurde heiß. Überall bebte das Licht grüngolden. Die weiße, sanfte Straße entrollte sich, Platanen warfen zitternde Schatten darauf. Alle Arten von Kürbissen waren aufgestapelt: Vor dem Haus lagen Tomaten in der Sonne ausgebreitet. Blaue Blumen und rote Blumen und purpurne Büschel blitzten in den Hecken an der Straße auf. Ein kleiner Junge trug einen Ast und stolperte damit über ein gelbes Feld, gefolgt von einer braunen staksenden Ziege. Wir kauften zum Frühstück Feigen, riesengroße dünnhäutige. Sie zerbrachen einem unter den Fingern und schmeckten nach Wein und Honig.[1]

Sie reisten weiter zur Villa Isola Bella, die ebenfalls Connie und Jinnie gehörte; das Haus stand am Ende ihres Gartens, gleich

1 *Journal*, September 1920, S. 216.

* Er änderte seinen Namen von »Sadler« zu »Sadleir«, um sich von seinem Vater zu unterscheiden.

außerhalb von Menton. Es war das bei weitem komfortabelste Haus, in dem sie bis dahin im Süden gewohnt hatte, und sie genoß den bescheidenen Luxus, die samtbezogenen Möbel, den goldgerahmten Spiegel, die silberne Teekanne und die Sammlung schwarzer Kleider für das Dienstmädchen, die große Mimose im Garten, den Mandarinenbaum, den Gesang der Zikaden und Frösche von der Terrasse, den Blick aufs Meer, den Geruch von Zitronen, die Eidechsen auf dem Weg. Und in dem Maß, wie sie kränker wurde (»Ich habe ständig Fieber ... Fieber und Kopfschmerzen und Alpträume verfolgen mich. Ich muß mich einfach ganz ruhig verhalten«[2]), schrieb sie präziser und verwunderter über die Welt um sie herum:

> Heute gab es nach dem Lunch ein ungeheures Gewitter, die Regentropfen waren so groß wie Margeriten – der ganze Himmel war violett. Kaum war es vorüber, ging ich hinaus – der Himmel glitzerte in gebrochenem Licht – die Sonne ein riesiger Silberspritzer. Die Tropfen hingen von den Bäumen gleich Silberfischchen. Ich trank den Regen von den Pfirsichblättern und goß mir sodann ein Duschbad über den Kopf. Jedes violette Blatt war voll.[3]

> Der Wind der letzten Tage hat fast auch das letzte Feigenblatt verweht, und durch die kerzenförmigen Zweige, die ich so sehr liebe, bietet sich nun ein wunderschöner Blick auf die Altstadt. Irgend ein Geflügel lärmt unablässig. Ich komme gerade von einem Gang auf meinem kleinen Boulevard und schaue hinab auf die Häuser, die hell in der Sonne leuchten, und die Hausfrauen, die ihr Linnen in großen Zubern mit glitzerndem Wasser darin waschen und es über die Orangenbäume zum Trocknen werfen. Vielleicht ist in der Sonne jede menschliche Tätigkeit schön.[4]

Neben der Krankheit und der gesteigerten Wahrnehmung der Welt drückten Katherine andere Sorgen. Etwa um die Zeit ihrer Abreise und der Ankündigung ihres neuen Buches (das *Glück*

2 K. M. an J. M. M., 29. September 1920, *K. M.'s Letters to J. M. M.: 1913–22*, J. M. M., S. 547.
3 Ibid., 19. September 1920, S. 539.
4 Ibid., 28. November 1920, S. 602.

heißen sollte) von Constable hatte ihr alter Liebhaber Floryan Sobieniowski Murry darauf angesprochen, daß es für Katherine von Interesse wäre, ihm für Briefe, die in seinem Besitz seien, £ 40 zu zahlen. Er redete etwas von »gut angekommen«. Die Summe, die er verlangte, entsprach genau der, die Katherine als Vorschuß von ihrem neuen Verlag erhalten hatte: £ 40.

Die gesamte Korrespondenz Murrys aus dieser Zeit ist verschwunden, vernichtet entweder von Katherine oder von ihm selbst, doch einige Briefe sind erhalten, und so wissen wir, daß sie darauf bestand, ihm das Geld ohne einen Augenblick des Zögerns auszubezahlen. Ida gab ihr das nötige Geld, da anscheinend weder Katherine noch Murry diese Summe flüssig hatten, und Katherine schärfte Murry ein, mit Floryan zu einem Notar zu gehen und ihm die eidesstattliche Erklärung abzunehmen, daß er sie in Zukunft in Ruhe lassen würde. Sie sagte, sie würde »jede Summe« dafür geben, um ihre Briefe wiederzubekommen: »£ 40 sind *keine* Verschwendung.«[5] Weiterhin sagte sie Murry, ihr wäre es am liebsten, wenn die Briefe vernichtet würden, überlasse die Entscheidung aber ihm. Ende September schickte er ihr ein Telegramm des Inhalts, daß er im Besitz der Briefe sei und sie ihr zusammen mit Floryans »unterschriebener Erklärung« schicke, doch den ganzen Oktober trafen sie rätselhafterweise nicht ein. Nachdem Katherine dann mehrmals danach gefragt hatte, erhielt sie sie schließlich am 2. November, und danach erwähnte sie sie nicht mehr.

Bei dem Inhalt der Briefe und Murrys Reaktion darauf ist man auf Mutmaßungen angewiesen. Katherines Bereitwilligkeit, der Erpressung nachzugeben, hat ihn vermutlich aus der Fassung gebracht; und ob er sie nun in der Zeit, in der er sie nicht abschickte, gelesen hat oder nicht, die ganze Angelegenheit wird für ihn sicher ein neues Licht auf seine Frau geworfen haben. Wenn die Briefe sich auf nichts anderes als eine längst erloschene Liebesaffäre bezogen, wäre Katherine dann in eine solche Panik geraten, daß sie ihren ganzen Vorschuß für *Glück* von £ 40 widerspruchslos dafür hergab? Wahrscheinlicher ist wohl, daß sie etwas enthielten, was ihren Ruf als Schriftstellerin

5 Ibid., 16. September 1920, S. 536.

bedrohte: und am wahrscheinlichsten dürften dann Bezüge auf ihr altes Plagiat von Tschechows *Spat' chočetsja* sein, auf ihr *Das KIND-DAS-MÜDE-WAR*. Das wäre eine Erklärung für ihre Verzweiflung wie auch für Murrys späteres Verhalten Floryan gegenüber, das allerdings einer Erklärung bedarf.

Im Januar 1927 gab Murry Floryans Forderung nach, ihm einen Empfehlungsbrief für seine Bewerbung um ein Stipendium beim Royal Literary Fund zu schreiben, in dem er diese nachdrücklich befürwortete. Warum tat Murry so etwas, wo er doch wußte, daß Floryan seine verstorbene Frau rücksichtslos erpreßt hatte, wenn das einzige, das dieser Mann gegen ihn in der Hand hatte, eine Affäre aus dem Jahr 1909 war? Das alles wird verständlicher, wenn Murry seine Macht fürchtete, Katherines sorgfältig aufgebaute Reputation als makellose Frau zu beflekken: Er hatte soeben *In einer deutschen Pension* neu herausgegeben und stand kurz vor der Veröffentlichung ihres *Journal*. 1946 ging Floryan den Royal Literary Fund erneut um ein Stipendium an, und wieder schrieb Murry ihm ein Empfehlungsschreiben.

Es gibt einen weiteren Hinweis darauf, daß Murry eine dunkle Ahnung Katherines Plagiat betreffend beschlich. Als Constance Garnett 1916 mit ihrer dreizehnbändigen Ausgabe von Tschechows Erzählungen begann, kannte Murry kaum etwas von Tschechow, war Katherine praktisch unbekannt und *In einer deutschen Pension* weitgehend in Vergessenheit geraten. Doch als die Garnett-Bände dann Jahr für Jahr in regelmäßiger Folge erschienen und Murry sich als Tschechow-Kritiker einen Namen machte, mußte Katherine sich allmählich gefragt haben, wann denn wohl *Spat' chočetsja* dabei wäre und was er dann davon halten würde. 1919 schrieb sie Kot einen Brief, in dem sie Constance Garnetts Übersetzungen heruntermachte und meinte, er könnte da durchaus mithalten. 1920 überhäufte Murry Tschechow in seinen *Aspects of Literature* mit Lob; im Winter 1920 begründete die Veröffentlichung von *Glück* Katherines Ruhm; einer der einflußreichsten Kritiker, Desmond MacCarthy, zog eine besondere Parallele zwischen ihrem Werk und dem Tschechows. Anfang 1921 schrieb sie Constance Gar-

INSEL

Neue Bücher 1. Halbjahr 1990

Anthologien
Romane und Erzählungen
Biographien · Japanische Bibliothek
Bibliophile Ausgaben · Kulturgeschichte
Klassiker in Einzelausgaben
Werkausgaben · Insel-Bücherei

André Kaminski

Silvo Lahtela

György Dalos

Vom Meer, von Flüssen und Seen Ein Insel-Buch

Ausgewählt von Rainer Malkowski
Etwa 350 Seiten. Leinen
ca. DM 28,– (März 90)

Vom lebendigen Wasser in vielerlei Gestalt – vom Meer, von Flüssen und von Seen – handelt diese Anthologie. Und vielgestaltig wie das Urelement selbst sind die hier versammelten Dichtungen.
Da wälzt sich die Wolga in Gorkis Erzählung von den Holzflößern düster in ihrem Bett, da flüstert der »Himbeerquell« in Turgenjews *Aufzeichnungen eines Jägers*, und von stiller Magie ist der See, in dem F. G. Jüngers Soldat in einer Atempause während des Krieges mit der Schleppangel fischt.
Ob der »liebe Gott« heute noch »am Abend ... in seinen Flüssen schwimmt«, mag man angesichts der ökologischen Krise, von der das Wasser heute bedroht ist, bezweifeln. Aber auch das Gegenteil ist nicht verbürgt – und Stunden, in denen wir Brechts Verse betört und mit Zustimmung lesen, gibt es, allem zum Trotz, noch genug.

Guido Morselli Dissipatio humani generis oder Die Einsamkeit

Roman
Aus dem Italienischen
von Ragni Maria Gschwend
Etwa 160 Seiten. Geb. ca. DM 26,–
(März 90)

Morsellis Roman ist lesbar als ein nüchterne, manchmal komische vor allem aber eine außerordentlic vitale und scharfsinnige Meditatio auf den Tod.
Am 2. Juni um 2 Uhr morgens ver schwindet die gesamte Menschhei Zurück bleiben neben den Dinge die Tiere, die sich mit wachsende Furchtlosigkeit hervorwagen, ur die Erde in Besitz zu nehmen. Üb riggeblieben ist auch ein einzige Mensch – ein Einzelgänger, der m der Welt nicht zurechtkam und sic in ebendieser Nacht das Leben neh men wollte.
In einer paradoxen Umkehrun wird der verhinderte Selbstmörde nun zum einzigen Repräsentante der Menschheit, in dessen anfängl che Panik sich allmählich eine iron sche Betrachtungsweise mischt.

Emily Brontë
Die Sturmhöhe

Aus dem Englischen
von Grete Rambach
368 Seiten. Leinen. ca. DM 2
Leder. ca. DM 78,–
(März 90)

n einer einsamen Moorge
pielt sich der weltberühmte l
ienroman ab, der in kunst
Überschneidung und Verhü
lurch drei Generationen führ
Mittelpunkt steht die düster
talt des Mr. Heathcliff, der i
iem grenzenlosen Haß gege
Zerstörer seiner »unsterbli
Liebe nicht ruht, bis er ihn ur
Haus vernichtet zu haben gla
Emily Brontës *Sturmhöhe* g
Meisterwerk des englischen
nus.

Dostojewski
Der Spieler

Aus den Aufzeichnung
eines jungen Mannes
Aus dem Russischen
von Hermann Röhl
244 Seiten. Leinen. ca. D
Leder. ca. DM 78,–
(März 90)

Dostojewski, selbst zeitw
der Spielleidenschaft beses
1865 mit 3000 Rubeln, die
Verleger für die Herausga
Werke übergeben hatte, n
baden und verspielte dor
weniger Tage das Geld. A
Honorarfrage war auch die B
geknüpft, innerhalb eines
nen neuen Roman dem V
ulegen. Es entstand *D*
ine psychologisch raffir
ie über die verhängnis
enschaft der Spielsucht.

Das Journal der Beatrix Potter 1881-1897

Aus dem Englischen
von Eike Schönfeld
Mit Abbildungen
Etwa 380 Seiten. Leinen
ca. DM 48,– (März 90)

Kinderbuchliebhabern ist Beatrix Potter seit Erfindung ihrer ersten Figur, Peter Rabbit, ein Begriff: dem wohlgestalteten und -genährten Hasenjungen mit der blauen Jacke, dem in Mr. McGregors Garten Arges zustößt.
Die Aufzeichnungen der später weltberühmten Autorin und Illustratorin bieten ein Stück viktorianischer Geschichte, wie man es derart detailliert kaum irgendwo findet. Anfangend mit den kindlich-sprunghaften Eintragungen, wächst die disziplinierte Stilistin vor den Augen des Lesers heran, die Land- und Stadtbeobachterin, ohne daß die politische Geschichte zu kurz käme.

Gisela Kleine
Gabriele Münter – Wassily Kandinsky
Eine Biographie

Mit zahlreichen Abbildungen
Etwa 600 Seiten. Leinen
ca. DM 72,– (April 90)

Zum ersten Mal wird in dieser Paarbiographie das Leben Gabriele Münters und Wassily Kandinskys als Spannungsfeld ihrer menschlichen und künstlerischen Beziehung dargestellt: Malerei als Ausdruck von Liebe und Verlust.
Das Lebensbild der beiden Maler bezieht den jeweiligen zeitgeschichtlichen Hintergrund ein. Bei-

der Studienzeit in M
deutlicht die Einflüss
stils und der Schw
bruchstimmung zur
wende. Das Reiselebe
der bürgerlichen Ächt
den Paares führt in die
nach Tunis, Italien, in
distische Paris und
Nach ihrer Rückkehr
1911 in München de
»Blauen Reiter«; hier
Durchbruch Kandins
strakten Kunst.

Saegusa Ka
Der Somme
jenem Ta

Erzählung
Aus dem Japanischen ü
mit einer Einleitung
von Irmela Hijiya-K
Etwa 180 Seiten. Geb. c
(März 90)

Wollte man eine Schlüss
modernen japanischen
benennen, so könnte e
sein: die traumatische
des 15. August 1945, als
über Rundfunk die K
verkündete.
Mit diesem historische
der auch in Japan vielfacl
Null begriffen wird, se
man ein. Er schildert die
zehn Tage aus der Sicht
zehnjährigen Mädchens
uns hiermit mit einer neu
geistigen Leben Japans
dem Nachdenken über
tabuisierten Kapitel der e
schichte, das erst mit w
Ferne zum Geschehen
wurde. Die Erzählung
1987.

ünchen ver-
des Jugend-
oinger Auf-
ahrhundert-
des 1904 vor
ng flüchten-
Niederlande,
as avantgar-
ach Berlin.
bildet sich
Kreis des
erfolgt der
ys zur ab-

UKO
AN

rsetzt und
ersehen
chnereit
. DM 28,–

lszene zur
Geschichte
nur diese
Erfahrung
der Kaiser
pitulation

Moment,
als Stunde
t der Ro-
olgenden
nes sech-
nd macht
n Seite im
bekannt:
ie bisher
enen Ge-
chsender
möglich
entstand

DIE JAPANISCHE BIBLI

Nagai Kafū
Romanze östlich des Sumidagawa

Aus dem Japanischen übertragen
und mit einem Nachwort versehen
von Barbara Yoshida-Krafft
Mit Illustrationen
Etwa 180 Seiten. Leinen
ca. DM 28,– (März 90)

Nagai Kafū (1879-1959) gilt als einer der feingeistigen, eher leisen, aber ganz und gar nicht unpolitischen Autoren des 20. Jahrhunderts. Schon früh zur Schriftstellerei entschlossen und dabei dem ästhetischen sensus verfallen, hielt er diesen doch immer den staatlich verordneten politischen Verhältnissen entgegen. Sein Meisterwerk unter den Erzählungen, *Die Romanze östlich des Sumidagawa*, erschien 1937 in 35 Folgen in der Asahi-Zeitung, also zur Zeit des japanisch-chinesischen Krieges – und sie fand viele begeisterte Leser.
Die zarte Liebesgeschichte zwischen dem alternden, flanierenden Schriftsteller und dem ein wenig altmodisch aus dem zynischen Rahmen fallenden Freudenmädchen spielt in historischem Ambiente: im schmalen Prostituierten-Viertel Terajima in Tōkyō. Der hohe Grad an Authentizität, die kunstvolle Einblendung einer zweiten Erzählebene, das Parlando des Spaziergängers, der eine sachte Bindung eingeht und sie sachte wieder löst – aus diesen Stilmitteln und Motiven, aus solchem Stoff ist Kafūs Erzählung er- und durchdacht.

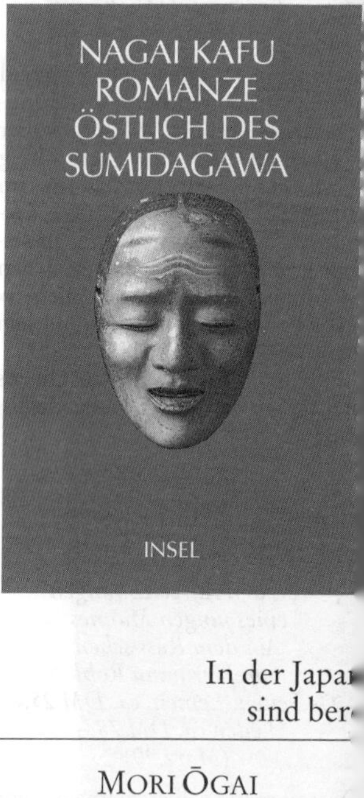

In der Japa
sind ber

Mori Ōgai
Im Umbau
Gesammelte Erzählungen
Ausgewählt, aus dem Japanischen
übersetzt und mit einem Nachwor
versehen von Wolfgang Schamoni

Shimazaki Tōson
Ausgestoßen. Roman
Aus dem Japanischen übersetzt
und mit einem Nachwort versehen
von Jürgen Berndt

nett, was für eine wunderbare Übersetzerin sie sei, und von da an rühmte Murry Constance Garnett, und Edward Garnett rühmte Murry als einen von Tschechows hellsichtigsten Kritikern, insbesondere wegen seiner Erkenntnis von Tschechows *Offenheit der Seele* und *Reinheit des Herzens*. Auch Murry zog nun häufige Vergleiche zwischen Tschechow und Katherine.

Im Februar 1922 schrieb Murry Katherine, er habe zwei Bände von Tschechow zur Rezension erhalten, die sie beide (wie er sagt), schon einmal gelesen hätten: *The Schoolmistress* und *The Schoolmaster*. Tatsächlich aber war der erste davon schon mehrere Jahre erhältlich gewesen, und Murry hatte in Wahrheit *The Cook's Wedding* (Bd. 12) erhalten, der *Spat' chočetsja* (in Constance Garnetts Version *Sleepy* [Schläfrig]) enthielt. Murrys Rezension des Bandes erschien in der englischen und amerikanischen Presse im März beziehungsweise April. Andere Rezensenten erwähnten den besonders auffallenden Inhalt von *Sleepy*, während Murrys Artikel nur aus einem generellen Lob von Constance Garnetts Übersetzung und einer Eloge auf Tschechow wegen seiner Liebe zum Leben, seiner Wahrhaftigkeit, des Fehlens eines Didaktizismus und ähnlichem bestand. Kurze Zeit später, im Mai, wies Katherine die Firma Pinker an, daß sie eine neue Auflage von *In einer deutschen Pension* nicht wünsche. Als Gründe gab sie folgendes an:

> Zu *In einer deutschen Pension.* Meiner Meinung nach wäre es sehr unklug, es neu aufzulegen. Nicht nur, weil es sich um ein äußerst minderwertiges Buch handelte (was es ist), sondern weil ich mit meinem letzten Buch damit begonnen habe, die Rezensenten davon zu überzeugen, daß ich Häßlichkeit um der Häßlichkeit willen nicht mag. Die Intelligentzia [*sic*] mag wohl so freundlich sein, jugendliche Extravaganzen des Ausdrucks und jugendlichen Widerwillen zu verzeihen. Für sie aber will ich nicht schreiben. Und dem gemeinen Leser kann ich nun wirklich nicht sagen: »Bitte entschuldige diese schrecklichen Geschichten. Ich war damals erst 20!«
>
> Doch vielleicht tragen diese Gründe zu viel Gefühligkeit in sich. Vom geschäftlichen Standpunkt aus wären sie bestimmt schlecht. Es würde – völlig zurecht – all jene Kritiker provozieren, die so gut waren, bei der Beurteilung von *Das Garten-*

> *fest* das Vergangene ruhen zu lassen. Es stimmt, daß *In einer deutschen Pension* eine sehr gute Presse hatte. Doch war es dies unerfreuliche Ding – ein *succès scandale*.[6]

Diese eigentümliche Argumentationskette war ihr letztes Wort zu diesem Thema.

Als zum ersten Mal auf die Ähnlichkeit zwischen der Erzählung Tschechows und der Katherines aufmerksam gemacht wurde, geschah dies auf sanfte Art. Elisabeth Schneider vermutete 1935, eine »unbewußte Erinnerung« müsse am Werk gewesen sein. Ein anderer Kritiker, Ronald Sutherland, versuchte aufzuzeigen, daß Katherine Tschechow eigentlich noch »übertroffen« habe. Doch 1951 lieferte E. M. Almedingen, eine Slawistin, überdeutliche Belege für ein Plagiat. Im *Times Literary Supplement* zitierte sie lange Passagen aus ihrer eigenen Übersetzung von Tschechow neben Katherines Erzählung und verband dies mit Katherines Weigerung. einer Neuauflage von *In einer deutschen Pension* zuzustimmen.

Ihre Behauptung zog eine ausweichende Antwort von Murry nach sich, der daraufhin das Feld anderen Kombattanten überließ. In die Bresche sprangen Sylvia Berkman (»weniger aus Arglist, als vielmehr aus Unachtsamkeit«) und Antony Alpers, der behauptete, Mansfield sei weder »arglistig« gewesen noch habe sie sich ihrer »Jugendsünden geschämt«; ein seltsamer Befund von dem Biographen, der selbst so viel zu der Erkenntnis beigetragen hat, wie arglistig und bewußt irreführend sie sein konnte.

Auch A. E. Coppard verteidigte Katherine großmütig als eine bewunderte Schriftstellerkollegin, verwässerte die Wirkung seiner Verteidigung allerdings etwas damit, daß er behauptete, es sei schon vor zwanzig Jahren »allgemein bekannt« gewesen, daß die Erzählung plagiiert worden sei. Fünf Jahre später mokierte sich der Slawist Gilbert Phelps über Alpers Beschreibung von *Das KIND-DAS-MÜDE-WAR* als einer »freien Adaption«[7]

6 K. M. an J. B. Pinker, 3. Mai 1922, unveröffentlichter Brief in der Newberry Library, Chicago.

7 Gilbert Phelps, *The Russian Novel in English Literature*, London (Hutchinson) 1956, S. 189 f.

von Tschechow. Mittlerweile war dieser Fall von Plagiat grundlegend und unwiderlegbar von denjenigen bewiesen worden, die am besten dazu in der Lage waren, von den Lesern des russischen Originals.

Nachahmung und Plagiat sind eng verwandt, und viele Schriftsteller haben bezeugt, wie viel sie von ersterem profitiert haben und wie leicht es ist, ins zweitere abzugleiten. In Katherines Fall handelte es sich freilich um eine eher geringfügige und verzeihliche Tat: Sie hatte die Erzählung weniger kopiert als vielmehr benutzt. Gleichwohl muß es ihr nachgegangen sein, und das um so mehr, als sie mit Murry lebte, der ständig ihre Wahrheit und Reinheit hervorhob, ihre unbestechliche Genauigkeit und ihre Verwandtschaft mit jenem anderen großen wahren und reinen Schriftsteller Tschechow. Aufgrund derselben Plagiatsünde hatte Murry sich von seinem Idol Frank Harris abgewandt.

Verschlossen, wie sie war, konnte sie es nicht ertragen, wegen irgend etwas in einem schlechten Licht zu erscheinen und Spott und Klatsch preisgegeben zu sein. Die Angst vor einer Enthüllung muß sie wie ein scharfes Steinchen im Schuh gestört und gequält haben. Zweifellos rührt daher ihre Bereitschaft, Floryan zu bezahlen, obwohl sie und Ida an chronischem Geldmangel litten. Zweifellos ist dies auch der Grund von Murrys späterer Großzügigkeit gegenüber dem charakterlosen Polen.

Bedürfte es eines weiteren Belegs, so brauchte man sich nur einen Brief anzusehen, den Floryan 1924 von Bernard Shaw erhielt. Shaw schreibt darin, er wolle seinen polnischen Übersetzer unter keinen Umständen wiedersehen, wenn es sich nur vermeiden ließe: »Es kommt mich zu teuer«. Sein Abschiedsbrief endete mit den Worten: »Leben Sie wohl, Floryan. Gott geleite Sie sicher nach Polen und lasse Sie dort!«[8]

Freilich kehrte Floryan erst viele Jahre später wieder zurück nach Polen, und nach dem Zweiten Weltkrieg lenkte Shaw ein, im Gedenken an die Leiden des polnischen Volks. In hohem

8 George Bernard Shaw an Floryan Sobieniowski, 26. September 1924, *The Letters of George Bernard Shaw*, hrsg. von Dan H. Lawrence, Bd. III, S. 883 f.

Alter gab Floryan einer Warschauer literarischen Wochenschrift, *Zycie Literackie*, ein Interview, in dem er des längeren über seine Beziehung zu Shaw redete; über das Thema seiner Freundschaft mit Katherine Mansfield jedoch bewahrte er absolutes Schweigen.

Trotz des Ärgers mit Floryan arbeitete Katherine in der Villa Isola Bella den ganzen Herbst hindurch mit voller Kraft. Zunächst kamen regelmäßig Romanpakete von Murry – manchmal fünf auf einmal –, die sie in wöchentlichen Artikeln abhandelte; ungeachtet ihres jeweiligen Gesundheitszustands lieferte sie sie mit größter Pünktlichkeit ab. Nur wenige Bücher waren die Anstrengung wert, die sie hineinsteckte, doch ihre Rezensionen waren immer lesbar. Sie waren unterhaltsam und eher hingeworfen, zeigten aber keinerlei Respekt vor modischen Autoren wie Hugh Walpole, John Galsworthy, Gertrude Stein oder Edith Wharton; alle wurden sie mit bissigen Worten bedacht. Zusätzlich machte sie sich zuweilen die Mühe, sich in einem Brief an Murry über die letzte Augabe des *Athenaeum* auszulassen, jeden Artikel einer Kritik zu unterwerfen und Vorschläge zur Verbesserung des Blattes zu machen (denn es lief nicht besonders gut).

Versäumte Murry einmal, ihr das Honorar für ihre Rezensionen zu überweisen, und vergaß er einmal ihren Geburtstag, so war sie verletzt, doch mit der nächsten Post versicherte sie ihn wieder ihrer Liebe und teilte ihm ihre sehnsüchtige Hoffnung mit, er möge bald zu ihr kommen. Wie oft er sie auch enttäuschte, die Vision von ihm als idealem Liebhaber mit einer »weit edleren und stärkeren Natur« als der ihren war für sie noch immer notwendig.[9] Die Anstrengung, ihn zu idealisieren, muß schon in normalen Zeiten beträchtlich gewesen sein, doch nun verstrickte er sich auch noch in eine andere Geschichte, diesmal mit der betörenden und energischen Prinzessin Bibesco (geborene Elizabeth Asquith), die neben romantischen auch literarische Absichten mit ihm hatte, denn auch sie schrieb Erzählungen. Vorerst aber wußte Katherine nichts davon.

---

9 K. M. an J. M. M., 31. Oktober 1920, *K. M.'s Letters to J. M. M.: 1913-22*, J. M. M., S. 597.

Das Haus und der Garten bereiteten ihr große Freude: »das erste wahre eigene Zuhause, das ich je geliebt habe«[10], und sie verehrte ihre Köchin Marie, für die Essen eine Lust und eine Kunst war. Wenn die Sonne schien, lag sie auf einer Chaiselongue auf der Terrasse und las und schrieb; frühabends ging sie dann zu Bett, arbeitete aber oft noch bis spät in die Nacht unter dem Moskitonetz. Gesundheitlich machte sie keine Fortschritte, und Mitte Oktober kam ein neuer Arzt, Bouchage, »eine sehr anständige, gescheite Seele«, der darauf bestand, sorgfältig ihre ganze Krankheitsgeschichte durchzugehen.* Während er in ihre Geheimnisse drang, wurde auch er von ihr beobachtet. Sie ahnte, daß er ebenfalls tuberkulös war:

> Ich erkannte sein Lächeln – gerade eine winzige Schattierung zu strahlend ... wie er sich eine Spur lebhafter gibt als andere – das Leuchten – der schwache Schimmer auf der Pflanze, auf die der Frost die Hand gelegt hat ... Er ist erst um dreiunddreißig ...[11]

Seine Fragen nach ihrem Vorleben haben vielleicht zu folgenden Gedanken in einem Brief an Murry geführt:

> Ich habe meine Sünden gespielt und sie dann entschuldigt oder mit einem »man soll über derlei Dinge nicht nachdenken« weggesteckt oder (öfter noch) »es war alles Erfahrung«. Doch es war nicht alles Erfahrung. Es war auch Vergeudung und Zerstörung dabei.[12]

Am folgenden Tag beschrieb sie Träume, die sie gehabt hatte, sinistre, surreale Phantasien von Schuld und Verderbtheit – was sie zweifellos auch waren –, in denen sie von bösartigen Betrunkenen verfolgt wurde, die von Beatrice Hastings angeführt wurden und die ihr »Femme marquée« nachschrien. Im weiteren Verlauf dieses ersten Traums war sie dann plötzlich in einem Theater am Piccadilly Circus, die Schauspieler versagten und verschwanden nach und nach, bis die Vorstellung unterbrochen wurde, indem ein eiserner Vorhang herabkam. Draußen, es war

---

10 Ibid., 10. November 1920, S. 591.
11 Ibid., 16. Oktober 1920, S. 563.
12 Ibid., 31. Oktober 1920, S. 579.

* Vgl. S. 114.

das Ende der Welt, stand eine riesige Menschenmenge unter einem grünlichen Himmel, von dem weiche, feine Asche regnete, während Angehörige der Heilsarmee mit Kisten voller Traktätchen sie fragten: »Sind Sie verderbt?« In einem anderen Traum erschien ihr Oscar Wilde mit langen fettigen Haaren, einmal Witze reißend, dann wieder schluchzend. Vielleicht waren die Träume eine Möglichkeit, Murry, der Katherine nie etwas über sie fragte und nie ein Interesse an ihrer Vergangenheit zeigte, etwas Wahres von ihr näherzubringen, etwas anderes als die Kindfrau, an die er nur zu gern glauben wollte.

Ende Oktober begann sie in einem überraschenden Energieausbruch wieder, Erzählungen zu schreiben. Fast alle handelten von Frauengestalten, die Ungeheuern unterschiedlicher Natur ausgeliefert sind, seien es Mütter oder Väter, Ehemänner oder Arbeitgeber (nur in *Gift* erscheint der Mann als Opfer der Frau). Es sind Erzählungen von großer Eindringlichkeit, mit einem minuziös durchdachtem Aufbau und Schluß, obwohl sie einige davon in einem nahezu halluzinatorischen Zustand an einem Stück schrieb. War eine Erzählung fertig, kam es oft vor, daß sie Ida mitten in der Nacht mit Tee und Sandwiches zu sich rief, was beide Frauen genossen. Manche der Figuren sind als brillante Karikatur gezeichnet, andere wiederum – die Obristentöchter, das »junge Mädchen« – sorgsam behandelt, und wenngleich die Themen Verletzlichkeit und Isolation einen Bezug zu Katherines eigenem Empfinden ihrer Situation zulassen, wohnt ihnen doch keinerlei Selbstmitleid inne. Sie sind unpersönlich, scharf konturiert, das Werk einer echten Schriftstellerin, nicht einer klagenden Frau. In *Die Töchter des jüngst verstorbenen Colonel Pinner*, in dem sich Ida stolz karikiert wähnte, fängt Katherines Gehör für Sprache mit wunderbarer Genauigkeit die nervöse Zurückhaltung der ältlichen Jungfern ein, die ihr ganzes Leben lang von ihrem Vater terrorisiert wurden und, als er endlich gestorben ist, nichts mit ihrem Leben anzufangen wissen. Andere – *Miss Brill*, *Die Kammerzofe*, *Das Leben der Ma Parker* – sind mehr oder weniger dramatische Monologe; Katherine hatte ihr Interesse für die Schauspielerei nie verloren, und noch 1922 schrieb sie Ida:

Nächstes Frühjahr möchte ich gern nach London gehen und

> in der Bechstein Hall Lesungen meiner Erzählungen abhalten. Das wollte ich schon immer, und natürlich wäre es eine großartige Werbung. Dickens hat das auch getan. Er kannte seine Figuren, ebenso wie ich die Stimme der alten »Ma Parker« und die Kammerzofe kenne.[13]

Inzwischen trug Katherine wieder einen brieflichen Streit mit Murry aus; der vordergründige Anlaß war, daß er Constable ein Photo von ihr für den Umschlag des in Kürze erscheinenden Buchs gegeben hatte, das ihr nicht gefiel. Sie ärgerte sich aber auch darüber, daß er sich nicht die Zeit genommen hatte, ihre Arbeit mit ihr zu besprechen. »Ich will nicht, daß man es als Meisterwerk abtut«[14], schalt sie ihn spitz und auch zu Recht, denn allzu schnell bedachte er ihre Erzählungen mit ein paar überschwenglichen und schmeichelhaften Sätzen und beließ es dann dabei. Sie beschloß, sich an einen Agenten zu wenden, der sie anstelle von Murry vertreten sollte. J. B. Pinker, der sie 1912 noch abgelehnt hatte, willigte diesmal ein. Er war einer der erfolgreichsten Vertreter der relativ neuen Spezies des literarischen Agenten; Arnold Bennett und Joseph Conrad gehörte zu seinen dankbaren Kunden, Lawrence und Wells zu den undankbaren. Pinker machte es Spaß, neue Talente zu fördern. Er hatte Büros in New York und London, und er machte sich dran, Katherine endlich auch zu Geld für ihre Arbeit zu verhelfen.*

Im Dezember bestand Dr. Bouchage darauf, daß sie wenigstens ihre Rezensententätigkeit einstellte, weil ihre Gesundheit der Masse von Arbeit einfach nicht gewachsen sei. Hinten an ihrem Hals hatte sich eine tuberkulöse Drüse gebildet, die schmerzhaft auf eine Arterie drückte und regelmäßig geöffnet werden mußte, wobei dann immer große Mengen Eiter austraten. Wieder klagte sie darüber, daß sie praktisch überhaupt nicht gehen konnte. Aus medizinischer Sicht brauchte sie nun Ruhe, einen einfachen Tagesablauf und Stille. Statt dessen brach

---

13 Brief an Ida, den diese mir zeigte.

14 K. M. an J. M. M., 17. November 1920, *K. M.'s Letters to J. M. M.: 1913–22*, J. M. M., S. 597.

* Katherine hat ihren Agenten nie kennengelernt. J. B. Pinker starb im Februar 1922 in New York; sein Sohn Eric führte das Geschäft weiter, doch Ende der dreißiger Jahre machte er bankrott.

nun ein Streit über die Bibesco los. Katherine tat ihr möglichstes, um tolerant zu sein, und schrieb Murry einen großzügigen Brief, in dem sie ihm sagte, sie wisse, wie sehr er auf Frauen wirke, und ihn zärtlich neckte:

> Du hast sogar nicht wenig von einem Herzensbrecher! Und erinnere Dich, wie Du in den Spiegel schaust, wenn ein Spiegel im Zimmer ist – immer und immer wieder stehst Du davor; er ist für Dich wie eine Frau – das ist mir oft aufgefallen ...[15]

Weiterhin sagte sie ihm: »*Fühle Dich ganz frei.* Ich meine es ernst.« Aber natürlich meinte sie es nicht so, und als er den Kardinalfehler beging und ihr eine Erzählung ihrer Rivalin zu lesen schickte, weigerte sie sich und machte Ida eine Szene. Murry schrieb ihr voller Verzweiflung, er habe Angst, zur Verschlechterung ihrer Gesundheit beigetragen zu haben, worauf sie ihm in ebenso eisiger wie großartiger Manier antwortete:

> Ich habe von Dir, was ich brauche – ein Verhältnis, das einzigartig, aber nicht das ist, was die Welt unter einer Ehe versteht. Das heißt, ich bin in keiner Weise von Dir abhängig, auch kannst Du mich nicht erschüttern ... Zu allererst bin ich Schriftstellerin.[16]

Wie immer glaubte sie zum Teil daran, und zum Teil an ihre Rolle als Vorkämpferin für eine neue Form der Ehe. Ihre Erzählung *Der Fremde* ist voller Abscheu vor den Intimitäten und Ausschließlichkeiten der Ehe: Ein penetranter besitzergreifender Ehemann leidet unter der Unerreichbarkeit seiner Frau und deren Interesse für andere. Später erkannte sie auch, daß Idas Pflege weit mehr dazu beigetragen hatte, daß sie schreiben konnte, als Murry. Dennoch blieb sie verletzlich; noch immer konnte er sie bis ins Innere treffen. Ihr Freiheitsgrundsatz bedeutete die Freiheit für sie, sich zurückzuziehen und andere Arrangements zu treffen, nicht jedoch für ihn. Zuweilen erschien ihr die private Traulichkeit der Ehe als ein Schutz gegen die Außenwelt, der sie unwiderstehlich anzog.

15 Ibid., 3. Dezember 1920, S. 610.
16 Ibid., 12. Dezember 1920, S. 622.

Der Band *Glück* erschien im Dezember, und zu Weihnachten dann ein in höchstem Grad verlegener Murry. Bald hatte man sich wieder einigermaßen versöhnt. Als er sah, wie schwach sie war, fühlte er sich wegen seiner eigenen Schwäche schuldig. Da er wußte, daß *Athenaeum* sowieso vor dem Ende stand, beschloß er, es aufzugeben und sich eine Weile in der Isola Bella niederzulassen. Man hatte ihm eine Vorlesungsreihe in Oxford angeboten, auf die er sich vorbereiten mußte.

Zunächst fuhr er noch einmal nach London zurück, um die Zeitschrift ordnungsgemäß aufzulösen und seinen Freunden zu erklären, wie die Dinge lagen. Katherine litt fast die ganze Zeit an Fieber und hatte Schmerzen. Ihr Buch wurde gut aufgenommen, insbesondere in einem glänzenden, langen Artikel von Virginia Woolfs Freund Desmond MacCarthy in *New Statesman*. Im Januar erschien die Sammlung bei Knopf in New York.

Murry kehrte wieder nach Menton zurück, und Ida fuhr nun nach London, um die Wohnung in Portland Villas aufzulösen. Katherine schrieb ihr Bedauern über den Verlust des Hauses nieder, klagte über Murrys Gemeinheit, klagte über Bouchage, der sie nicht mehr befriedige, der nicht mehr hilfreich sei und ihr gesagt habe, sie müsse von der Riviera abreisen. Sie machte sich Geldsorgen und war verärgert über einen Brief an Murry, den sie abgefangen hatte:

> Elizabeth Bibesco hat wieder ein Lebenszeichen ausgesandt. Gestern bettelte sie ihn in einem Brief an, Katherine zu widerstehen. »Du hast ihr bis jetzt so tapfer widerstanden, wie kannst Du ihr nun nachgeben.« Und »Du hast geschworen, nichts auf der Welt solle je zwischen uns treten«. Dem Brief nach zu urteilen finde ich, daß sie wunderbar zueinander passen, und ich hoffe, daß sie die Affäre fortsetzen. Er *will es*. »Wie kann ich ohne Deinen literarischen Rat leben«, fragt sie. Das ist eine sehr faszinierende Frage. Ich werde dem kleinen dummen Ding schreiben, daß ich nicht den Wunsch hege, zwischen sie zu treten, nur darf sie ihm nicht den Hof machen, solange er bei mir wohnt, denn das ist würdelos. Nun, er wird wohl nie mit dieser Affäre aufhören, und ich sehe

auch nicht, warum er das tun sollte ... Ich wünschte, er würde sich einmal ernsthaft auf eine *einlassen* – und mich verlassen. Jeden Tag sehne ich mich mehr danach, allein zu sein.

Mein Leben ist unverändert, ich stehe um 11 auf. Bin bis 2 unten. Komme nach oben und lege mich bis 5 aufs Bett, um mich dann wieder hineinzulegen.[17]

Vielleicht kam die Anregung von dem Gedanken an Murry, der so freigiebig mit seinem literarischen Rat bei andern war, jedenfalls griff sie erneut zur Feder und schrieb an ihren ehemaligen literarischen Meister, Orage. Sie sagte ihm, wie dankbar sie für das sei, was er ihr in den alten Tagen beigebracht habe. Der Brief ist offensichtlich ehrlich gemeint und wischt mit einem Streich Katherines Meinung Murry gegenüber vom Tisch, daß sie *In einer deutschen Pension* einer Neuauflage nicht für wert erachtete, denn von allen ihren Sammlungen trägt diese am deutlichsten den Stempel von Orages literarischer Nachhilfe. »Du hast mich schreiben gelehrt, Du hast mich denken gelehrt; Du hast mir gezeigt, was man tut und was nicht«[18], schrieb sie ihm im Februar.

Etwas später schickte sie Elizabeth einen harten Verweis, dessen Wortwahl zeigt, welch eine gefährliche Gegnerin sie in direktem Kampf mit einer anderen Frau sein konnte. Der Brief legt nicht gerade nahe, daß sie selbst einmal zur Boheme gehörte und eine fröhliche Ehebrecherin war; der königliche Ton des Verweises klingt eher wie ein Echo des Tons, den ihre Mutter in jenen frühen Tagen ihr gegenüber gebraucht hat:

Liebe Prinzessin Bibesco,

leider muß ich Sie ersuchen, Ihre kleinen Liebesbriefchen an meinen Mann einzustellen, so lange er und ich zusammenleben. Dies gehört zu den Dingen, die sich in unserer Welt nicht gehören.

Sie sind sehr jung. Bitten Sie doch Ihren Gatten, Ihnen die Unmöglichkeit solch einer Situation zu erklären.

17 Baker, op. cit., S. 162.
18 Mairet, op. cit., S. 59.

Bitte geben Sie mir keine Veranlassung, Ihnen abermals schreiben zu müssen. Ich mag es nicht, Leute zu tadeln und hasse es geradezu, ihnen Manieren beizubringen.

Hochachtungsvoll
Katherine Mansfield[19]

(Die Existenz einer getippten Kopie dieses Briefs in einer Universitätsbibliothek gibt Anlaß zu der Spekulation, daß Katherine eine Abschrift davon Ida gab; es erscheint unwahrscheinlich, daß die Prinzessin oder Murry Kopien in Umlauf brachten.)

Das war das schlechte Ende eines für Katherine schlechten Winters, aber immerhin hatte sie in der Isola Bella etwas Grundlegendes über sich festgestellt, nämlich daß das Schreiben ihr wichtiger war als alles andere: »Selbst lieber noch als reden oder lachen oder glücklich sein will ich schreiben«[20]. Nichts sonst wurde mit diesem Maß gemessen. Fragwürdiger Ehemann, schlechte Gesundheit, all das mußte vor der tapferen und harten Wahrheit weichen, die sie nun zu ihrer Devise erhoben hatte: »Zuallererst bin ich Schriftstellerin.«

---

19 Zit. in Alpers, op. cit., S. 332.

20 K. M. an J. M. M., 12. Dezember 1920, *K. M.'s Letters to J. M. M.: 1913-22*, J. M. M., S. 622.

17
»Lies so viel Liebe wie du magst in diesem Brief«

Im Mai kehrte Murry nach London zurück, Ida kam wieder, und die beiden Frauen reisten mit der Bahn vom Mittelmeer nach Genf. Sie stiegen zunächst in einem Hotel oberhalb von Montreux ab, wo Katherine vorgab, nur an einem schwachen Herzen zu leiden. Sie war so guter Dinge, daß sie sich über die Schweizer lustig machte, wie Reisende es tun, über ihre Reinlichkeit und Ehrbarkeit, ihre dicken Knöchel, breiten Hinterteile und ihren großen Appetit, sogar über ihre übergroßen Blumensträuße. Was sie betraf, so berichtete sie ihrer regelmäßigen und liebevollen Brieffreundin Ottoline: »Nachts auf meinem Bett liegt ein Band Shakespeare, ein Band Chaucer, eine automatische Pistole und ein schwarzer Musselinfächer. Das ist meine ganze kleine Welt.«[1] Man hört ein wenig Selbstbespiegelung und pathetische Dramatisierung aus diesen Worten. In Wirklichkeit war sie froh und aufgeregt über den Tapetenwechsel, die herrliche Bergluft, die spektakuläre Landschaft, ja sogar über die deutsche Sprache, die sie nun wieder hörte und die in ihr eine nostalgische Erinnerung an ihre Zeit in Bayern weckte.

Je weiter es das Rhonetal hinauf in die Berge Richtung Sierre ging, wo sie einen Termin bei einem englischen Arzt hatte, desto empfänglicher wurde sie für die Schönheit der Landschaft und der alten Dörfer mit ihren Holzhäusern, wo die Menschen noch immer Bauerntracht trugen. Ihre Cousine Elizabeth hatte ein Chalet bei Randogne, an einem Alpensüdhang, der als Kurort berühmt war. Katherine sagte später, wie deprimierend es sei, so vielen offensichtlich tuberkulösen Menschen zu begegnen, doch anfangs schien es ihr, als habe sie endlich das Richtige gefunden, und sie schrieb Murry begeistert über die Möglich-

1 K.M. an Ottoline Morrell, Juni 1921, *The Letters of K.M.*, J.M.M., Bd. II, S. 118.

keit, dort selbst ein kleines Holzchalet zu mieten, wo sie gemeinsam arbeiten könnten, im Winter von einem großen weißen Kachelofen gewärmt würden und eine nette Bauersfrau hätten, die ihnen Kaffee brächte.

In Sierre aber wies der Arzt sie sogleich in eine Klinik ein. Sie weigerte sich, länger als eine Nacht dort zu bleiben, worauf der Arzt ihr als Alternative das leerstehende Chalet seiner Mutter anbot. Es lag noch höher, direkt am Fuß eines Gletschers, in Montana-sur-Sierre, und war völlig von Fichtenwäldern eingerahmt, genau der Ort also, wo man am liebsten sein ganzes Leben verbringen möchte.

Murry schrieb zurück, er sei begeistert über das Chalet und bereit, so lange in Sierre zu wohnen, wie sie wollte. Seine Vorlesungen waren in Oxford gut aufgenommen worden; in einer davon, »Der Prozeß des kreativen Stils«, zitierte er aus den Arbeiten seiner Frau, insbesondere aus *Prélude* als einem Beispiel echter Beschreibungsliteratur, dazu Passagen von Hardy und Shakespeare. In einem weiteren Brief an sie verglich er *Die Töchter des jüngst verstorbenen Colonel Pinner* mit Chaucer und Shakespeare. (»Es ist *zauberhaft*. In den letzten 12 Jahren hat es nichts Vergleichbares gegeben.«) Es scheint unwahrscheinlich, daß Katherine über derartige unkritische Kommentare besonders entzückt war, wie krank sie sich auch fühlen mochte. Zur selben Zeit schrieb Murry einen langen Artikel für *Athenaeum*, in dem er eine Übersetzung von Tschechows Notizbüchern von Koteliansky und Leonard Woolf angriff. Es sei

> nahezu ein Verbrechen, Fragmente aus den Manuskripten eines Schriftstellers an die Öffentlichkeit zu bringen, die für die Welt offensichtlich nicht bestimmt waren ... eine Tendenz, die schon zu sehr bei jenen im Schwange ist, die sich an der Literatur zu schaffen machen – die Tendenz, sich einem Autor über die Hintertreppe zu nähern.[2]

Als Katherine ihm ihre Enttäuschung über den neuen Band mit Tschechow-Erzählungen von Constance Garnett zum Ausdruck brachte, stimmte Murry ihr zu und verwies noch darauf, daß »der arme alte Tschechow« vermutlich für Geld schrieb

2 *Athenaeum*, 4. Juni 1921.

und zweifellos die Hälfte seiner Erzählungen verleugnet hätte, hätte er nur die Möglichkeit dazu gehabt, und darunter gelitten hätte, daß sie nach seinem Tod von so respektlosen Händen gesammelt wurden. »Natürlich«, fuhr er fort, »ist er Limonade im Vergleich zu Tolstoi«. Tschechow habe sich nie ganz in etwas einbringen können, was er schrieb; sie, Katherine, könne das, und er und sie würden gemeinsam richtige große Romane schreiben.

Es überrascht nicht, daß die Woolfs und Koteliansky über Murrys Attacke verärgert waren. Zu jener Zeit war Virginia gerade zwei Monate schwer krank gewesen, und als sie sich wieder erholt hatte, las sie einige Erzählungen aus *Glück*; schon die Titelgeschichte hatte ihr nicht gefallen, und die andern tat sie nun als gekünstelt und unangenehm ab, sie hinterließen bei ihr das Gefühl, sie müsse sich das Gehirn »ausspülen«. Sie ließ ihrer Eifersucht auf Katherines Erfolg freien Lauf.

Als Murry im Juni in der Schweiz eintraf, zogen sie in das Chalet des Sapins ein, das auf 1700 Meter Höhe zwischen Fichten geduckt stand. Es lag so hoch, daß noch immer Schneeflekken lagen, trocknenden Leintüchern gleich, wie Katherine schrieb. Sie bestand auf das oberste Zimmer im Haus, zwei Stockwerke über dem Badezimmer, doch Ida machte es nichts aus, Krüge und Wannen mit heißem Wasser treppauf, treppab zu schleppen, selbst dann nicht, als sie sich ein Zimmer im Dorf nahm, um den andern mehr Privatheit zu lassen. Es entstand eine Routine, die Katherine sehr zustatten kam. Sie saßen auf dem Balkon und lasen und schrieben, Vögel flatterten vorbei, leuchtende Blumentöpfe neben sich und Wald und Berge rund herum. Katherine schrieb an Brett, sie hätten nicht die Absicht, in den nächsten Jahren nach England zurückzukommen; hier gebe es Wälder und Flüsse und Glockengeläut in der Luft, goldenen Sonnenschein, nur ab und zu ein Tag mit weißem Nebel und Nächte, in denen man zukünftige Reisen und Wohnorte plante.

Auch gute Ärzte gab es, obwohl keiner Katherine das sagte, was sie gern hören wollte: daß sie vielleicht wieder geheilt würde. Trotz ihrer heiter-fröhlichen Beschreibung ihres Lebens Brett gegenüber gab es auch trübselige Momente, in denen sie ihrer Cousine schrieb, Murry solle sie verlassen und sich eine gesunde Frau suchen und Kinder haben. Er dagegen war es fürs erste zufrieden. Sie lasen zusammen Proust und Jane Austen, deren Kunst, Handlungen zu ersinnen, Katherine bewunderte: »Neben ihr wirken, was mich angeht, moderne Episodiker wie ich als sehr inkompetente Trottel.«[3] Bei all ihrer Bescheidenheit war *Glück* Erfolg beschieden, die Veröffentlichung von *Die Töchter des jüngst verstorbenen Colonel Pinner* hatte Aufsehen erregt (Thomas Hardy sandte ihr Glückwünsche), und Pinkers Bemühungen trugen ihr eine gesteigerte Nachfrage nach ihren Erzählungen bei Zeitschriften ein. Wie Antony Alpers bemerkt hat, gereichte ihr dies nicht nur zum Nutzen, da sie sich verpflichtet fühlte, Erzählungen zu bestimmten Terminen abzuliefern, wodurch auch minderwertige darunter waren. Gleichwohl war das alles ein Ansporn für sie, und sie arbeitete stundenlang an einem Stück, und obwohl ihre tuberkulöse Drüse wiederkam, ihr Zähne ausfielen und sie unter schrecklicher Atemnot und Schmerzen litt, schrieb sie eine weitere Gruppe hervorragender Erzählungen.

Murry arbeitete auch an einem zweiten Roman (der, wie sein Biograph F. A. Lea vermerkt, vor allem als Beweis von Interesse ist, daß er dafür ebenso wenig Talent hatte wie für Lyrik). Dazu schrieb er Rezensionen, und Ende Juli traf Lawrences *Liebende Frauen* ein, das endlich einen Verleger gefunden hatte. Zwar schrieb Katherine »Also wirklich! Wirklich! Wirklich!« an Ottoline, deren große Abneigung gegen das Buch seines verleumderischen Porträts ihrer Person wegen bekannt war, doch was sie tatsächlich davon hielt, wissen wir nicht. Murry verurteilte den Roman in einer Rezension wegen »unmenschlicher und tierischer« Aspekte. Zwar lobte er Lawrence als einen Schriftsteller von wertvoller Begabung, beschuldigte ihn aber, seine Begabung in diesem Buch im Dienste einer Suche nach »fleischlichen hirnlosen Mysterien« »ermordet« zu haben. Kurz, für Murry war *Liebende Frauen* eine Katastrophe (seine Rezension erschien im *Athenaeum* am 13. August 1921). Seither

---

3 K.M. an Elizabeth (Gräfin Russell), Dezember 1921, *The Letters of K. M.*, J. M. M., Bd. II, S. 163.

wird der Roman von manchen als ein triumphaler Angriff auf die Werte der Gesellschaft des 20. Jahrhunderts gelesen, häufiger aber noch als eine sehr gemischte Angelegenheit, in der sich Passagen voller Absurdität mit brillanten erzählerischen und dramatischen Momenten abwechseln. Nur wenige Leser greifen Lawrences sexuelle Botschaft auf, sei es wörtlich oder allegorisch; wenige haben den Versuch unternommen, sie zu entziffern. Doch wie lächerlich, falsch pathetisch oder unverständlich Teile des Buches auch sein mögen und wie schwer nachvollziehbar es auch ist, warum Birkin und Ursula eine »gute« Sexualität genießen, während Gerald und Gudrun in einer schlechten steckenbleiben – Murrys Gerede von den »tierischen« Aspekten verfehlt sowohl das Gute wie das Schlechte an dem Buch.

In einem Brief an Brett Ende August bemerkte Katherine, daß Lawrence in seiner Beschreibung »gequälter, satanischer Liebe« »vollkommen falsch gelegen« habe; doch leitete sie diese Bemerkung mit einem großen Lob ein: »Was Lawrence zu einem *wahren* Schriftsteller macht, ist seine Leidenschaft. Ohne Leidenschaft schreibt man in die Luft oder in den Sand am Meeresstrand.«[4] Des weiteren kritisierte sie sein Verständnis von Liebe und hielt eine »Religion« der Liebe zwischen menschlichen Liebenden dagegen, etwas, das sie einen Vertrauensbeweis nannte, der an die Stelle von Gott trete, nun da Gott nicht mehr für uns existiere: »Wir müssen spüren, daß man uns kennt, daß man unser Herz kennt so wie Gott uns kannte«. Das erinnert uns an Murrys Forderung (»Siehe! Ich habe die Liebe zu meiner ganzen Religion gemacht«) und berührt uns im Licht der tatsächlichen Beziehung zwischen den beiden als traurig und künstlich. Ebenso wie Lawrences Erklärungen über die Liebe und die Notwendigkeit männlicher Dominanz hohl tönen, wenn man sich die Situation zwischen ihm und Frieda (die im Verlauf ihres gemeinsamen Lebens zunehmend dominanter wurde) vergegenwärtigt, klingt Katherines Gerede davon, von einem Liebhaber gekannt zu werden wie von Gott, merkwürdig

4 K. M. an Brett, 29. August 1921, *The Letters of K. M.*, J. M. M., Bd. II, S. 131.

von einer Frau, deren Mann sich eigenartigerweise damit zufrieden gab, sie nicht zu kennen.

Die Erzählungen, an denen Katherine nun schrieb, beschäftigten sich nur wenig mit Liebe, außer in ihren negativen Aspekten. *An der Bucht* dreht sich um eine Mutter, die über ihre Unfähigkeit nachdenkt, ihre Kinder zu lieben, ein junges Mädchen, das aus Eitelkeit und Langeweile eine Liebelei mit einem verheirateten Mann riskiert, der sich dann als böse erweist und sie als Freiwild betrachtet, ganz ähnlich wie der Mann in ihrer frühen Erzählung *Der Pendelschlag. Das Puppenhaus* ist eine Studie über die Grausamkeit eines kleinen Snobismus, den Eltern ihren Kindern beibringen. *Ihr erster Ball* zeigt ein Mädchen, das in ein schwarzes Loch der Verzweiflung fällt, das mitten in einem Erlebnis, das eigentlich von bedenkenloser Freude erfüllt sein sollte, von einem zynischen Tanzpartner geöffnet wird. *Das Gartenfest* handelt von einer groben und uneinigen Familie und der für einen Augenblick erschütternden Erfahrung, Zeuge eines Todes in einer anderen Familie zu sein; auch im Mittelpunkt dieser Erzählung steht ein junges Mädchen. In *Die Geschichte eines verheirateten Mannes*, ein starker, unvollendeter Text, ist ständig die Rede von Gift, Unglück und Verrat, und es fällt schwer, bei der Eröffnungsszene, in der ein kalter, in sich zurückgezogener Ehemann über sein Gefühl der Entfremdung von seiner schwermütigen Frau sinniert, nicht an die Abendszene bei den Murrys zu denken; auch der Bericht des Mannes über sein Gefühl der Isolation als Kind trägt deutliche Parallelen mit Murrys Kindheit. Noch in der zärtlichsten Szene von *An der Bucht* fragt das Kind Kezia seine Großmutter nach einem toten Onkel, wodurch es mit dem unerträglichen Bewußtsein des Todes seiner Großmutter konfrontiert wird. Die gleiche Melancholie durchdringt *Flitterwochen*, vordergründig eine heitere Skizze an der Riviera, die aber überschattet ist von Leiden und Tod in Gestalt eines gespenstischen spanischen Sängers. Und *Die Seereise*, eine perfekte Zeichnung des Bewußtseins eines Kindes, in der ein kleines Mädchen eine nächtliche Dampferfahrt mit seiner Großmutter unternimmt, baut sich um den indirekt angedeuteten Tod der Mutter des Kindes auf. An der Oberfläche sind diese Geschichten ruhig, ja heiter, doch ihr Thema ist Sterblichkeit, und selbst die Freude darin ist die Keatssche Freude: »dessen Hand stets an deinen Lippen liegt / und sagt Adieu«; und diese Kipplage verleiht ihnen ihre schmerzliche Klarheit.

An einem schlechten Tag war Katherine zu schwach, um den Kopf vom Kissen zu heben; an einem guten stand sie um halb acht Uhr auf und schaffte es – gerade so – bis zu den Bäumen, die das Haus umstanden, wo sie sich auf einen Baumstamm setzte und ihr Alleinsein genoß. Murry ging dann Blumenpflücken, brachte ihr einen Strauß, vielleicht spielten sie auch etwas Klavier; dann wiederum lasen sie gemeinsam laut Shakespeare, und ihre Notizbücher sind voll von Kommentaren zu den Stücken, was zeigt, wie sehr sie auf die Ökonomie ihrer Sprache achtete und darauf, mit wenigen Worten einen plastischen Eindruck zu erzeugen, zwei Dinge, mit denen sie sich als Schriftstellerin besonders beschäftigte: Katherines ganze Lektüre war die eines bescheidenen Lehrlings des Schriftstellerhandwerks. Das ist einer der einnehmendsten Züge an ihr. Sie verstand die Schwierigkeiten und würdigte das Erreichte daher um so mehr.

Da sie sich in Montana nun gleichsam eingerichtet hatten, bat Katherine Ida im August, nach London zu fahren und ihre Wintersachen und ihre Katze Wingly zu holen; Katherine freute sich riesig über das Tier und überschüttete es mit Liebe und Zuwendung. Als Ida jedoch eine zweite, kurze Reise nach London unternehmen wollte, um ihre Schwester zu besuchen, die ein Kind erwartete, und meinte, sie könne ja ein englisches Mädchen auf der Rückfahrt in die Schweiz begleiten, bekam Katherine einen Wutausbruch.

Du bist doch die größte *Kokotte*, der ich begegnet bin, eine richtige *Kokotte*, ich wünschte sehr, Du wärst es nicht. Von ganzem Herzen wünsche ich das. Es erscheint mir doch äußerst unschicklich, in unserem Alter noch bei jedem Seitenblick vor Erregung zu zittern ... Ich werde aber nicht zurückkokettieren, Miss, und Dir sagen, wie sehr ich Dich als einen Teil meines Lebens brauche und mir überhaupt nicht vorstellen kann, ohne Dich zu sein. Welche Bande uns ver-

> binden! Großer Gott, sie sind so stark, daß Du verbluten müßtest, wenn Du sie tatsächlich durchtrenntest. *Tu es nicht* – Oh bitte lasse nicht zu, daß ich protestieren muß ... Trotz meiner Anfälle kannst Du so viel Liebe in diesem Brief lesen wie Du magst. Du wirst nicht mehr darin lesen, als da ist.[5]

Was die Koketterie angeht, so fiele es schwer, dieses wütende Beispiel zu übertreffen, und es bezeichnet eine der ganz wenigen Gelegenheiten, bei der Katherine an Idas absoluter Loyalität zu zweifeln schien und entsprechend voll auf die Bremse trat. Doch gab es keinen Grund für ihren Ausbruch: Ida kehrte völlig unversehrt und unverändert von ihrer Londonreise in eigener Sache zurück.

Der Winter nahte, und die Periode der Besserung von Katherines Symptomen wich neuen Fieber- und Schmerzanfällen. Murry fühlte sich in der Schweiz wohl; er konnte gut arbeiten, er genoß die Gesellschaft von Cousine Elizabeth und ihrer Gäste am Fuße des Berges, er lernte mit großem Vergnügen Schlittschuh- und Schilaufen und glaubte, sie hätten das Bestmögliche für Katherine gefunden. Im Oktober hörte Katherine von Koteliansky, mit dem sie zielstrebig ihre Freundschaft erneuerte, von einem gewissen Dr. Manoukhin, einem weiteren russischen Exilanten in Paris, der behauptete, er könne Tuberkulose heilen, indem er die Milz mit Röntgenstrahlen behandelte. Die Bestrahlung sollte bei Tausenden von russischen Soldaten gewirkt haben (was schwer zu überprüfen war), und so war es nicht unverständlich, daß Katherine sich fragte, ob es auch bei ihr wirken würde. Auch trug sie sich nun mit Überlegungen, ob eine Heilung ihres kranken Körpers mit geistigen und spirituellen Mitteln möglich wäre, und nach und nach tauchten die Namen aller orientalischen Gurus auf: Piotr Ouspensky, Autor mystischer Bücher, der im September aus dem Osten in London eintraf und sogleich großen Eindruck auf Orage machte; ihm folgte die Kunde von einem weiteren, dem Griechisch-Armenier George Gurdjieff.

Murry stand mystischen Vorstellungen und Erfahrungen

5 Baker, op. cit., S. 172.

zwar nicht gänzlich ablehnend gegenüber, war aber absolut dagegen, daß Katherine sich an Manoukhin wandte; doch Katherine hatte eine Verbündete zur Hand, und sie rekrutierte eine bereitwillige Ida, um die nötigen Telefongespräche nach Paris zu führen. Als Weihnachten vorüber war – wieder hatte Ida den Baum, den Pudding, die Knallbonbons und Geschenke besorgt – ging sie ins Tal und kaufte die Bahnkarten; und trotz Murrys strikter Ablehnung begleitete sie Katherine Ende Januar nach Paris, brachte sie im Victoria Palace Hotel am Montparnasse unter, machte sich auf die Suche nach einem anderen Hotel, als Katherine sich beklagte, es sei schmutzig, suchte Makler auf in der Hoffnung, eine Mietwohnung zu finden, und spielte nebenher noch, wie stets, ihre Zofe. Katherine war verständlicherweise nervös; sie fühlte sich krank und erschöpft und zankte mit Ida. Als sie sich zu Manoukhin aufmachte, geriet sie zuerst an das falsche Haus, aus dem ominöse Geräusche von »Getrappel und Gelächter drinnen« drangen, als sie klingelte. Als sie dann das richtige fand und er ihr (durch einen Dolmetscher) sagte, er könne sie vollkommen heilen, war sie so klug, das nicht zu glauben.

Am folgenden Tag beschloß sie halbherzig, ihm nun doch zu vertrauen: »Ich habe das Gefühl, daß M. ein wirklich guter Mann ist. Ich habe auch das dumpfe Gefühl ... daß er eine Art skrupelloser Hochstapler ist.«[6] Selbst Murry gegenüber gab sie sich nur teilweise optimistisch. Die Wirkung der Röntgenstrahlen, erklärte sie, sei denen der Sonne ähnlich, nur konzentrierter: So klang das geradezu wunderbar. Manoukhin und sein französischer Partner hatten sie eingehend untersucht – Herz und Rheumatismus ebenso wie die Lungen – und waren zuversichtlich, sie vollkommen heilen zu können. Für sich notierte sie starke »Ischias«-Schmerzen. »Zeichne es auf«, schrieb sie, »falls es je weggeht. Welche Schmerzen. Vergiß nicht, sie einmal jemandem in einer Geschichte zu geben.«[7]

Trotz ihrer Bedenken entschloß sie sich, mit der Behandlung sofort zu beginnen. Es war eine teure Angelegenheit, 300 Franc

6 *Journal*, 1. Februar 1922, S. 293.
7 Ibid., 4. Februar 1922, S. 294.

pro Sitzung. Es sollten zunächst fünfzehn Sitzungen sein, schrieb sie Murry, der im Chalet sein Gewissen bis ins kleinste erforschte, ob er nun bleiben und mit seiner Arbeit fortfahren oder zu ihr nach Paris fahren sollte. »Ich sehe schon«, schrieb sie ihm mit freudlosem Humor, »wenn die fünfzehn um sind, wie ich mich bei ihnen dafür entschuldige, daß ich nicht geheilt bin.«

Ida nahm ihr die Sache zu tragisch, sie überlegte sich, ob sie nicht eher Brett zu sich rufen sollte, und untersagte Murry kategorisch zu kommen. Natürlich rief das Murry sofort auf den Plan, und Ida wurde nach Montana zurückgeschickt, gefolgt von zerknirschten Briefen Katherines, in denen sie gestand, sich wie ein Ekel benommen zu haben, »doch ignoriere das alles. Erinnere Dich, daß ich Dich trotz allem liebe und verstehe. Das ist immer wahr«.[8] Dem folgte bald der Vorschlag eines Plans für ihr zukünftiges Leben, in dem sie ein halbes Jahr mit Murry in England und ein halbes mit Ida im Ausland verbringen wollte; mit Ida wollte sie dann viele idyllische Freuden teilen:

> Tee in einem Wald, kaltes Huhn auf einem Fels am Meer … Konzerte in einem Park, Baden im Meer vor Korsika und andere hübsche Spielereien, auf die wir Lust haben … Denn wir müssen glücklich sein. Kein Versagen. Kein Notbehelf. Segensvolles Glück. Alles andere ist irgendwie abscheulich.[9]

In ihrem nächsten Brief wurde dieses reizende Bild gestrichen, und sie erklärte Ida, daß gerade ihre Bereitschaft, ihr zu helfen, sie davon abhielte, sich selber zu bemühen. Gleichzeitig bat sie sie, aus einem Stoff, den Brett schicken wollte, ihr ein paar hübsche Höschen (diskret bezeichnet als *pantalons*) zu nähen. Im nächsten Brief erinnerte sie sie daran, sich das Muster für die Höschen zu besorgen.

In ihren beiden Zimmern am Ende eines dunklen kleinen Korridors im Victoria Palace spielten sie und Murry Schach, tranken Tee aus Schälchen, aßen, was Murry auf seinen Einkaufsgängen besorgte, und arbeiteten, so gut es ging. Katherine

---

8 Baker, op. cit., S. 177.
9 Ibid., S. 186.

schrieb *Die Fliege*, eine ihrer berühmtesten Erzählungen, eine schmerzvolle und vielleicht zu offensichtlich symbolische Geschichte von einem Vater, der seinen Sohn verloren hat, und einem Insekt, das sich verzweifelt gegen den sicheren Tod stemmt. In England erschien *Das Gartenfest* bei Constable, war schnell vergriffen und ging in eine zweite und dann dritte Auflage. Sydney Schiff kam mit James Joyce zu den Murrys zum Tee, und obwohl Katherine *Ulysses* mit gemischten Gefühlen gelesen hatte, kam es Joyce so vor, als habe sie das Buch besser verstanden als ihr Mann. Allmählich wurde sie eine Berühmtheit, bekam Briefe von Verehrern und Anfragen für fremdsprachige Ausgaben ihrer Werke. Gleichzeitig stand die Röntgenbehandlung im Vordergrund ihres Lebens, und die erwies sich als weniger angenehm als ein konzentriertes Sonnenbad:

> ... man brennt vor Hitze in den Händen und Füßen und Knochen ... Dann fängt es im Kopf an zu hämmern ... wäre ich eine ordentliche Märtyrerin, dann würde ich allmählich das fürchterliche Lächeln der Märtyrer aufsetzen, wenn sie im Feuer stehen und zu brutzeln anfangen![10]

schrieb sie Ende März tapfer an Brett. Dann nahm sie etwas zu und gestattete sich einen Hoffnungsschimmer. Im Mai ging es ihr für kurze Zeit so gut, daß sie sogar ausgehen konnte, zum Louvre, auf ein paar literarische Diners; doch als Ida auf einer Reise nach London in Paris bei ihr hereinschaute, kamen ihr Zweifel, ob es mit Katherine wirklich so gut stand, wie sie behauptete.

Kaum war Ida in London eingetroffen, wo sie mit einer Freundin einen Teeladen aufmachen wollte, traf ein Brief von Katherine ein, der mit den Worten endete:

> das alte Gefühl kommt wieder – ein Schmerz, ein Sehnen – ein Gefühl, daß ich nicht zufrieden sein kann, wenn ich Dich nicht *nahe* weiß. Nicht um meinetwillen; nicht weil ich Dich brauche – sondern weil ich Dich auf meine scheußliche, abstoßende, unerträgliche Art liebe und auf immer Dein bin.[11]

---

10 K. M. an Brett, 19. März 1922, *The Letters of K. M.*, J. M. M., Bd. II, S. 199.

11 Baker, op. cit., S. 197.

Noch in derselben Woche, Katherine war inzwischen mit Murry, der unglücklicherweise Fahrkarten und Gepäck verbummelt hatte, in die Schweiz zurückgereist, ließ sie diesem Brief einen zweiten folgen. Anscheinend begriff Murry noch immer nicht, wie krank sie wirklich war, und Ida sollte ihn täuschen helfen, indem sie »vorschlug«, zurückzukehren, um ihr zu helfen: »in Wahrheit kann ich einfach nicht arbeiten, wenn ich Dich nicht bei mir weiß«. Ida schrieb sogleich zurück, sie würde alles liegen und stehen lassen und kommen. Katherine warnte sie davor, daß sie sich nicht besser benehmen würde, doch Ida solle »versuchen zu glauben und weiter glauben, ohne ein Zeichen von mir, daß ich Dich wirklich liebe und Dich als meine Frau brauche«[12]. Das Wort »Frau« im Sinn von »Ehefrau« erschien ihr nun so treffend, daß sie es in ihrem nächsten Brief an Brett bezüglich Idas Ankunft verwendete: »die Erleichterung, sie wiederzuhaben, ist *so* groß, daß ich nie wieder ein Wort der Ungeduld sagen werde. Eine solche Frau verdiene ich nicht.«[13]

Zuweilen bezeichnete Katherine sich in ihrer Beziehung zu Murry weniger als Frau denn als Mann in dem Sinn, daß sie ihre eigenen Entscheidungen traf, selber ihre finanziellen, beruflichen und emotionalen Angelegenheiten regelte und nicht von ihm abhängig war. Die sexuelle Anziehungskraft, die anfangs vielleicht einmal bestanden hatte, scheint ziemlich gründlich versiegt zu sein, und so war Katherine durch ihre Krankheit oder sein Unvermögen, was auch immer, zu einem geschlechtslosen Wesen geworden. Desgleichen war jegliche Erotik, die in der Beziehung zu Ida anfangs einmal bestanden haben mag (und ich glaube nicht, daß da viel war), durch Katherines entschiedene Ablehnung der Frauenliebe und Idas Unschuld tief vergraben. Wenn sie also von Ida als ihrer »Frau« redete, so geschah dies offensichtlich nicht in einem sexuellen Sinn, sondern in der tiefen Anerkennung ihrer Person als einer unverzichtbaren Größe in ihrem Leben, die oft nervte, wenn sie da war, und die Phantasie beflügelte, wenn sie nicht da war, die wegen anderer, faszinierenderer Rivalinnen geschnitten wurde und sich ihr

12 Ibid., S. 203.
13 K. M. an Brett, 6. Juni 1922, *The Letters of K. M.*, J. M. M., Bd. II, S. 216.

dennoch in einer Weise zur Verfügung stellte, wie es letztlich keine andere hätte leisten können: eine zur Verzweiflung treibende und triumphierende, geduldige Griseldis des zwanzigsten Jahrhunderts.

Ich habe an anderer Stelle geschrieben, daß Katherine in ihr genau die Mutterliebe fand, die sie von Mrs. Beauchamp nie bekommen und nach der sie sich das ganze Leben lang gesehnt hatte: nach einer warmen, unkritischen, großzügigen und aufopferungsvollen Hingabe. Ihre Wutausbrüche gegen Ida waren die Wutausbrüche eines zornigen Kinds, ja, ihre ganze Geschichte ist eine vollkommene Illustration der Art und Weise, in der ein Typus menschlicher Beziehungen einen anderen nachahmt und zum Paradigma eines andern wird. Trotz ihres Anspruchs männlicher Unabhängigkeit liebte Katherine es auch, betütelt zu werden, Geschenke und Blumen zu erhalten, selbstgenähte Kleider zu bekommen, köstliche kleine Mahlzeiten auf dem Tablett gereicht zu bekommen, all die Aufmerksamkeiten, die ein Kind von einer hingebungsvollen Mutter erhält. Ida füllte diese Funktion aus, entsprach Katherines oftmals absurden Launen und Wünschen, umsorgte sie und litt mit ihr unter den Gemeinheiten und Hinterhältigkeiten anderer, der Familie, von Freunden oder Liebhabern. Belohnt wurde sie durch das Wissen, daß ihr Idol sich auf niemanden mehr verließ als auf sie. Zweifellos zog sie aber auch eine beträchtliche heimliche Befriedigung aus dem Schauspiel, in dem Murry beständig wegen seines Mangels an Großzügigkeit, seiner Kälte und seines unbefriedigenden Verhaltens ausgezankt wurde, auch wenn ihm dann stets wieder vergeben und er wieder aufgenommen wurde. Ida lernte zu akzeptieren, daß Katherine ihn in dem Maße liebte, wie sie ihn haßte, und daß er zu eng mit ihrem Leben verwoben war, als daß sie ihn hätte verlassen können. Ebenso wußte sie, daß ihre Vertrautheit mit Katherine älter und tiefer war, daß sie beide mehr tiefgehende Erlebnisse geteilt hatten, als Murry je erfuhr, daß Katherine ihr mehr anvertraute als ihm; und während Murry sich zuweilen beklagte, sich absentierte, kritisierte oder schmollte, besaß Ida die ungeheure Kraft der absoluten Toleranz.

Mit dem Eintreffen Idas entschloß Katherine sich einmal mehr, sich von Murry zu trennen. »Wir kamen überein, daß wir eine deprimierende Wirkung aufeinander ausübten«, schrieb er in seinen Notizen zu ihren Briefen, doch es erscheint unwahrscheinlich, daß er für einen Bruch zu diesem Zeitpunkt verantwortlich gewesen wäre. Sie und Ida zogen in das Hôtel Château Belle Vue im unteren Teil von Sierre, dorthin kam auch für eine Weile Brett; Murry dagegen wohnte in Randogne, wo er lange Gespräche mit Elizabeth führte und am Wochenende Katherine besuchte.* Die Hitze machte sie zusehends matt, und obwohl sie sich verzweifelt bemühte zu schreiben, schaffte sie nichts mehr, was ihrer Arbeit vom letzten Jahr gleichkam.**

Anfang August bereitete sie zwei Dokumente vor. Das eine war ein Brief an Murry, den sie auf einer Bank hinterlegte und in dem sie ihm alle ihre Manuskripte überließ, mit denen er nach seinem Gutdünken verfahren sollte: »vernichte alles, was Du nicht verwendest. Bitte vernichte alle Briefe, die Du nicht behalten möchtest, und alle Aufzeichnungen«, trug sie ihm auf, und das mit jener Uneindeutigkeit, die einem bei letzten Anweisungen oft begegnet. Es war ein zutiefst liebevoller Brief, in dem sie ihm noch einmal ihre positiven Gefühle als Ehemann versicherte; zweifellos wollte sie ihn damit über den Tod hinwegtrösten, was ihr auch gelang.

---

* Karen Usbornes Studie über *Elizabeth* zufolge hörte deren Begleiter A. S. Frere, wie Murry ihr sagte, Katherine habe sich bei dem Besuch bei Carco 1915 an der Front Syphilis zugezogen, als sie sich die Haare wie ein Soldat gestutzt und die Schützengräben in Uniform besucht haben soll. Abgesehen von der Tatsache, daß sie mit sehr kurz geschnittenen Haaren wieder zurückkam, erscheint dies eher als unzuverlässiger Klatsch, und es ist bekannt, daß Frere eine offensichtliche Abneigung gegen Katherine hegte. Es kann sich aber auch um einen mißglückten Erklärungsversuch von Katherines Gonorrhöe gehandelt haben, die sehr wohl als ein Ergebnis des Besuchs bei Carco wieder zum Ausbruch gekommen sein konnte. Dies legt allerdings nahe, daß Murry über seine Frau zu ihren Lebzeiten in weniger überhöhten Tönen sprach als danach.

** Das fragmentarische *Taubennest*, was sich wie eine blasse Imitation einer Erzählung von Henry James liest, und *Der Kanarienvogel*, den sie für Brett als ein Geschenk schrieb und woran man auch keine größeren Ansprüche zu stellen braucht; es gehört zu der Handvoll von Katherines wirklich sentimentalen Arbeiten.

Eine Woche später bat sie Ida, ihr beim Abfassen des Testaments behilflich zu sein; sie besprach jeden Punkt des Nachlasses mit ihr und drängte sie lachend, jegliches Geld anzunehmen, das Murry ihr anbieten sollte (»zögere nicht«); seine Knausrigkeit war ein alter Witz zwischen ihnen. In diesem Dokument drängte sie ihn noch direkter, so wenig wie möglich von ihren noch vorhandenen Manuskripten zu veröffentlichen und »so viel wie möglich zu zerreißen und zu verbrennen«[14]. Hätte sie diese Anweisung Ida gegeben, wäre sie unzweifelhaft ausgeführt worden, und wir würden weniger über sie und ihre Arbeit wissen; genauso gut läßt sich aber auch sagen, daß sie ihre Papiere auch selber hätte vernichten und von Murry ihre Briefe zurückfordern können, hätte ihr deren Vernichtung wirklich so am Herzen gelegen.

14 Zit. in Lea, op. cit., S. 113.

18
»Ich will *arbeiten*«

Als nächsten Schritt telegraphierte Katherine Brett, die wieder in ihrem Haus in Hampstead war, ob sie bei ihr unterkommen könne. Sie wollte Orage sehen, sie wollte Koteliansky sehen, und sie wollte ihren Vater sehen, der wieder einmal auf »Heimatbesuch« war. Da ihr seine Angst vor Krankheiten bekannt war, erklärte sie ihm in einem Brief, sie sei nun völlig von ihrer Schwindsucht geheilt, unter den gegebenen Umständen eine recht verwegene Lüge.

Diesmal reisten Ida und Murry mit. Katherine wurde im ersten Stock in Bretts Haus in der Pond Street untergebracht, und sogleich bastelte sie sich eine Karte, auf der entweder »abwesend« oder »bei der Arbeit« zu lesen war und die sie gegen Besucher an ihre Zimmertür hängte. Nachdem Murry einige Tage im Haus nebenan verbracht hatte, fuhr er nach Garsington und weiter zu Freunden nach Sussex; Ida wohnte in Chiswick, von wo sie täglich nach Hampstead fuhr, falls Katherine etwas brauchte.

Trotz ihres schwachen Zustands – Brett zufolge rang sie schon nach einer Treppe zehn Minuten lang nach Luft – hatte sie weiterhin ein hektisches Programm; alle, die sie sehen wollte, besuchte sie und dazu noch einige weitere: Dr. Sorapure, der so beruhigend schien wie eh, ihre alte Freundin Anne Drey und sogar noch eine ältere Freundin aus ihrer Kindheit, Marion Ruddick. Zweimal traf sie sich mit ihrem Vater (»Dies war das letzte Mal, daß ich Kathleen sah« ist alles, was ihr Vater in seinen Memoiren dazu sagte) und auch mit ihren Schwestern Chaddie und Jeanne. Edward Garnett wollte unbedingt mit beiden Murrys zu seiner Frau Constance nach Kent, doch dieser Plan schrumpfte auf einen Lunch Garnetts mit Katherine in London.*

---

* Constance Garnett fand die Aussicht auf eine Bewirtung Katherines eini-

Orage war einer der ersten, der sie besuchte. Er nahm sie mit zu Vorlesungen von Ouspensky über seine und Gurdjieffs Ideen, wie Menschen sich selbst verändern könnten. Orage war natürlich sofort überzeugt und riß Katherine mit sich. Als die Schiffs sie zum Lunch einluden, um ihr Wyndham Lewis vorzustellen, war sie zutiefst beleidigt, als dieser Gurdjieff als »Psycho-Hai« verhöhnte, und schrieb ihm und den Schiffs böse Briefe.

Bei einem Arzt in der Harley Street, der Manoukhins Technik anwandte, hatte sie wieder mit Bestrahlungen begonnen, doch dieses Mal blieb eine erkennbare Besserung aus. Dennoch besuchte sie ihre Cousine Charlotte (Elizabeths ältere Schwester) und ihren Schwager Richard, für den sie eine große Zuneigung empfand, des weiteren einige von Murrys alten Kollegen vom *Athenaeum*; Ottoline dagegen wollte sie nicht sehen, ebenso hatte sie mit niemandem aus der Bloomsbury-Gruppe Kontakt. Anfang September fuhr sie einmal nach Sussex zu Murry, wo man den vagen Plan faßte, daß sie kommendes Frühjahr längere Zeit dort verbringen sollte. Dann wiederum erzählte sie einem jungen literarischen Verehrer (William Gerhardie, dessen ersten Roman sie einem Verlag empfohlen hatte), daß sie vorhabe, an den Gardasee zu fahren, und auch beabsichtige, ein Stück zu schreiben. Als Kot sie besuchte, redeten sie über den Streit zwischen Murry und Lawrence; Katherine verteidigte Murrys negative Rezension von *Liebende Frauen*, nicht aber die Art, in der er seine Abneigung gegen das Buch ausgedrückt hatte, und setzte hinzu: »Weißt Du, Murry tut mir unglaublich leid; er ist wie ein Mann unter einem Fluch.«[1] Koteliansky bedrängte Katherine, doch zu arbeiten und sich so den Schmerzen und dem Leiden zu stellen, doch sie sagte, sie könne nicht mehr.

Ende September verkündete Orage, er wolle nicht länger

---

germaßen beunruhigend, da sie fürchtete, sie könne sich langweilen, und: »Ich könnte mir sie als recht schwierige Person vorstellen, sehr *fin de siècle* und dekadent, wie man das einmal nannte«. Vgl. Constance Garnett an Edward Garnett [1922], unveröffentlichter Brief in Besitz von Richard Garnett.

1 Zit. in Ruth Elvish Mantz, »In Consequence: Katherine and Kot«, *Adam* (Nr. 370-75, 1972), S. 95-106.

Herausgeber des *New Age* sein. Am 2. Oktober reiste Katherine erneut auf den Kontinent, erneut in Begleitung von Ida; Brett brachte sie zur Bahn. Und erneut versetzte sie allein die Tatsache, daß sie abreiste, in Hochstimmung.

> Wir hatten eine göttliche Überfahrt, sehr ruhige, silbrige See, und die Möwen glitten über die Wellen wie Lichter auf einer Perle. In Calais war es furchtbar heiß – Uff! Die Sonne brannte herab. Und überall, wo man hinschaute, waren alte Frauen, die Perlen verkauften ... alte Hände hielten Leuchtkörbe hoch. Wunderschön. Englische Damen versuchten, sie durch ihre Schleier hindurch zu essen. Ganz schrecklich. Auch die Fahrt nach Paris war schön. Das ganze Land war mit goldenem Licht überzogen, weiße Ochsen pflügten, und ein Mann ritt mit einem Pferd in einen großen schwarzen Teich. Auch Paris war sehr warm und schattig ...[2]

Katherine und Ida gingen wieder in ihr altes Hotel von 1918, dem Select Hôtel an der Sorbonne, und nahmen billige Zimmer unter dem Dach fünf Stockwerke hoch, aber mit einem herrlichen Blick über die Dächer der Universität mit ihren monumentalen Standbildern von »großen ernsten Herren in marmornen Badetüchern«.

Sie ging für einige Sitzungen zu Manoukhin, doch bekam sie davon solches Herzklopfen, daß sie krank wurde und die Behandlung wieder absetzte, auch wenn Ida hartnäckig glaubte, die Bestrahlungen hätten die Krankheit aufgehalten.

Am 14. Oktober, ihrem vierunddreißigsten Geburtstag, schrieb sie einen langen Eintrag in ihr Journal und trug sich mit dem Gedanken, ihr Bekenntnis Murry zu schicken (was sie dann nicht tat):

> Ich habe am Morgen nachgedacht, und es scheint, daß sich alles am besten dadurch klärt, daß ich versuche, es niederzuschreiben ... wo ich bin.
>
> Seit ich nach Paris kam, war ich so krank wie zuvor. Gestern dachte ich sogar, ich müßte sterben. Das bilde ich mir nicht ein. Mein Herz ist so erschöpft und so eingeschnürt, daß ich

2 K. M. an Brett, 3. Oktober 1922, *The Letters of K. M.*, J. M. M., Bd. II, S. 247.

> nur zum Taxi und wieder zurück gehen kann. Ich stehe um midi auf und gehe um 5 Uhr 30 ins Bett. Ich versuche, stoßweise zu »arbeiten«, doch diese Zeit ist vorüber. Ich kann nicht arbeiten ...
>
> Meine Lebensgeister sind fast tot. Mein Lebensquell ist so ausgedörrt, daß er nahezu trocken ist. Fast meine ganze verbesserte Gesundheit ist Verstellung – Schauspielerei ...[3]

Dann rechtfertigte sie ihre Entscheidung, bei Gurdjieff eine andere Heilmethode auszuprobieren. Murrys Einwände wischte sie vom Tisch, indem sie sagte, er wisse ja gar nichts davon, wie krank sie überhaupt sei, sondern kenne nur eine Phantasie dessen, wie sie sein könnte, wenn es ihr besser ginge. Selbst das Risiko, das damit verbunden war, daß sie sich Gurdjieff anvertraute, der ja auch ein Scharlatan sein konnte, schien besser als alles andere, was sie sich denken konnte, da ihr einziges Ziel Gesundheit war:

> Mit Gesundheit meine ich die Kraft, ein volles, erwachsenes, lebendiges, atmendes Leben zu führen und in engem Kontakt zu sein mit allem, was ich liebe – die Erde und ihre Wunder – das Meer – die Sonne. All das, was wir meinen, wenn wir von der äußeren Welt sprechen. Ich will in sie eintreten, ein Teil davon sein, darin leben, davon lernen, alles verlieren, was oberflächlich und angenommen bei mir ist und ein bewußter, unmittelbarer Mensch werden. Indem ich mich selbst verstehe, will ich andere verstehen. Ich will alles werden, dessen ich fähig bin, damit ich (und hier habe ich innegehalten und gewartet und gewartet, aber es hilft nichts – nur eine Wendung ist die richtige) *ein Kind der Sonne* werden kann. Andern zu helfen, ein Licht zu tragen und so weiter, auch nur ein einziges Wort darüber erscheint so falsch. Das soll es sein. *Ein Kind der Sonne.*
>
> Dann will ich *arbeiten*. Woran? Ich will so sehr leben, daß ich mit Händen und Gefühlen und Gehirn arbeite. Ich will einen Garten, ein kleines Haus, Rasen, Tiere, Bücher, Bilder, Musik. Und aus all dem heraus, als Ausdruck dessen, will ich schreiben. (Und wenn ich über Kutscher schreibe. Das ist egal.)

3 *Journal*, 14. Oktober 1922, S. 331-2.

Aber warmes, strebendes, lebendiges Leben – im Leben verwurzelt sein – lernen, Wissen erlangen, fühlen, denken, handeln. Das alles will ich.[4]

Mit diesen Gedanken unterzog sie sich einer Untersuchung durch Orages Freund Dr. Young, der seine Praxis aufgegeben hatte, um sich mit Gurdjieff zusammenzutun. Sie erhielt die Erlaubnis, in Begleitung von Ida nach Fontainebleau zu gehen, wo er sich niedergelassen hatte.

Der Hintergrund von George Gurdjieffs Institut für die harmonische Entwicklung des Menschen, so der wohlklingende, aber nicht allzu präzise Name des Unternehmens in Fontainebleau, war nicht ganz einfach. Gurdjieff hatte seine Theorien über die Art und Weise, in der der menschliche Charakter neu geformt werden könnte, in Rußland entwickelt, in dessen apokalyptischer Atmosphäre der Jahre, die zum Ersten Weltkrieg und der Revolution führten, solche Kulte sehr beliebt waren. Der Bürgerkrieg hatte ihn in den Westen verschlagen. Sein Vater war ein griechischer Zimmermann, der einmal ein reicher Hirte gewesen sein soll, aber in Not geriet, und seine Mutter Armenierin. Er wurde irgendwann in den siebziger Jahren in einem Gebiet geboren, das von Georgien und Armenien beansprucht wurde und irgendwo östlich des Berges Ararat lag. Er war ein gescheiter Junge und wurde für eine gute Ausbildung an einer Kathedralenschule ausgewählt. Als junger Mann scheint er dann nach Osten auf der Suche nach heiligen Meistern gereist zu sein, hat womöglich auch spioniert und sich dann seinen Lebensunterhalt als Teppichhändler und Mädchen für alles verdient. Er war schlau und praktisch, nie um eine Antwort verlegen, ein fesselnder Mensch. Als er glaubte, genug gereist und gelernt zu haben, erhob er sich selbst zum »Meister« und beakkerte das Feld, auf dem sich Wiedererweckungsprediger und Werbeleute treffen, und zog sofort Jünger an. Er war kein Asket, sondern ein deftiger Trinker, Esser und Weiberheld, ein großer, kräftiger Mann mit einer ungeheuren Ausstrahlung; aufgrund der schieren Gewalt seiner Persönlichkeit fühlten sich

4 Ibid., S. 333-4.

Menschen, die sich in seine Hände gaben, sicher, trotz seiner Kapriolen.

Ouspensky, ein Russe, griff seine Ideen auf und begann, Vorlesungen darüber zu halten; die beiden Männer begegneten sich 1920 in Istanbul. Dann erregte Ouspensky, der des Englischen mächtig war, die Aufmerksamkeit von Lady Rothermere, der sagenhaft reichen Frau des Zeitungsmagnaten, die ihn dann nach London rief (und seine Auslagen beglich). 1921 hörten T. S. Eliot und Orage Vorlesungen von Ouspensky und nahmen an seinen Séancen teil, und Orage und Lady Rothermere begannen, sich für seine Berichte über Gurdjieff, der inzwischen in Deutschland war, zu interessieren. Anfang 1922 traf auch er in London ein. Allein schon daß er keine westliche Sprache konnte, scheint seinen Reiz erhöht zu haben, denn rasch übertraf er Ouspensky an Beliebtheit. Seine Pläne, ein Institut in Hampstead einzurichten, scheiterten am Innenministerium, das ihn für einen Spion hielt; jedenfalls zog auch er nach kurzem Aufenthalt in England ein Leben in Paris vor.

Im Oktober 1922 verwandte die wohltätige Lady Rothermere einen Teil der Profite der *Daily Mail* und des *Mirror*, die ihr zur Verfügung standen, darauf, Schirmherrin zweier Unternehmen zu werden, die ihre Leser überrascht haben dürften; die eine war die literarische Vierteljahresschrift, *Criterion*, mit T. S. Eliot als Herausgeber, die andere war Gurdjieffs Institut für die harmonische Entwicklung des Menschen. Es wurde auf einem großen Gut namens Le Prieuré in Avon bei Fontainebleau untergebracht, mitten in der reizenden Waldlandschaft südlich von Paris. Gurdjieff behauptete, er habe das meiste Geld für die Miete selbst aufgebracht, indem er Drogenabhängige durch Hypnose heilte, mit Ölaktien spekuliert und zwei profitable Restaurants am Montmartre aufgemacht habe, doch Lady Rothermeres Beitrag war vermutlich der bedeutendere.

Anfang des 19. Jahrhunderts war das ehemalige Kloster (wie der Name andeutet) zu einem privaten Landhaus umgebaut worden. Seit dem Krieg hatte es leergestanden, der riesige Park und die Gebäude waren vernachlässigt. Gurdjieff traf zum erstenmal am 1. Oktober ein – er hatte das Gut unbesehen genommen – und machte sich zusammen mit etwa hundert Jüngern daran, Vieh auf den Hof zu bringen und das Gut bewohnbar zu machen. Die schönsten Teile von Le Prieuré beanspruchte Gurdjieff für sich selbst und für bedeutende Besucher wie Lady Rothermere und nannte sie entsprechend »The Ritz«. Gurdjieff machte einige seiner Jünger zu persönlichen Dienern; seine privaten Gewohnheiten waren widerwärtig, und in seinem Schlafzimmer und Badezimmer mußten des öfteren die Wände abgewaschen werden (so einer seiner ihm am meisten zugetanen Jünger, der diese Funktion als Junge ausübte.* Die meisten Jünger hausten in kleinen Gebäuden auf dem Grundstück oder in unbehaglichen, ungeheizten Zimmern, was sie zweifellos begrüßten, da sie die Kälte und die Unannehmlichkeiten als Teil ihrer Prüfung ansahen. Sie mußten sogleich aus einem alten Hangar ein riesiges orientalisches »Zelt« errichten, das einen Thron für den Meiter enthielt und mit Teppichen aus Buchara und Belutschistan ausgelegt war. Hier sollten rituelle Tänze, Zusammenkünfte und heilige Feiern stattfinden. Die Persönlichkeit der Menschen sollte durch harte körperliche Arbeit, orientalische Pflichttänze und besondere Tests »gebrochen« werden, von denen manche Kinderspielen ähnelten. Ein solcher Test, »Stop« genannt, erforderte ein Verharren in absoluter Reglosigkeit auf Befehl des Meisters, was immer man gerade tat. Orage wurde befohlen, das Rauchen aufzugeben und Gräben auszuheben; es überrascht nicht, daß sich sein Gesundheitszustand merklich besserte.

Gurdjieffs Glaube war, daß die Zivilisation Mann und Frau aus dem Gleichgewicht gebracht hatte, so daß die körperlichen, emotionalen und geistigen Teile nicht mehr im Gleichklang miteinander arbeiteten. Diese Vorstellung spricht viele an, und ein Quentchen Wahrheit kann man ihr auch nicht absprechen. Ob Gurdjieffs Methode, das innere Gleichgewicht seiner Jünger wiederherzustellen, viel oder überhaupt etwas bewirkte,

---

* Fritz Peters, ein Amerikaner, der in *Gurdjieff* (Wildwood House, London 1976) ein wunderbares Bild von Le Prieuré und den Methoden des Meisters zeichnete.

steht auf einem anderen Blatt. Da die ganze Sache auf seiner Person basierte und keinen wissenschaftlichen Anspruch (wie die Psychoanalyse), keinen kosmologischen oder moralischen Anspruch (wie die meisten Richtungen des Christentums) erhob, blieb sie eine amateurhafte, wacklige Angelegenheit, und wenngleich Gurdjieff leidenschaftlichen Haß ebenso wie Liebe auslöste, scheint sein System doch keinen anhaltenden Schaden angerichtet und einigen Leuten offensichtlich gestattet zu haben, sich in einer Weise zu verändern, die ihnen nützlich erschien.

Entscheidend für Katherine waren Orages Begeisterung und ihr Gefühl, daß sie etwas für sich finden mußte, wenn schon kein Wunder, so doch wenigstens eine Richtungsänderung, bevor ihre Zeit ablief. Zweifellos wußte sie, daß sie sich dem Ende näherte. Arbeiten konnte sie nicht mehr, mit dem Umfang und der Qualität der schon getanen Arbeit, den »kleinen Geschichten wie im Käfig ausgebrütete Vögel«, wie sie sie Orage gegenüber bezeichnete, war sie unzufrieden. Auch die »Liebe«, Murrys Religion der Liebe, war auf der ganzen Linie gescheitert. Idas Liebe, so loyal und kostbar sie auch war, war die einer Unterwürfigen, kein Austausch zwischen Gleichen, und sie wußte, daß dies letztendlich für sie beide nicht recht war. Ihre Familie war ihr nur noch im Traum nahe: toter Bruder, tote Mutter, ungeliebte und beneidete Schwestern, der Vater, als Phantom der Phantasie so viel befriedigender als in der Wirklichkeit. Gurdjieff und seine russischen Jünger lockten sie mit dem Reiz einer großen, exotischen, erweiterten Familie, einer Familie, die an ihr geschäftiges Treiben glaubte und ihr einen Platz anwies, ohne ihr eine besondere Behandlung oder Pflege zuteil werden zu lassen; das war etwas Positives, statt immer nur Ärzte, Schwäche, Verzweiflung.

Katherine und Ida kamen am 16. Oktober zu einem Erkundungsbesuch nach Le Prieuré. Nun führte Ida das Tagebuch:

> Eine Fahrt in der kühlen Luft durch eine Allee riesiger Bäume, Ankunft an einem alten château, lang und flach, ein Brunnen spielte in ein rundes Becken auf einem großen Hof,

die Blumenbeete voller karmesinroter Blumen und goldener Herbstblätter.[5]

Katherine bekam einen schönen Raum zugewiesen, für Ida lag eine Matratze auf dem Fußboden, und am folgenden Tag meinte Gurdjieff, sie könne »unter Beobachtung« zwei Wochen lang bleiben. Alle Anzeichen deuteten darauf hin, daß er sich freundlich gegenüber dieser Frau verhielt, die offensichtlich dem Tode nahe war; so etwas wie eine Therapie war nicht einmal im Gespräch. Ida mußte noch einmal nach Paris gehen, um Katherines Sachen zu holen, dann bekam sie ihre letzte Entlassung, oder besser, in der langen Komödie ihrer Verbindung, ihre Halb-Entlassung.

Denn während Katherine sie zur Unabhängigkeit aufforderte und ihr eigenes Glück und ihre Selbstgenügsamkeit betonte: »Wenn Du mich so liebst, wie Du es Dir vorstellst, wie konntest Du Dich so darüber aufregen, daß ich nicht mehr hilflos war«[6], schalt sie sie forsch; gleichzeitig brauchte sie die alte Ida noch immer. Schon ihr nächster Brief war wieder ein dringender Hilferuf, da man ihr die ganze Unterwäsche aus der Wäscherei gestohlen hatte. Ob Ida verschiedene Dinge, die ihr besonders am Herzen lagen, in bestimmten Geschäften in Paris kaufen könne und ihr dazu noch einige »Tops«, einen Schal und ein Nachthemd nähen wolle? Dem folgten weitere Wünsche nach Sachen, die sie einpacken und ihr schicken sollte. Dann fand sie plötzlich, daß es doch eine gute Idee sei, wenn Ida und Murry sich zusammen irgendwo niederließen, vielleicht auf einem Hof. Tatsächlich besorgte Ida sich dann auch Arbeit auf einem Bauernhof in der Normandie.

Auf diese Weise »entließ« Katherine Ida, und als sie starb, lag noch ein liebevoller und sehnsüchtiger Brief an sie auf ihrem Tisch; Ida hatte Katherines Anordnung, unabhängig zu werden, befolgt und nicht so oft geschrieben, wie es ihr lieb gewesen wäre: »Schreib mir, wie es Dir geht, ja? Liebe Ida?«[7] Bis Ida selber mit neunzig Jahren starb, blieb Katherine ihr verehrtes

5 Baker, op. cit., S. 213.
6 Ibid., S. 218.
7 Ibid., S. 226.

Idol, brillant und schön, ihre Sünden wegen ihrer Schmerzen und ihrer Krankheit entschuldbar, ihre Freundschaft ein unzertrennliches Band: »So wie sie ihren Ausdruck im Schreiben fand, so fand ich den meinen im Dienen.«[8]

Ungeduldig, wie sie war, in das Leben der Gemeinschaft einzutreten, nahm Katherine das Angebot an, in der Küche Gemüse zu schälen. Derlei Arbeit hatte sie in ihrem bisherigen Leben nur selten verrichtet, und sie tat ihren Händen nicht gut, doch sie klagte nicht; sie war sogar stolz darauf, daß sie dazu in der Lage war und nicht im Bett liegen und man ihr ein besonderes Essen auf dem Tablett bringen mußte. Über die unüberwindliche Sprachbarriere hinweg fühlte sie sich zu den Russen in der Gruppe hingezogen, die wiederum sie mit ihren glühend hellen Augen, ihrer Schwäche und Begeisterung attraktiv und anrührend fanden. Sie sah bei den Tänzen zu und bei den bäuerlichen Tätigkeiten, wie der Schlachtung eines Schweins und der Entbindung eines Kalbs; sie machte sich ihr Bett und ihr Feuer selbst und wusch sich mit kaltem Wasser.

Ihre Briefe an Murry waren noch immer voller Phantasien, nur hatten sich die Phantasien verändert. Statt von den Häusern und Kindern des Geliebten redete sie nun davon, daß sie Schreinern und die Arbeit auf dem Hof lernen würde; sie würde schon lernen, wie man Teppiche webt, und sei bald für die Kühe zuständig, die Gurdjieff angeschafft hatte; man hatte ihr nämlich gesagt, sie solle sich auf den Boden über dem Kuhstall setzen, ein altes Bauernrezept gegen Tuberkulose. Mit der Zeit erwähnte sie, ohne sich dabei zu beschweren, die Schwierigkeit, einmal zu baden oder sich auch nur warm zu waschen, und die schlimme Kälte, deretwegen sie immer ihren Pelzmantel anbehalten mußte: »Ich wappne mich damit wie mit einer himmlischen Rüstung und trage ihn Tag und Nacht.«[9] (Wer einmal versucht hat, im Pelzmantel Möhren zu schrubben, weiß, was das bedeutet.) Sie sprach voller Enthusiasmus über die freundli-

8 Ibid., S. 234.
9 K. M. an J. M. M., 31. Dezember 1922, *K. M.'s Letters to J. M. M.: 1913–22*, J. M. M., S. 699.

che Atmosphäre und Gurdjieffs Weisheit, doch konnte sie nicht gerade sagen, sie hätte viele Freunde gewonnen, auch wenn sie Russisch lernte. Als Murry sie besuchen wollte, lehnte sie dies ab; doch dann hatte sie das schon immer getan, selbst wenn sie unbedingt wollte, daß er kam. Jetzt aber hatte sie offensichtlich Angst, daß er ihre Situation unter die Lupe nehmen könnte, die unregelmäßigen Mahlzeiten, die Männer, die wie Straßenräuber aussahen, und daß sie stundenlang allein in ihrem Zimmer oder über dem Kuhstall saß.

Natürlich hatte sie einen alten Freund, mit dem sie reden konnte: Orage erwähnte in dem kurzen Artikel, den er 1932 schrieb, er habe sie in Le Prieuré fast täglich gesprochen. Sein Bericht ist langweilig und gestelzt, aber einer Überlegung wert. Er erklärt darin, sie sei in das Institut gekommen, um sich einem Prozeß des Selbsttrainings zu unterziehen, sie sei mit ihrer Arbeit unzufrieden gewesen und habe von der Notwendigkeit der Literatur gesprochen, etwas mehr als didaktisch oder ästhetisch zu werden. Manchmal habe sie behauptet, jedes Interesse an der Literatur verloren zu haben, dann wieder habe sie davon gesprochen, an neuen Geschichten zu arbeiten und einen Vertrag für ein Buch zu haben, den sie erfüllen müsse.

An einem Tag ließ sie ihn kommen, um ihm zu sagen, sie habe einen neuen Einfall, daß sie nämlich gute Charaktere attraktiv gestalten sollte. Bislang sei sie eine Kamera gewesen, aber eine selektive Kamera. Nun wolle sie Geschichten schreiben, die »das Leben zunächst anders sehen und dann anders machen«[10] würden. Sie zeigte Orage Fragmente von angefangenen Erzählungen, vernichtete sie dann aber. So weit sind ihre Worte, jedenfalls in ihrer Überlieferung, leider zu vage und allgemein, um von Interesse zu sein. Als sie ihm aber den Entwurf einer Erzählung darlegte, die sie im Kopf hatte, wurde es sofort spannend.

Sie sollte von einem verheirateten Paar handeln, beide Schriftsteller (in Orages unglücklicher Wendung: »vereint ringen um den göttlichen Lorbeer«). »Einer, oder vielleicht auch

10 *New English Weekly*, 19. Mai 1932.

beide, hatte früher Liebesaffären, deren Überreste noch wie Gespenster über dem neuen Zuhause schweben. Beide wollen vergessen, doch die Gespenster geben keine Ruhe.«[11] Auf Orages Frage, ob ihre Übung im Geisteraustreiben ein gutes Ende nehmen würde, antwortete sie: »Auf gar keinen Fall. Das Problem könnte sich als zu groß erweisen.«[12] Orages Bericht enthält die traurige, wenn auch nicht überraschende Bestätigung, daß Katherine sich von den Auswirkungen ihrer früheren heimlichen Erlebnisse auf ihr späteres Leben verfolgt fühlte, ebenso von der bitteren Lehre, daß sie ihre Abenteuer und Tragödien eben nicht ohne weiteres als Erfahrungen abschreiben konnte, sondern mit den unerbittlichen Nachwirkungen genauso leben mußte wie die Familie Alving in Ibsens *Gespenster*. Hinter ihren Gesprächen mit Orage steckt eine tastende Suche nach Beichte und Sühne und nicht nach Heimlichkeit: einer Heimlichkeit, die zuweilen eine nicht weniger schwere Folter als die schlimmste Krankheit gewesen sein muß.

Im November verfügte Gurdjieff, daß man Katherine in einen kleinen, ungemütlichen Raum ohne Teppich bringen sollte. Murry sagte sie, es sei warm dort, doch die Wörterliste, die sie ins Russische übersetzt haben wollte, läßt anderes vermuten: »Mir ist kalt. Bringen Sie Papier für ein Feuer. Papier. Glühende Kohlen. Holz. Streichhölzer. Feuer. Rauch. Stark. Stärke. Feuer machen. Kein Feuer mehr. Weil kein Feuer mehr da ist ...« Die Bedingungen überstiegen offensichtlich ihre Kräfte, und so wurde sie kurz vor Weihnachten wieder in ihr altes Zimmer verlegt. Sie versammelte die Kinder der Gemeinschaft um sich, bastelte mit ihnen Papierblumen für die Festtage und traf Vorbereitungen, am ersten Weihnachtstag aus ihren Erzählungen zu lesen.

Am 31. Dezember schrieb sie liebevolle Briefe an ihren Vater und ihre Cousine Elizabeth; Murry, dem sie bis dahin jeden Besuch verboten hatte, zumindest bis zum Frühjahr, schickte sie nun eine dringende Einladung, innerhalb einer Woche etwa zu

11 Ibid.
12 Ibid.

kommen. Der 8. oder 9. Januar war das vorgeschlagene Datum, zu dem auch Gurdjieff seinen Segen gegeben hatte. Der nämlich wollte, daß Murry sich sein neues Theater ansah, das am 13. Januar eröffnet werden sollte. Katherine sagte Murry genau, welche Kleider er mitbringen sollte, und bat ihn zusätzlich noch um ein paar Schuhe und eine Jacke. »Ich hoffe, Du kommst, mein Liebster. Lasse es mich so bald wie möglich wissen, ja?«[13]

Murry traf am Nachmittag des 9. Januar ein. Er fand sie »sehr bleich, aber glühend« vor. Sie redeten zusammen in ihrem Zimmer, und sie erklärte, sie habe

> nun vielleicht alles erlangt, was es ihr zu geben habe, und daß sie schon sehr bald abreisen würde. Wenn es soweit sei, wollte sie mit mir in äußerster Bescheidenheit in einem kleinen Häuschen in England leben, und ich sollte das Land bestellen.[14]

Dann stellte sie ihm noch einige andere Mitbewohner vor, darunter Orage, den Murry seit vielen Jahren nicht mehr gesehen hatte, den englischen Arzt James Young und Olga Ivanova (die später, als Mrs. Frank Lloyd Wright, eine eigene, sehr straff organisierte Gemeinschaft in Amerika führte).

Murry hatte den Eindruck, daß sie alle sehr ernsthaft, einfach und auch erschöpft von der ständigen körperlichen Arbeit bei der Vorbereitung des Theaters waren. Er selbst malte einige bunte Muster auf die Fenster. Am Abend saßen er und Katherine im Wohnraum; etwa um 10 Uhr sagte sie, sie wolle nun zu Bett gehen. Ihr Zimmer lag im ersten Stock. Als sie die Treppe hinaufging, bekam sie einen Hustenanfall. Murry stützte sie am Arm. Im Zimmer wurde der Husten schlimmer, und »plötzlich ergoß sich ein dicker Blutschwall aus ihrem Mund. Sie schien daran zu ersticken. Sie stieß hervor: ›Ich glaube ... ich sterbe.‹«[15] Murry legte sie aufs Bett und rannte nach einem Arzt. Die beiden, die sofort kamen, stießen ihn aus dem Zimmer, obwohl, wie er sich erinnerte, »ihre Augen mich anflehten«. Wenige Minuten später war sie tot.

---

13 K. M. an J. M. M., 31. Dezember 1922, *K. M.'s Letters to J. M. M.: 1913 bis 22*, J. M. M., S. 699.
14 Murrys Worte, *K. M.'s Letters to J. M. M.: 1913-22*, J. M. M., S. 700.
15 Ibid., S. 701.

19
»Was soll nur aus uns allen werden?«

Murry schickte sofort ein Telegramm an Ida, die dann am folgenden Tag eintraf. Sie und Murry meinten übereinstimmend, Katherine habe von ihrer Zeit im Institut profitiert, so bizarr es auch gewesen und obwohl sie dort gestorben sei. Beide mußten in ihrem Innern gewußt haben, daß ihr Tod so oder so unvermeidlich und nahe gewesen war; vielleicht hatte es ihr auch gut getan, ihre letzten Wochen mit etwas beschäftigt zu sein, wofür sie sich begeisterte, anstatt einfach das Ende abzuwarten. Diese Ansicht kann man teilen, welche Vorbehalte man auch immer gegen Gurdjieff und sein Gefolge haben konnte.

Die Trauerfeier fand in der protestantischen Kirche von Fontainebleau statt; neben Murry nahmen Ida, Orage, Brett und Katherines Schwestern Chaddie und Jeanne teil; Koteliansky, dem die Einreise verweigert wurde, trauerte zu Hause in der Acacia Road. Ida warf Ringelblumen auf den Sarg und reiste mit einem verzweifelten Murry zurück nach England.

In Wellington war Harold Beauchamp gerade für seine Verdienste um die Bank von Neuseeland in der Neujahrsliste der Titel- und Rangverleihungen mit dem Ritterschlagen geehrt worden, was in Katherines Nachruf in der *Times* stark hervorgehoben wurde (ihre Heirat mit Murry verlegte die Zeitung auf 1912). Beauchamp nahm das Motto *Verité sans peur.* Mit dem wachsenden Ruhm Katherines änderte er langsam seine Meinung über sie, genau, wie sie es vorausgesagt hatte. Dennoch: Als Sir Harold seine Memoiren abfaßte, war er so vorsichtig, einen »literarischen Experten« darum zu bitten, das Kapitel zu schreiben, das ihr gewidmet war, als würde er sich selbst nicht trauen.

In Garsington machte Ottoline sich daran, einen Nachruf auf ihre tote Freundin zu verfassen, den sie dann an einem Abend bei Kerzenschein einer geladenen Gruppe vorlas; er ist nicht erhalten. Ihre Freundschaft mit Murry erlosch. Brett begann ein trauerndes Tagebuch an Katherine (oder »Liebste Tig«); es wurde bald zu einer Fundgrube für Details ihrer Affäre mit Murry, der diese vierzigjährige Jungfrau ohne jegliche Gewissensbisse verführte und wieder fallen ließ. Glücklicherweise floß das starke Blut der Eshers in ihren Adern; sie bewies große innere Kraft und fand kurz darauf in Lawrence ein neues Idol.

Ida wurde ein Zeitlang Begleiterin und Haushälterin von Katherines Cousine Elizabeth, doch ließ sie sich nicht wie ein nützliches Möbelstück weiterreichen und zog dann auch bald in ein kleines Haus im New Forest, einem winzigen, abgelegenen Anwesen, in dem sie ihr langes Leben zu Ende lebte und nur gelegentlich von einem literarischen Detektiv aufgestört wurde, der sich den überwucherten Weg zum Haus durchkämpfte. Als sie dann fünfzig Jahre später ihr Buch über Katherine schrieb, war ihr Erinnerungsvermögen schwach geworden, nicht aber die Macht von Katherines Persönlichkeit. Sie zeichnete sie mit der unkritischen Hingebung der perfekten Witwe: Katherine ist stets entweder Opfer – der Familie, von Liebhabern, der Krankheit – oder Idol, in allen ihren Launen brillant und unwiderstehlich.

Es bedurfte der Nachricht von Katherines Tod, um den Streit zwischen Murry und Lawrence zu beenden. Dieser schrieb voll Trauer aus Neu-Mexiko:

> Ja, ich habe immer um ein Band in meinem Herzen gewußt. Spüre Furcht, wo das Band nun zerrissen ist. Fühle mich, als rissen nun alle Verankerungen. Was soll nur aus uns allen werden? Vielleicht ist es gut, daß Katherine die nächste Phase nicht mehr erleben muß. Wir werden uns wieder vereinen, wenn ich nach England komme. Es war eine allzu wilde Pilgerfahrt die letzten vier Jahre. Vielleicht hat K. den einzigen ihr möglichen Weg genommen.[1]

Nach diesem Brief schrieb Lawrence Murry wieder regelmäßig und lud ihn sogar ein, nach einem Haus auf dem Land zu suchen, wo sie sich nahe beieinander niederlassen könnten, und

1 D. H. Lawrence an J. M. M., 2. Februar 1923, *The Letters of D. H. Lawrence*, Boulton, Bd. IV, S. 375.

erbot sich, Artikel für die neue Zeitschrift, *Adelphi*, zu schreiben, die Murry mit einem wiederversöhnten Koteliansky gerade aufbaute. Lawrence tat dies nicht aus Geldnot, denn seine finanzielle Lage war inzwischen dank des Verkaufs seiner Bücher in Amerika gesichert. Ein wackliger Friede kam zustande, und als Frieda im Sommer allein nach England reiste, bat Lawrence Murry, sich um sie zu kümmern.

Murry schickte Lawrence eine Ausgabe von *Das Taubennest*, die aus einigen wenigen vollendeten Erzählungen Katherines (*Das Puppenhaus*, *Die Fliege*, *Flitterwochen*, *Eine Tasse Tee*), zumeist aber aus Fragmenten bestand. Daraufhin warf Lawrence Murry vor, daß er zu viel aus ihrem Werk machte: »Die arme Katherine, sie ist so zart und anrührend. – Aber nicht groß! Warum groß?«[2] Einem anderen Korrespondenten gegenüber beklagte er sich in schärfstem Ton darüber, daß Murry die Stirn habe, die Leserschaft aufzufordern, Katherines »Papierkorb«[3] zu kaufen. Er wußte nichts von Katherines Bitte an Murry, auch gab Murry ihm nie eines von ihren Büchern, worum sie ihn gebeten hatte, und machte sich nicht einmal die Mühe, ihm von dem Nachlaß zu erzählen. Lawrence war über die Lobhudeleien verärgert. Er war kein aufmerksamer oder großzügiger Leser seiner Zeitgenossen, doch anerkannte er bereitwillig gewisse Stärken in Katherines Werk, nur eben nicht auf Murrys Bitten hin. »Sie war eine gute Schriftstellerin, und sie wollten sie zum Genie machen«, sagte er 1925. »Katherine wußte es besser, doch ihr Mann, J. M. Murry, schlug aus ihrem Tod Kapital.«[4]

Dennoch blieben die Verbindungen zwischen den alten vier von 1913 fest. Anscheinend hatte Frieda im Sommer 1923 versucht, Murry zu verführen, und obwohl sie keinen Erfolg hatte, war Lawrence so wütend und eifersüchtig, daß er in den zwanziger Jahren eine Reihe von Erzählungen schrieb, in denen er

---

2 Ibid., 25. Oktober 1923, S. 520.

3 D. H. Lawrence an Adele Seltzer, 24. September 1923, *The Letters of D. H. Lawrence*, Boulton, Bd. IV, S. 503.

4 Aussage von K. S. Crichton in Edward Nehls, *D. H. Lawrence: A Composite Biography*, Madison (University of Wisconsin Press) 1957, Bd. II, S. 414.

eine Murry nachgebildete Figur systematisch erniedrigte oder sogar sterben ließ. In einer besucht die faunhafte Hauptfigur den Leichnam seiner schönen jungen Frau in einem ausländischen Konvent (Anklänge an Le Prieuré); während seiner Trauerbekundungen wird er auf wundersame Weise unwiderstehlich zu einem Lächeln gezwungen. Da merken die anwesenden Nonnen, daß auch die Leiche angefangen hat zu lächeln: zynisch, wie Katherine.

In einer weiteren Geschichte wird der Murry ähnliche Held, während er in Hampstead von einer Frau zur anderen wandert, von dem Gott Pan niedergestreckt, und in der seltsamsten von allen wird eine weitere Murry-gleiche Figur der zweite Gatte einer Witwe, deren erster (ein Selbstporträt von Lawrence) zurückkehrt und dem schuldigen Paar erscheint. Die Erzählung gipfelt in dem rätselhaften Tod des zweiten Mannes und der triumphalen und gespenstischen sexuellen Wiedergewinnung der Frau durch den ersten. Sicherheitshalber heißt die Witwe auch noch Katherine. Es braucht keinen Dr. Eder, um die Bedeutung dieser Arbeiten zu erkennen.

Nach Lawrences Tod schlug Murry auf seine Weise zurück, einmal, indem er *Son of Woman* schrieb, das ihn vordergründig lobt, in Wirklichkeit aber verunglimpft, und das oft in grob sexuellen Worten, zum andern, indem er für kurze Zeit Friedas Liebhaber wird. Kein Gespenst kam, um ihn niederzustrecken. In den fünfziger Jahren schrieben er und Frieda sich dann herzliche und nostalgische Briefe, in denen sie in der goldenen Vergangenheit schwelgten.

Lawrence war nicht der einzige, der Murrys Eifer bezüglich Katherine exzessiv fand. Obwohl T. S. Eliot im Januar einen Beileidsbrief schrieb, in dem er ankündigte, einen kritischen Artikel über ihr Werk verfassen zu wollen, schrieb er im Juni dann seinem Assistenten beim *Criterion*, Richard Aldington, er solle ihm »das Buch von Katherine Mansfield besorgen, wenn es herauskommt. Ich glaube, man sollte einmal ein paar Worte zu ihrem aufgeblähten Ruhm sagen.«[5] Dieser Artikel blieb an-

5 Information von Mrs. Valerie Eliot.

scheinend ungeschrieben. Eine weitere Freundin der Murrys, Sylvia Lynd, fand ebenfalls, daß Murry »Katherines Knochen auskochte, um Suppe daraus zu machen«.[6]

Es ist sicher richtig, daß Murry ihre Knochen auskochte, Katherines Werk in seiner Zeitschrift aufblähte, dafür warb und mit Constable eine gut organisierte und ungeheuer erfolgreiche Verlagskampagne aufzog, in der die ganzen zwanziger und sogar bis in die fünfziger Jahre Teile ihres Werks, Fragmente von Erzählungen, Neuauflagen, Briefschnipsel und Stücke aus dem Journal (gefolgt von »endgültigen« Versionen desselben) veröffentlicht wurden. Das Pathos ihres frühen Todes verlieh ihrem Werk zweifellos eine zusätzliche Anziehungskraft – die Menschen verweilen zu gern bei den Worten der Sterbenden –, doch das allein erklärt noch nicht seine Beliebtheit in England, Amerika, Frankreich, Deutschland und in den meisten Ländern, die mit der englischen Kultur in Berührung gekommen sind.

Was machte sie so beliebt? Es war nicht nur die Zartheit, der Charme und das Pathos, das Lawrence ihr zuschrieb. Die kühle Unpersönlichkeit, die Klarheit und Exaktheit ihrer besten Erzählungen verleihen ihnen etwas Bestürzendes. Ihre Stimme war die Stimme der Modernität, hell, kurzatmig, zuweilen launisch, oft mehrdeutig, ohne Anspruch auf letzte Wahrheiten und ohne Zeit für die Hintergrundgemälde der klassischen Romanciers. Ihr Territorium war das der zerbrechlichen Emotionen, der halb verstandenen Gefühle, der feinen Linien zwischen dem Lächerlichen und Pathetischen; sie konnte die Verletzlichkeit der Jungen wiedergeben, die traurigen Regungen der Kranken, der Eifersüchtigen, der Machtlosen, derer, die Tiere oder leblose Gegenstände zum Objekt ihrer Gefühle machen. Andere Autoren betonten »ihre Sparsamkeit, die Kühnheit ihrer komischen Begabung, ihre Geschwindigkeit, die dramatischen Wechsel des Interesses, die Fähigkeit, eine Figur oder eine Situation mit wenigen Zeilen aufzulösen und wieder zusammenzufügen«[7]. Mögen die Jahrzehnte auch etwas von dem Glanz der Originalität ihres Ansatzes genommen haben, so haben sie

6 Information von Moira Lynd.
7 V. S. Prichett im *New Statesman*, 1946.

doch die Erzählungen nicht ihrer Kraft beraubt. Auch wer sie nicht mag, erkennt an, daß ihnen eine sprühende Lebendigkeit innewohnt.

Katherines eigene Bewertung ihrer Arbeit war bescheiden. Wie alle Schriftsteller freute sie sich über Lob und war verletzt über unfreundliche Kritik oder Ablehnung. Doch machte sie Murry Vorwürfe, als er sie zu hoch lobte: »Ich will nicht als ein Meisterwerk abgetan werden.« Ihr Erfolg bedeutete ihr sehr viel, und in ihren Briefen mit der Agentur Pinker war sie durchaus geschäftstüchtig. Sie verstand sich als Profi, als eine, die für Geld schrieb, und sie versuchte stets, vom Werk anderer Schriftsteller zu lernen. Sie war sich ihrer Beschränkungen bewußt und noch mit ihren besten Arbeiten unzufrieden. So schrieb sie beispielsweise in ihr Journal, daß *Das Gartenfest*, eine ihrer am meisten bewunderten Erzählungen, »eine mäßig erfolgreiche Geschichte ist, nichts weiter«[8]. Sehr bescheiden akzeptierte sie, daß Gerhardie *Die Fliege* nicht mochte, obwohl er jünger war als sie und selbst noch nichts veröffentlicht hatte. Murrys Behauptung, sie sei ein Genie, wäre ihr bizarr vorgekommen, zumal er dazu noch unbedeutende und verworfene Reste sowie offensichtlich private Briefe verwertete. Auch über die Verunglimpfung des peinlich genauen Professionalismus, der ihr so wichtig war, hätte sie sich nicht erfreut; so schrieb Murry, daß »es überhaupt keinen Unterschied gab zwischen ihren zufälligen und ihren überlegten Äußerungen; ... ihre Kunst unterschied sich nicht wesentlich von ihrem Leben; ... sie war nie das, was wir uns unter einem professionellen Schriftsteller vorstellen«[9]. Nachdem er nicht in der Lage war, sie zu ihren Lebzeiten zu beherrschen, konnte er der Versuchung nicht widerstehen, sie nach ihrem Tod so lange zu verdrehen, bis sie in seine Schablone von ihr paßte.

Obwohl Katherine und Murry ihre Beziehung oft als das wichtigste Element in ihrem Leben darstellten – und tatsächlich zehrte sie auch ungeheuer an ihren Kräften –, gibt es eine

8 *Journal*, 14. Oktober 1921, S. 266.

9 J. M. M., *Katherine Mansfield and Other Literary Portraits*, London (Constable) 1959, S. 72.

Ebene, auf der keiner den anderen wirklich zu verstehen suchte. Für beide wurde der andere schon sehr früh eine Symbolfigur; sie das gute, leidende, spontane Genie, er der ideale, schöne, gelehrte Liebhaber, ohne den weder das Leben noch der Tod angemessen betrachtet werden konnten. Beide beließen es bei einer Traumversion des anderen. Murry, der selbstbezogenere der beiden, war völlig zufrieden, mit einer Frau zusammenzuleben, deren Vorgeschichte er ignorierte und deren Innenleben er leugnete; sie wiederum war mit ihrem verzweifelten Verlangen nach Heimlichkeit in gewisser Weise damit zufrieden, auch wenn es sie auf lange Sicht in ihrer perfekt abgeschirmten Privatheit isolierte und ängstigte.

Katherine war hervorragend begabt und originell und ehrgeizig genug, um ihr Talent zu entwickeln. Sie brauchte Zeit, Freiheit und erträgliche Lebensbedingungen, unter denen sie arbeiten konnte; das Tragische war, daß sie nie alles auf einmal antraf. Wäre es ihr beschieden gewesen, so ist der Gedanke, sie hätte eine große Schriftstellerin werden können, nicht weit hergeholt. So jedoch verbrauchte sie den größten Teil ihrer Kraft damit, gegen ihre Familie und deren Erwartungen an sie anzukämpfen, gegen ihre ruinierte Gesundheit, gegen ihre Abneigung gegen Murrys Unzulänglichkeiten und, vielleicht noch mehr, gegen seine Vision von ihr und ihrer Rolle als Künstlerin in seinem romantischen Pantheon, schließlich gegen ihre Ängste und weit übertriebenen Schuldgefühle.

Die ikonisierte, keimfreie, makellose Katherine, auf der Murry bestand, muß in ihr die panische Furcht gesteigert haben, die sie bei jeder drohenden Enthüllung der Geheimnisse ihrer Jugend verspürte. Ironischerweise brauchen Künstler heute nicht mehr ein Ausbund an Tugend zu sein, und eine Liste zweifelhafter Taten gilt eher als Basis für ein kreatives Leben. Katherine, die einen Sinn für Ironie hatte, würde über diese veränderte Haltung lachen und unser Mitgefühl wohl dankend ablehnen. Und dennoch verdient sie es, denn in ihre Katastrophe verstrickte sie sich vor allem durch ihren Abenteurergeist, ihr Streben nach Erfahrungen und nach Erfolg in ihrer Arbeit. Ihr kurzes Leben, das so modern und tätig war, hat die Ausmaße einer klassischen Tragödie.

Wenn sie am wenigsten liebenswert war, nahm sie sentimentale Posen an und benützte sie als Schutzschild gegen versteckte Bosheiten. Doch wie viel großartige Seiten hatte sie. Stets war sie mehr interessiert an der äußeren Welt als an ihrem Leiden. Sie leistete Knochenarbeit und schätzte die Anstrengungen, die ihr Handwerk ihr abverlangte. Sie kämpfte, tapfer, stur, hartnäckig, gegen zwei schreckliche und unheilbare Krankheiten an, die sie schließlich vernichteten. Wenn sie auch nie eine Heilige war, so war sie doch eine Märtyrerin und eine Heldin in ihrer Verwegenheit, ihrer Hingabe und ihrem Mut.

Anhang 1
»Leves Amores«*

Nie werde ich das Thistle Hotel vergessen. Nie werde ich jene seltsame Winternacht vergessen.

Ich hatte sie gebeten, mit mir zu Abend zu essen und dann in die Oper zu gehen. Mein Zimmer lag dem ihren gegenüber. Sie sagte, sie wolle kommen, doch – ob ich ihr Abendmieder schnüren könne, es habe hinten Haken. Nun gut.

Es war noch Tag, als ich an die Tür klopfte und eintrat. Sie war im Leibchen und vollen Seidenunterrock und wusch Gesicht und Hals mit einem Schwamm. Sie sagte, sie sei so weit, ich solle mich auf das Bett setzen und auf sie warten. Und so blickte ich mich in dem schäbigen Raum um. Das eine verschmutzte Fenster ging auf die Straße. Sie konnte das erstickte, staubverrußte Fenster eines Waschhauses gegenüber sehen. Als Möbel enthielt das Zimmer ein niedriges Bett, das mit scheußlichen gelben Vorhängen mit Rebenmuster verziert war, einen Stuhl, eine Garderobe mit einem Stück gesprungenen Spiegel daran, einen Waschtisch. Die Tapete tat mir körperlich weh. Sie hing in Streifenfetzen von der Wand. An den weniger verfärbten und verblichenen Stellen konnte ich ein Rosenmuster – Knospen und Blüten – erahnen, und das Fries hatte ein konventionelles Vogelmuster, welcher Art, weiß nur der gütige Gott.

Und hier lebte sie. Ich betrachtete sie neugierig. Sie zog lange, dünne Strümpfe an und sagte »verdammt«, als sie die Strapse nicht finden konnte. Und ich spürte in mir eine Gewißheit, daß in diesem Zimmer niemals etwas Schönes geschehen könnte, und für sie verspürte ich Verachtung, ein wenig Toleranz, sehr wenig Mitleid.

Ein trübes, graues Licht schwebte über allem; es schien die

* Der Text wurde von einem Typoskript kopiert, das Navin Sullivan, der Sohn von Vere Bartrick-Baker, der es in ihren Papieren beließ, mir leihweise zur Verfügung stellte.

dünne Geschmacklosigkeit ihrer Kleider noch zu verstärken, das Elend ihres Lebens, auch sie sah trüb und grau und müde aus. Und ich saß auf dem Bett und dachte: »Komm, dieses Alter. Ich habe die Leidenschaft vergessen, die schöne goldne Prozession der Jugend ist an mir vorbeigezogen. Nun sehe ich das Leben im Umkleideraum des Theaters.«

Also aßen wir irgendwo und gingen in die Oper. Es war spät, als wir auf die belebte nächtliche Straße traten, spät und kalt. Sie raffte die langen Röcke. Schweigend gingen wir zum Thistle Hotel zurück, über den weißen Fußweg, gesäumt mit schönen goldenen Lilien, das amethystdunkle Treppenhaus hinauf.

War die Jugend tot? ... *War* die Jugend tot?

Sie sagte, während wir den Korridor zu ihrem Zimmer entlanggingen, sie sei froh, daß die Nacht gekommen sei. Ich fragte nicht, warum. Auch ich war froh. Ein Geheimnis schien zwischen uns zu sein. Und so ging ich mit ihr in ihr Zimmer, um diese störrischen Haken zu lösen. Sie entzündete eine Kerze in einem Emailhalter. Das Licht erfüllte den Raum mit Dunkel. Wie ein schläfriges Kind schlüpfte sie aus dem Rock, und plötzlich wandte sie sich zu mir um und schlang mir die Arme um den Hals. Jeder Vogel auf dem sich wölbenden Fries brach in Gesang aus. Jede Rose auf der zerfetzten Tapete knospte und wurde zur Blüte. Ja, selbst das grüne Reblaub auf den Bettvorhängen wand sich zu seltsamen Kränzen und Girlanden, umwand uns in blättriger Umarmung, hielt uns mit tausend klammernden Ranken fest.

Und die Jugend war nicht tot.

›Unterzeichnet‹ K. Mansfield

Anhang 2
»Das KIND-DAS-MÜDE-WAR«: Der Briefwechsel in *The Times Literary Supplement*

19. Oktober 1951

Sir – Vor ungefähr drei Jahren veröffentlichten Messrs. Constable eine Neuauflage der Gesamtausgabe von Katherine Mansfields Erzählungen. Ich hatte bis dahin nichts von ihr gelesen, doch als ich den Band durchsah, hatte ich das eigenartige Gefühl, durch einstmals wohlbekannte Zimmer zu gehen. Das Gefühl erfuhr noch eine Steigerung, als ich an das Ende des Bandes kam, der die Erzählungen unter dem Sammeltitel *In einer deutschen Pension* enthält – erstmals veröffentlicht 1911 und mit einem Vorwort von Mr. J. Middleton Murry, dem ich entnahm, daß die Skizzen und Erzählungen, die den Band ausfüllen, zuerst im *New Age* zwischen 1909 und 1911 erschienen, daß der Verlag, der das Buch herausbrachte, Bankrott machte und daß »Katherine Mansfield darüber nicht sehr enttäuscht war. Das Buch wurde ihr schnell gleichgültig, später haßte sie es«. Mr. Middleton Murry erwähnt auch, daß ihr noch mehrmals eine Neuauflage angeboten wurde, jedoch nichts Katherine Mansfield dazu bewegen konnte, es erneut drucken zu lassen. Noch 1920 schrieb sie: »... Ich kann unter keinen Umständen zulassen, daß *In einer deutschen Pension* neu gedruckt wird ... Ich erkenne es nicht einmal heute an. Ich meine, ich stehe nicht dahinter. Ich kann der Öffentlichkeit so ein Zeug nicht mehr andrehen. *Es ist nicht gut genug* [Hervorhebung von K. M.] ... Nicht einen Augenblick denke ich daran, es wieder zu veröffentlichen ... Das wollte ich nicht, das ist eine Lüge ...« Doch einige Zeit später ließ Katherine Mansfield sich von ihrem Freund dazu überreden, und Mr. Middleton Murry zitiert aus ihrem Brief, in dem sie die Zustimmung für eine Neuauflage von *In einer deutschen Pension* erteilt: »Aber ich muß eine Einführung schreiben, in der ich sage, daß es sich um eine frühe,

frühe Arbeit handelt ... denn wissen Sie ... das ist nichts, worauf man stolz sein kann. Wenn Sie mir nicht zurieten, würde ich es über Bord werfen ... Ich kann darüber nur den Kopf hängen lassen ...« Katherine Mansfield schrieb diese Einführung nie, und die einzige lebendige Erzählung in dem ganzen Buch ist *Das KIND-DAS-MÜDE-WAR*. Ich las sie, und das unbestimmte Gefühl der Bekanntheit wurde zu bestürzender Gewißheit, und in der Erinnerung daran, daß die Mansfield-Erzählung um 1909 geschrieben worden war, wandte ich mich an meinen Tschechow. Der *Geschichte der russischen Literatur* des verstorbenen Prof. Brückner, übersetzt von H. Havelock und 1908 in England veröffentlicht, entnehme ich, daß schon 1905 die meisten Erzählungen Tschechows auf Englisch erschienen waren.

Die Erzählung, an die ich denke, trägt den Titel *Spat' chočetsja*. Das Tempus des zweiten Verbs ist im Englischen kaum zu übersetzen. Man könnte den Titel als *Ich würde gern schlafen* ... wiedergeben [Der deutsche Titel lautet »Schlafen, nichts als schlafen«]. Tschechow schrieb sie 1888, als er noch ein junger Mann war. Es ist das schreckliche Bild eines einzigen Tages im Leben eines sehr kleinen Hausmädchens in einer Moskauer Flickschusterfamilie. Es ist eine Studie in Schwarz, die von einem einzigen scharfen Lichtstrahl durchbohrt wird: dem Verlangen des Kindes nach Schlaf. Ihre Vergangenheit und Zukunft sind nichts als Requisiten. Kein Satz, der nicht auf das unvermeidliche Entsetzen des Höhepunkts hinführte, als das Kind, halb wach, halb bewußt, erkennt (wenn auch fälschlicherweise, wie Tschechow sagt), daß das Baby, dessen Wiege es die ganze Nacht schaukeln muß, ihr Hauptfeind ist, und es den Entschluß faßt, den Feind mit dem einzigen Mittel, das ihr zur Verfügung steht, zu vernichten. Im Zustand anhaltender erzwungener Schläfrigkeit träumt das Mädchen von seinen frühen Jahren, vom Tod seines Vaters, von der Gesellschaft seiner Mutter und der Straße, die es gehen muß, um an das Tor ihrer Erlösung zu gelangen. Die Straße heißt Schlaf, und es kann sie nicht gehen – wegen des Flickschusterbabys. Tschechows vollendete Kunstfertigkeit läßt es nicht zu, den Hintergrund mit Unwichtigem zu beladen. Da sind das Kind und die gespenstischen Silhouetten der Eltern. Mit nur wenigen Sätzen werden der brutale

Flickschuster und seine Frau zum Leben erweckt. Doch schon bald verschwinden die lebenden Menschen und die Gespenster: Nichts bleibt, nur seine Erinnerungen an eine freundliche Vergangenheit und der schreiende Säugling, dessen Weinen zur Barriere zwischen dem kleinen Mädchen und dem Wunsch nach Schlaf wird. Und so verdichten sich die Schatten bis zur völligen Dunkelheit, bis zum Zusammenbruch – alles innerhalb von zwei, drei Absätzen.

Katherine Mansfields Geschichte spielt in Deutschland. Der Hintergrund wimmelt nur so. Die Frau und ihr Mann haben noch andere Kinder, und ein weiteres ist unterwegs – was, wie schwach auch immer, als Erklärung des Höhepunkts herangezogen wird. Eine einzige Seite bei Tschechow, die den furchtbaren, erschöpfenden Tag des kleinen Mädchens illustriert, wird hier auf eine Reihe von Vorfällen ausgedehnt, von denen keiner einen wesentlichen Einfluß auf den Höhepunkt hat. Katherine Mansfield beginnt ihre Geschichte mehr oder weniger in der Mitte von Tschechows Version, wie im folgenden gezeigt werden soll, und Mansfields Mädchen erwacht trotz weit genauerer biographischer Details als bei Tschechow doch nicht so recht zum Leben. Die Aufmerksamkeit wird durch die anderen Kinder abgelenkt, den Klatsch von Besuchern, die unwesentlichen Details, und am Ende hat man eher das Gefühl von falschem als richtigem Pathos. Kam der Höhepunkt, weil das Mädchen sich vor dem Baby, das unterwegs war, fürchtete, oder wegen des unaufhörlichen Weinens des tatsächlichen Babys?

Im folgenden nun einige parallelen Passagen aus den beiden Erzählungen. Die Übersetzung von Tschechows Passagen ist von [Erich Müller-Kamp].

Tschechow
(die Mitte)

Warjka geht in den Wald und weint dort, aber plötzlich haut ihr jemand mit solcher Kraft ins Genick, daß sie mit der Stirn gegen eine Birke stößt. Sie hebt den Blick und sieht ihren Herrn, den Schuhmachermeister, vor sich.

»Was machst du Dreckmädel denn?« ruft er. »Das Kind weint, und du schläfst?«

Er zieht sie schmerzhaft am Ohr; sie schüttelt den Kopf, schaukelt die Wiege und summt ihr Lied.

Mansfield
(der Anfang)

Sie fing gerade an, eine kleine weiße Straße mit hohen schwarzen Bäumen auf beiden Seiten entlangzugehen, die nirgends hinführte und wo sonst gar niemand ging, als eine Hand sie bei der Schulter packte und sie schüttelte und ihr einen Klaps gab. ... »Steh auf, du nichtsnutziges Balg!«

Tschechow

Augenblicke kommen, da möchte man sich, komme was will, auf dem Fußboden lang ausstrecken und schlafen.

Der Tag vergeht. Als Warjka sieht, wie es hinter den Fenstern dunkel wird, preßt sie ihre Hände an die hölzernen Schläfen und lächelt, sie weiß selbst nicht warum. Das Abenddunkel liebkost ihre schlafschweren Augen und verspricht ihr baldigen tiefen Schlaf. Aber am Abend kommen Gäste zu den Hausleuten.

»Warjka, stell den Samowar auf«, ruft die Meisterin.

Der Samowar ist klein, und bevor sich die Gäste sattgetrunken haben, muß sie ihn an die fünfmal wieder anheizen. Nach dem Tee steht Warjka eine ganze Stunde auf einem Fleck, gibt acht auf die Gäste und wartet auf Anweisungen.

»Warjka, lauf und kaufe drei Flaschen Bier!«

Sie reißt sich von der Stelle und bemüht sich, möglichst rasch zu gehen, um den Schlaf zu vertreiben.

»Warjka, lauf, hol Wodka! Warjka, wo ist der Pfropfenzieher? Warjka, nimm die Heringe aus!«

Aber da, endlich gehen die Gäste. Die Lichter werden gelöscht, Meister und Meisterin legen sich schlafen.

»Warjka, schaukle das Kind!«, ertönt die letzte Anweisung.

Mansfield

Sie hatte Angst, sich hinzusetzen oder stillzusitzen. ... Wenn sie daran dachte, daß es bald Schlafenszeit war, zitterte sie vor lauter Freude am ganzen Leibe. Doch als es auf acht Uhr zuging, war auf der Straße Räderrollen zu hören, und schon kamen Freunde, eine ganze Gesellschaft, um den Abend mit ihnen zu verbringen.

Da hieß es dann: »Setz den Kaffee auf! Bring mir den Zuckernapf!« »Hol die Stühle aus dem Schlafzimmer!« »Deck den Tisch!« Und schließlich schickte die FRAU sie in das Nebenzimmer, wo sie das Baby beruhigen sollte.

Tschechow

[Hier läßt Tschechow Warjka wieder in ihren Traum zurückkehren. Sie sieht die Straße, doch sie spürt, daß sie nicht darauf gehen kann.]

Sie versteht alles, erkennt alles, aber im Halbschlaf kann sie sich nicht einfach von der Last lösen, die sie an Armen und Beinen fesselt. Sie schaut umher, sucht diese lastende Gewalt, um sich von ihr freizumachen, findet sie aber nicht. Schließlich (...) findet sie den Feind, den Störenfried ihres Lebens.

Dieser Feind ist ... das Kind!

Sie steht vom Hocker auf, und mit einem breiten Grinsen geht sie, ohne mit der Wimper zu zucken, durch das Zimmer. Der Gedanke, daß sie sofort von dem Kind erlöst sein wird, das sie an Armen und Beinen fesselt, tut ihr wohl und reizt sie ... Das Kind töten und dann schlafen, schlafen ...

Lachend, und dem grünen Fleck zuzwinkernd und mit dem Finger drohend, schleicht sich Warjka zur Wiege und beugt sich über das Kind. Nachdem sie es erwürgt hat, legt sie sich auf den Fußboden, lacht vor Freude, daß sie schlafen darf und schläft nach einer Minute bereits tief wie eine Tote ...

Mansfield

Und plötzlich hatte sie einen herrlichen, einen wundervollen Einfall.

Zum ersten Mal an diesem Tag lachte sie und klatschte in die Hände. ...

Und dann kam sie leise auf Zehenspitzen und lächelnd mit dem roten Kissen vom Bett der FRAU an, deckte das Gesicht des Babys damit zu und drückte mit aller Kraft, als es sich wehrte – »wie eine Ente zappelt, die keinen Kopf mehr hat«, dachte sie.

Sie stieß einen tiefen Seufzer aus; dann lief sie und wanderte wieder die kleine weiße Straße mit den hohen schwarzen Bäumen auf beiden Seiten entlang, eine kleine Straße, die nirgends hinführte und wo niemand ging – gar niemand ging.

Dies ist die einzige Geschichte Katherine Mansfields, die ich im Detail mit Tschechows vergleichen konnte. Es mag noch andere geben. Leider besitze ich keine vollständige Ausgabe seiner Erzählungen und Stücke. In der Constable-Ausgabe von K. Mansfield bin ich hier und da auf typische Tschechowsche »Anfänge« gestoßen, wie zum Beispiel »Acht Uhr morgens« (*Beim Film*). Sollte ich je einmal eine vollständige Tschechow-Ausgabe bekommen, könnte ich womöglich weitere Parallelen entdecken – ich weiß es nicht. Mr. Middleton Murry führt ihre Abneigung, *Die deutsche Pension* nachdrucken zu lassen, darauf zurück, daß sie sich deren Unreife bewußt war. Ich aber neige einer anderen Ansicht zu. *Das KIND-DAS-MÜDE-WAR* ist trotz seines anderen Schauplatzes und ihrer viel größeren Länge lediglich eine Kopie von Tschechows Erzählung, die 21 Jahre zuvor geschrieben worden war, und nicht einmal eine gute. Tschechow und Maupassant suchten ihresgleichen in der Kunst der Kurzgeschichte, und Katherine Mansfield gehört gewiß nicht dazu.

E. M. Almedingen

26. Oktober 1951

Sir – Miss Almedingen hat scheinbar beweiskräftige Einzelheiten angeführt, daß Katherine Mansfields Jugendgeschichte *Das KIND-DAS-MÜDE-WAR* wesentlich auf die Erzählung Tschechows *Spat' chočetsja* zurückgeht. Doch diese Unterstellung wirft Probleme auf, die erhellt werden müssen.

Zunächst dieses. Miss Almedingen *vermutet*, daß eine englische Übersetzung der Tschechowschen Erzählung 1909 vorgelegen habe. Sie gründet diese Vermutung auf die Feststellung in einem Buch, das 1908 veröffentlicht wurde, daß »schon 1905 die meisten Erzählungen Tschechows auf Englisch erschienen waren«.

Ich bin zuversichtlich, daß die deutsche Feststellung nicht stimmt. 1905 waren nur wenige Erzählungen Tschechows ins Englische übersetzt worden und 1909 noch immer wenige. Ich bin ziemlich sicher, daß die Erzählung, die Katherine Mansfield kopiert haben soll, damals noch nicht auf Englisch erhältlich war. Ist sie denn überhaupt schon übersetzt? Wenn dem so ist, so ist es doch merkwürdig, daß die zahlreichen Studenten, die Arbeiten über den Einfluß von Tschechow auf Katherine Mansfield geschrieben haben, diesen anscheinend hervorstechenden Punkt übersehen haben.

Auf die Annahme hin, daß Tschechows Erzählung 1909 im Englischen noch *nicht* existiert hat – und ich muß Miss Almedingen um den Beweis bitten, daß dies der Fall ist –, ergibt sich eine zweite Schwierigkeit. Katherine Mansfield war 1909 des Russischen keineswegs mächtig: In ihren letzten Lebensmonaten lernte sie unter Schmerzen die Grundbegriffe. Wenn sie also Tschechows Geschichte kopiert hat, dann muß sie Zugang dazu in einer französischen oder deutschen Übersetzung gehabt haben. Ich bezweifle sehr, ob es 1909 eine französische Version gegeben hat. Tschechow wurde in Frankreich viel später als in England bekannt. Eine deutsche Übersetzung scheint daher die einzige Möglichkeit zu sein. Katherine Mansfield las ohne Schwierigkeiten deutsch; das war 1909 in Deutschland, und ich glaube auch, daß sie *Das KIND-DAS-MÜDE-WAR* dort geschrieben hat. Sollte es 1909 (was möglich ist) keine deutsche Übersetzung von Tschechows Erzählung gegeben haben, dann stehen wir vor einem wahren Rätsel, das der Erklärung bedarf.

Bis dahin muß ich gegen Miss Almedingens Unterstellung protestieren, daß, *sollte* sie eine Gesamtausgabe von Tschechow besitzen, sie ähnliche Anleihen in anderen Erzählungen von Katherine Mansfield entdecken könnte. Das, was sie »den typischen Tschechowschen« Anfang *Beim Film* nennt, läuft auf nichts heraus; es besteht kein Grund, auch nur den Einfluß Tschechows hier zu vermuten, und in jedem Fall ist dieser völlig verschieden von der Art von Anleihe oder Kopie, die ihr im Falle von *Spat' chočetsja* unterstellt wird. Im Grunde läuft das auf Plagiat hinaus. Daher muß man dabei besondere Vorsicht walten lassen. Es kann wahr sein, es kann auch sein, daß, wie Miss Almedingen andeutete, dies der wahre Grund dafür war, daß Katherine so sehr zögerte, *In einer deutschen Pension* neu auflegen zu lassen. Doch muß bis zum Beweis, daß sie 1909 Zugang zu einer englischen, französischen oder deutschen Übersetzung dieser Erzählung hatte, ein Urteil ausgesetzt bleiben. Für alle, die des Russischen nicht mächtig sind, wäre es eine große Hilfe, wenn Miss Almedingen uns den Hinweis auf eine englische Übersetzung der *ganzen* Tschechow-Erzählung geben würde, damit man sie genauer mit *Das KIND-DAS-MÜDE-WAR* vergleichen kann.

J. Middleton Murry

Anmerkung der Redaktion: Für eine Vergleichsmöglichkeit ist die zugänglichste Version von *Spat' chočetsja* Constance Garnetts Übersetzung (»Sleepy«) in den *Select Tales of Tschechow* (Chatto & Windus 1927, Nachdruck 1949).

2. November 1951

Sir – Mr. Middleton Murry hat mich um einen Beweis gebeten, daß es eine englische Übersetzung von Tschechows *Spat' chočetsja* 1909 schon gab, und ich kann diesen Beweis antreten.

1903 und 1909 erschienen in London zwei Bände mit Kurzgeschichten von Tschechow. Die Sammlung von 1903 in der Übersetzung von R. E. C. Long, bei Duckworth erschienen, trug den Titel *The Black Monk*. Sie enthielt zwölf Erzählungen, und *Spat' chočetsja*, dort wiedergegeben als *Sleepyhead*, war darunter. Ich denke, dies macht den Spekulationen, *Spat' chočetsja* sei 1909 einem englischen Leser nicht zugänglich gewesen, ein Ende.

E. M. Almedingen

Sir – Der breite Raum, den Sie in Ihrer Ausgabe vom 19. Oktober Miss E. M. Almedingens Analyse der Ähnlichkeit zwischen Tschechows Erzählung *Sleepyhead* (so der Titel in der veröffentlichten Übersetzung) und Katherine Mansfields *Das KIND-DAS-MÜDE-WAR* gewähren, legt eine übermäßige und verzerrende Betonung auf eine Angelegenheit, die doch eher geringfügig zu nennen ist. Die Ähnlichkeiten zwischen den beiden Erzählungen wurden schon von Miss Elizabeth Schneider (*Modern Language Notes*, Juni 1935) und erneut im *Mercure de France* (ich glaube, in einer Ausgabe um 1940; die genaue Quelle ist mir im Augenblick nicht zugänglich) untersucht. Eine detaillierte vergleichende Analyse mehrerer Erzählungen von Katherine Mansfield und Tschechow ist in *Dead Reckonings in Fiction* von Dorothy Brewster und Angus Burrell enthalten, so daß Miss E. M. Almedingen sich weitere Nachforschungen ersparen kann.

Ursprünglich wurde *Das KIND-DAS-MÜDE-WAR* von Orage in seiner Zeitschrift *New Age* veröffentlicht. Ich neige zu der Ansicht, daß Katherine Mansfield die Erzählung bewußt als literarische Übung adaptierte und dies bei ihrer Veröffentlichung weniger aus Arglist, als vielmehr aus Unachtsamkeit nicht angemerkt hat. Es ist äußerst ungerecht, ihre mangelnde Bereitschaft, *In einer deutschen Pension* nachdrucken zu lassen, der Tatsache zuzuschreiben, daß sie wußte, daß sie eine Tschechow-Erzählung zehn Jahre zuvor »kopiert« hatte. Sie nahm ihre Berufung zur Schriftstellerin sehr ernst. Während sie reifte, war es ihr einziges verzehrendes Verlangen, die größtmögliche Treue zu ihrem Lebensverständnis zu erlangen. Wie immer man ihr Erreichtes auch bewerten mag (und ihre Erzählungen werden noch immer in den Vereinigten Staaten, in Frankreich, Italien, ja selbst in England gelesen), so steht doch ihre Ehrlichkeit außer Frage. Wenn sie schreibt, daß sie auf ihr Frühwerk nicht stolz sei, so spricht sie die Wahrheit; sie bezieht sich dabei auf Haltung, Urteil, Interpretation von Erfahrung, Erkenntnis der Wahrheit, die ständigen Hauptanliegen ihrer letzten Jahre, was man sogleich bei der Lektüre ihres *Journal* und ihrer *Briefe* erkennt. Ihre Integrität anzufechten, hieße, das Wesen des heftigen geistigen Kampfes anzufechten, der seinen Höhepunkt in ihrem Tod in Fountainebleau fand.

Sylvia Berkman
Via Raimondo da Capua 4, Rom

9. November 1951

Sir – Im Zuge der Abfassung einer Biographie von Katherine Mansfield habe ich versucht, den Fall von *Das KIND-DAS-MÜDE-WAR* und *Spat' chočetsja* zu erhellen und seinen Einfluß auf die gesamte Mansfield-Tschechow-Frage zu bestimmen.

Ich bin überzeugt, daß Katherine Mansfield die englische Ausgabe von *Spat' chočetsja*, erschienen 1903, als sie ein Schulmädchen in London war, in *The Black Monk and Other Stories*, nicht kannte. Weder in den umfänglichen »Lesenotizen«, die sie während der Schulzeit und auch noch später anfertigte, noch in ihrer Briefesammlung jener Zeit, die ich eingesehen habe, noch in der Erinnerung enger Freundinnen, mit denen sie als Mädchen stets ihre neuesten literarischen »Entdeckungen« diskutierte, findet sich ein einziger Hinweis auf Tschechow.

Ich glaube, daß ihr Zugang zu der Erzählung entweder eine deutsche oder gar auch polnische Übersetzung war, und daß sie sie 1909 las.

Das KIND-DAS-MÜDE-WAR wurde erstmals von A. R. Orage im *New Age* im Februar 1910 veröffentlicht, unmittelbar nach Katherine Mansfields Aufenthalt in Bayern. Es war ihre erste Erzählung, die Orage druckte. Ich neige zu der Ansicht, daß sie *Spat' chočetsja* – und das russische Konzept der Kurzgeschichte im allgemeinen – über einen der literaturbegeisterten

Polen kennenlernte, die sie in Bad Wörishofen traf, daß sie sie vielleicht nie selbst gelesen, sondern man sie ihr vorgelesen hat (wobei es wahrscheinlicher ist, daß sie es selbst auf Deutsch gelesen hat), daß sie sie der Übung halber für sich neu geschrieben hat und daß sie dann so ungezogen war, sie bei ihrer Rückkehr Orage in dem Glauben anzubieten, sie sei davor auf Englisch noch nicht erschienen.

Miss Almedingens Unterstellung, der wahre Grund für Katherine Mansfields Unwillen, einen Neudruck von *In einer deutschen Pension* (welches die fragliche Erzählung sowie andere aus der bayrischen Periode enthielt) zu gestatten, sei die Furcht, daß man nun dahinter komme, hält den Tatsachen nicht stand. Dies impliziert eine Arglist, die in Katherine Mansfields Wesen keinen Platz hat und die die spätere Aufhebung des Verbots Lügen straft. Ich bin sicher, Miss Almedingen hätte dies nicht getan, wären ihr die schwere Selbstkritik vertraut gewesen, die in den *Briefen* und dem *Journal* enthalten ist, sowie in verschiedenen Artikeln in *Athenaeum*, die in *Novels and Novelists* nachgedruckt wurden. Dann hätte sie gewußt, daß Katherine Mansfield auf Jugendsünden keine Scham verschwendete, sondern daß ihr die oberflächliche Satire der übrigen Erzählungen in *In einer deutschen Pension* auf der Seele lag, eine Satire, die 1912 mit antideutscher Schadenfreude begrüßt worden war.

Was die größere Frage betrifft, ob Katherine Mansfield Tschechow imitiert oder ihre Methode von ihm abgeleitet hat, so ist meiner Ansicht nach der Ausgangspunkt dabei nicht *Das KIND-DAS-MÜDE-WAR*, sondern eine frühere Erzählung, *Rosabels Müdigkeit*, 1908 geschrieben, als K. M. neunzehn war und (wie ich unterstelle) noch nichts von Tschechow gelesen hatte. Sie verkörpert, bei aller Unreife, alle wesentlichen Merkmale, an denen man eine typische Erzählung von Katherine Mansfield erkennen kann. Es war ein Glückstreffer, der mit vollkommener Originalität und beachtlicher Vollständigkeit auf ihr späteres Werk vorauswies. Das spätere *Das KIND-DAS-MÜDE-WAR* war seiner Natur nach eine Fingerübung, ein *à la manière de Tschechow* von einer Künstlerin, die ihr Terrain schon gefunden hatte.

Antony Alpers

Sir – Ich entschuldige mich für diese weitere Inanspruchnahme ihres Platzes, aber wie erklärt Miss Berkman eine »übermäßige und verzerrende« Betonung einer, wie sie es nennt, »geringfügigen« Angelegenheit, und was ist denn nun überhaupt das Thema der ganzen Geschichte? Katherine Mansfields selbsterklärter Unwillen, die Erzählung noch einmal auflegen zu lassen, ist, wie ich finde, ein Punkt, der eher für sie spricht als gegen sie. Miss Berkman neigt zu der Ansicht, daß die Erzählung bewußt als »literarische Übung« adaptiert worden sei. Selbst wenn ich dies akzeptieren könnte, wäre ich noch immer der Meinung, daß derartige »literarische Übungen«, wenn sie überhaupt gedruckt werden sollten, von einer freimütigen Benennung der Quelle begleitet sein sollten. Jeder, der nichts von Tschechows Werk kennt, sei es im Original oder in der Übersetzung, würde *Das KIND-DAS-MÜDE-WAR* natürlich als eine Originalerzählung nehmen, was es nicht ist.

E. M. Almedingen

16. November 1951

Sir – Darf ich eine mögliche Erklärung des Rätsels um die Erzählung *Schlafen, nichts als schlafen* vorbringen? Zu den Fallstricken, die den Weg des Kurzgeschichtenautors heimsuchen, gehören jene netten Wesen, die einem unbedingt Vorfälle erzählen müssen, die man dann »niederschreiben« soll. Derlei Episoden sind durchweg selbsterlebt, oder die Beteiligten sind nahe Bekannte, es sei aus dem wirklichen Leben gegriffen, sie verbürgten sich für die Wahrheit, und so weiter. Diese Wirklichkeiten wecken im Busen des Autors nur selten Begeisterung, und nur selten mögen sie ihn zur Verwendung eines Stücks mit derlei Material reizen. Derartiges ist mir dreimal widerfahren – mit recht peinlichen Ergebnissen. Ich kann mir sehr gut vorstellen, daß die Erzählung *Schlafen, nichts als schlafen* auf solche Weise zu Katherine Mansfield gelangt ist, ihr von einer Person erzählt wurde, die behauptete, die Beteiligten an dieser Geschichte aus dem wirklichen Leben persönlich zu kennen.

Mein erstes eigenes Beispiel wurde mir in einem Landgasthof bei Oxford vorgetragen, wo ein alter Dachdecker ein exzellentes Garn über einen seiner Freunde abspulte, »tot seit dreißig Jahren, kannst seinen Grabstein drüben auf dem Kirchanger sehen«, etc. und so fort. Ich schrieb die Geschichte nieder, veröffentlichte sie, bekam ein Honorar dafür, gab dem alten Dachdecker ein Geschenk – und stieß nach ein paar Jahren auf den unzweifelhaften Ursprung des Garns meines Dachdeckers in *The Hundred Merry Tales*, die Shakespeare in *Viel Lärm um nichts* erwähnte. Mein zweites Beispiel war ein klarer Fall von Aneignung aus einem Roman von Stephen MacKenna durch einen Leser. Zum Glück wurde ich rechtzeitig noch darauf hingewiesen und vernichtete das Manuskript. Auch der dritte Fall wurde mir als wahre Geschichte, nicht als Fiktion berichtet. Ich schrieb es nieder und veröffentlichte es wie immer. Einige Zeit später las ich im *Cornhill* eine Erzählung, die ganz offensichtlich auf der meinen basierte. Ich machte einen Aufstand wegen dieses »krassen Plagiats«, konnte mich jedoch bald davon überzeugen, daß der Autor vom *Cornhill* noch nie von mir gehört hatte, sondern sein Material aus einer Quelle hatte, die, wenn nicht identisch, so doch eng verwandt mit der meinen war!

Ich habe nicht den geringsten Zweifel, daß Katherine Mansfield einem ähnlichen Umstand erlegen ist, daß jemand Tschechows Geschichte gelesen oder davon gehört hat und es ihr als Originalmaterial wieder erzählt hat und daß die Fragen, ob sie Russisch verstand oder Zugang zu frühen deutschen oder französischen Übersetzungen hatte, ohne jede Bedeutung sind. Zudem muß ich sagen, daß Miss Almedingens »Entdeckung« schon vor zwanzig Jahren allseits bekannt war.

Obwohl ich Katherine Mansfield weder gekannt noch mit ihr korrespondiert habe, bin ich von ihrer künstlerischen Integrität ebenso überzeugt wie Miss Berkman und Mr. Alpers; niemand, der sie mit Verständnis und Genuß gelesen hat, kann daran irgend einen Zweifel hegen, während man nur *In einer deutschen Pension* lesen muß, um ihr späteres Zögern, eine derart zweitrangige Arbeit neu auflegen zu lassen, zu verstehen.

Und ob sie von Tschechow beeinflußt war – natürlich war

sie das! Der Schriftsteller, der es nicht ist, muß noch viel in der Kunst lernen, der sie so viel Distinktion verliehen hat.

A. E. Coppard

23. November 1951

Sir – Ich schreibe als einer der wenigen Redaktionsmitglieder des *New Age* unter Orage als Herausgeber, der auch Katherine Mansfield kannte, und es steht daher außer Frage, daß ihre Geschichten Imitate sind. Zu jener Zeit (1906-8) hatte ich viele von Tschechows Kurzgeschichten gelesen, welche in mehreren Bänden in englischer Übersetzung vorlagen.

Das Thema von *Spat' chočetsja* tauchte wiederum in Katherine Mansfields bewegender Erzählung *Das Leben der Ma Parker* auf. Der imitative Charakter ihrer Erzählungen war Gegenstand mehrerer leichter Proteste meinerseits bei Orage; doch sie blieben ohne Wirkung, da Orage eng mit Katherine Mansfield befreundet war: Er war bei ihrem Tod in Fontainebleau zugegen.

Einige andere Bücher, von denen Katherine Mansfield die Grundlage ihrer Erzählungen nahm, waren Hubert Crackanthorpes bemerkenswerte Kurzgeschichtenbände *Wreckage* und *Sentimental Studies*, von denen viele erstmals im *Yellow Book* erschienen waren. Andere waren Henry Harlands *Grey Roses* und *Mademoiselle Miss* sowie George Egertons *Keynotes* und *Discords*. Zwei französische Autoren, die sie offensichtlich gut kannte, waren Villiers de Lisle Adam, dessen *Contes cruels* zu den wohl am meisten beliehenen Kurzgeschichten (mit Ausnahme E. A. Poes) in der Literatur gehören, sowie Barbey D'Aurevilly. Zufällig hatte ich diese Autoren mit einiger Aufmerksamkeit gelesen, so daß ich zahlreiche Themen in Katherine Mansfields Geschichten auf ihre Ursprünge zurückverfolgen konnte. Orages Antwort auf meine Vorhaltungen war, daß alle Schriftsteller, mit Ausnahme seltener Genies wie Poe, nachahmten, und er nannte viele Beispiele führender Gestalten aus der Literaturgeschichte, um seine Veröffentlichung von Katherine Mansfields Erzählungen zu bekräftigen. Doch war er anderen Formen literarischer Entlehnungen, die sich damals wie heute einige der führenden Gestalten in der Literatur genehmigt haben, sehr kritisch gegenüber eingestellt.

C. H. Norman

Sir – Miss Almedingen hat mich gebeten, die Wendungen »unzulässige und verzerrende Betonung« und »eine geringfügige Angelegenheit« in meinem früheren Brief in dem Tschechow-Katherine Mansfield-Wechsel zu erläutern. Um die eindeutige Quelle von *Das KIND-DAS-MÜDE-WAR*, 1910 verfaßt, zu isolieren und daraus eine verunglimpfende Unterstellung gegen Katherine Mansfields Integrität ein Jahrzehnt später abzuleiten, bedarf es einer Betonung der Angelegenheit, die sie außerhalb eines angemessenen Rahmens stellt (verzerrt). Es ist sicher der Erwähnung wert, daß zu derselben Zeit, als Katherine Mansfield *In einer deutschen Pension* als »zu unreif« und »nicht gut genug« verwarf, sie auch rigoros alle Erzählungen, die sie vor 1914 geschrieben hatte, aus der Sammlung ausschloß, die sie für *Glück* vorbereitete. Im Verhältnis zu ihrer Entwicklung als Frau und als Schriftstellerin ist der ganze *Spat' chočetsja*-Vorfall von deutlich untergeordneter (geringfügiger) Bedeutung.

Sylvia Berkman

14. Dezember 1951

Sir – Mit Ihrer Erlaubnis fasse ich die Frage zusammen. Von den Korrespondenten, die zu diesem Thema geschrieben haben, glaubte Mr. Middleton Murry, daß die Tschechow-Geschichte Katherine Mansfield nicht zugänglich war. Miss Berkman glaubte, es habe sich um eine »bewußt adaptierte literarische Übung« gehandelt. Mr. Alpers hatte die Vorstellung, daß die Tschechow-Geschichte Katherine Mansfield vielleicht mittels einiger Polen, die sie in Deutschland kennengelernt hatte, zugetragen worden ist. Mr. Coppard verwirft all diese Ergebnisse als irrelevant, und Mr. Norman berichtete von seinem eigenen Eindruck von dem imitativen Charakter von Katherine Mansfields Erzählungen – (übrigens behaupte ich keineswegs, mit Verlaub der Korrespondenten, irgendeine »Entdeckung« gemacht zu haben) – doch keiner außer Mr. Norman schien bereit zu sein zuzugeben, daß eine 1888 von Tschechow verfaßte Erzählung dann von Katherine Mansfield in einer Weise benutzt wurde, die den von einer reinen Beeinflussung gesteckten Rahmen bei weitem überschreitet. Bernard Shaw hatte Tschechow einiges zu verdanken, und zufällig schrieb er in einem Artikel in der *Prawda*, daß ihm die Idee für *Heartbreak House* nach der Lektüre von Tschechow gekommen sei, doch Shaws Stück ist kein Echo von Tschechow.

Katherine Mansfield versuchte, ihren Weg zu finden, und hätte sie mehr Zeit gehabt, dann hätte sie ihn auch sehr wahrscheinlich gefunden, doch es ist schade, daß eine so begabte Schriftstellerin nie ihre Schuld bei einem der größten Meister der Kurzgeschichte zugegeben hat, und ich bin immer noch der Ansicht, daß es eine Schuld war, die nicht nur durch eine »Beeinflussung« erklärt werden kann, jedenfalls nicht für einen, der sich bei Tschechows Werk wirklich auskennt. Ich habe mich Katherine Mansfield ohne Vorbehalte genähert – jedenfalls nicht in der Absicht, ihre Integrität zu »beschädigen«, doch habe ich nicht eingesehen, warum ein solch eigenartiges Beispiel uneingestandener Imitation unkommentiert bleiben soll.

E. M. Almedingen

21. Dezember 1951

Sir – Katherine Mansfield ist nun derart beschmutzt von der Feindseligkeit dieses verspäteten Angriffs auf sie, wogegen sie sich nicht wehren kann, da sie tot ist, daß ich um die Erlaubnis bitte, Miss Almedingens Zusammenfassung zu kommentieren.

Die anstehende Frage ist, wie es kam, daß Katherine Mansfield diese besondere Erzählung *Das KIND-DAS-MÜDE-WAR* schrieb, denn niemand kann doch so dumm sein zu leugnen, daß das Original Tschechows Erzählung *Schlafen, nichts als schlafen* ist – die Beweise sind augenfällig. Ich habe Miss Almedingens Fund nicht als irrelevant abgetan, allerdings aber weise ich ihre Interpretation dieser Beweise zurück und habe drei

Beispiele aus meiner eigenen Erfahrung als Kurzgeschichtenautor zitiert, die eine weit wahrscheinlichere Lösung des kleinen Rätsels andeuten. Und schließlich: wenn Katherine Mansfield Tschechows Geschichte »nur kopierte«, wie Miss Almedingen behauptet, warum hat sie sie dann so katastrophal geändert? Ihre Version enthält nur drei Stellen, die eine tatsächliche Parallele in *Schlafen, nichts als schlafen* aufweisen, nämlich die Wirkung der Besucher, die großartige Idee und den Mord, der natürlich in beiden Geschichten das beherrschende Element ist. Abgesehen davon ist, wie Miss Almedingen selbst unterstreicht, die Mansfield-Version ganz anders und auch minderwertig, sowohl hinsichtlich der Struktur wie auch des Dekors, da Tschechows wunderbar angepaßte Vorgeschichte durch das wirkungslose Eindringen drei weiterer Kinder ersetzt wird, von denen eines, wie Miss Almedingen vielleicht interessieren wird, überraschenderweise Anton heißt!

Mr. C.H. Norman, ein Zeuge für die Anklage, bleibt nun völlig im Allgemeinen. »Ich schreibe als einer der wenigen Redaktionsmitglieder des *New Age* ..., und es steht daher außer Frage, daß ihre Geschichten Imitate sind.« Vielleicht bin ich schwer von Begriff, aber das erscheint mir doch als eine absolut unlogische Schlußfolgerung. Sodann behauptet er, Katherine Mansfield habe die Grundlage ihrer Geschichten von vielen anderen Autoren neben Tschechow abgeleitet; er nennt deren fünf, verzichtet jedoch auf jegliche Beispiele solcher Ableitungen, versteigt sich aber zu der außerordentlichen Behauptung, daß das Thema von *Schlafen, nichts als schlafen* in *Das Leben der Ma Parker* wieder auftaucht. Das häuft einen so bröckligen Pelion auf Miss Almedingens zweifelhaften Ossa, daß man durchaus eine Ahnung von der Methode bekommt, mittels dessen dieser erbärmliche Schafdieb Shakespeare den ganzen Glanz von den hochbeseelten Francis Bacon, de Vere, Uncle Tom Cobley und wie sie alle heißen, nahm.

A. E. Coppard

Bibliographie

1. Werke von Katherine Mansfield

Erzählungen und Artikel finden sich im *New Age* 1910, 1911, 1917, in *Rhythm* 1912–13, im *Blue Review* 1913 und in *Signature* 1915.

In a German Pension, Stephen Swift, London 1911, Knopf, New York 1922, Constable, London 1926.

Prelude, Hogarth Press, London 1918.

Je ne parle pas français, Heron Press, London 1920.

Bliss and Other Stories, Constable, London 1920, Knopf, New York 1921.

The Garden Party and Other Stories, Constable, London 1922, Knopf, New York 1922.

The Doves'Nest and Other Stories, Constable, London 1923, Knopf, New York 1924.

Poems hrsg. von J. M. Murry, Constable, London 1923, Knopf, New York 1924.

Something Childish and Other Stories, Constable, London 1924, Knopf, New York 1924.

The Aloe, Constable, London 1930, Knopf, New York 1930.

Novels and Novelists, hrsg. von J. M. Murry, Constable, London 1930. Eine Sammlung ihrer Rezensionen im *Athenaeum*.

Stories by Katherine Mansfield, Knopf, New York 1930. In ungefährer chronologischer Reihenfolge.

Collected Stories of Katherine Mansfield, Knopf, New York 1937, Constable, London 1945. Diese Ausgabe, die alle Erzählungen aus *In a German Pension*, *Bliss*, *The Garden Party*, *The Doves' Nest* und *Something Childish* enthält, ist bis heute als gebundene Ausgabe erhältlich.

Brave Love, eine Erzählung aus dem Jahr 1905 und nie veröffentlicht, wurde von Margaret Scott in der neuseeländischen Vierteljahresschrift *Landfall* 1972 abgedruckt.

Undiscovered Country, hrsg. von Ian Gordon, Longman, London 1974. Enthält alle Neuseeland-Erzählungen, darunter auch einige, die Alpers wegließ.

Katherine Mansfield: Publications in Australia 1907–09, hrsg. von Jean Stone, Sydney 1977. Enthält frühe Schriften, die sonst nirgends abgedruckt sind.

The Stories of Katherine Mansfield, hrsg. von Antony Alpers, Oxford University Press. Enthält nützliche Erläuterungen und verzichtet, trotz ihrer Ankündigung als »vollständige Ausgabe«, auf mehrere Erzählungen und einige, wenn auch nicht alle Fragmente.

Zu den zahlreichen erhältlichen Taschenbuchausgaben gehören die *Collected Stories* von Penguin (derselbe Text wie die gebundene von Constable), einzelne Penguin-Ausgaben von *In a German Pension*, *Bliss* und *The Garden Party*, dazu *Selected Stories*, ausgewählt von D. M. Davin (Oxford University Press) und eine weitere Ausgabe *Selected Stories* bei Everyman Classics, ausgewählt von der Autorin der vorliegenden Biographie. *The Aloe* ist auch bei Virago erhältlich.

1a. Werke in deutscher Übersetzung

Seligkeit und andere Erzählungen, ausgewählt und übersetzt von Herberth und Marlys Herlitschka, Verlag Die Arche, Zürich 1952.

Erzählungen und Tagebücher, Manesse Verlag, Zürich 1974.

The Garden Party and Other Stories – Das Gartenfest und andere Erzählungen, ausgewählt und übersetzt von Elisabeth Schnack. Aus dem Englischen übersetzt von Ruth Schirmer, München 1977.

Sämtliche Erzählungen in zwei Bänden, herausgegeben, aus dem Englischen und mit einem biographischen Essay von Elisabeth Schnack, Verlag Kiepenheuer & Witsch, Köln, 1980. Dieselbe Ausgabe ist in fünf Taschenbüchern 1988 bei S. Fischer erschienen.

In einer deutschen Pension, ins Deutsche übersetzt von Elisabeth Schnack, Verlag Kiepenheuer & Witsch, Köln 1982.

Ein Mädchen aus Neuseeland. Erzählungen, ins Deutsche übersetzt von Elisabeth Schnack, Verlag Kiepenheuer & Witsch, Köln 1983.

Meistererzählungen, aus dem Englischen von Heide Steiner, Suhrkamp Verlag, Frankfurt am Main 1983.

An der Bucht. Eine Sommergeschichte, Sanssouci-Verlag, Zürich 1986.

Seligkeit. Nachwort von Esther Scheidegger, Luchterhand Verlag, Darmstadt 1988.

Sun and Moon, Fünf Short Stories. Englisch - Deutsch, Reclam Verlag, Stuttgart. Aus dem Englischen von Herberth und Marlys Herlitschka.

2. Briefe

The Letters of Katherine Mansfield, hrsg. von J.M. Murry, Constable, London 1928, 2 Bde., Knopf, New York 1929, 1 Bd.

Katherine Mansfield's Letters to John Middleton Murry 1913–22, hrsg. von J.M. Murry, Constable, London 1951, Knopf, New York 1951.

Auszüge aus den Briefen erscheinen in *The Letters and Journals of Katherine Mansfield: A Selection*, hrsg. von C.K. Stead, Penguin 1977.

Keine der angegebenen Ausgaben enthält ein Register. Dieser Mangel ist nun endlich beseitigt mit der hervorragenden Ausgabe

The Collected Letters of Katherine Mansfield, hrsg. von Margaret Scott und Vincent O'Sullivan, Oxford University Press. Bislang sind zwei Bände erschienen, 1984 und 1987, die die Briefe bis 1919 einschließen.

2a. Briefe auf Deutsch

Eine Ehe in Briefen. Aus dem Englischen von Max A. Schwendimann, Kindler Verlag, München 1970.

Briefe, Tagebücher, Kritiken. Mit einer biographischen Skizze von Elisabeth Schnack, zusammengestellt von Christel Schütz, S. Fischer Verlag, Frankfurt am Main 1983.

3. Journale

The Journal of Katherine Mansfield, hrsg. von J.M. Murry, Constable, London 1927, Knopf, New York 1927.

The Scrapbook of Katherine Mansfield, hrsg. von J.M. Murry, Constable, London 1939.

Das Material beider Ausgaben ist etwas willkürlich aus einer Masse von Unterlagen zusammengesucht. Murry ordnete das Material neu in der, wie er es nannte, »endgültigen Fassung« *The Journal of Katherine Mansfield*, Constable, London 1954. Erhältlich als Constable Taschenbuch.

The Urewera Notebook, hrsg. von Ian Gordon, Oxford University Press, 1980. Die Aufzeichnungen ihres Ausflugs 1907.

Zahlreiche interessante Fragmente ihrer Journale wurden in Margaret Scotts Transkriptionen im *Turnbull Library Record*, Wellington, Neuseeland, zwischen 1970 und 1979 veröffentlich.

3a. Journale auf Deutsch

Tagebuch. Vollständige Ausgabe. Herausgegeben und übersetzt von Dr. Max A. Schwendimann, Deutsche Verlags-Anstalt, Stuttgart 1975.

4. Biographisches

The Life of Katherine Mansfield von Ruth Elvish Mantz und J.M. Murry, Constable, London 1933.

Reminiscences and Recollections von Sir Harold Beauchamp, New Plymouth, Neuseeland, 1937. Sehr zurückhaltend beim Thema seiner berühmten Tochter; das Kapitel über sie stammt von einem taktvollen »literarischen Experten«, nicht von Sir Harold.

Katherine Mansfield: A Biography von Antony Alpers, Jonathan Cape, London 1953. Dieses Buch erfuhr umfangreiche Erweiterungen und Änderungen und erschien dann als Alpers' zweite Version *The Life of Katherine Mansfield*, Jonathan Cape, London 1980 und Viking, New York 1980; ebenfalls erhältlich als Taschenbuch der Oxford University Press. Jeder, der über K. M. schreibt, ist Antony Alpers zu großem Dank verpflichtet. Nach jahrzehntelanger Forschungsarbeit bewahrte er eine eindrucksvolle Ausgewogenheit angesichts konkurrierender Spezialisten und Versionen der Wahrheit.

Katherine Mansfield: The Memories of L. M. von Ida Baker, Michael Joseph, London 1971. Enthält Briefe und Informationen, die sonst nirgendwo zu finden sind; nur schade, daß Ida Baker ihren Bericht nicht schrieb, als sie noch jünger war, da ihr Erinnerungsvermögen sie zuweilen im Stich läßt. Jetzt als Virago-Taschenbuch erhältlich.

Katherine Mansfield's New Zealand von Vincent O'Sullivan, Golden Press, Auckland, Neuseeland 1974. Faszinierendes Bildmaterial, hervorragende Erklärungen.

Katherine Mansfield: A Biography von Jeffrey Meyers, Hamish Hamilton, London 1978. Ausgezeichnete Forschungsarbeit, weniger gut bei der Interpretation.

Lives and Letters von John Carswell, Faber & Faber, London 1978. Sehr gut bei der Freundschaft mit Orage und Koteliansky, aber erklärtermaßen feindlich K. M. gegenüber eingestellt.

4a. Biographisches auf Deutsch

Citati, Pietro, *Katherine Mansfield: Beschreibung eines Lebens*, aus dem Italienischen von Jutta Prasse. Athenäum Verlag, Frankfurt am Main 1982.

5. Andere Werke

John Middleton Murry

The Problem of Style, Oxford University Press 1922. Seine Oxforder Vorlesungen, in denen er K. M. erwähnt.

God, Jonathan Cape, London 1925. Enthält eine Anekdote über K. M.

Son of Woman: The Story of D. H. Lawrence, Jonathan Cape, London 1931.

Reminiscences of D. H. Lawrence, Jonathan Cape, London 1933.

Between Two Worlds, Jonathan Cape, London 1935, Messner, New York 1936. Autobiographie, die bis zu K. M. s Tod reicht.

Katherine Mansfield and Other Literary Portraits, Peter Nevill, London 1949.

Katherine Mansfield and Other Literary Studies, Constable, London 1959. Posthum veröffentlicht, mit einem Vorwort von T. S. Eliot.

The Letters of John Middleton Murry to Katherine Mansfield, ausgewählt und hrsg. von C. A. Hankin, Constable, London 1983.

John Middleton Murry von F. A. Lea, Methuen, London 1959, Oxford University Press, New York 1960. Eine freundliche Studie von einem persönlichen Freund und Bewunderer.

To Keep Faith von Mary Middleton Murry (vierte Frau und Witwe), Constable, London 1959.

One Hand Clapping von Colin Middleton Murry, London (Gollancz) 1975, und *Beloved Quixote* von Katherine Middleton Murry, Souvenir Press, London 1986. Zwei Charakterstudien über Murry von Murrys Sohn und seiner Tochter aus zweiter Ehe.

D. H. Lawrence

The Trespasser. London 1912. – Deutsch unter dem Titel *Auf verbotenen Wegen*. Aus dem Englischen von Georg Goyert, Rowohlt Verlag, Reinbek 1976. Ältere Ausgaben trugen den Titel *Todgeweihtes Herz*.

Sons and Lovers, Duckworth, London 1913, Mitchell Kennedy, New York 1913. – Deutsch unter dem Titel *Söhne und Liebhaber*. Aus dem Englischen von Georg Goyert, Rowohlt Verlag, Reinbek 1978.

The Rainbow, Methuen, London 1915, B. W. Huebsch, New York 1916. – Deutsch unter dem Titel *Der Regenbogen* übs. von Gisela Günther, Rowohlt Verlag, Reinbek 1984.

Women in Love, (Privatdruck nur für Abonnenten) New York 1920, Martin Secker, London 1921. – Deutsch unter dem Titel *Liebende Frauen*. Übersetzt von Th. Mutzenbecher, Rowohlt Verlag, Reinbek 1967.

Touch and Go, C. W. Daniel, London 1920.

The Lost Girl, Martin Secker, London 1922, Seltzer, New York 1922. – Deutsch unter dem Titel *Das verlorene Mädchen*. Rowohlt Verlag, Reinbek 1986 (Neuaufl. der Ausgabe von 1926).

Aaron's Rod, Martin Secker, London 1922, Seltzer, New York 1922.

The Tales of D. H. Lawrence, Martin Secker, London 1934. *Sämtliche Erzählungen und Kurzromane* in acht Bänden, Diogenes Verlag, Zürich 1976.

Verliebt. Gesammelte Erzählungen. Übersetzt von Martin Beheim-Schwarzbach, Rowohlt Verlag, Reinbek 1978.

D. H. Lawrence: l'homme et la genèse de son oeuvre von Emile Delavenay, Klincksieck, Paris 1969, 2 Bde.; auf Englisch *D. H. Lawrence: The Man and His Work*, Heinemann, London 1972, 1 Bd., Southern Illinois University Press 1972.

D. H. Lawrence and Edward Carpenter von Emile Delavenay, Heinemann, London 1971.

D. H. Lawrence's Nightmare von Paul Delany, New York 1978, Harvester, Sussex 1979.

D. H. Lawrence: A Composite Biography, hrsg. von Edward Nehls Madison, University of Wisconsin Press, Madison 1957–9, 3 Bde.

The Letters of D. H. Lawrence, hrsg. von James T. Boulton, Cambridge University Press 1979. Bislang sind vier Bände erschienen, die uns bis 1924 führen. Sie ersetzen die Ausgabe von Aldous Huxley von 1932 sowie die beiden von Harry T. Moore edierten Bände aus dem Jahr 1962.

Briefe. Vorwort von Aldous Huxley, Nachwort von Elisabeth Schnack, aus dem Englischen von Elisabeth Schnack, ausgewählt von Richard Aldington, Diogenes Verlag, Zürich 1982.

Briefe an Frauen und Freunde, Auswahl und Vorwort von W. E. Süskind, deutsch von Richard Kraushaar, Die Rabenpresse, o.O., o.J.

Not I, But the Wind von Frieda Lawrence, Viking, New York 1934, Heinemann, London 1935.

The Memoirs and Correspondences of Frieda Lawrence, hrsg. von E. W. Tedlock, Heinemann, London 1961, Knopf, New York 1964.

Frieda Lawrence von Robert Lucas, Secker & Warburg, London 1973.

Virginia Woolf

The Voyage Out, Duckworth, London 1915.

The Mark on the Wall, Hogarth Press, London 1917. – Deutsch unter dem Titel *Das Mal an der Wand*, übs. von Marianne Frisch, S. Fischer Verlag, Frankfurt am Main 1989.

Kew Gardens Hogarth Press, London 1919.

Night and Day, Hogarth Press, London 1919. – Deutsch unter dem Titel *Nacht und Tag*. Aus dem Englischen von Michael Walter, S. Fischer Verlag, Frankfurt am Main 1984, 2. Auflage 1988.

Monday or Tuesday, Hogarth Press, London 1921.

Jacob's Room, Hogarth Press, London 1922. – Deutsch unter dem Titel *Jacobs Raum*. Aus dem Englischen von Gustav K. Kamperdick, S. Fischer Verlag, Frankfurt am Main 1981, 2. Auflage 1987.

The Waves, Hogarth Press, London 1931 – Deutsch unter dem Titel *Die Wellen*. Aus dem Englischen von Herberth E. und Marlys Herlitschka, Neuauflage Frankfurt am Main (Bibliothek Suhrkamp 128), Fischer Tb 2121, 5. Auflage 1988.

Virginia Woolf: A Biography von Quentin Bell, Hogarth Press, London 1972, Harcourt Brace Jovanovich, New York 1972, 2 Bde. – Deutsch von Arnold Fernberg, Insel Verlag, Frankfurt am Main 1977.

The Letters of Virginia Woolf, hrsg. von Nigel Nicholson,

Hogarth Press, London 1975–80, 6 Bde., Harcourt Brace Jovanovich, New York 1975–80.
The Diaries of Virginia Woolf, hrsg. von Anne Olivier Bell, Hogarth Press, London 1977–84, 5 Bde., Harcourt Brace Jovanovich, New York 1977–84.
Virginia Woolf: A Writer's Life von Lyndall Gordon, Oxford University Press 1984.
The Autobiography of Leonard Woolf, Hogarth Press, London 1964 und 1967, 5 Bde., Harcourt Brace Jovanovich, New York 1964 und 1967. Vgl. besonders die Bde. III und IV, *Beginning Again* und *Downhill All the Way*.
Mein Leben mit Virginia. Erinnerungen von Leonard Woolf. Aus dem Englischen von Ilse Strasmann, Frankfurter Verlagsanstalt, Frankfurt am Main 1988.

Lady Ottoline Morrell

Ottoline: The Early Memoirs und *Ottoline at Garsington*, hrsg. von Robert Gathorne-Hardy, Faber & Faber, London 1963 und 1974, nur Bd. I Knopf, New York 1964.
Ottoline: The Life of Lady Ottoline Morrell von Sandry Jobson Darroch, Chatto & Windus, London 1976, Coward McCann, New York 1975.

A. R. Orage

Friedrich Nietzsche: The Dionysian Spirit of the Age, Foulis, Edinburgh 1906.
Nietzsche in Outline and Aphorisme, Foulis. Edinburgh 1907.
The Old New Age: Orage and Others von Beatrice Hastings, Blue Moon Press, London 1935.
A. R. Orage: A Memoir von Philip Mairet, Dent, London 1936.
Orage and the New Age Circle von Paul Selver, Allen & Unwin, London 1959.
The New Age Under Orage von Wallace Martin, Manchester University Press 1967.
Rooms in the Darwin Hotel von Tom Gibbons, University of Western Australia Press, Nedlands 1973.
Lives and Letters von John Carswell, Faber & Faber, London 1978.

Verschiedene Autoren

Tagebuch der Maria Bashkirtseff, Nachwort und herausgegeben von Gottfried Daiber, aus dem Französischen von Lothar Schmidt, Ullstein Verlag, Berlin 1983.

Savage Messiah (Biographie von Gaudier-Brzeska) von H.S. Ede, Heinemann, London 1931.

The Last Romantic von William Orton, Cassell, London 1937.

The Autobiography of Bertrand Russell, Allen & Unwin, London 1963, 2 Bde.; siehe besonders Bd. II.

Today We Will Only Gossip von Beatrice, Lady Glenavy, Constable, London 1964.

The Selected Letters of Mark Gertler, hrsg. von Noel Carrington, Hart-Davis, London 1965.

Lytton Strachey von Michael Holroyd, Heinemann, London 1967 und 1968, 2 Bde., Holt, Rinehart & Winston, New York 1967 und 1968.

The Rise and Fall of the Man of Letters von John Gross, Weidenfeld, London 1969.

The Life of Bertrand Russell von Ronald Clark, Cape/Weidenfeld, London 1975.

Gurdjieff von Fritz Peters, Wildwood House, London 1976.

Wer sind Sie Herr Gurdjieff? von René Zuber. Aus dem Französischen von René Taschner, Sphinx 1981.

The First Fabians von Norman und Jean MacKenzie, Weidenfeld, London 1977.

Gilbert Cannan von Diana Farr, Chatto & Windus, London 1978.

Gurdjieff and Mansfield von James Moore, Routledge, London 1980.

Brett von Sean Hignett, Hodder & Stoughton, London 1984.

T.S. Eliot von Peter Ackroyd, Hamish Hamilton, London 1984.

Elizabeth und ihr Garten von Elizabeth von Arnim. Aus dem Englischen von Adelheid Dormagen, Insel Verlag, Frankfurt am Main 1988.

»Elizabeth« von Karen Usborne, Bodley Head, London 1986.

Register